北京大學人文學科文庫 | 北大古典學研究叢書

河洛與七緯
東漢圖讖的文獻學研究

Heluo and Qiwei: A Bibliographic Study on the Apocryphal (Chen-wei) Texts of the Han Dynasty

張學謙 著

圖書在版編目(CIP)數據

河洛與七緯：東漢圖讖的文獻學研究/張學謙著. —北京：北京大學出版社，2024.10
（北京大學人文學科文庫. 北大古典學研究叢書）
ISBN 978-7-301-34956-4

Ⅰ.①河… Ⅱ.①張… Ⅲ.①讖緯迷信－文獻－研究－東漢時代 Ⅳ.①B992.9

中國國家版本館CIP數據核字（2024）第068567號

北京大學中國古文獻研究中心成果

書　　　名	河洛與七緯：東漢圖讖的文獻學研究 HELUO YU QIWEI: DONGHAN TUCHEN DE WENXIANXUE YANJIU
著作責任者	張學謙　著
責任編輯	魏奕元
標準書號	ISBN 978-7-301-34956-4
出版發行	北京大學出版社
地　　　址	北京市海淀區成府路205號　100871
網　　　址	http://www.pup.cn　　新浪微博:@北京大學出版社
電子郵箱	編輯部 dj@pup.cn　總編室 zpup@pup.cn
電　　　話	郵購部 010-62752015　發行部 010-62750672 編輯部 010-62756449
印　刷　者	北京中科印刷有限公司
經　銷　者	新華書店
	650毫米×980毫米　16開本　24印張　333千字 2024年10月第1版　2024年11月第2次印刷
定　　　價	92.00元

未經許可，不得以任何方式複製或抄襲本書之部分或全部內容。
版權所有，侵權必究
舉報電話：010-62752024　電子郵箱：fd@pup.cn
圖書如有印裝質量問題，請與出版部聯繫，電話：010-62756370

本書爲教育部人文社會科學重點研究基地重大項目"《緯書集成新編》及數據庫建設與緯書綜合研究"（22JJD750009）及國家社會科學基金青年項目"讖緯輯佚史研究與讖緯文獻的重新校理"（19CZS006）成果

總　　序

袁行霈

　　人文學科是北京大學的傳統優勢學科。早在京師大學堂建立之初，就設立了經學科、文學科，預科學生必須在 5 種外語中選修一種。京師大學堂於 1912 年改爲現名，1917 年，蔡元培先生出任北京大學校長，他"循思想自由原則，取兼容并包主義"，促進了思想解放和學術繁榮。1921 年北大成立了四個全校性的研究所，下設自然科學、社會科學、國學和外國文學四門，人文學科仍然居於重要地位，廣受社會的關注。這個傳統一直沿襲下來，中華人民共和國成立後，1952 年北京大學與清華大學、燕京大學三校的文、理科合併爲現在的北京大學，大師雲集，人文薈萃，成果斐然。改革開放後，北京大學的歷史翻開了新的一頁。

　　近十幾年來，人文學科在學科建設、人才培養、師資隊伍建設、教學科研等各方面改善了條件，取得了顯著成績。北大的人文學科門類齊全，在國內整體上居於優勢地位，在世界上也佔有引人矚目的地位，相繼出版了《中華文明史》《世界文明史》《世界現代化歷程》《中國儒學史》《中國美學通史》《歐洲文學史》等高水平的著作，並主持了許多重大的考古項目，這些成果發揮着引領學術前進的作用。目前北大還承擔着《儒藏》《中華文明探源》《北京大學藏西漢竹書》的整理與研究工作，以及《新編新注十三經》等重要項目。

　　與此同時，我們也清醒地看到，北大人文學科整體的絕對優勢正在減弱，有的學科只具備相對優勢了；有的成果規模優勢明顯，高度優勢還有待提升。北大出了許多成果，但還要出思想，要產生影響人類命運和前途的思想理論。我們距離理想的目標還有相當長的距離,需要人文學科的老師和同學們加倍努力。

我曾經説過:與自然科學或社會科學相比,人文學科的成果,難以直接轉化爲生産力,給社會帶來財富,人們或以爲無用。其實,人文學科力求揭示人生的意義和價值、塑造理想的人格,指點人生趨向完美的境地。它能豐富人的精神,美化人的心靈,提升人的品德,協調人和自然的關係以及人和人的關係,促使人把自己掌握的知識和技術用到造福於人類的正道上來,這是人文無用之大用!試想,如果我們的心靈中没有詩意,我們的記憶中没有歷史,我們的思考中没有哲理,我們的生活將成爲什麽樣子?國家的强盛與否,將來不僅要看經濟實力、國防實力,也要看國民的精神世界是否豐富,活得充實不充實,愉快不愉快,自在不自在,美不美。

一個民族,如果從根本上喪失了對人文學科的熱情,喪失了對人文精神的追求和堅守,這個民族就喪失了進步的精神源泉。文化是一個民族的標誌,是一個民族的根,在經濟全球化的大趨勢中,擁有幾千年文化傳統的中華民族,必須自覺維護自己的根,並以開放的態度吸取世界上其他民族的優秀文化,以跟上世界的潮流。站在這樣的高度看待人文學科,我們深感責任之重大與緊迫。

北大人文學科的老師們藴藏着巨大的潛力和創造性。我相信,只要使老師們的潛力充分發揮出來,北大人文學科便能克服種種障礙,在國内外開闢出一片新天地。

人文學科的研究主要是著書立説,以個體撰寫著作爲一大特點。除了需要協同研究的集體大項目外,我們還希望爲教師獨立探索,撰寫、出版專著搭建平臺,形成既具個體思想,又彙聚集體智慧的系列研究成果。爲此,北京大學人文學部决定編輯出版"北京大學人文學科文庫",旨在彙集新時代北大人文學科的優秀成果,弘揚北大人文學科的學術傳統,展示北大人文學科的整體實力和研究特色,爲推動北大世界一流大學建設、促進人文學術發展做出貢獻。

我們需要努力營造寬鬆的學術環境、濃厚的研究氣氛。既要提倡教師根據國家的需要選擇研究課題,集中人力物力進行研究,也鼓勵教師按照自己的興趣自由地選擇課題。鼓勵自由選題是"北京大學人文學科文庫"的一個特點。

我們不可滿足於泛泛的議論,也不可追求熱鬧,而應沉潛下來,認真鑽研,將切實的成果貢獻給社會。學術質量是"北京大學人文學科文庫"的一大追求。文庫的撰稿者會力求通過自己潛心研究、多年積累而成的優秀成果,來展示自己的學術水平。

我們要保持優良的學風,進一步突出北大的個性與特色。北大人要有大志氣、大眼光、大手筆、大格局、大氣象,做一些符合北大地位的事,做一些開風氣之先的事。北大不能隨波逐流,不能甘於平庸,不能跟在別人後面小打小鬧。北大的學者要有與北大相稱的氣質、氣節、氣派、氣勢、氣宇、氣度、氣韵和氣象。北大的學者要致力於弘揚民族精神和時代精神,以提升國民的人文素質為己任。而承擔這樣的使命,首先要有謙遜的態度,向人民群衆學習,向兄弟院校學習。切不可妄自尊大,目空一切。這也是"北京大學人文學科文庫"力求展現的北大的人文素質。

這個文庫目前有以下 17 套叢書:
"北大中國文學研究叢書"
"北大中國語言學研究叢書"
"北大比較文學與世界文學研究叢書"
"北大中國史研究叢書"
"北大世界史研究叢書"
"北大考古學研究叢書"
"北大馬克思主義哲學研究叢書"
"北大中國哲學研究叢書"
"北大外國哲學研究叢書"
"北大東方文學研究叢書"
"北大歐美文學研究叢書"
"北大外國語言學研究叢書"
"北大藝術學研究叢書"
"北大對外漢語研究叢書"

"北大古典學研究叢書"
"北大人文學古今融通研究叢書"
"北大人文跨學科研究叢書"①

  這17套叢書僅收入學術新作,涵蓋了北大人文學科的多個領域,它們的推出有利於讀者整體瞭解當下北大人文學者的科研動態、學術實力和研究特色。這一文庫將持續編輯出版,我們相信通過老中青學者的不斷努力,其影響會越來越大,並將對北大人文學科的建設和北大創建世界一流大學起到積極作用,進而引起國際學術界的矚目。

---

  ① 本文庫中獲得國家社科基金後期資助或入選國家社科基金成果文庫的專著,因出版設計另有要求,因此加星號注標,在文庫中存目。

叢書序言

　　近年來,"古典學"在北大校園漸成熱詞。圍繞這個概念,相關院系的古文獻學、語言學、歷史學、哲學、考古學和藝術史等多個學科在無形之間形成了相互支撐的"學科群",涌現出不同形態的學術共同體。

　　2010年北京大學啓動人文基礎學科本科拔尖人才培養計劃"古典語文學"專案,旨在強化本科階段對古代經典和古典語言的學習,北大哲學系、歷史系、中文系、外國語學院、考古文博學院、藝術學院和元培學院七家院系共同參與,設立了"中國古典學""西方古典學"和"亞非古典學"三個方向。2011年北京大學成立西方古典學研究中心,陸續引進一批青年才俊,推動了北大對古希臘羅馬文獻、歷史、哲學和文化的研究。該中心把研究範圍從古希臘延伸到中世紀,並從古典語言教學入手,形成了古希臘語和拉丁語並重的特色。2017年以來,北京大學人文學部跨學科跨院系搭建"古典學研究平臺",組織了多個平臺研究專案,分別支持中文系、歷史系和哲學系舉辦跨院系的第一屆、第二屆和第三屆"古典學國際研討會";還支持中文系和西方古典學研究中心分別創辦了跨學科的學術集刊《中國古典學》《古典與中世紀研究》。北大中文系近年還在着力建設"中國古典學平臺"。

　　古典學,這門英語稱爲 classics 的學問,最早專門研究古希臘羅馬文明,包括其語言、文學、歷史、哲學、藝術、法律等。文藝復興以後古希臘羅馬文明被重新理解和發現,西方人將之視爲現代西方文明的根源。歐洲人大規模收集、整理和翻譯古希臘羅馬著作,一系列古希臘作品被翻譯成拉丁文,亞里士多德、西塞羅、奧古斯丁等人的著作得到精心的校勘。這些學術工作,幫助歐洲社會走出中世紀,在基督教的世界裏釋放人文主義和理性主義的光芒。琳琅滿目的文物和博大精深的經典撞擊現代人的心靈,古典時空油然而生,藝術史、解釋學得以發展。在現代大學的學科體系裏,古典學與這兩個學科關係密切,使注重實證的學術研究與人文教養有了深度融合的可能。

現代學科體系裏的古典學,並不以古典主義的人文教養爲目的,但它推動了19世紀以來歐洲古典教育的繁榮,還意外地刺激了"東方學"在歐美國家的興起和發展,並影響到亞洲社會對自身的認知。在19世紀的歐洲大學,除了古典學,還有一批研究方法相似但研究物件被歸入"東方"的學術領域,比如近東、中東和遠東研究,中國學、印度學、日本學,乃至印度宗教研究、佛教研究等。這些研究物件,都被列在"東方"的名下。

從古典學到東方學,世界文明體系的圖景在西方社會變得清晰,得以建構影響至今的"世界史"。豐富的東方知識,成功地建構了西方對東方的話語權,東方成爲西方的"他者"。在此之後,世界文明逐漸形成了一個以歐洲爲中心的圈層結構。二次世界大戰之後,國際政治的中心從歐洲轉移到美國,但這並沒有改變以歐洲文化爲中心的世界文明體系。比較重要的改變是美國大學看重"區域研究(area studies)",而不是古典學,也不愛多談"東方學"。斯賓格勒、湯因比、亨廷頓、沃勒斯坦從各自不同的視角、不同的立場講述這個圈層結構。

直到今天,我們仍在不斷引用西方學者對中國古代文化或東方社會的解釋,却很少能對西方社會、西方思想做出學理上的批評或重構。在這樣的語境下,古典學對今天的中國大學教育特別重要。我們需要一批熟知西方歷史、思想和社會的專家,更要有一批真正能給中華文明賦予一種世界意義的專家學者。這裏包括了兩個不同層次的需要:前者是狹義的古典學,主要研究英文 classics 所說的古希臘羅馬乃至西方中世紀的學問;後者是廣義的古典學,已經進入漢語的"古典學"可以被賦予全新的內涵,語言學、文獻學、考古學、藝術史,以及文學、歷史學和哲學的研究方法都可以被用來研究古代東方文明或經典。"中國古典學",正是在借鑒西方古典學研究方法和東方學世界史框架的意義上提出的,旨在傳承中國自身的文獻學傳統,走出疑古時代,重新理解和建構面向未來的中華文明經典系統。

中華文明確實不同於西方。支撐中華文明的力量,不僅有世代流傳的經典系統,還有蘊含在這些經典裏的核心價值觀,它們塑造了中國社會的基本結構。因此,中國古典學的使命並不僅是新建一套學術規範,同時也是重建一個實踐體系。這個體系與傳世的價值系統有直接的關聯。事實上,西方古典學與他們的古典教育也曾一度相得益彰。這就意味着,我們應該重視歷代對古典的詮釋。語言學、文獻學、世界史和解釋學,是中國古典學最重要的學術工具。

就此而言,雖然明確的"古典學"學科意識在北大的傳播只是近些年的事情,但相關的研究早已展開,其學術傳統分散在北大人文學部的各個院系。以中國古典學爲例,該領域與北大過去一百多年深厚的國學研究傳統密切相關。今天要在以往中國古代史、中國古代文學和中國古代哲學研究的學術基礎上,借鑒古典學新方法,以世界史的眼光重新詮釋中華文明的歷史和價值。又如亞非古典學,該領域的學者主要分布在北大歷史系、外國語學院和藝術學院,人數不多,但有相對完整的學科群組合。

本叢書收錄北大學者在古典學領域的學術成果。選題的多樣性呈現了古典學内涵的豐富性和複雜性,也反映出該領域在當代中國學科體系裏的重要性和前沿性。我們相信,這些優秀學術成果能幫助大家更好地理解中國、理解世界、理解歷史、理解未來。

李四龍　彭小瑜　廖可斌
2023 年 5 月

目　　錄

序 ··· 1

緒　　論 ··· 1

第一章　東漢圖讖的成立及其觀念史變遷 ················· 18
  第一節　張衡《請禁絶圖讖疏》的不同解讀 ··············· 18
  第二節　圖讖產生之前的"河圖""洛書" ··············· 21
  第三節　方士造作:河洛讖的成立 ························· 29
  第四節　從數術到儒學:東漢初的圖讖校定與七經讖的
          成立 ··· 38
  第五節　從儒學到數術:魏晋至隋唐間讖緯觀念的變遷 ······· 47
  附　　錄　釋"五經六緯" ······································· 57

第二章　東漢圖讖流衍與散佚的目錄學考察 ············· 63
  第一節　六朝至隋唐間東漢圖讖的流傳情況 ············· 64
  第二節　宋至明代《易緯》的流傳與衍變 ··············· 77
  第三節　清乾隆間《永樂大典》本《易緯》八種的輯佚 ······· 89

第三章　東漢圖讖的結構與篇目
  ——兼論讖緯的斷代標準 ································· 92
  第一節　圖讖八十一篇的結構 ······························· 93
  第二節　河洛讖篇目考 ··· 99
  第三節　七經讖篇目考 ··· 118

第四節　圖讖注者注本考 …………………………………… 122

第四章　《易緯》文本研究 ………………………………………… 132
　　第一節　今傳《周易乾鑿度》文本構成的再考察 …………… 132
　　第二節　今傳《易緯稽覽圖》的文本構成——兼論兩種
　　　　　　易占、易圖類著作的時代 ……………………………… 148
　　附錄一　"日主一爻"圖 ……………………………………… 166
　　附錄二　《易通統卦驗玄圖》佚文輯錄 ……………………… 168

第五章　讖緯輯佚史研究 ……………………………………… 173
　　第一節　讖緯輯佚的濫觴：百卷本《説郛》 ………………… 173
　　第二節　百二十卷本《説郛》之編刻與讖緯佚文之增輯 …… 184
　　第三節　明代後期"古學"的興起與讖緯輯佚專書的出現 … 191
　　第四節　清代考據學的發展與讖緯輯佚的新局面 …………… 222
　　第五節　研究的細化：清代讖緯校注著作 …………………… 267
　　第六節　現代學術轉型後的新輯本：《緯書集成》 ………… 277
　　第七節　重理讖緯文獻芻議 …………………………………… 300
　　附錄一　百卷本《説郛・古典録略》所收讖緯佚文校録 …… 303
　　附錄二　清河郡本緯書獻疑 …………………………………… 308
　　附錄三　現存讖緯輯本知見録 ………………………………… 324

結　　語 ………………………………………………………… 332

參考文獻 ………………………………………………………… 337

後　　記 ………………………………………………………… 367

圖表目錄

圖1	唐李鳳《天文要錄・採例書名目錄》,日本寶曆(1751—1763)間抄本,日本國立天文臺藏	68
圖2	日本元弘三年(1333)抄本《五行大義》紙背注記,日本穗久邇文庫藏	69
圖3	《中華再造善本》影印中國國家圖書館藏宋刻遞修本《隋書》	72
圖4	清光緒三年(1877)吳興陸氏十萬卷樓刻本《乙巳占》	74
圖5	明抄本《崇文總目》,寧波天一閣博物院藏	79
圖6	《四庫提要著錄叢書》影印明嘉靖四明范氏天一閣刻本《乾坤鑿度》《周易乾鑿度》	87
圖7	宋至明代《易緯》篇目流衍圖	88
圖8	《乾鑿度》卷上注文闡釋圖解	141
圖9	《乾鑿度》卷下注文闡釋圖解	142
圖10	《易通統軌圖》正月"日主一爻"圖	157
圖11	太陽在星空中的視運動圖	161
圖12	清乾隆三十八年武英殿刻本《易緯稽覽圖》	165
圖13	明弘治十三年抄本《説郛》	175
圖14	明會稽鈕氏世學樓抄本《説郛》	176
圖15	民國張宗祥整理本《説郛》	177
圖16	明世學樓本《説郛》抄寫格式	178
圖17	明末刻百二十卷本《説郛》卷首《讀説郛》	186
圖18	《中華再造善本・明清編》影印中國國家圖書館藏明崇禎刻本《删微》	206

圖 19	清嘉慶十五年山淵堂活字本《删微》,吉林大學圖書館藏	211
圖 20	清嘉慶十六年秀水章氏勤業堂刻本《考正古微書》,吉林大學圖書館藏	211
圖 21	明末刻本《緯書》,日本國立公文書館藏	214
圖 22	湯斌《論語緯》稿本,上海圖書館藏	224
圖 23	清平江蘇氏抄本《集緯》,日本京都大學文學研究科圖書館藏	226
圖 24	清抄本(左)及清清芬書屋抄本(右)《集緯》,上海圖書館藏	232
圖 25	清清芬書屋抄本《集緯》書末陸明睿跋,上海圖書館藏	233
圖 26	乾隆三十八年武英殿刻本《易緯乾鑿度》	236
圖 27	《玉函山房輯佚書·經編·緯書類·尚書中候》	284
圖 28	《逸書考》印樣及寫樣	312

表 1	東漢人引"易傳"與今本《易稽覽圖》重文對比	44
表 2	現存文獻徵引"河圖"篇目	101
表 3	現存文獻徵引"洛書"篇目	109
表 4	六朝隋唐目錄著錄圖讖注本	126
表 5	《易通統圖》雜糅"日行四陸"與"日行九道"説	163
表 6	百卷本《説郛·古典錄略》所收讖緯佚文來源一覽表	180
表 7	張海鵬刻本《古微書》對部分篇目順序的調整	198
表 8	重編《説郛》與《删微》對比	200
表 9	《删微·尚書帝命驗》所收佚文出處及其實際歸屬	201

序

　　讖緯之學在中國傳統政治、思想和文化史上具有重要而獨特的意義，但是東漢勃興之後，歷經改篡禁毀，文本散佚，兼之內容艱深，幾近絕學。明清以降，雖陸續有學者輯佚勾稽，然斷簡殘篇，難睹原本之貌；現代學界轉而進行政治、思想史層面的研究，不乏優秀成果，但因依賴文獻基礎薄弱，難免捉襟見肘、無法彌合的尷尬。學謙博士在讀期間，我們時常談及隋唐以降文獻的流變，遂起意以東漢圖讖的文獻學研究爲選題方向，基於目錄學、輯佚學方法展開文本流傳梳理與內容輯考。此選題頗具難度，記得學謙當時表示，大概只有讀博期間才能集中精力挑戰這樣的題目，願意知難而上。學謙的博士論文《河洛與七緯：東漢圖讖的文獻學研究》獲得審查專家的一致好評，而且被評爲北京大學優秀博士學位論文。此後，他又以《讖緯輯佚史研究與讖緯文獻新輯》爲題，完成博雅博後出站報告，並順利獲得國家社科基金青年項目的支持。該書即是學謙博士論文與博士後研究成果的結晶。

　　該書全面考察東漢圖讖的成立過程、性質變遷、結構篇目與流傳散佚，並以《易緯》爲個案，進行深入的文本研究，還梳理了讖緯輯佚的學術史。在前人研究的基礎之上，綜合運用傳統文獻學的方法，輔之以觀念史、文本學的觀照，取得了許多顯著的成果。依我個人之見，這些成果主要表現在：辨析讖緯概念的義界，明瞭河洛讖與七經讖的區別；考察東漢圖讖流傳、演變與散佚的軌跡，揭示圖讖性質從數術到儒學再到數術的變遷路綫；推斷東漢圖讖的結構與篇目，區分東漢圖讖與六朝讖書；考證今傳《易緯》的文本來源與構成，揭示圖讖文本複雜的成書過程，糾正舊説之誤；考實清河郡本緯書是有意作僞的緯書輯本，而當代研究者作爲基礎文獻使用的日人安居香山、中村璋八輯《緯書集成》，沿襲了明清輯本的諸多缺陷，也不可信據。這些研究成果對於東漢圖讖文獻梳理有正本清源之功，不僅爲圖讖文獻的重新輯校奠定了基礎，而且可以推動對於圖讖文獻的合理使用與深入研究。因此，國家社科基金評審專家的回饋意見，不吝獎掖之辭，認爲作者許多創見具有發覆、開闢之功；提出東漢讖緯與六朝讖書區別的標準，對於讖緯研究具有不可估量的學術價值；有此研究基礎，後續推出的重輯校理本，必將大大促進讖緯文獻研究的進展，有望成爲讖緯研究史上劃時代的著作。專家一致肯定，這是不可多得的優秀成果。

學謙博士文獻學訓練系統，基礎扎實。此書徵引文獻幾近五百種，足見取精用宏之功。不惟對於讖緯文獻研究具有重要價值，其歸納總結的區分東漢圖讖和六朝讖書的原則，多元文本、流傳增益文本的離析方法，重理讖緯文獻的設想，對於以文本校勘爲核心的古典文獻學，亦具有普適性的意義，甚至可以作爲現代辨僞、輯佚學術的通則。本人與程蘇東教授主持的國家社科基金重大課題"兩漢經學佚籍的新輯與研究"，也會借鑒學謙博士整理研究讖緯文獻的方法與經驗，共同促進兩漢經典研究的開展。

學謙博士爲人謙恭低調，潛心科研，在同輩學人中，無論學品、人品，都堪稱佼佼者。花甲之年，得見古典文獻學科新生代有如此造詣，後繼不乏，喜不自勝，遂不避賣瓜之嫌，予以推介。是爲序。

劉玉才
甲辰年夏書於北京大學燕歸廬

緒　　論

一、"讖緯"的義界與性質

所謂"讖緯"或"緯書",是指興起於西漢末、定型和尊崇於東漢的一類冠以"河圖""洛書"及七經之名、僞託上天及聖人、神化儒學的文獻,①東漢人習稱"圖讖"。魏晉南北朝時期,還有一些與漢代圖讖類似的新出之書,一般也都歸入讖緯文獻的範疇之內。所以,學界習慣用"讖緯"一詞作爲漢代至南北朝時期產生的此類文獻的總稱。

關於"讖"與"緯"的關係,明清以來衆說紛紜,大致可分爲"讖緯有別"(名實皆異)和"讖緯無別"(名異實同)兩派。"讖緯有別"論在明清時期是主流觀點,明人胡應麟、孫瑴,清人阮元、趙在翰、皮錫

---

①　[日]中村璋八《緯書の基礎的研究・資料篇》第一章《緯書資料研究における問題の所在》,東京:漢魏文化研究會,1966年,第279頁。[日]安居香山、中村璋八編《緯書集成・解説》,石家莊:河北人民出版社,1994年,第42頁。陳侃理《儒學、數術與政治:災異的政治文化史》第三章附錄《讖緯與災異論》,北京:北京大學出版社,2015年,第162頁。按:《緯書の基礎的研究》分爲《思想篇》和《資料篇》兩部分,前者爲安居香山所著,後者爲中村璋八所著。此書又有1976年國書刊行會重印本,增附《黃氏逸書攷通緯と漢學堂叢書通緯逸書考》一文,《緯書研究論文一覽表》亦略有增補,其餘部分與舊版無異。《緯書集成》各篇解說,除了《關於〈河圖〉〈洛書〉》一篇的後半部分,其餘基本同於中村氏前書。

瑞等皆强調緯的配經特性,認爲緯醇而讖駁。①《四庫全書總目》的說法最爲典型:"儒者多稱讖緯,其實讖自讖,緯自緯,非一類也。讖者詭爲隱語,預決吉凶。……緯者經之支流,衍及旁義。"②而"讖緯無別"論至清代中期方被提出,汪師韓、王鳴盛、俞正燮等人認爲讖、緯可以互稱,内涵没有差別。③ 此外,亦有徐養原等依違於二説之間者,一方面認爲讖、緯同實異名,另一方面又承認緯的配經特性,認爲讖與緯體制不同。④ "讖緯無別"論雖晚出,但經過現代學者的論證,成爲當今的主流認識。姜忠奎(1935)認爲緯爲共名,圖、讖、符、錄等皆別名,"猶《易》《書》《詩》《禮》之統稱爲經"。⑤ 顧頡剛(1935)説:"讖,是豫言。緯,是對經而立的。……這兩種在名稱上好像不同,其實内容並没有什麽大分別。"⑥陳槃(1943、1948)先後撰寫《讖

---

① [明]胡應麟《少室山房筆叢》丁部《四部正譌上》,上海:上海書店出版社,2009年,第295頁。[明]孫瑴《古微書·删微》卷二五《論語緯·論語比考讖》解題,影印中國國家圖書館藏明崇禎刻本,《中華再造善本·明代編·經部》,北京:國家圖書館出版社,2012年,第1b頁。[清]阮元《七緯敘》,見[清]趙在翰輯,鍾肇鵬、蕭文郁點校《七緯(附論語讖)》,北京:中華書局,2012年,第758頁。[清]趙在翰《七緯叙録·總敘》,同上,第743頁。[清]皮錫瑞著,周予同注釋《經學歷史》,北京:中華書局,2009年,第109頁。

② [清]永瑢等《四庫全書總目》卷六附録案語,影印清乾隆間杭州刻本,北京:中華書局,1965年,第47頁。

③ [清]汪師韓《韓門綴學》卷一,影印上海圖書館藏清乾隆刻《上湖遺集》本,《續修四庫全書》第1147册,上海:上海古籍出版社,1995年,第32a頁。[清]王鳴盛《蛾術編》卷二《説録二·讖緯》,上海:上海書店出版社,2012年,第43頁。[清]俞正燮《癸巳類稿》卷一四《緯書論》,影印清道光十三年求日益齋刻本,《續修四庫全書》第1159册,第38b頁。

④ [清]徐養原《緯候不起于哀平辨》,見[清]阮元編《詁經精舍文集》卷一二,《叢書集成初編》,上海:商務印書館,1936年,第346—348頁。

⑤ [清]姜忠奎《緯史論微》卷一,黄曙輝、印曉峰點校,上海:上海書店出版社,2005年,第13頁。按:此書初版於1935年。

⑥ 顧頡剛《秦漢的方士與儒生》第一九章《讖緯的造作》,《顧頡剛全集·顧頡剛古史論文集》卷二,北京:中華書局,2013年,第558頁。按:此書初版名《漢代學術史略》,上海:上海亞細亞書局,1935年。

緯釋名》《讖緯命名及其相關之諸問題》二文，①詳爲論證闡發，同樣認爲讖、緯僅是稱謂不同，漢人通稱互文，名異實同。從産生的歷史看，讖先緯後，緯出於讖。② 鍾肇鵬《讖緯論略》(1991)亦持相同觀點。③ 故此後涉及讖緯的論著，除極少數外，④絶大部分皆引陳説、鍾説，"讖緯無別"幾成定論。然而，張峰屹(2010)卻指出陳文的兩個嚴重問題：一是史料使用不當，有比附曲解文義之處；二是缺乏歷史維度的考量，以偏概全。⑤ 陳文不注意區分史料的時代性，以晚期史料論證早期詞義，邏輯不夠嚴密。更重要的是，陳文只是排比史料，做静態考察，未能認識到讖、緯本義及其在不同歷史時期的詞義演變，這正是"有別"與"無別"之爭的癥結所在。若要釐清讖緯的名義問題，必須回到歷史語境中進行考察。

顧頡剛(1930)早已指出，"緯"名不見於西漢。⑥ 東漢光武帝於建武中元元年(56)"宣布圖讖於天下"，⑦標誌著官定圖讖文本的正

---

① 陳槃《讖緯釋名》，《"中央研究院"歷史語言研究所集刊》第 11 本，1943年。《讖緯命名及其相關之諸問題》，《"中央研究院"歷史語言研究所集刊》第 21 本第 1 分，1948 年。按：後者爲增修本。

② 陳槃《讖緯命名及其相關之諸問題》(增訂本)，《古讖緯研討及其書録解題》，上海：上海古籍出版社，2010 年，第 141—178 頁。

③ 鍾肇鵬《讖緯論略》第一章《讖緯的起源和形成》，瀋陽：遼寧教育出版社，1991 年，第 9—11 頁。

④ ［日］安居香山《緯書の成立とその展開》，東京：國書刊行會，1979 年，第 3—6 頁。李學勤《緯書集成序》，《緯書集成》，第 3 頁。

⑤ 張峰屹《歷史維度的缺失——自唐迄今讖緯名義研究之述評》，《文學與文化》2010 年第 2 期。此據張峰屹《兩漢經學與文學思想》，北京：生活·讀書·新知三聯書店，2014 年，第 271—275 頁。

⑥ 顧頡剛《中國上古史研究講義》，《顧頡剛全集·顧頡剛古史論文集》卷三，第 333 頁。按：前人討論讖緯起源問題，常引《漢書·李尋傳》"五經六緯，尊術顯士"爲據，認爲"五經"即經書，"六緯"即緯書，這實際是對文義的錯誤理解，參見本書第一章附録《釋"五經六緯"》。

⑦ 《後漢書》卷一下《光武帝紀下》，北京：中華書局，1965 年，第 84 頁。按：據《續漢書·祭祀志》，光武帝於建武三十二年(56)四月改元"建武中元"，"中元"即"仲元"。參見辛德勇《建元與改元——西漢新莽年號研究》，北京：中華書局，2013 年，第 353 頁。

式形成,包括河洛讖四十五篇和七經讖三十六篇,當時亦無"緯"名。王鐵(1995)、黃復山(1996)、郭思韻(2013)等學者先後指出,用"緯"指稱《周易乾鑿度》《尚書考靈曜》等"經讖",實際遲至東漢晚期。①《後漢書》中雖有"圖緯""讖緯"乃至"七緯"等詞,然皆屬後世史家敘述之語,非東漢語料。最明顯的例子是《後漢書·張衡傳》有"自中興之後,儒者争學圖緯""衡以圖緯虛妄"云云,然觀張衡上疏中皆稱"圖讖",而無"緯"字。② 從現有材料看,以"緯"名指稱經讖最早見於東漢桓帝永壽二年(156)蔡邕所作《玄文先生李子材銘》,其文言"休少以好學,游心典謨,既綜七經,又精群緯",③以"群緯"與"七經"對稱,當指諸經讖。靈帝建寧、熹平以後,"緯"名方多見於碑銘及時人之語。④ 由此,可以復原出東漢時期讖緯名義的演變軌迹:"圖讖"是"河洛讖"和"七經讖"的總名。⑤ 東漢晚期之前,時人稱引經讖,或與《河圖》《洛書》並稱"圖讖",或言"讖記",或以經名加"讖"字稱《詩讖》《禮讖》《春秋讖》《孝經讖》《論語讖》等,抑或直云《璇機鈐》《元命苞》《叶圖徵》等篇名。至東漢晚期,時人開始以"緯"名指稱"經讖",又與《河圖》《洛書》並稱"圖緯"。"緯"名的興起源於時人以經讖爲孔子所作,乃取其配經之義。既然"緯"名晚起,僅是東漢晚期時人觀念的一種反映,與圖讖的成立過程並無關

---

① 王鐵《漢代學術史》第六章《讖緯》,上海:華東師範大學出版社,1995年,第215頁。黃復山《漢代〈尚書〉讖緯學述》,《古典文獻研究輯刊》四編第11册,臺北:花木蘭文化出版社,2007年,第66—70頁。按:此書爲黃氏博士論文(1996年)。郭思韻《漢代讖緯研究——以淵源流變、內容構成及對文史寫作的影響爲中心》,北京大學博士學位論文,2013年。

② 《後漢書》卷五九《張衡列傳》,第1911頁。

③ [漢]蔡邕《蔡中郎集》卷二,清咸豐二年聊城楊氏海源閣刻本,第18b頁。

④ 黃復山認爲鄭玄始稱"緯"名,失之略晚。又謂"緯"名乃因鄭玄爲儒林巨擘,門生衆多而廣爲宣揚,漸爲時人採用,亦屬求之過深。"緯"名之興乃時代風氣,非鄭玄一人之力。黃氏已檢得《蔡中郎集》中《玄文先生李子材銘》《郭有道林宗碑》二文言及"群緯",但認爲二碑並非撰於二人卒年(第69頁註277),未知何據。

⑤ "圖讖"一詞在西漢末指《河圖》《洛書》類讖書,東漢初經讖成立後,則衍生出廣狹二義。廣義爲總名,包括河洛讖與七經讖。狹義則爲原義,僅指河洛讖。

涉,那麼也就不必再如前人一樣糾纏於"讖""緯"二名的關係,而應將注意力集中在圖讖的實際内容和性質上。

東漢圖讖的内容十分龐雜,既有數術占驗,又有儒學經義,一般認爲是出於方士化的儒生之手,所以研究者仍將其歸入儒學範疇。這與東漢人的觀念是一致的。不過,這一觀念並非自然形成,而是通過東漢初年的圖讖校定建構起來的。陳槃在多篇文章中提出,東漢圖讖中的《河圖》《洛書》部分形成時間早,出於秦漢方士之手,七經讖則是由此增益而來。① 從現存的圖讖佚文看,七經讖中多有稱引《河圖》《洛書》之處,而《河圖》《洛書》中卻没有引用過七經讖的内容,這同樣説明河洛讖的成立早於七經讖。② 儒學經義的内容僅存在於七經讖之中,而此前成書的《河圖》《洛書》則在内容上與經義無涉。桓譚《新論》云:"讖出《河圖》《洛書》,但有兆朕而不可知,後人妄復加增依託,稱是孔丘,誤之甚也。"③桓譚所説應是兩漢之際的情況,假託孔子的是增益《河圖》《洛書》内容而成讖書,即東漢經讖的雛形,説明此前的《河圖》《洛書》尚未與孔子發生關係。既然河洛讖和七經讖的成立時間不同,内容、性質亦有所差異,因此研究者應將兩者加以適當區分。河洛讖出於方士之手,本身屬於數術之學。而七經讖則是東漢初年校定圖讖的成果,目的是牽合河洛讖與經義。明晰河洛讖與七經讖的區别,才能復原出西漢末到東漢初圖讖興起與定型的整個過程,以及東漢人以圖讖爲儒學的觀念是如何被建構起來的。

---

① 陳槃《秦漢間所謂"符應"論略》《論早期讖緯及其與鄒衍書説之關係》《讖緯命名及其相關之諸問題》(增訂本),《古讖緯研討及其書録解題》,第1—178頁。
② 干鐵《漢代學術史》第六章《讖緯》,第221頁。黄復山《東漢讖緯學新探》,臺北:臺灣學生書局,2000年,第69—160頁。徐興無《讖緯文獻與漢代文化構建》,北京:中華書局,2003年,第15—17頁。
③ [唐]馬總編纂,王天海、王韌撰《意林校釋》卷三引,北京:中華書局,2014年,第325—326頁。[漢]桓譚撰,吳則虞輯校《桓譚〈新論〉》,北京:社會科學文獻出版社,2014年,第71頁。[漢]桓譚撰,朱謙之輯校《新輯本桓譚新論》,北京:中華書局,2015年,第18頁。

"讖"的本義是預言。《說文》云:"讖,驗也。"①"讖"字不見於《爾雅》,西漢中期以前的用例也不多。文帝前元六年(前174),②賈誼作《鵩鳥賦》云:"服集余舍,止于坐隅,貌甚閒暇。異物來崒,私怪其故,發書占之,讖言其度,曰'野鳥入室,主人將去'。"③《史記·屈原賈生列傳》"讖"作"筴"。④ 鵩鳥集於己之屋舍,爲不祥之兆,故賈誼發書占之。"讖言其度"之"讖"指占辭,賈誼所發之書自然就是讖書,其中記載了各種徵象所對應的未來吉凶。《淮南子·説山訓》中亦有讖書:"六畜生多耳目者不祥,讖書著之。"⑤《漢書·藝文志·數術略·雜占》有《禎祥變怪》《人鬼精物六畜變怪》等書,⑥《鵩鳥賦》《淮南子》所言當即此類數術占驗之書。

　　又《史記·趙世家》載扁鵲云:

　　　　(秦繆公)七日而寤。寤之日,告公孫支與子輿曰:"我之帝所甚樂。……帝告我:'晉國將大亂,五世不安;其後將霸,未老而死;霸者之子且令而國男女無別。'"公孫支書而藏之,秦讖於是出矣。獻公之亂,文公之霸,而襄公敗秦師於殽而歸縱淫,此子之所聞。⑦

相同之文亦見《扁鵲傳》,而"讖"作"策",⑧與《鵩鳥賦》情況相同,説明二字同義通用。所謂"秦讖"即上帝告知秦繆公的預言,後由公孫

---

　　① [漢]許慎撰,[宋]徐鉉校定《説文解字》卷三上《言部》,影印清同治十二年番禺陳昌治刻本,北京:中華書局,1963年,第51頁。
　　② 參見《史記·屈原賈生列傳》裴駰《集解》引徐廣注(《史記》卷八四,北京:中華書局,1982年,第2497頁)。
　　③ 《漢書》卷四八《賈誼傳》,北京:中華書局,1962年,第2226頁。[梁]蕭統編,[唐]李善注《文選》,影印南宋淳熙八年尤袤池陽郡齋刻本,《國學基本典籍叢刊》,北京:國家圖書館出版社,2017年,第4冊,第77頁。二書所載文字略同。
　　④ 《史記》卷八四《屈原賈生列傳》,第2497頁。
　　⑤ 劉文典《淮南鴻烈集解》卷一六《説山訓》,馮逸、喬華點校,北京:中華書局,2017年,第640頁。
　　⑥ 《漢書》卷三〇《藝文志》,第1772頁。
　　⑦ 《史記》卷四三《趙世家》,第1786—1787頁。
　　⑧ 《史記》卷一〇五《扁鵲倉公列傳》,第2787頁。

支記録並收藏。《封禪書》記載此事,謂"上帝命繆公平晉亂",①而秦繆公正是打敗晉國而稱霸的,所以這個故事是説秦繆公受命而霸。此處的"讖"當然也是預言,不過與《鵩鳥賦》《淮南子》又有區别:

（一）**預言的對象不同**。《鵩鳥賦》《淮南子》中的讖書預言人事吉凶,爲"民生日用所資";②而秦讖則預言國家曆運興衰,政治意味濃厚。

（二）**預言的手段不同**。《鵩鳥賦》《淮南子》中的讖書需要通過特定的徵象（"服集余舍""六畜生多耳目"）來預測吉凶,這一過程就是占候;而秦讖則是直接從上帝口中獲得預言,並未經過任何占候手段。

以讖書作爲一般數術占驗書的義項在此後逐漸式微,罕見用例。③ 西漢晚期出現的各種讖書,取義均與秦讖相同,即預言對象爲國家或帝王的曆運興衰,預言本身則託之天意或聖人,無需占候手段。如成帝時齊人甘忠可造《天官曆包元太平經》十二卷,④夏賀良等在哀帝建平二年（前5）上言時稱爲"赤精子之讖",⑤王莽於居攝三年（8）上奏太后亦言"甘忠可、夏賀良讖書",⑥可見均將甘氏此書看作讖書。此書託言天帝使真人赤精子下教,赤精子既爲天帝之使,其所言即天帝之預言,與秦讖所託相同。王莽地皇二年（21）,卜者

---

① 《史記》卷二八《封禪書》,第1360頁。《漢書·郊祀志上》（第1196頁）同。
② 吕思勉《秦漢史》第二〇章《秦漢宗教》第四節《圖讖》,上海:上海古籍出版社,2013年,第737頁。
③ "讖"字指稱一般占書的用例見於班固《幽通賦》,其文云:"魂熒熒與神交兮,精誠發於宵寐,夢登山而迥眺兮,覿幽人之髣髴,攬葛藟而授余兮,眷峻谷曰勿隧。吻昕寤而仰思兮,心蒙蒙猶未察,黄神邈而靡質兮,儀遺讖以臆對。"（《漢書》卷一〇〇上《叙傳上》,第4214頁）言夢中登山遠眺,隱約望見神人,神人取葛蔓授之,早晨夢醒,未知所夢吉凶。黄帝善於占夢,但久遠無從發問,只能依據黄帝遺留的讖書。此讖書當然是一種占夢書,根據所夢內容來占驗吉凶,在《漢書·藝文志》中屬於數術略雜占家。
④ 《漢書》卷七五《眭兩夏侯京翼李傳》,第3192頁。
⑤ 《漢書》卷一一《哀帝紀》,第340頁。
⑥ 《漢書》卷九九上《王莽傳上》,第4094頁。

王況爲魏成大尹李焉作讖書十餘萬言,亦將預言託於文帝之口。①張衡《請禁絶圖讖疏》稱讖書爲"不占之書",與天文、律曆、卦候、九宫、風角等占術對立,所謂"不占"指的是圖讖中不經過占候得出的預言,如《河圖赤伏符》"劉秀發兵捕不道,四夷雲集龍鬭野,四七之際火爲主",《雒書甄曜度》"赤三德,昌九世,會修符,合帝際,勉刻封",《尚書考靈曜》"卯金出軫,握命孔符"等。②

此外,從魏晉南北朝時期的新出讖書上,更容易理解何種預言書可以進入"讖書"的範疇。《隋書·經籍志·異説家》著録梁有《孔老讖》《老子河洛讖》《尹公讖》《劉向讖》《堯戒舜禹》《孔子王明鏡》《郭文金雄記》《王子年歌》《嵩山道士歌》等書,③皆是託於聖賢。從內容上看,則都是政治預言,如《南齊書·祥瑞志》載《老子河洛讖》云"蕭草成,道德懷書備出身,形法治吴出南京",④借老子之口道出蕭道成之名。由此可知,西漢晚期以後,一般只有假託天意或聖賢之言、事關國家或帝王曆運興衰的預言書才能稱作讖書。就東漢圖讖而言,河洛讖假託上天和九聖,七經讖假託孔子。讖書與數術占驗之書的區別在於其中有大量不經過占候得出的預言,隨意性很大,本身往往有明確的政治目的。這是本書對包括圖讖在内的讖書的界定。

二、讖緯研究的歷史與現狀

讖緯文獻的主體亡佚於宋代之前,僅《易緯》尚有部分流傳至今。宋儒對讖緯持貶斥態度,所以並無專門研究。⑤ 元末陶宗儀《説郛》中輯録了十四種讖緯文獻,⑥但主要是出於"博古"的目的。明代

---

① 《漢書》卷九九下《王莽傳下》,第4166—4167頁。
② 陳侃理《儒學、數術與政治:災異的政治文化史》第三章附録《讖緯與災異論》,第164—166頁。
③ 《隋書》卷三二《經籍志一》,北京:中華書局,1973年,第940頁。
④ 《南齊書》卷一八《祥瑞志》,北京:中華書局,1972年,第350頁。
⑤ 只有《易緯》比較獨特,宋代理學的形而上學理論吸收了《易緯》漢代象數易學的内容,參見徐興無《讖緯文獻與漢代文化構建》,第71頁。
⑥ [元]陶宗儀《説郛》卷二《古典録略》,影印民國十六年上海商務印書館(涵芬樓)排印本,北京:中國書店,1986年,第2b—5b頁。

中期以後,"古學"興起,重視漢唐注疏,讖緯文獻也重新進入學者視野。胡應麟二分讖、緯,倡言讖駁緯醇。明末孫瑴等人的讖緯輯佚工作,正是在這種背景下展開的。清代學者將讖緯研究限定在經學範疇內,在此基礎上討論了讖緯的起源與名義等問題,指明了緯書在內容上與西漢今文經學的密切關係,讖緯輯佚工作也較明人更爲嚴謹細緻。此外,還有張惠言《易緯略義》、陳喬樅《詩緯集證》、胡薇元《詩緯訓纂》等針對一種緯書的專門研究,在考訂文字的同時又加以注解。光緒間蔣清翊編《緯學原流興廢考》,以"河洛""名義""流別"等專題的形式輯錄了與讖緯相關的史料,是首部從整體上對讖緯進行研究的專書。光緒三十一年(1905),劉師培發表《讖緯論》,提出讖緯有補史、考地、測天、考文、徵禮、格物等價值,突破了傳統的經學框架。

　　進入現代學術以後,顧頡剛、周予同等學者從歷史學的角度,將讖緯納入漢代思想史、經學史的範疇,著重考察讖緯思想與漢代政治、思想的關係,爲後來的研究開闢了新的路徑。專門致力於讖緯研究的學者中,以陳槃、安居香山、中村璋八和鍾肇鵬等最爲大家。陳槃對讖緯的名義、起源、作者、內容等均有見解,成果結集爲《古讖緯研討及其書錄解題》。日本學者安居香山、中村璋八於1959年至1964年間完成《緯書集成》油印本八册,此後又經修訂,於1971年至1992年間以《重修緯書集成》之名陸續出版。① 《集成》整合明清輯本,又從前人未曾利用的諸多日藏文獻中新輯出不少佚文,成爲讖緯研究的文獻基礎。此外,二人還合著《緯書の基礎的研究》(1966),分爲《思想篇》(安居)和《資料篇》(中村)。② 安居的研究重點在緯書的形成、思想內容以及與政治、經學、宗教等其他領域的相互影響,

---

① [日]安居香山、中村璋八編《重修緯書集成》,東京:明德出版社,1971—1992年。

② [日]户川芳郎書評,《漢魏文化》第7號,1968年12月。收入户川芳郎《漢代の學術と文化》,東京:研文出版,2002年,第142—165頁。

自著有《緯書》(1969)、《緯書の成立とその展開》(1979)①、《中國神秘思想の日本への展開》(1983)、《緯書と中国の神秘思想》(1988)等。中村則主要致力於文獻層面的研究。鍾肇鵬《讖緯論略》(1991)涉及讖緯的形成、篇目、內容、流變、輯佚及其與政治、哲學、宗教、歷史、科學的關係等，幾乎涵蓋了讖緯研究中的各個方面，是一部相當全面的概論性著作。

現代學術意義上的讖緯研究已逾百年，有大量的學術成果問世，②在讖緯的起源、思想、篇目、流傳與散佚等基礎性問題方面，已經有了較多的探討：

關於讖緯的起源，歧異之說衆多，姜忠奎《緯史論微》(1935)將諸說大致分爲以時代爲斷者、以人物爲斷者、以典籍爲斷者三類，備列三十種說法，③鍾肇鵬《讖緯論略》(1991)則總結爲十二種。④ 之所以分歧如此之大，是因爲讖緯中有不少思想和內容起源較早，前人往往據此將其時代前推，這顯然屬於本末倒置，陳槃和徐興無均指出了這種思路的問題。⑤ 徐興無基於陳槃的研究，總結其觀點云：

> 讖緯文獻按出現的時間劃分，可分爲《河圖》《洛書》和"七經緯"。《河》《洛》爲出現於秦漢之間的早期讖緯文獻形式，其中儒家思想的色彩淡薄。"七經緯"則晚於《河》《洛》，產生於西漢五經被確立爲官學之後，是以經學附庸的面貌出現的讖緯文獻形式。在形成全部文獻體系之後，各自仍在不斷地增益，呈

---

① [日]户川芳郎書評，《東方宗教》第55號，1980年7月。收入户川芳郎《漢代の學術と文化》，第166—171頁。

② 參見楊權《讖緯研究述略》，《新五德理論與兩漢政治——"堯後火德"說考論》附錄，北京：中華書局，2006年，第433—451頁。徐興無《二十世紀的讖緯研究》，《讖緯文獻與漢代文化構建》第二章附錄，第80—90頁。郭思韻《漢代讖緯研究——以淵源流變、內容構成及對文史寫作的影響爲中心》附錄《讖緯領域的科研情況》《讖緯研究論著題錄》，第439—489頁。

③ 姜忠奎《緯史論微》卷一，第18—37頁。

④ 鍾肇鵬《讖緯論略》第一章《讖緯的起源和形成》，第11—26頁。

⑤ 陳槃《論早期讖緯及其與鄒衍書說之關係》，《古讖緯研討及其書錄解題》，第100—101頁。徐興無《讖緯文獻與漢代文化構建》，第11頁。

現出不穩定的狀態。自光武帝頒布八十一篇起,讖緯漸漸地成爲《河圖》《洛書》"七經緯"(或"七經讖")和《論語讖》等文獻的總稱。①

陳槃指出河洛讖和七經讖的形成時間不同,確屬的論,但將七經讖的產生推至西漢昭、宣之世,則是出於對《小黄門譙敏碑》等晚期史料的誤用,②並無堅實的證據。鍾肇鵬經過比較論證,採納張衡的説法,認爲"讖緯出於西漢之末",此説成爲現在的通行觀點。但這只是比較粗綫條的説法,没有區分河洛讖與七經讖形成時間的不同,也没能交待圖讖形成的具體過程。近來又有張峰屹等學者提出新説,認爲"以讖輔經""以讖釋經"肇始於西漢文帝時,對作爲關鍵證據的張衡《請禁絶圖讖疏》也有不同的解讀。③ 本書並不贊同此新説,但這也同時説明,在讖緯形成問題上,尚待更爲細緻的研究。

關於讖緯的思想源頭,清人朱彝尊等已注意到《河圖括地象》中的地理思想大抵本於鄒衍的大九州説,④劉師培則最早從整體上明確提出讖緯内容多有源出鄒説者。⑤ 陳槃在此基礎上詳加考證,論證了方士與圖讖的密切關係,基本闡明了讖緯思想的源頭之一。⑥西漢今文經説是圖讖内容的另一重要來源,對此清人徐養原早有論述。⑦ 鈴木由次郎、武田時昌、鍾肇鵬等學者則在清人張惠言、陳喬樅等研究的基礎上,進一步指出《易緯》主要是孟喜、京房《易》説,

---

① 徐興無《讖緯文獻與漢代文化構建》,第 20 頁。
② 郭思韻《漢代讖緯研究——以淵源流變、内容構成及對文史寫作的影響爲中心》,第 180 頁。
③ 張峰屹《兩漢讖緯考論》,《文史哲》2017 年第 4 期。
④ [清]朱彝尊《經義考》卷二六四《毖緯二》,影印清康熙間朱彝尊刻乾隆十九年至二十年盧見曾續刻本,北京:中國書店,2009 年,第 3b 頁。
⑤ 劉師培《左盦集》卷三《西漢今文學多採鄒衍説攷》,民國二十三年至二十五年寧武南氏校印《劉申叔先生遺書》,第 11a—15a 頁。
⑥ 陳槃《論早期讖緯及其與鄒衍書説之關係》,《古讖緯研討及其書録解題》,第 97—139 頁。
⑦ [清]徐養原《緯候不起於哀平辨》,見[清]阮元編《詁經精舍文集》卷一二,第 347 頁。

《詩緯》則屬於《齊詩》之學。① 由此可見,方士與儒生是圖讖形成過程中的兩個重要群體。

　　東漢光武帝頒行圖讖八十一篇,包括河洛讖四十五篇、七經讖三十六篇。《後漢書·樊英傳》李賢注列出了"七緯"(七經讖)的篇目,不過只有三十五篇,尚闕一篇。這些篇名多見於東漢史料,故安居香山、中村璋八認爲是"緯書中最可信賴的資料"②,而陳槃、陳蘇鎮則對李賢注的可靠性有所懷疑。③ 至於河洛讖篇目,甚至沒有類似的文獻記載,更無從確定。由於圖讖的具體篇目不明,明清以來的讖緯輯本並沒有一定的收錄標準,實際上只能根據文獻徵引的篇名形式進行猜測,有很大的主觀性,因而不同輯本所收篇目多有參差。中村璋八將各家輯本和朱彝尊《經義考·毖緯》所載讖緯篇目整合爲《現存緯書篇目一覽表》,凡二百三十九種。④ 其中一些僅存篇名,並無佚文流傳。還有不少篇目如《帝系譜》《圖書秘記》《大戴禮逸》等,明顯不屬讖緯,而是前人輯本的誤收。《重修緯書集成》作爲讖緯輯本,自然僅收實有佚文者,其中《易緯》二十四種、《尚書緯》八種、《尚書中候》二十一種、《詩緯》四種、《禮緯》四種、《樂緯》四種、《春秋緯》二十九種、《孝經緯》十五種、《論語緯》九種、《河圖》四十三種、《洛書》十五種,凡一百七十六種,除去泛稱"某緯"及"河圖""洛書"者,仍有一百六十五種,大大超過八十一篇的篇數。安居香山和中

---

①　[日]鈴木由次郎《讖緯學と易緯》,《漢易研究》(增補改訂版),東京:明德出版社,1974年。[日]武田時昌《〈易緯坤靈圖〉象數考》,《日本中國學會報》第39集,1987年。鍾肇鵬《易緯研究》《讖緯與齊文化》,《求是齋叢稿》,成都:巴蜀書社,2001年,第649—724頁。

②　[日]中村璋八《緯書の基礎的研究·資料篇》第一章《緯書資料研究における問題の所在》,第282頁。

③　陳槃《讖緯釋名》,《中央研究院歷史語言研究所集刊》第11本,第313頁。陳槃《讖緯命名及其相關之諸問題》(增補本),《古讖緯研討及其書錄解題》,第142頁。陳蘇鎮《〈春秋〉與"漢道"——兩漢政治與政治文化研究》,北京:中華書局,2011年,第417—418頁。

④　[日]中村璋八《緯書の基礎的研究·資料篇》第一章《緯書資料研究における問題の所在》,第356—371頁。

村璋八也承認其中部分篇名或有誤,本屬一篇,還有部分篇目可能並非東漢圖讖,但又無法區分。王利器對《緯書集成》中《河圖》《洛書》的部分篇目進行了合併,恰好得到四十五篇之數,①但這其實也只是巧合,並無特別的證據,而且也沒有區分東漢圖讖和六朝讖書。

讖緯文獻亡佚的原因,學者多歸於東漢以後歷代的禁毀政策。徐興無則基於《易緯》獨存的現象,提出讖緯亡佚最主要的因素不是官方禁令而是經學自身的揚棄。② 關於讖緯禁毀的歷史,陳登原從歷代正史中抄錄出相關史料,③安居香山、鍾肇鵬、吕宗力等都有論述,④具體史實已經比較明確。而對於其流傳與散佚的具體過程,以往的研究中雖有述及,⑤但都相對粗略。讖緯文獻中,僅有《易緯》流傳至今,尤其值得詳細考察其流傳過程,而已有研究的考證不夠細緻,對宋代目錄的使用也有不少錯誤之處。又李賢注列《易緯》六篇,今本卻有八種,關於增加的兩種是否可信,也需要結合對其流傳衍變過程的復原來作出判斷。

通過簡單的學術史回顧可以發現,雖然讖緯研究已經取得豐碩的學術成果,但在東漢圖讖的成立過程、篇目構成、流傳與散佚等一些基礎性問題上仍未達成一致,其中尤以篇目問題最爲棘手。八十

---

① 王利器《讖緯五論》,《曉傳書齋集》,上海:華東師範大學出版社,1997年,第96—97頁。
② 徐興無《讖緯文獻與漢代文化構建》,第91—93頁。
③ 陳登原《國史舊聞》卷一五"緯書"條,北京:中華書局,1958年,第424—432頁。
④ [日]安居香山《緯書の基礎的研究・思想篇》第九章《漢魏六朝時代における圖讖と佛教》,第260—264頁。有梁辰雪中譯,載童嶺編《秦漢魏晋南北朝經籍考》,上海:中西書局,2017年,第245—255頁。鍾肇鵬《讖緯論略》,第30—33頁。吕宗力《兩晋南北朝より隋に至る圖讖を禁絶する歷史の真相》,《中村璋八博士古稀記念東洋學論集》,東京:汲古書院,1996年,第243—301頁。中文修改稿《魏晋南北朝至隋禁毀讖緯始末》,載《高敏先生八十華誕紀念文集》,北京:綫裝書局,2006年,第253—261頁。
⑤ [日]中村璋八《緯書の基礎的研究・資料篇》第二章《各緯における諸問題》。[日]安居香山、中村璋八編《緯書集成・解説》。鍾肇鵬《讖緯論略》第二章《讖緯篇目及緯書解題》。

一篇的篇目無法確定,便難以區分東漢圖讖和魏晉南北朝的新出讖書。對於無法斷代的文獻,其史料價值是大打折扣的,錯誤的使用只會干擾研究的方向。現在學界對《緯書集成》所收的讖緯文獻,往往是作爲漢代史料使用,這是十分危險的。如學者經常引用的《龍魚河圖》,就不屬於東漢圖讖。所以,對於這些讖緯研究中的基礎性問題,仍有近一步深入研究的必要。而近年來的讖緯研究更多地是從政治文化史、經學史、文學史等角度切入,探討讖緯與漢魏六朝乃至隋唐的政治、經學、文學的互動關係,對讖緯本身的基礎性研究關照不足。從研究時段上看,往往是立足於某一時代,作靜態考察,缺乏對讖緯從興起到衰亡長時段的通貫性研究。從文獻的使用上看,更多利用的是史傳等外圍資料,對讖緯文獻本身的研究與利用不足。尤其對現存的讖緯文獻缺乏細緻的文本分析,因而忽略了今傳讖緯文獻的複雜文本構成。因而,本書希望能在這些問題上有所推進。

三、本書的研究構想與方法

爲了使研究主體更爲明確,本書以東漢圖讖八十一篇作爲主要研究對象,考察其成立過程、性質變遷、流傳與散佚、結構與篇目、文本構成、輯佚史等基礎性的文獻學問題。當然,爲了將東漢圖讖與六朝讖書作出區分,研究中也會兼及一些魏晉以後的新出讖書。具體研究構想如下:

(一) **圖讖性質的觀念史變遷**。上文已經指出,東漢圖讖由河洛讖和七經讖兩部分構成,兩者的成立時間、造作主體都不相同。河洛讖出於方士之手,本身屬於數術之學。而七經讖則是東漢初年校定圖讖的成果,目的是牽合河洛讖與經義,使其進入儒學範疇。兩者的產生原本都是基於特定的政治目的,漢代以後,政治背景發生轉變,圖讖也就失去了官方意識形態的地位,重新回到數術之學的範疇。①

---

① 陳侃理《儒學、數術與政治:災異的政治文化史》第三章附錄《讖緯與災異論》,第 173—174 頁。

所以,從西漢末到六朝隋唐,圖讖的性質在時人觀念中經歷了數術—儒學—數術的變遷。前一階段的觀念變化是出於政治目的的刻意建構,而後一階段的變化則是建構主體崩塌後的自然變化。然而,現在的大多數學者仍將圖讖簡單看作漢代經學的附庸,對其性質的理解過於片面。因此,本書希望將圖讖興起與衰亡的歷史放在觀念變遷的背景下進行探討,以求更準確地理解不同時代人對圖讖性質的差異性判斷。

(二)**在明晰圖讖流傳與散佚具體過程的基礎上,考察圖讖的篇目問題**。由於圖讖的亡佚,若要討論篇目問題,必須首先釐清其流傳與散佚過程中的一些重要時間節點。藉助目錄學的方法,可以獲知《河圖》《洛書》在六朝時期即已散佚過半,唐初僅存二十卷。而讖緯輯佚的主要來源幾乎都是隋唐文獻,這就決定了今日不可能完整復原東漢《河圖》《洛書》的篇目。雖然如此,本書仍希望提出區分東漢圖讖和六朝讖書的幾項標準,從而為判定現存圖讖篇目的時代問題提供參考。與《河圖》《洛書》的情況不同,綜合考察隋唐目錄及文獻,會發現七經緯(七經讖)在唐初尚基本完整。因此,唐初人獲知七緯篇目並非難事,從而印證了《後漢書》李賢注的可信性。至宋代,僅有《易緯》仍在流傳,而宋代豐富的目錄文獻則為我們細緻考察《易緯》的分合、衍變情況提供了可能。今本《易緯》八種中的《乾坤鑿度》和《乾元序制記》,《四庫全書總目》已經指為宋人偽作,但當今學界仍有不少學者作為漢代文獻使用,甚至將《乾坤鑿度》中的《垂皇策》《萬形經》《八文》等視為漢代緯書篇目,徒增混亂。而通過目錄學考察,可以相當準確地指明此二篇的產生時間,證明《四庫總目》所言不誤。

(三)**《易緯》文本研究**。由於圖讖中的其他篇目僅存佚文殘句,不成篇章,因而無法研究其文本構成問題。《易緯》文本的複雜性表現在兩個層面:一是圖讖本身就是由不同時代的文本拼合而成,所以既有秦漢之際乃至先秦的思想,又有漢代的內容,且往往有抵牾處。二是有後代增益的內容。這倒不是有人故意不加分別,而是由於圖讖文本在長期流傳過程中發生了變異,失去了區分原文與增益內容的標誌。本書研究的《乾鑿度》和《稽覽圖》恰好各自代表了其中一種複雜性。此外,考察《乾鑿度》的文本還能爲研究圖讖文本的形成提供絶佳的例證。

(四)**讖緯輯佚史研究**。按時代順序,逐一梳理元末以降的所有讖緯輯本,總結其優劣得失,並將讖緯輯佚放在明清以來學術變遷的脈絡之中,對讖緯輯佚的歷史做一概觀性的考察。

基於以上構思和研究需要,本書將主要採用以下研究方法:

(一)**文獻學的研究方法**。由於本書主要關注東漢圖讖文獻的基礎性問題,自然需要採用文獻實證的研究方法。具體來説,在史料的運用上注重史源學分析,儘可能使用一手史料,並藉助版本學知識選擇引用文獻的最佳版本。由於圖讖佚文的散亂,文字訛誤十分常見,因而本書在引用時將藉助校勘學知識對文字進行校正,爲正確解讀其内容掃清障礙。圖讖文獻的流衍散佚和篇目構成是本研究的重要組成部分,在研究對象僅存佚文的情況下,能否嫻熟地使用目録學手段,準確利用豐富的目録文獻,將是決定這部分研究成敗的關鍵。此外,面對讖緯輯本,還需要利用輯佚學的知識判定佚文來源的可靠性和準確性。總之,本書將以問題爲中心,綜合使用目録、版本、校勘、輯佚等文獻學手段,"據可信之材料,依常識之判斷",①把握歷史發展與文獻流傳的整體趨勢,注重史料考辨與邏輯思考,努力復原東漢圖讖的文獻原貌。

(二)**觀念史的研究方法**。現代學者往往將東漢圖讖視爲漢代經學的附庸,這顯然是站在當代學術立場上作出的定性,而圖讖内容的複雜性則決定了不論是儒學還是數術的定性都有失偏頗。所以本書將會轉變思路,不再作静態的定性分析,而是藉助觀念史的方法,回到歷史語境之中,考察圖讖從興起到衰亡的漫長歷史進程中,不同時代、不同群體之人對圖讖的認識存在何種差異,以及這些觀念是如何變遷的。

---

① 陳寅恪《唐代政治史述論稿》上篇《統治階級之氏族及其升降》,上海:上海古籍出版社,1982年,第11頁。

(三)**文本分析的研究方法**。東漢圖讖的文本構成十分複雜,一方面是因爲圖讖本身就是由不同時代的多元文本整合而成,另一方面則是出於後世流傳過程中的附益,這就使得文本出現重複與矛盾之處。面對這種層累而成的文本,無法僅從傳統的校勘學、史源學角度進行解釋,因而需要引入文本分析的研究方法,嘗試復原出構成今傳圖讖文本的不同文本片段。

　　最後,需要對本書的文獻使用作出說明。任何學術研究都必須建立在可靠的文本基礎上,圖讖研究自然以讖緯文本爲依據,現在學界通常直接引用安居香山、中村璋八所輯《緯書集成》。《集成》雖然收錄豐富,爲推動讖緯研究做出了重要貢獻,但主要是集合前代諸家輯本而成,並未如其所宣稱的那樣覆核原始出處。所以,《集成》實際上是二手文獻的彙編,存在不少誤收的篇目和佚文,文字上也多有訛誤。[①] 因此,本書將不會直接引據《集成》之文,而是全部覆核原始出處,辨析篇目、佚文的可靠性,並參考不同出處,校正文字,以便將結論建立在堅實的文獻基礎之上。

---

① 參見本書第五章第六節。

第一章　東漢圖讖的成立及其觀念史變遷

第一節　張衡《請禁絶圖讖疏》的不同解讀

討論圖讖的成立時間，張衡的《請禁絶圖讖疏》是最爲重要的文獻，①歷來備受學者重視。張衡鑑於當時圖讖盛行、儒者争學的風氣，上疏順帝，要求"收藏圖讖，一禁絶之"。②

疏中首先列舉律曆、卜筮、九宫等占術，然後説讖書的特點是"立言於前，有徵於後"。那麽，在張衡眼中，這些占術與讖書是何種關係呢？板野長八提出"讖的二重性"，認爲張衡這裏説的通過律曆、卜筮、九宫等占術得到的有徵效的預言是正讖，而東漢君主和學者利用的産生於西漢末的圖讖預言是僞讖。前者需要通過一定的法則，後者則直接從作爲最高權威的上天獲得。③ 張峰屹也認爲這些占術之書就是"立言於前，有徵於後"的讖書，張衡並不是主張禁絶一切讖書，而是要剔除成、哀之後的圖讖。他將"讖書"與"圖讖"作

---

① 《後漢書》卷五九《張衡列傳》，第1911—1912頁。按：《請禁絶圖讖疏》爲〔清〕嚴可均校輯《全上古三代秦漢三國六朝文·全後漢文》（北京：中華書局，1958年，第1543頁）擬題。

② 張振澤考證此疏作於順帝永建元年（126）至陽嘉二年（133）間，參見張振澤《張衡詩文集校注》，上海：上海古籍出版社，1986年，第363頁。

③ 〔日〕板野長八《儒教成立史の研究》第九章第一節《讖の二重性》，東京：岩波書店，1995年，第330—333頁。

了區分,認爲讖書始於先秦,圖讖則形成於漢末,張衡褒讖書而貶圖讖。① 細繹疏文,二人的觀點皆不能成立。張衡在提出圖讖成於哀、平之際的觀點後,又説"律曆、卦候、九宫、風角,數有徵效,世莫肯學,而競稱不占之書",顯然是將這些占術和圖讖(不占之書)對立。這就説明,疏文開頭提及的諸多占術並不屬於讖書。當然,板野的觀點也有可取之處,是否需要通過一定的法則來獲得預言正是占術和圖讖的區别。對於這些占術和圖讖的對立關係,陳侃理作出了很好的解釋:天文、律曆、卦候、九宫、風角等占術的共同特點是,依據一定的理論和方法,以自然或人爲現象爲出發點進行推算,這一過程叫作"占",占術作出的預言都是經過"占"得到的。雖然占候之術是圖讖的主要内容之一,但其中也有大量不經過"占"得出的預言,光武帝封禪刻石文中所引《河圖赤伏符》《會昌符》《合古篇》《捉劉子》《洛書甄曜度》《孝經鈎命決》之文,都是假託上天或孔子的"不占"之辭。② 圖讖之所以備受光武帝等東漢皇帝重視,正是由於這些不占之辭"預言"了光武中興,是劉氏統治正當性和合法性的天命依據。這是圖讖區别於其他數術占驗之書的最大特點。對張衡來説,"讖書"與"圖讖"在實質上並無區别,只是由於"圖讖"一詞始於西漢晚期,光武所頒八十一篇即用此名,而此前僅有"讖書",故張衡在使用時,根據所言時代略有選擇,張峰屹之説不確。

然後,張衡開始談圖讖的產生時間,指出成帝、哀帝以前未見有人稱引,劉向、劉歆父子亦無著錄。緊接著,張衡又舉出經讖中的幾個例子,其中既有經讖(《春秋讖》)與經書(《尚書》)的齟齬,也有經讖(《詩讖》)的自相矛盾之處。此外,經讖中更是出現了戰國之人、漢置之州和三輔諸陵,説明必非孔子之作,而是後人僞造。"圖中訖于成帝"是判定圖讖成立時代的決定性證據,"圖"即《河圖》。《河

---

① 張峰屹《兩漢讖緯考論》,《文史哲》2017 年第 4 期。
② 陳侃理《儒學、數術與政治:災異的政治文化史》第三章附錄《讖緯與災異論》,第 164—167 頁。

圖》排列了歷代帝王興替的譜系,①既然排至成帝,說明成書在此後。而圖讖中又沒有記錄王莽篡漢之禍,說明成書在此前。由此,張衡判定圖讖的成書在哀、平之際。雖然有學者對其中個別例證提出質疑,②但並不能從根本上動搖張衡的結論。③ 張衡此疏上于順帝時,能夠見到完整的圖讖八十一篇,其言可信。因此,"圖讖成於哀、平之際"已經成爲學界共識,④也是我們進一步詳細探討圖讖成立經過的起點。

張衡《請禁絶圖讖疏》確定了圖讖成立的具體時間節點,但沒有涉及其形成經過。秦漢之際"莫或稱讖"也只是籠統的説法,並不代表當時沒有零星的讖書存在,只是尚未形成系統,且"知之者寡"而已。⑤ 光武圖讖包括河洛讖和七經讖兩部分,雖然有許多相似的內容,但兩者的性質並不完全相同。前者出於方士造作,原本與儒學無涉;而後者則是光武帝牽合河洛讖與儒學的產物,因此有不少經義的內容。從現存的圖讖佚文看,七經讖中有不少徵引河洛讖篇名的例子(如《易乾鑿度》卷下引《洛書甄曜度》《洛書摘亡辟》等),而後者中則絶不見前者篇名,説明河洛讖的成立時間早於七經讖。⑥ 下文即分別探討河洛讖與七經讖的成立過程。

---

① 《尚書旋璣鈐》曰:"《河圖》命紀也。圖天地帝王終始存亡之期,録代之矩。"(《文選》卷三六王融《永明十一年策秀才文》李善注引,第 9 册,第 173 頁)
② [清]惠棟《後漢書補注》卷一四,清嘉慶九年(1804)德裕堂刻本,第 1b—2a 頁。
③ 陳蘇鎮對此疏中涉及圖讖形成的內容進行了詳細梳理,見陳蘇鎮《〈春秋〉與"漢道"——兩漢政治與政治文化研究》,第 418—421 頁。
④ 近來有學者對此提出異議,認爲讖驗觀念始自遠古,漢文帝時讖伴隨經學興起而變化,開始以讖輔經、以讖釋經,因此反對通行的哀、平說。(張峰屹《兩漢讖緯考論》)但該說將涉及徵驗(根據某種徵象而預測未來吉凶)內容之書均視爲讖書,人爲地擴大了讖書的範疇,混淆了圖讖與天文星占、陰陽災異等數術占驗之書的區別,故其結論難以成立。
⑤ 陳蘇鎮《〈春秋〉與"漢道"——兩漢政治與政治文化研究》,第 418—420 頁。
⑥ [清]顧觀光《輯河洛緯敘録》,《緯書集成》影印上海圖書館藏《武陵山人遺稿》稿本,上海:上海古籍出版社,1994 年,第 1093 頁。黄復山《東漢〈河圖〉〈洛書〉與"經讖"關係之探討》,《東漢讖緯學新探》,臺北:臺灣學生書局,2000 年,第 69—160 頁。

第二節　圖讖產生之前的"河圖""洛書"

一、《尚書·顧命》中的東序河圖

現存文獻中，"河圖"一詞最早見於《尚書·顧命》："越玉五重，陳寶，赤刀、大訓、弘璧、琬琰，在西序。大玉、夷玉、天球、河圖，在東序。"①要理解此"河圖"的含義，需要先疏通此句文義。對於"越玉五重陳寶"六字的理解，現在仍有分歧。僞孔傳云："於東西序坐北，列玉五重，又陳先王所寶之器物。"孔疏云："此經爲下揔目，下復分別言之。越，訓於也。於者，於其處所。……下句陳玉……西序二重，東序三重，二序共爲列玉五重。又陳先王所寶之器物，河圖、大訓……皆是先王之寶器也。"②此説以"越"爲虚詞，以"陳"爲陳列，認爲"越玉五重陳寶"總領下文，下文所列有玉有寶。西序有玉二重（弘璧、琬琰），東序有玉三重（大玉、夷玉、天球），共計五重玉器。此外的大訓、河圖則屬於寶器。但此説在文法上比較迂曲，王國維即提出疑問：若按此説，"則'陳寶'二字乃目下文，當在'越玉五重'之上，

---

① 班固《典引》"御東序之祕寶，以流其占"，蔡邕注云："東序，牆也。《尚書》曰：'顓頊河圖、雒書，在東序。'流，演也。〔河圖〕、雒書皆存亡之事，尚覽之以演禍福之驗也。"（《文選》卷四八，第 12 册，第 170 頁）蔡注所引《尚書》多"顓頊""雒書"四字。陳喬樅云："蔡所引《尚書》，當是《尚書》説。古帝王受河圖者，非獨顓頊。……是蔡邕特約舉《尚書》之説，所引文句或更有脱佚，不得以爲即今文《尚書》也。觀鄭司農《天府》注引《顧命》'陳寶'云云，與馬、鄭本同，則知今文《尚書》經無'顓頊''雒書'等字也。"皮錫瑞反駁陳説，認爲蔡書熹平石經及注《典引》皆據小夏侯《尚書》，三家今文各異，故與《雒書天准聽》（按："天"當作"靈"）及鄭衆注不同。其證據是，《典引》下句爲"夫圖書亮章，天哲也"，則班固以東序兼有圖書。（[清]皮錫瑞《今文尚書考證》，第 421 頁）但圖書並稱是漢人習語，不能作爲逆推《尚書》異文的直接證據。且熹平石經殘石出土後的研究認爲，《尚書》是歐陽本，皮説非是。（馬衡《從實驗上窺見漢石經之一斑》，《凡將齋金石叢稿》，北京：中華書局，1996 年，第 203 頁）綜合考慮，當以陳喬樅説爲是，此處經文並無異文。

② [唐]孔穎達《尚書正義》，影印南宋初兩浙東路茶鹽司刻本，北京：北京大學出版社，2015 年，第 542、545—546 頁。

不當在其下"。① 故曾運乾將"越玉五重陳寶"解釋爲語倒,猶言"陳寶越玉五重",仍難愜人意。② 除僞孔傳外,現在僅能見到漢人對個別字詞的解釋。馬融訓"越玉"爲"越地所獻玉",則以"越玉五重"爲句,謂越玉五雙,與僞孔異。鄭玄注謂"陳寶者,方有大事,以華國也",③也是把"陳"訓爲陳列,與僞孔同。但現在無法準確獲知馬、鄭二人對整句話的理解。

王國維提出新解,以"越玉五重"總括西序、東序所陳之玉:陳寶、赤刀爲一重,大訓、弘璧爲一重,琬、琰爲一重,在西序者凡三重;大玉、夷玉爲一重,天球、河圖爲一重,在東序者凡二重,合計五重。④按此説,應標點爲:"越玉五重:陳寶、赤刀、大訓、弘璧、琬、琰,在西序;大玉、夷玉、天球、河圖,在東序。"王氏此説認爲西序、東序所陳皆是玉器,從文法上看確實更爲通順,但亦有令人難以信服之處。如陳寶之義,舊説皆謂陳列寶器,⑤王國維則以《史記·秦本紀》及《封禪書》載秦文公所得陳寶釋之。《封禪書》云:

　　文公獲若石云,于陳倉北阪城祠之。其神或歲不至,或歲數來,來也常以夜,光輝若流星,從東南來集于祠城,則若雄雞,其聲殷云,野鷄夜雊。以一牢祠,命曰陳寶。⑥

王氏云:"是秦所得陳寶,其質在玉石間,蓋漢益州金馬、碧雞之比,秦人殆以爲《周書·顧命》之陳寶,故以名之。是陳寶亦玉名也。"從《封禪書》的描述看,文公所獲應是隕石,⑦至於得名陳寶,應是由於

---

① 王國維《陳寶説》,《觀堂集林》,北京:中華書局,2006 年,第 67 頁。
② 曾運乾《尚書正讀》,黃曙輝點校,上海:華東師範大學出版社,2011 年,第 280 頁。按:曾氏訓"越,于也,及也",從釋爲"陳寶越玉五重"看,實際採用的是"及"義。
③ [唐]孔穎達《尚書正義》,第 548 頁。
④ 王國維《陳寶説》,《觀堂集林》,第 67 頁。
⑤ 惟張揖《廣雅·釋器》云"陳寶,刀也",與諸説有異。
⑥ 《史記》卷二八《封禪書》,第 1359 頁。
⑦ 顧頡剛《陳寶與雛雊》,《顧頡剛全集·顧頡剛讀書筆記》卷六,北京:中華書局,2011 年,第 365 頁。

發現地爲陳倉,陳寶即於陳倉所得之寶,韋昭的解釋更爲合理,①王氏新說似有比附之嫌,難以信據。劉起釪於"越玉"從馬融説,於"陳寶"取王國維説,故其標點爲:"越玉五重、陳寶、赤刀、大訓、弘璧、琬琰,在西序。大玉、夷玉、天球、河圖,在東序。"②按劉氏之説,此句並無總括之語,"越玉"以下皆爲寶器,避免了文法上的問題。但如此一來,西序所陳器物明顯多於東序,有不均衡之感。總之,現有的説法似乎都不完美,"越玉五重陳寶"六字的準確含義尚待討論。

若不論分歧,此文句大致是說將諸多寶器分別陳列在西墻和東墻下。弘璧、琬琰、大玉、夷玉、天球均爲玉器之屬,自無疑問。赤刀,王國維、劉起釪釋爲玉刀,可從。大訓,鄭玄、王肅、僞孔皆釋爲"《虞書》典謨",王國維則謂"蓋鐫刻古之謨訓於玉"。《周禮·天府》云:"凡國之玉鎮大寶器藏焉,若有大祭大喪,則出而陳之。"鄭注云:"玉鎮大寶器,玉瑞玉器之美者,禘祫及大喪,陳之以華國也。"《顧命》此文言成王大喪之儀,則西序、東序所陳寶器當全是玉石之器。"河圖"與諸物並列,自然應是同類寶器,故宋末俞琰、今人王國維、陳槃、劉起釪等皆以河圖爲有自然紋理的玉石。③ 同在東序的大玉、夷玉、天球産自不同地域,據鄭玄注,"大玉"是"華山之球","夷玉"是"東北之珣玗琪","天球"是"雍州所貢之玉,色如天者",④則"河圖"當是産自黃河某流域的玉石。可見西周時期的"河圖"是一種國之寶器,並無後世附會的盛世祥瑞、帝王受命等屬性。後世之所以對東

---

① 《史記集解》引韋昭曰:"在陳倉縣,寶而祠之,故曰陳寶。"
② 顧頡剛、劉起釪《尚書校釋譯論》,北京:中華書局,2005年,第1737、1755—1757頁。
③ [宋]俞琰《周易集説》卷三一,清康熙通志堂刻本。王國維《陳寶説》,《觀堂集林》,第68頁。陳槃《論早期讖緯及其與鄒衍書説之關係》,《古讖緯研討及其書録解題》,第108頁。顧頡剛、劉起釪《尚書校釋譯論》,第1761—1762頁。又趙翼在《陔餘叢考》中認爲河圖"非玉之生而有文,乃摹其文於玉也",可備一説。([清]趙翼《陔餘叢考》卷一"河圖刻玉",欒保群、吕宗力校點,石家莊:河北人民出版社,1990年,第3—4頁)
④ [唐]孔穎達《尚書正義》,第546頁。

序河圖的真實面貌產生誤解,應是由於此河圖的亡佚,後人不及見,因而生發出種種附會之説。對於東序河圖的亡佚時間,清人胡渭在《易圖明辨》卷一《河圖洛書·論古河圖之器》中作了推測:

> 河圖藏諸天府,不知何時遂亡。……萬(斯同)君曰:"幽王被犬戎之難,周室東遷,諸大寶器必亡於此時。河圖,無論後人,恐夫子亦不及見。"余聞而韙之。頃檢《周本紀》云:"犬戎殺幽王驪山下,虜褒姒,盡取周賂而去。"賂即珍寶貨財也。可見河圖實亡於此時,故自平、桓以下,凡《顧命》所陳諸寶器,無一復見於傳記。而王子朝之亂,其所挾以出者,周之寶珪與典籍而已,天府之藏無有也。(原注:寶珪,典瑞所掌;典籍,太史掌之。並非大寶器。)河圖亡已久,雖老聃、萇弘之徒,亦未經目覩。故夫子適周,無從訪問,贊《易》有其名而無其義,所謂"疑者,丘蓋不言也"。①

萬斯同、胡渭推測東序河圖亡於周幽王時,比較合理。周室東遷之後,隨著時間的流逝,人們對東序河圖的認識逐漸模糊,開始將一些新的屬性附會到"河圖"這一名詞之上。

二、作爲聖王瑞應的河圖與洛書

《論語·子罕》:"子曰:鳳鳥不至,河不出圖,吾已矣夫。"對於孔子慨歎的原因,漢代有兩種解釋。一是董仲舒在"賢良對策"中的説法:"(孔子)自悲可致此物,而身卑賤不得致也。"②二是《漢書·儒林傳》的敘述:"周道既衰,壞於幽厲,禮樂征伐自諸侯出,陵夷二百餘年而孔子興,以聖德遭季世,知言之不用而道不行,乃歎。"③前説認爲孔子歎息自己有王者之德而無王者之位;後説則認爲孔子慨歎自己生不逢時,不得明君,己言不被採用,大道無從施行。王充《論衡·問孔篇》中亦載兩解,正可與上二説對應:

---

① [清]胡渭《易圖明辨》,鄭萬耕點校,北京:中華書局,2008年,第27頁。
② 《漢書》卷五六《董仲舒傳》,第2503頁。
③ 《漢書》卷八八《儒林傳》,第3589頁。

夫子自傷不王也。己王致太平,太平則鳳凰至,河出圖矣。今不得王,故瑞應不至,悲心自傷,故曰"吾已矣夫"。

　　或曰:孔子不自傷不得王也,傷時無明王,故已不用也。鳳鳥河圖,明王之瑞也。瑞應不至,時無明王。明王不存,己遂不用矣。①

"夫子自傷不王"云云應是出自漢代公羊家的素王説,非孔子本意,孔子之歎當以後説爲是。"鳳凰至"是聖王之瑞應,②"河出圖"自亦如是,以上二説在這點上是一致的。鄭玄從後説,其注《論語》云:"有聖人受命,則鳳鳥至,河出圖,今天無此瑞。吾已矣者,傷不得見用也。"③孔子慨歎周室衰微,諸侯亂政,時無明主,故瑞應不至,可見"河圖"在當時被視爲一種與聖王相關的祥瑞。《禮記·禮運》中也有類似之文:"故天降膏露,地出醴泉,山出器車,河出馬圖,鳳皇、麒麟皆在郊棷,龜、龍在宮沼,其餘鳥獸之卵胎,皆可俯而窺也。"④天地之所以出現種種祥瑞,是由於聖王能夠順應天理人情,"河圖"之瑞也是與聖王關聯。

　　除儒家外,墨家也提到了河圖之瑞,《墨子·非攻下》云:"子墨子曰:……赤烏銜珪,降周之岐社,曰:'天命周文王伐殷有國。'泰顛來賓,河出緑圖,地出乘黄。"⑤《隨巢子》亦云:"殷滅,周人受之,河出緑圖。"⑥隨巢子是墨翟弟子,⑦可見春秋戰國之際的墨家同樣以

---

① 黄暉《論衡校釋》(附劉盼遂集解),北京:中華書局,2006 年,第 415 頁。又《書虛篇》云"孔子生時,推排不容,故嘆"(第 188 頁),《指瑞篇》云"不見太平之象,自知不遇太平之時矣"(第 747 頁),皆可歸入後説。

② 黄暉《論衡校釋·指瑞篇》,第 741—742 頁。

③ 王素《唐寫本論語鄭氏注及其研究》,北京:文物出版社,1991 年,第 105 頁。何晏《論語集解》引"孔曰"與鄭注略同。

④ [唐]孔穎達《禮記正義》,影印南宋紹熙三年兩浙東路茶鹽司刻本,北京:北京大學出版社,2015 年,第 742 頁。

⑤ 吴毓江《墨子校注》,孫啓治點校,北京:中華書局,2006 年,第 221 頁。

⑥ [隋]虞世南《北堂書鈔》卷九六《藝文部二》,影印清光緒十四年孔氏三十三萬卷堂刻本,《續修四庫全書》第 1212 册,第 452 頁。

⑦ 《漢書》卷三〇《藝文志》,第 1738 頁。

"河圖"爲帝王受命之瑞。至於"綠圖"之"綠"字,孫詒讓謂與"籙"通,①陳槃認爲指圖書之顔色,②郭思韻則讀爲"祿"。③《説文》云:"祿,福也。"從天降祥瑞的角度看,似以郭説爲長。

此後,又出現了與"河圖"對應的"洛書"。《管子·小匡》載齊桓公與管仲問答,桓公自謂可比"三代之受命者",管子對曰:"昔人之受命者,龍龜假,河出圖,雒出書,地出乘黄。今三祥未見有者,雖曰受命,無乃失諸乎?"④所謂"三祥",當爲龜龍一、圖書二、乘黄三。⑤"河出圖"與"雒出書"屬於同類祥瑞,"洛書"當是在"河圖"概念上孳乳出的新名詞。今本《周易·繫辭上》也説"河出圖,洛出書,聖人則之",而馬王堆帛書《繫辭》中已有此句,⑥可見戰國時期即以"河圖""洛書"並稱。對於漢初人而言,河洛並稱已是固有觀念。陸賈《新語·慎微》云:"齊天地,致鬼神,河出圖,洛出書。"⑦漢文帝十五年(前165)晁錯上對策云:"臣聞五帝神聖……河出圖,洛出書,神龍至,鳳鳥翔。"⑧《淮南子·俶真訓》云:"古者至德之世……洛出丹

---

① [清]孫詒讓《墨子閒詁》,孫啓治點校,北京:中華書局,2001年,第151頁。
② 陳槃《古讖緯書録解題》(一),《古讖緯研討及其書録解題》,第256頁。
③ 郭思韻《漢代讖緯研究——以淵源流變、内容構成及對文史寫作的影響爲中心》第三章第三節《〈墨子〉河出"綠圖""録圖""祿圖"辨》,第92—94頁。又郭思韻《讖緯語境中的録、籙、祿之概念辨析——兼論其中"祿""綠"屬性的淵源》,《中國典籍與文化》2014年第1期。
④ 黎翔鳳《管子校注》,梁運華整理,北京:中華書局,2004年,第426頁。按:對於《管子》各篇的時代,現有研究分歧極大,此不具論。《小匡》内容與《國語·齊語》大體相似,葵丘之會一段,《齊語》文字與《左傳》僖公九年基本一致,而《小匡》則多出桓公與管仲的對話,上引之文正出於此段。李學勤認爲《小匡》晚於《齊語》,這段對話是後增的,參見李學勤《〈齊語〉與〈小匡〉》,《清華大學學報》(哲學社會科學版)1986年第1卷第2期。據此,將這段文字作爲戰國文獻看待比較穩妥。
⑤ [唐]尹知章《管子注》,見《管子校注》,第426頁。
⑥ 湖南省博物館、復旦大學出土文獻與古文字研究中心編纂,裘錫圭主編《長沙馬王堆漢墓簡帛集成》(叁),北京:中華書局,2014年,第70頁。
⑦ 王利器《新語校注》,北京:中華書局,2012年,第95頁。
⑧ 《漢書》卷四九《鼂錯傳》,第2293頁。

書,河出綠圖。"①司馬遷在《史記‧孔子世家》中更是將《論語‧子罕》的"鳳鳥不至,河不出圖,吾已矣夫"改作"河不出圖,雒不出書,吾已矣夫"。② 漢武帝元光元年(前134)、元光五年(前130)兩次策詔賢良,亦謂上古五帝三王時"麟鳳在郊藪,龜龍游於沼,河洛出圖書"。③

日本學者間嶋潤一將祥瑞分爲受命祥瑞和太平祥瑞,認爲受命祥瑞出現在新王朝興起之前,是其正統性、合法性的象徵,而太平祥瑞則出現在天下大治之後,是上天對太平之世的肯定。④ 在此基礎上,間嶋氏對春秋戰國至漢初文獻中的河洛祥瑞作了區分。⑤ 其實,不論是受命祥瑞還是太平祥瑞,其核心都是與聖王聯繫在一起,屬於聖王瑞應,只有聖王在世,上天才會降下種種祥瑞。春秋戰國時代,周室衰微,時人期盼有聖王出世,受天之命,治理天下,當時的諸侯也希望能從上天獲得受命之符,所以諸子更強調河圖、洛書的受命意義。而漢朝統治穩定之後,受命的問題已經解決,君臣所面臨的是如何實現太平之世的願景,故而將河圖、洛書的出現視爲天下大治的象徵。董仲舒在對策中就說得很明確,孔子之所以不能招來鳳鳥、河圖,是因爲無王者之位,無法治理天下,創造太平之世,而漢武帝"居

---

① 劉文典《淮南鴻烈集解》,馮逸、喬華點校,第75頁。
② 《史記》卷四七《孔子世家》,第1942頁。
③ 《漢書》卷六《武帝紀》,第160頁。卷五八《公孫弘傳》,第2613頁。
④ [日]間嶋潤一《太平と河圖‧洛書——前漢武帝期の太平國家の構想》,《東方宗教》第80號,1992年,第1—14頁。
⑤ 間嶋氏的主要觀點是:鳳鳥在戰國時代屬於太平祥瑞,所以《論語》中與之並列的河圖也是太平祥瑞。《墨子》中的河圖是周的受命祥瑞,但嚴密地說,此河圖並非受命的直接契機,而是作爲受命結果出現的應徵。《管子》中的鳳皇鸞鳥、時雨甘露等屬於太平祥瑞,而龍龜、圖書、乘黄三祥則是受命祥瑞。河圖在《墨子》中屬於周的受命祥瑞,在《管子》中變成三代的受命祥瑞,而在戰國末期則變成太平祥瑞。《呂氏春秋‧應同》中的"丹書"就是洛書,屬於周的受命祥瑞,而在《淮南子》中剥落了革命的象徵意味,變成"至德之世"的太平祥瑞。至此,圖書已經不再是特定王朝的祥瑞。今按:間嶋氏的論證比較迂曲,對河圖、洛書由受命祥瑞向太平祥瑞演變的分析也有缺環,難以完全信據。

得致之位,操可致之勢,又有能致之資",①只要以教化爲大務,就會天地應而美祥至,這顯然是太平祥瑞。總之,河圖、洛書的核心内涵是聖王瑞應,隨著時代的變化和君臣的需要,或被視爲受命祥瑞,或被看作太平祥瑞。

三、作爲八卦和九疇的河圖與洛書

西漢中後期,時人對河圖、洛書一般仍視作聖王瑞應,如谷永云"河,中國之經瀆,聖王興則出圖書,王道廢則竭絶",②劉向云"昔三代居三河,河洛出圖書",③李尋亦云"天下有道,則河出圖,洛出書",④皆與漢初無别。至於其内容具體爲何,則無人詳論。惟劉歆將河圖、洛書與《周易》和《洪範》建立了直接的聯繫,《漢書·五行志序》云:

> 《易》曰:"天垂象,見吉凶,聖人象之;河出圖,雒出書,聖人則之。"劉歆以爲虙羲氏繼天而王,受河圖,則而畫之,八卦是也;禹治洪水,賜雒書,法而陳之,《洪範》是也。……"初一曰五行;次二曰羞用五事;次三曰農用八政;次四曰叶用五紀;次五曰建用皇極;次六曰艾用三德;次七曰明用稽疑;次八曰念用庶徵;次九曰嚮用五福,畏用六極。"凡此六十五字,皆雒書本文,所謂天乃錫禹大法九章常事所次者也。以爲河圖、雒書相爲經緯,八卦、九章相爲表裏。⑤

按照劉歆的説法,伏羲照河圖畫出八卦,那麽上天所降河圖應該就是與八卦近似的圖像。大禹效仿洛書作成《洪範》,其中六十五字甚至就是洛書的原文,可見上天所賜洛書是有文字的書籍。上引"《易》曰"云云是《周易·繫辭上》之文,此説應是從"聖人則之"一句中衍

---

① 《漢書》卷五六《董仲舒傳》,第 2503 頁。上對策的時間應爲元光元年,參見劉汝霖《漢晉學術編年》,上海:華東師範大學出版社,2010 年,第 80 頁。
② 《漢書》卷二九《溝洫志》,第 1691 頁。
③ 《漢書》卷二七《五行志》,第 1438 頁。
④ 《漢書》卷七五《眭兩夏侯京翼李傳·李尋》,第 3189 頁。
⑤ 《漢書》卷二七《五行志》,第 1315—1316 頁。

生出來。但關於伏羲畫卦,《繫辭下》的敘述是"古者包犧氏之王天下也,仰則觀象於天,俯則觀法於地,觀鳥獸之文與地之宜,近取諸身,遠取諸物,於是始作八卦",並無專據河圖之說。劉歆之所以將《周易》與《洪範》與天授聖王的河圖、洛書聯繫起來,是爲了構建災異論的經學基礎和神學權威,①具有强烈的目的性,並非當時的通行説法。

劉歆之説也成爲後世對河圖、洛書的解釋之一。如張衡《東京賦》云:"龍圖授羲,龜書畀姒。"(大禹爲姒姓)王充《論衡・正説》云:"夫聖王起,河出圖,洛出書。伏羲王,《河圖》從河水中出,《易》卦是也。禹之時,得《洛書》,書從洛水中出,《洪範》九章是也。"②《論語・子罕》何晏集解引所謂"孔(安國)曰"和《尚書・顧命》僞孔傳也都將"河圖"直接解釋爲"八卦"。《尚書・洪範》僞孔傳云:"天與禹,洛出書,神龜負文而出,列於背,有數至于九,禹遂因而第之,以成九類常道。"此外,劉勰《文心雕龍・正緯》亦云:"馬龍出而大《易》興,神龜見而《洪範》燿。"③值得注意的是,《尚書中候》中也有河圖八卦説,如《中候握河紀》云:"伏犧氏有天下,龍馬負圖出於河,遂法之畫八卦。又龜書,洛出之也。"④説明《尚書中候》的成書時間在劉歆之後。

第三節 方士造作:河洛讖的成立

作爲聖王瑞應的河圖、洛書,從名稱上看,似乎是有圖有文。那麼,其内容究竟如何呢?《吕氏春秋・觀表》云:"人亦有徵,事與國皆有徵。聖人上知千歲,下知千歲,非意之也,蓋有自云也。緑圖幡薄,從此生矣。"⑤也就是説,人、事與國家皆有表徵,所以聖人可知上

---

① 陳侃理《儒學、數術與政治:災異的政治文化史》第三章第一節《劉向、劉歆的災異論集成》,第130頁。
② 黃暉《論衡校釋》(附劉盼遂集解),第1133頁。
③ [梁]劉勰著,范文瀾注《文心雕龍注》,北京:人民文學出版社,1958年,第29頁。
④ 孔穎達《禮記正義》,第743頁。
⑤ 許維遹《吕氏春秋集釋》,梁運華整理,北京:中華書局,2009年,第580頁。

下各千年,並非臆測,而是本於這些表徵。一般認爲,這裏的"綠圖"與《墨子》《淮南子》一致,都是指河圖。① 但上文所説作爲聖王瑞應的河圖都是上天所降,此處則似聖人所造,或是傳聞有異。不過,既然説"綠圖幡薄,從此生矣",則"綠圖"的内容包括聖人對未來的預言,從這一點説,此"綠圖"倒是與後世的河圖性質相近。

先秦的河圖、洛書只是一種概念,文獻中並無對其實體或内容的描述。《吕氏春秋》中的"綠圖幡薄"似乎使河圖有了隱約的實體形態,而最早明確提及河圖文字内容的是《史記·秦始皇本紀》:"三十二年,始皇之碣石,使燕人盧生求羨門、高誓。……燕人盧生使入海還,以鬼神事,因奏録圖書,曰'亡秦者胡也。'"②《淮南子·人間訓》亦云:"秦皇挾録圖,見其傳曰:'亡秦者胡也。'"③許慎注謂盧生爲秦博士,秦始皇使之入海求仙,知盧生其人當爲方士。④ "亡秦者胡也"顯然屬於預言王朝興衰的讖言,與後世的《河圖》《洛書》相似,故《四庫全書總目》將此事視爲讖書之始。⑤ 先秦的《河圖》《洛書》只是象徵聖王瑞應的一種概念,而盧生奏録圖書一事,可以看作方士群體將《河圖》《洛書》文本化的最初努力。

此後的文獻中未見有這類方士造作的《河圖》的記載,大概是由於漢室統治比較穩固,這種預言王朝興替的讖書缺乏流行的背景。而西漢成帝之後,統治不穩,災異頻起,漢室有衰微之勢,正與當時流行的"三七之厄"説相合。此説最早爲路温舒在宣帝時提出,《漢書·路温舒傳》云:"温舒從祖父受曆數天文,以爲漢厄三七之間,上封事以豫戒。"張晏曰:"三七二百一十歲也。自漢初至哀帝元年二

---

① 陳槃《古讖緯書録解題》(一),《古讖緯研討及其書録解題》,第 255—259 頁。陳氏認爲,"幡"是布帛作物,"薄"是簿書之類,"幡薄"即綠圖附麗之物。
② 《史記》卷六《秦始皇本紀》,第 251—252 頁。
③ 何寧《淮南子集釋》,北京:中華書局,1998 年,第 1288 頁。
④ 其後盧生等亡去,始皇大怒曰"吾前……召文學方術士甚衆,欲以興太平,方士欲練以求奇藥"(《史記·秦始皇本紀》),盧生即"文學方術士"之一。
⑤ 永瑢等《四庫全書總目》卷六《經部·易類附録》,第 47 頁。

百一年也,至平帝崩二百十一年。"①成帝元延元年(前12)谷永上書,亦以"三七之節紀"爲言:"陛下承八世之功業,當陽數之標季,涉三七之節紀,遭无妄之卦運,直百六之災阨。"孟康曰:"至平帝乃三七二百一十歲之厄,今已涉向其節紀。"②此説認爲漢室氣數二百一十年,爲高祖元年(前206)至平帝駕崩(5)的年數(實爲二百一十一年),成帝時的災異與動亂正是漢室開始衰微的表現。除了"三七之厄",上引谷永上書中還羅列了成帝所當的種種厄運。其中"陽數之標季",孟康的解釋是"陽九之末季也"。成帝是西漢的第九代皇帝,九爲陽數之極,亦是陽數之末,"陽數之標季"當即所謂"九世之厄"。③ 王莽篡位後,自述其出生之歲(元帝初元四年,前45)"當漢九世火德之厄",④又言"新室之興也,德祥發於漢三七九世之後",⑤都是採用了當時流行的説法。

時人普遍認爲漢德已衰,有亡國之象。成帝元延三年,蜀郡岷山崩,劉向説:"周時岐山崩,三川竭,而幽王亡。岐山者,周所興也。漢家本起於蜀漢,今所起之地山崩川竭……殆必亡矣。"⑥正是在這種嚴重統治危機的背景下,出現了"漢家再受命"之説。成帝時,齊人甘忠可造作《天官曆包元太平經》十二卷,言"漢家逢天地之大終,當更受命於天,天帝使真人赤精子,下教我此道。"⑦面對漢室德運之

---

① 《漢書》卷五一《路溫舒傳》,第2372頁。
② 《漢書》卷八五《谷永傳》,頁3468。
③ 西漢人言"世"強調帝統,指帝位傳承的次序,與東漢人據輩分排序不同。參代國璽《"赤九"讖與兩漢政治》,《文史哲》2018年第5期。
④ 《漢書》卷二七《五行志》,第1413頁。按:元帝爲西漢第八代皇帝,而此處王莽視元帝爲九世,應是將呂后也計入。這種計算方式當時並不鮮見,揚雄《反離騷》作於成帝陽朔間,其辭曰"漢十世之陽朔兮",《甘泉賦》作於成帝永始四年(前13),其辭曰"惟漢十世",即以成帝爲十世。此後公孫述言"孔子作《春秋》,爲赤制而斷十二公,明漢至平帝十二代,歷數盡也",平帝本爲第十一代皇帝,可見公孫述也是併數呂后。
⑤ 《漢書》卷九九中《王莽傳中》,第4112頁。
⑥ 《漢書》卷二七《五行志》,第1457頁。
⑦ 《漢書》卷四五《李尋傳》,第3192頁。

衰,甘氏提出的解決方法是再次受命,以延續國祚。由於劉向的反對,此説未被朝廷採納,甘氏也下獄病死。不過,"再受命"的説法顯然對面臨統治危機的皇帝有極大的吸引力。哀帝建平二年(前5),甘氏弟子夏賀良等重提此説,稱甘氏書爲"赤精子之讖",建言哀帝改元易號,以延年得嗣,平息災異。哀帝從其議,"以建平二年爲太初元將元年,號曰陳聖劉太平皇帝"。① 對於這個名號,錢穆解釋道:"'陳聖劉',意謂堯後之漢既衰,繼起者必當爲舜後,此據五德轉移之説推也。自號'陳聖劉',所以爲厭勝。王莽襲其説自託舜後耳。"②吕思勉説:"陳即田,田即土,蓋謂帝雖姓劉,所行者實土德耳。"③可見甘忠可、夏賀良所説的"更受命"是指變火德爲土德。由於沒有實際效果,加之朝臣的反對,此鬧劇僅持續月餘便落下帷幕。不過,王莽於居攝三年(8)上奏太后時,又對"太初元將元年"重新作了解釋:"元將元年者,大將居攝改元之文也,於今信矣。"④王莽認爲,此讖所指並非哀帝,而是自己,元將即大將,王莽時任大將軍,故改元"初始"以應之。雖然《天官曆包元太平經》無《河圖》《洛書》之名,變劉氏火德爲土德之説也與光武圖讖不合,但兩者也有相似之處:光武圖讖中有大量天文、律曆之文,此讖書名"天官曆",其内容又涉及改元和改漏刻,顯然也包含大量天文、律曆之術,這也是當時流行讖書的共同特點。

按照張衡的説法,圖讖成於哀、平之際,但在記録這一時期的史料中並未見到《河圖》《洛書》之名,只有《漢書·王莽傳》載平帝元始四年(4)徵召天下異能之士,其中有通"圖讖"者:

  徵天下通一藝教授十一人以上,及有逸《禮》、古《書》、《毛詩》、《周官》、《爾雅》、天文、圖讖、鍾律、月令、兵法、《史篇》文

---

① 《漢書》卷一一《哀帝紀》,第340頁。又卷四五《李尋傳》,第3192—3193頁。
② 錢穆《劉向歆父子年譜》,《兩漢經學今古文平議》,北京:九州出版社,2011年,第72頁。
③ 吕思勉《吕思勉讀史札記》乙帙《秦漢·論漢人行序之説》,上海:上海古籍出版社,2010年,第817頁。
④ 《漢書》卷九九上《王莽傳上》,第4094頁。

字,通知其意者,皆詣公車。網羅天下異能之士,至者前後千數,皆令記說廷中,將令正乖繆,壹異説云。①

此事亦見於《平帝紀》,惟記載較爲簡略:

> 徵天下通知逸經、古記、天文、曆算、鍾律、小學、《史篇》、方術、本草及以五經、《論語》、《孝經》、《爾雅》教授者……遣詣京師。至者數千人。②

兩處文字相較,所記類別略有參差,但大致可以對應。"圖讖"與"方術"對應,説明了圖讖的數術性質。③ 此次徵召,依學問之類分别,目的是整合諸家之説。《漢書·律曆志》云:"至元始中王莽秉政……徵天下通知鐘律者百餘人,使羲和劉歆等典領條奏,言之最詳。"④諸家鐘律學説由劉歆整理成文,部分保存在《律曆志》中。由此推之,包括圖讖在内的其他各類的情況應該也是如此。此時的圖讖爲數術之學,出於方士之手,尚與經義無涉。東漢建武初,光武帝曾命尹敏校圖讖,"使蠲去崔發所爲王莽著録次比",⑤可見崔發曾將宣揚王莽受命的内容添入當時的圖讖中,時間當是在王莽積極謀劃篡位的居攝年間。王莽天鳳三年(16),"長平館西岸崩,邕涇水不流,毁而北行。遣大司空王邑行視,還奏狀,群臣上壽,以爲《河圖》所謂'以土填水',匈奴滅亡之祥也"。⑥ "土"蓋指新朝之土德,群臣所引《河圖》"以土填水"之文,應該是元始四年整理圖讖和居攝年間崔發爲王莽著録次比的成果。

王莽改制失敗以後,叛亂群起,人心思漢,於是又出現了倡言漢室復興的讖書。地皇二年(21),卜者王況欲鼓動魏成大尹李焉反莽,乃云"漢家當復興。君姓李,李音徵,徵火也,當爲漢輔",又爲李

---

① 《漢書》卷九九上《王莽傳上》,第4069頁。
② 《漢書》卷一二《平帝紀》,第359頁。
③ 黄復山疑班固據後世成説熟語,以"圖讖"代"方術",見氏著《漢代〈尚書〉讖緯學述》,第34頁。
④ 《漢書》卷二一上《律曆志上》,第955頁。
⑤ 《後漢書》卷七九上《儒林傳·尹敏》,第2558頁。
⑥ 《漢書》卷九九中《王莽傳中》,第4144頁。

爲作讖書十餘萬言。① 由於李焉屬吏告發,其事不成,但王況之説卻流傳開來。宛人李守好星曆讖記,爲王莽宗卿師,亦言"劉氏復興,李氏爲輔"。② 地皇三年(22),其子李通及通從弟軼即以此言遊説劉縯、劉秀兄弟。③ 此時的"劉氏"只是"漢家"的代稱,並未特指某人。據黃復山考證,將"劉氏"實指爲劉秀,乃出自道士西門君惠的造作,時間在地皇四年(23)。西門君惠云:"星孛掃宫室,劉氏當復興,國師公姓名是也。"④當時王莽軍於昆陽大敗,新朝日漸式微,故西門君惠以此讖言鼓動王涉與劉歆反莽。不過,由於二人事敗被殺,此讖言並未被時人看重。當時稱帝者多以劉氏宗室爲名,⑤可見仍是以"劉氏復興"之言爲據。兩年之後,劉秀在長安時的同舍生彊華自關中奉上"劉秀發兵捕不道,卯金修德爲天子"的讖記,光武帝即據此即位。彊華來自長安,則此讖記應是西門君惠讖言的衍生。光武帝即位告天祝文中僅稱讖記,説明當時尚無《赤伏符》之篇名。史書敘述此事,以後世熟語指稱前世之事情,並非當時實情。⑥

不僅《赤伏符》如此,《後漢書》在敘述建武初年歷史時引及的圖讖篇名,都是後世所增。《東觀漢記》《華陽國志》《後漢書》皆載建武初年公孫述移書中國及光武帝復書辯論之事,《東觀漢記》僅存少量佚文,難窺原貌,《華陽國志》和《後漢書》的記載則可以參看:

《華陽國志・公孫述劉二牧志》:蜀土清晏,述乃移檄中國,稱引圖緯以惑衆。世祖報曰:"《西狩獲麟讖》曰'乙子卯金',即

---

① 《漢書》卷九九下《王莽傳下》,第4166—4167頁。
② 《後漢書》卷一五《李通傳》,第573頁。[晉]袁宏《後漢紀》卷一《光武皇帝紀》,北京:中華書局,2002年,第2頁。按:《後漢紀》作"漢當復興,李氏爲輔"。
③ 《後漢書》卷一《光武帝紀》,第2頁。[晉]袁宏《後漢紀》卷一《光武皇帝紀》,第3頁。
④ 《漢書》卷九九下《王莽傳下》,第4184頁。
⑤ [清]趙翼著,王樹民校證《廿二史劄記校證》卷三"王莽時起兵者皆稱漢後"條,北京:中華書局,2013年,第72—73頁。
⑥ 關於《赤伏符》的詳細考證,參見黃復山《東漢圖讖〈赤伏符〉本事考》,《東漢讖緯學新探》,第21—68頁。王葆玹在《西漢經學源流》(成都:四川人民出版社,2021年,第427頁)中也指出"赤伏符最初原是爲劉歆製造的"。

乙未歲授劉氏，非西方之守也。'光廢昌帝，立子公孫'，即霍光廢昌邑王，立孝宣帝也。黃帝姓公孫，自以土德，君所知也。'漢家九百二十歲，以蒙孫亡，受以丞相，其名當塗高'，高豈君身耶？吾自繼祖而興，不稱受命。求漢之斷，莫過王莽。近張滿作惡，兵圍得之，歎曰爲天文所誤。恐君復誤也。"①

《後漢書·公孫述傳》:述亦好爲符命鬼神瑞應之事，妄引讖記。以爲孔子作《春秋》，爲赤制而斷十二公，明漢至平帝十二代，歷數盡也，一姓不得再受命。又引《録運法》曰："廢昌帝，立公孫。"《括地象》曰："帝軒轅受命，公孫氏握。"《援神契》曰："西太守，乙卯金。"謂西方太守而乙絶卯金也。五德之運，黃承赤而白繼黃，金據西方爲白德，而代王氏，得其正序。又自言手文有奇，及得龍興之瑞。數移書中國，冀以感動衆心。帝患之，乃與述書曰："圖讖言'公孫'，即宣帝也。代漢者當塗高，君豈高之身邪？乃復以掌文爲瑞，王莽何足效乎！君非吾賊臣亂子，倉卒時人皆欲爲君事耳，何足數也。君日月已逝，妻子弱小，當早爲定計，可以無憂。天下神器，不可力争，宜留三思。"②

《華陽國志》僅載光武帝復書，與《後漢書》合觀，可知皆非全文。文義相同者，《後漢書》更爲簡略，當是撮述。光武帝復書自當一一駁斥公孫述之説，但范史卻未載光武帝對"西太守，乙卯金""帝軒轅受命，公孫氏握"的回應(《華陽國志》有載)，可見范史此處之疏漏。二書更重要的不同是，《華陽國志》所載篇名僅有《西狩獲麟讖》，此名不在八十一篇之列，而《後漢書》中的《録運法》《括地象》《援神契》三篇則都是我們熟知的光武圖讖。這關係到對圖讖定型過程的判斷，如果公孫述當時確實引用過《録運法》《括地象》《援神契》，則説明在光武帝校定之前就已經存在有篇名的圖讖。范曄是南朝宋人，其《後漢書》在諸家中成書最晚，不是依據東漢的原始史料寫成，而

---

① ［晋］常璩著，任乃强校注《華陽國志校補圖注》卷五《公孫述劉二牧志》，上海：上海古籍出版社，2013年，第331頁。
② 《後漢書》卷一三《公孫述傳》，第538頁。

是將之前的諸家《後漢書》重新改寫,"刪衆家《後漢書》爲一家之作"。① 學者對比《三國志》和《後漢書》紀事重合的部分,發現《三國志》更多地保存了史料的原始面貌,而范曄在重新編纂《後漢書》的過程中,有不少地方根據自己的想法改動了原文。② 這就提醒我們需要注意范史對原始史料的改造。范曄在重新剪裁諸家《後漢書》進行敘述的時候,往往用後世的詞彙對原文中似乎不甚明晰的表述進行替換與改造。如上引《華陽國志》載張滿被圍捕後"歎曰爲天文所誤",范史作"讖文誤我"。③ 稱"讖文"爲"天文"乃時人習語,顯然《華陽國志》的記載更爲原始。改"天文"爲"讖文",正是范曄用後世習知詞彙改造原始史料的例證之一。而且,上引范史所載公孫述引讖記之文,本身並非直引公孫述原書,史料的原始性又大打折扣。蓋范曄在行文時,見公孫氏所引讖記見於東漢圖讖,故而加綴篇目,並非公孫述原文中即有這些篇名。此外,光武圖讖整齊的三字篇名必然是經過有意識的整合與編造才能形成,所以在圖讖校定工作尚未完成的建武初年,不可能有後世熟知的三字篇名流行。

　　光武帝在建武初與公孫述辯論讖記之義,說明兩人對引述的讖文,都承認其可信性,這是討論的基礎。只是兩人基於不同的立場,對讖文的解釋有異罷了。上文已經指出,圖讖的文本很可能在平帝時期已經被整合過,光武帝與公孫述引據的讖記,或許就是出於這個文本,只是當時尚無後世的圖讖篇名。在新莽末至東漢建武初,還有大量基於政治目的的讖記產生,對光武帝而言,最重要的自然就是彊華從長安帶來的讖記"劉秀發兵捕不道,卯金修德爲天子"。建武初,隗囂、公孫述等尚未平定,光武帝即命大司空掾尹敏、博士薛漢等校定圖讖,④目的就是加入以彊華讖記爲代表的、宣揚光武帝統治合

---

① 《宋書》卷六九《范曄傳》,北京:中華書局,1974年,第1820頁。
② [日]内藤湖南《中國史學史》,馬彪譯,上海:上海古籍出版社,2016年,第114—115頁。
③ 《後漢書》卷二〇《祭遵傳》,第739頁。
④ 《後漢書》卷七九上《儒林列傳上·尹敏》,第2558頁。同書卷七九下《儒林列傳下·薛漢》,第2573頁。

法性的讖書。據《華陽國志》云"建武初,天下求通《内讖》二卷者,不得",①可見當時爲了校定圖讖,曾向天下徵求通讖之士。所謂《内讖》,蓋即《續漢書・郡國志》注引《巴漢志》所載《孔子内讖》。廣漢新都楊氏家傳此書,《後漢書・楊厚傳》云:

  (楊)春卿善圖讖學,爲公孫述將。漢兵平蜀,春卿自殺,臨命戒子統曰:"吾綈褧中有先祖所傳祕記,爲漢家用,爾其修之。"統感父遺言,服闋,辭家從犍爲周循學習先法,又就同郡鄭伯山受《河》《洛》書及天文推步之術。……統作《家法章句》及《内讖》二卷解說。②

楊氏先祖所傳祕記即《内讖》,據《華陽國志》,楊統上《内讖》二卷解說在明帝永平(58—75)中,當時光武圖讖八十一篇已經頒行天下。光武帝封禪刻石文謂"八十一卷明者爲驗,又其十卷,皆不昭晳","不昭晳"者或即《内讖》之類當時未得通解之書。

  先秦時期,河圖、洛書只是一種聖王瑞應的象徵,並無實體。秦始皇時,燕人盧生奏錄圖書,可以視爲方士群體將河圖、洛書文本化的最初努力。西漢成帝以後,漢室衰微,有亡國之象。在這種背景下,出現了宣揚"漢室再受命"的"赤精子讖"(《天官曆元包太平經》),但歸於失敗。平帝元始間,徵召天下學士,整合諸家之說,其中就包括圖讖,河洛讖的主體内容就在此時基本定型。建武年間校定圖讖,主要的工作是加入一些新莽末至東漢初新出的、宣揚光武帝統治合法性的讖記,並爲每篇編造一個三字書名。建武中元元年(56)宣布圖讖於天下,其中四十五篇爲《河圖》《洛書》。從河洛讖的整個成立過程看,與方士群體有著密切關係,燕人盧生、齊人甘忠可、重平夏賀良、卜者王況、道士西門君惠等是其名著者。方士們之所以造作此類讖書,都是出於特定的政治目的,故河洛讖的產生與政治需求有著緊密聯繫。《河圖》《洛書》的主要内容包括天文星度、地理分野以及帝王興替等,本質上屬於數術之學,而與經義無涉。明帝

---

① 常璩著,任乃強校注《華陽國志校補圖注》卷一〇中《廣漢士女》,第561頁。
② 《後漢書》卷二〇上《楊厚傳》,第1047頁。

時,楚王英、濟南王康等造作圖讖,依靠的仍然是漁陽顏忠、劉子產等燕齊方士,①正印證了方士造作圖讖的傳統。

第四節　從數術到儒學:東漢初的圖讖校定與七經讖的成立

上節已經指出,河洛讖主要是方士造作的政治預言,其中包含大量數術占驗的內容,但與儒家經義無關。七經讖則不同:從名稱上看,七經讖是儒家七經名+讖的形式,如《詩讖》《春秋讖》等;從內容上看,七經讖包括政治預言、數術占驗和儒家經義。那麼,西漢末被視爲數術之學的河洛讖是如何與儒家經典結合,造作出七經讖的呢?這是本節想要解決的問題。

新莽末方士造作的讖記皆言上天之命,並未託之孔子。故光武帝在即位告天祝文中引讖記云"劉秀發兵捕不道,卯金修德爲天子",群臣皆以之爲"皇天大命"。②最早將孔子與讖記聯繫起來的是"孔丘祕經"之說。建武初年,蘇竟致書劉龔勸降,其文有云:"夫孔丘祕經,爲漢赤制,玄包幽室,文隱事明。"③李賢注謂"祕經,幽祕之經,即緯書也",當得其實。④"孔子爲漢赤制"之說亦見於《郅惲傳》,郅惲在莽末上書王莽云:"漢歷久長,孔爲赤制。"⑤對"孔爲赤制",李賢注的解釋是:"言孔丘作緯,著歷運之期,爲漢家之制。漢火德尚赤,故云爲赤制,即《春秋感精符》云'墨孔生,爲赤制'是也。"孔子爲漢制法,其中之一就是作《春秋》,所以公孫述在當時也說"孔

---

①《後漢書》卷四二《光武十王列傳》,第1429、1431頁。

②《後漢書》卷一上《光武帝紀上》,第22頁。[晉]司馬彪撰,[梁]劉昭注《續漢書·祭祀志上》,見《後漢書》,第3158頁。按:在後來的官定圖讖體系之中,《赤伏符》屬於孔子增演的篇目,而非上天所降本文。

③《後漢書》卷三〇上《蘇竟傳》,第1043頁。

④ 但當時尚無"緯書"之稱,用"緯"指稱《周易乾鑿度》《尚書考靈曜》等"經讖",實際遲至東漢晚期。參見王鐵《漢代學術史》(第215頁)、黃復山《漢代〈尚書〉讖緯學述》(第66—70頁)及本書《緒論》。

⑤《後漢書》卷二九《郅惲傳》,第1025頁。

子作《春秋》,爲赤制"。既言"孔丘祕經",則當時已經出現了託名孔子而鼓吹漢室歷運久長的讖書。桓譚《新論》云:"讖出《河圖》《洛書》,但有兆朕而不可知,後人妄復加增依託,稱是孔丘,誤之甚也。"①其所指卽即"孔丘祕經"一類讖書。蘇竟於平帝世"以明《易》爲博士、講《書》祭酒,善圖緯,能通百家之言",郅惲"理《韓詩》《嚴氏春秋》,明天文歷數",②可見二人既是儒者,又通數術,與方士有別,故能牽合孔子與讖書。"孔爲赤制"之說在緯書中多見,③說明這種牽合的努力是成功的。但在建武初,"孔丘祕經"之說的影響似乎有限,僅有光武帝與公孫述辯論圖讖時曾引及《西狩獲麟讖》,光武帝即位前後所倚重的讖記中,並没有儒學的影響。《西狩獲麟讖》的文字見於光武圖讖中的《孝經援神契》,應是建武間校定圖讖時將此讖書改造收入。

光武帝以讖記之言即位,故而十分重視圖讖,乃至以讖文任命官員。④公孫述、隗囂尚未平定,"猶以餘間講經藝,發圖讖"⑤,其後甚至因長時間坐廡下讀圖讖而中風發疾,⑥可見篤信、嗜好之深。建武初,光武帝即命大司空掾尹敏、博士薛漢等校定圖讖。⑦尹敏"初習《歐陽尚書》,後受古文,兼善《毛詩》《穀梁》《左氏春秋》",薛漢亦

---

① [唐]馬總編纂,王天海、王韌撰《意林校釋》卷三,第325—326頁。桓譚撰,吴則虞校輯《桓譚〈新論〉》,第71頁。桓譚撰,朱謙之輯校《新輯本桓譚新論》,第18頁。

② 《後漢書》卷二九《郅惲傳》,第1023頁。

③ 如《尚書考靈曜》云:"丘生倉際,觸期稽度,爲赤制,故作《春秋》,以明文命,綴紀撰書,修定禮義。"《春秋演孔圖》云:"孔提命,作應法,爲赤制。"《春秋緯》云:"丘水精,治法爲赤制功。"

④ 《後漢書》卷二二《景丹傳》:"世祖即位,以讖文用平狄將軍孫咸行大司馬。"(第773頁)又《王梁傳》:"(世祖)即位,議選大司空,而《赤伏符》曰'王梁主衛作玄武'……於是擢拜梁爲大司空。"(第774頁)

⑤ [漢]劉珍等撰,吴樹平校注《東觀漢記校注》卷一《世祖光武皇帝紀》,北京:中華書局,2008年,第9頁。

⑥ 劉珍等撰,吴樹平校注《東觀漢記校注》卷一《世祖光武皇帝紀》,第12頁。

⑦ 《後漢書》卷七九上《儒林列傳上·尹敏》,第2558頁。又同書卷七九下《儒林列傳下·薛漢》,第2573頁。

"世習《韓詩》",皆是深明經義之人。當時奉命校定圖讖者肯定不止此二人,只是由於文獻無徵,難以獲知。光武帝有意揀選"博通經記"者爲之,當是出於牽合圖讖與儒家經典,以抬高圖讖地位,使其經典化的目的。當時亦有反對聲音,如尹敏謂"讖書非聖人所作,其中多近鄙別字,頗類世俗之辭",桓譚亦上疏云"今諸巧慧小才伎數之人,增益圖書,矯稱讖記,以欺惑貪邪,詿誤人主",①皆對圖讖深加批評,鄭興亦以"臣不爲讖"對答。然而,圖讖既有皇帝提倡,反對之人只能是少數,且往往被打壓,難以形成實質性的影響。

　　光武帝不僅命人校定圖讖文本,還在太學中講解圖讖之義。建武五年(29),初起太學,光武帝親幸,獎賜博士弟子。② 七年,太僕朱浮上書,請廣博士之選。太僕爲九卿之一,掌天子車馬,其職無涉太學,故朱氏於書末解釋云:"臣浮幸得與講圖讖,故敢越職。"③所謂"與講圖讖"當指朱浮在太學參與講論圖讖。由此可知,光武帝"以餘間講經藝,發圖讖"亦是在太學,與朱浮所指乃一事。太學爲講論儒家經典之所,光武帝組織人力在此向博士弟子講論圖讖,顯然也是出於牽合經書與圖讖的目的。在這樣的大力提倡下,出於儒生之手、牽合經義與圖讖而成的"經讖"自然也就逐步形成了。所謂"經讖",指含有解釋經義内容的讖書,亦即後世"讖緯有別"論者所稱的"緯書"。清人徐養原云:"圖讖乃術士之言,與經義初不相涉,至後人造作緯書,則因圖讖而牽合於經義。"④如果不考慮當時並無"緯"名,而僅從圖讖與經讖形成的先後看,徐氏之言確是事實。

　　從建武初開始校定圖讖,到圖讖的定型、經讖的形成,歷時頗久。建武十三年(37),竇融上疏云:"(融)有子年十五,質性頑鈍。臣融

---

① 《後漢書》卷二八上《桓譚傳》,第960頁。按:上疏時間約在建武三年,參見黄復山《漢代〈尚書〉讖緯學述》第一章《漢代讖緯學流衍》,第43頁注154。
② 《後漢書》卷一上《光武帝紀上》,第40頁。
③ 《後漢書》卷三三《朱馮虞鄭周列傳》,第1145頁。
④ [清]徐養原《緯候不起于哀平辨》,見[清]阮元編《詁經精舍文集》卷一二,第346頁。

朝夕教導以經蓺,不得令觀天文,見讖記。"①竇融爲降臣而居高位,久不自安,乃上疏辭讓。當時,蜀中公孫述剛被平定,公孫氏即好引讖記爲説,故竇融自言教子不得見讖記,以示無異心。説明時人仍將"經蓺"與"讖記"視爲二物,光武帝牽合圖讖與經義的意圖尚未實現。至建武二十七年前後,張純欲奏請立辟雍、明堂,所引文獻中已有"七經讖",②説明當時"經讖"之書已基本定型。至於七經讖所指,李賢注云:"七經謂《詩》《書》《禮》《樂》《易》《春秋》及《論語》也。"但《樊英傳》李賢注"七緯"則有《孝經》而無《論語》。考慮到後世《論語》通常冠"讖",與其餘各經冠"緯"不同,"七經讖"中當有《孝經讖》而無《論語讖》。究其原因,《論語》《孝經》雖同爲傳記,但東漢人將《孝經》視爲孔子之作,地位高於弟子所記的《論語》。③ 建武三十年(54),張純奏請封禪文中又引及《樂動聲儀》,可見"經讖"的篇目也已具備。

三十二年正月,光武帝夜讀《河圖會昌符》,有"赤劉之九,會命岱宗"之文,乃詔梁松等"案索《河》《雒》讖文言九世封禪事者",松等列奏凡三十六事。④ 二月,光武帝乃至泰山行封禪事,刻石紀號文所引圖讖篇目有《河圖赤伏符》《河圖會昌符》《河圖合古篇》《河圖提劉予》《雒書甄曜度》《孝經鉤命決》六種,且謂九世封禪乃"《河》《雒》命后,經讖所傳"。⑤ 可見經過整理校定的圖讖包括《河》《雒》讖和經讖兩類,《河圖》《洛書》爲上天所命,經讖爲孔子所傳。銘文

---

① 《後漢書》卷二三《竇融列傳》,第807頁。劉珍等撰,吳樹平校注《東觀漢記校注》卷一二《竇融傳》,第418頁。按:據本傳,竇融上疏在遷大司空後,而《光武帝紀》載竇融爲大司空在建武十三年四月(第62頁),則上疏時間必在此後。

② 《後漢書》卷三五《張曹鄭列傳》,第1196頁。按:據本傳次序,此事在建武二十六年奏禘祫之制與三十年奏請封禪間。又云"未及上,會博士桓榮上言宜立辟雍、明堂,章下三公、太常,而純議同榮,帝乃許之",桓榮十九年爲博士,二十八年爲太子少傅,三十年爲太常,此言"博士桓榮",則時間當在二十八年前,故定爲二十七年前後。

③ 徐興無《從"六經"到"七經"》,《中國經學》第20輯,第15—22頁。

④ 司馬彪撰,劉昭注《續漢書·祭祀志》,見《後漢書》,第3163頁。

⑤ 司馬彪撰,劉昭注《續漢書·祭祀志》,見《後漢書》,第3165—3166頁。

又云:

> 秦相李斯燔《詩》《書》,樂崩禮壞。建武元年已前,文書散亡,舊典不具,不能明經文,以章句細微相況,八十一卷明者爲驗,又其十卷,皆不昭晢。……後有聖人,正失誤。

光武刻石紀銘,意在昭示中興之功。銘文記述王莽篡漢自立,宗廟、社稷喪失,此後豪傑並起,夷狄寇亂,賴光武之力,以十餘年討平天下,人民得以安居,此敘武功。又言建設明堂、辟雍、靈台、太學,同律度量衡,修五禮,此敘文治。校定圖讖,亦是文治之功。細繹文義,此處所謂"經文"似指圖讖、經讖之文,而非《詩》《書》等五經。此文言建武初校定圖讖之事,因當時讖文散亂,世人難明其義,故詔命校定,以解經之章句細緻比勘,最後被驗明的圖讖有八十一卷,另有十卷文義不明晰,蓋未得相似之章句以爲證明。光武帝正式"宣布圖讖於天下"即在此年。① 這八十一卷官定圖讖包括《河》《洛》讖和經讖,即張衡所謂"《河》《洛》五九,六藝四九"。②

圖讖的校定過程歷時甚久,自建武初詔命校定至三十二年正式頒布,時間當在三十年左右。上文已經指出,河洛讖在當時已經基本定型,校定者只需刪去其中宣揚王莽受命的內容,再添入一些新莽末至東漢初新出的、宣揚光武帝統治合法性的讖記,工作並不繁重。之所以歷時如此之久,當是將時間主要花費在經讖的編造上。具體做法則是將某經的不同傳記加以拼合連綴,並加入河洛讖或其他宣揚劉氏天命的內容,從而形成新的文本。

不過,這些傳記往往時代不同、系統有異,很難彌合其齟齬之處。因此,從現存經讖文本看,整合多元文本來源的痕迹十分明顯。以《周易乾鑿度》卷下之文爲例:

> 曆元名握先,紀日甲子,歲甲寅。求卦主歲術曰:常以太歲紀歲,七十六爲一紀,二十紀爲一部首。即置積部首歲數,加所入紀歲數,以三十二除之,餘不足者,以乾坤始數,二卦而得一

---

① 《後漢書》卷一下《光武帝紀下》,第84頁。
② 《後漢書》卷五九《張衡列傳》李賢注引"《衡集》上事",第1913頁。

歲,末筭即主歲之卦。即置一歲積日法,二十九日與八十一分日四十(二)〔三〕,除之得一,命(日)〔曰〕月。得積月十二與十九分月之七一歲,以七十六乘之,得積月九百四十,積日二萬七千七百五十九,此一紀也。以二十乘之,得積歲千五百二十,積月萬八千八百,積日五十五萬五千一百八十,此一部首。更置一紀,以六十四乘之,得積日百七十七萬六千五百七十六。又以六十乘之,得積部首百九十二,得積紀三千八百四十紀,得積歲二十九萬一千八百四十,以三十二除之,得九千一百二十周,此謂卦當歲者。得積月三百六十萬九千六百月,其十萬七千五百二十月者閏也。即三百八十四爻除之,得九千四百日之二十周,此謂爻當月者。得積日萬六百五十九萬四千五百六十(八),萬一千五百二十析除之,得九千二百五十三周,此謂析當日者。而易一大周,律曆相得焉。今入天元二百七十五萬九千二百八十歲,昌以西伯受命。入戌午部二十九年,伐崇侯,作靈臺,改正朔,布王號於天下,受錄應《河圖》。①

這段文字主要講求卦主歲術。以七十六年爲一紀,二十紀爲一部首,屬於四分曆術,但紀、部之名與東漢四分曆相反,而與《淮南子·天文訓》相合,說明這部分文字有較早的來源。但從曆法上看,"今入天元"以下文字則顯然是以七十六年爲一部,否則無法爲算,②與上文恰恰相反,只能說明這兩部分文字是由不同來源的文本拼合而成。

東漢人引《易内傳》《易中孚傳》(《中孚經》《中孚記》)之文,多見於今本《易稽覽圖》卷上(表1)。對於兩者之間的關係,錢大昕認爲,《易内傳》《易中孚傳》皆《易稽覽圖》之别稱,"其書首言'甲子卦

---

① 《周易乾鑿度》卷下,清乾隆二十一年德州盧氏雅雨堂刻本。文字據〔清〕張惠言《易緯略義》之說加以校正。

② 關於圖讖曆法,詳參〔日〕武田時昌《緯書曆法考:前漢末の經學と科學の交流》,山田慶兒編《中國古代科學史論》,京都:京都大學人文科學研究所,1989年。張學謙《河洛與七緯:東漢圖讖的文獻學研究》第五章第一節《圖讖中的曆法體系》,北京大學博士學位論文,2018年。

氣起中孚',故漢儒謂之《中孚傳》",①"漢人引此書者,或稱《中孚經》,或稱《中孚傳》,或稱《易內傳》,或稱《易傳》"。② 然而,此種解釋實有難愜人意處。郎顗一篇奏對中,同時出現《易內傳》《易中孚傳》《易傳》三名,似難視爲一書。且所引《易內傳》之文,有兩條不見於今本《易稽覽圖》。又,郎顗爲順帝時人,奏對中引及《詩汜曆樞》《孝經鉤命決》兩篇緯書,若所引確爲《易稽覽圖》,爲何不徑稱篇名而用別稱?因此,更合理的推測是,《易內傳》《易中孚傳》均爲東漢初編造《易稽覽圖》時曾利用的"易傳"文獻,故文字多有重合處。

表1 東漢人引"易傳"與今本《易稽覽圖》重文對比

東漢人引"易傳"	今本《易稽覽圖》
《**易內傳**》曰:凡災異所生,各以其政。變之則除,消之亦除。(《後漢書·郎顗傳》)	凡異所生,災所起,各以其政。變之則除,其不可變,則施之亦除。(卷上)
《**易內傳**》曰:久陰不雨,亂氣也,蒙之比也。(《後漢書·郎顗傳》)	久陰不雨,亂氣,(雲)〔蒙〕之(起)〔比〕也。(卷上)
《**易內傳**》曰:欲德不用,厭異常陰。(《後漢書·郎顗傳》)	無
《**易內傳**》曰:人君奢侈,多飾宮室,其時旱,其災火。(《後漢書·郎顗傳》)	無
《**易中孚傳**》曰:陽感天,不旋日。(《後漢書·郎顗傳》。《周舉傳》及蔡邕《答詔問災異》引作《**易傳**》)	陽感天,不旋日。(卷上)
《**易傳**》曰:有貌無實,佞人也。有實無貌,道人也。(《後漢書·郎顗傳》)	有實無貌,屈道人也。有貌無實,佞人也。(卷上)

---

① 〔清〕錢大昕《廿二史考異》卷一一《後漢書二·郎顗傳》,陳文和主編《嘉定錢大昕全集》(增訂本),南京:鳳凰出版社,2016年,第236頁。

② 錢大昕《潛研堂文集》卷二四《易稽覽圖序》,陳文和主編《嘉定錢大昕全集》(增訂本),第356頁。

續表

東漢人引"易傳"	今本《易稽覽圖》
《易傳》曰:當霧不霧,太陽弱也。(《後漢書·郎顗傳》)	當雷不雷,太陽弱。(卷上)
《易傳》曰:陽無德則旱,陰僭陽亦旱。(《後漢書·郎顗傳》)	陽無得則旱害物,陰僭陽亦旱害物。(卷上)
《中孚經》曰:蜺之比,無德以色親。(《後漢書·楊賜傳》。蔡邕《答詔問災異》引作《易傳》)	霓之比,無德以色親也。(卷上)
《易中孚記》曰:陰假陽威之應也,早實霜而(不)殺萬物。至當實霜之時,根生之物復榮不死,斯陽假與陰威,陰威列索,故陽自實霜而反不能殺也。(何休《公羊解詁》)	陰假威之應,亦(旱)〔早〕實霜而殺物。至實霜時,根生榮不死,斯陽假與陰威,(之)〔陰威〕(烈責)〔列索〕,陰假威誅,而(陰)〔陽〕不能誅。(卷上)

　　經過這次圖讖校定,原本出於方士之手的河洛讖與整合於儒生之手的七經讖共同組成官定圖讖。作爲劉氏統治合法性的天命依據,圖讖自然成爲東漢的官方意識形態,取得了與經書同等的地位,甚至反過來對經學施加了影響。明帝時"詔東平王蒼正五經章句,皆命從讖",①又樊鯈"以讖記正五經異説"。② 章帝時於白虎觀"講議五經同異",同樣是援讖證經。③ 更爲重要的是,鄭玄整合今古文經學,其經學體系的建立亦與圖讖有密切關係。④ 東漢晚期以"緯"名指稱經讖,也是出於緯以配經的觀念。時人普遍認爲經讖(緯書)

---

① 《隋書》卷三二《經籍志一》,第 941 頁。
② 《後漢書》卷三二《樊鯈傳》,第 1122 頁。
③ 《後漢書》卷三《肅宗孝章帝紀》,第 138 頁。
④ [日]池田秀三《緯書鄭氏學研究序説》,《哲學研究》第 47 卷第 6 册(第 548 號),京都:京都哲學會,1983 年。有洪春音中譯,載《書目季刊》第 37 卷第 4 期,2004 年。

出於孔子,光和二年(179)劉洪上言,稱《考靈曜》等爲"孔子緯",①鄭玄《起廢疾》云"孔子……陰書於緯藏之,以傳後王",②荀悦亦謂"世稱緯書仲尼之作也",③皆是其例。

　　需要説明的是,東漢晚期雖有"緯"名,但少見"經名+緯"的説法,僅見《鄭志》載鄭玄答張逸問中稱《尚書緯》。《三國志·蜀書·周群傳》載時人問周舒之語作《春秋讖》,④鄭玄《駁五經異義》引《禮讖》,⑤注《乾鑿度》亦云"《春秋讖》卷名也",這種"經名+讖"的形式應該是出自官定文本。"緯"名在當時大概僅作爲指稱之詞,尚未影響官定文本。

　　此外,漢末還出現了"讖""緯"連用的情況,而此時的"讖緯"與後世不同,其義僅指經讖(緯書)。如何休、鄭玄論《穀梁傳》"四時田"與《公羊傳》"三時田"之優劣:

　　　　何休云:《運斗樞》曰"夏不田",《穀梁》有夏田,於義爲短。

　　　　鄭玄釋之云:四時皆田,夏殷之禮。《詩》云"之子于苗,選徒囂囂",夏田明矣。孔子雖有聖德,不敢顯然改先王之法,以教授於世。若其所欲改,其陰書於緯藏之,以傳後王。《穀梁》四時者,近孔子故也。《公羊》正當六國之亡,讖緯見讀,而傳爲三時田。作傳有先後,雖異不足以斷《穀梁》也。⑥

言三時田者爲《春秋運斗樞》,則《公羊》"所據"之"讖緯"顯指緯書《運斗樞》。據鄭玄説,《河圖》《洛書》"皆天神言語",⑦而緯書爲孔

---

①　司馬彪撰,劉昭注《續漢書·律曆志》,見《後漢書》,第3042頁。
②　孔穎達《禮記正義·王制》,第387頁。
③　[漢]荀悦撰,[明]黄省曾注,孫啓治校補《申鑒注校補》,北京:中華書局,2012年,第137頁。
④　《三國志》卷四二《蜀書·周群傳》,北京:中華書局,1982年,第1020頁。
⑤　[清]陳壽祺《五經異義疏證》卷上,王豐先點校,北京:中華書局,2014年,第54頁。
⑥　孔穎達《禮記正義》卷一七《王制》疏引,第387頁。
⑦　[漢]鄭玄《六藝論》,《毛詩正義·大雅·文王序》引,影印1936年日本東方文化學院珂羅版印南宋紹興九年(1139)紹興府刻單疏殘本,北京:人民文學出版社,2012年,第287頁。

子所作,二者不同,此處的"讖緯"一詞顯然僅指緯書,而不包括《河》《洛》讖。曹丕稱帝後,蜀漢群臣上言勸進劉備,其文云"《河圖》《洛書》、五經讖緯,孔子所甄,驗應自遠",下引《洛書甄曜度》《洛書寶號命》《洛書録運期》《孝經鉤命決》,又云"群儒英俊,並進《河》《洛》、孔子讖記",又云"考省靈圖,啓發讖緯"。① 綜合文句可知,"《河》《洛》""靈圖"即"圖緯"之"圖",②"讖緯""孔子讖記"即"圖緯"之"緯"。此處的"讖緯"一詞亦僅指緯書(經讖)。吴王蕃《渾天象説》云:"夫末世之儒,多妄穿鑿,(神)〔補〕增《河》《洛》,竊作讖緯。"③漢人認爲緯書出於《河》《洛》,④則王氏所言"讖緯"似亦指緯書。晋成公綏(231—273)《故筆賦》云:"注玉度於七經,訓《河》《洛》之讖緯。"⑤此"之"字當與"於"同義,根據圖讖的説法,緯書是孔子對《河圖》《洛書》的解釋,故云"訓《河》《洛》於讖緯",所以此處的"讖緯"亦僅指緯書。

第五節　從儒學到數術:魏晋至隋唐間讖緯觀念的變遷

　　從政治上看,三國時期,曹丕、劉備相繼稱帝,群臣勸進尚多徵引圖讖,以爲天命所授之證。而晋武帝禪代,則未見引用,且於泰始三年"禁星氣讖緯之學"⑥。此後,東漢圖讖與政治的關係逐漸疏離。在漢代,圖讖之所以能夠被政治利用,主要是由於其文義不夠明晰,

---

① 《三國志》卷三二《蜀書·先主傳》,第887—889頁。標點有調整。
② 《後漢書·班固傳》載班氏《白雉詩》"啓靈篇兮披瑞圖,獲白雉兮效素烏",李賢注云:"靈篇謂河洛之書也。"(第1373頁)靈篇、靈圖同義。
③ 〔唐〕瞿曇悉達《大唐開元占經》卷一《天地名體》,清抄本,中國國家圖書館藏(善06127),第11b頁。
④ 〔漢〕桓譚云:"讖出《河圖》《洛書》,但有兆朕而不可知,後人妄復加增依託,稱是孔丘,誤之甚也。"(朱謙之《新輯本桓譚新論》,第18頁)
⑤ 〔唐〕歐陽詢《藝文類聚》卷五八《雜文部四·筆》,影印宋刻本,上海:上海古籍出版社,2013年,第1595頁。
⑥ 《晋書》卷三《武帝紀》,北京:中華書局,1974年,第56頁。

文本詮釋的空間較大。如"代漢者當塗高"之文,東漢初的公孫述、漢末的袁術皆以"當塗高"謂己,①蜀人周舒、杜瓊、漢太史丞許芝則以之指魏,②而晉人王浚又以爲指其父王沈(字處道)③。但定本一經頒布,文本固化,要想與特定的政治意圖牽合,只能作十分迂曲的詮釋,顯然不如新造文本方便。東漢時以八十一篇爲官方定本,不允許私自新造,故張衡謂"《河》《洛》六藝,篇録已定,後人皮傳,無所容篡"。所謂"無所容篡"即"不容妄有加增也"。④ 對於私造圖讖,均視爲大逆之罪。⑤ 但是,隨著漢朝統治的逐漸衰弱,原有禁令鬆弛,出於政治目的而造作的新讖書又開始出現。獻帝初平元年(190),董卓欲遷都長安,引《石苞室讖》爲據。此書被司徒楊彪稱爲"妖邪之書",⑥顯然是出於民間造作。漢魏禪代之際,太史丞許芝條奏所引,既有東漢官定緯書如《春秋漢含孳》《春秋佐助期》,又有後出的《春秋玉版讖》《孝經中黄讖》《易運期讖》。⑦《易運期》"鬼在山,禾女連,王天下"等文是簡單的拆字遊戲,一視便曉其義,顯然是當時出於特定政治目的的造作。從篇名上看,這些後出篇目尚在模仿官定緯書。

魏晉以降,相較東漢圖緯或模仿之書,時人更熱衷於利用新出的政治性讖言、讖書。如"銅馬入海建鄴期"言晉元帝南渡,定都建

---

① 《後漢書》卷一三《公孫述傳》,第538頁。《三國志》卷六《魏書·文帝紀》裴注引《典略》,第64頁。

② 《三國志》卷四二《蜀書·周群杜瓊傳》,第1020、1022頁。《三國志》卷二《魏書·袁術傳》,第210頁。

③ 《晉書》卷三九《王沈傳》附王浚,第1149頁。

④ 《後漢書》卷四九《張衡列傳》,第1912—1913頁。

⑤ 《後漢書·光武十王傳》載明帝永平中楚王英、濟南王康、淮陽王延謀反之事,都有"造作圖讖"的罪名,牽連甚廣。(第1429、1431、1444頁)參見吕思勉《秦漢史》,第230—231頁。又《班固傳》亦載"先是扶風人蘇朗僞言圖讖事,下獄死"(第1334頁),可見政策之嚴厲。

⑥ 《三國志》卷六《魏書·董卓傳》,第177頁。按:此爲裴注引司馬彪《續漢書》。又見范曄《後漢書·楊彪傳》,第1786—1787頁。

⑦ 《三國志》卷二《魏書·文帝紀》裴注引《獻帝傳》,第63—64頁。

業。① 晉末有讖云"晉祚盡昌明"②"昌明之後有二帝"③,孝武帝司馬曜字昌明,其後有安帝德宗、恭帝德文,劉裕之所以縊安帝、立恭帝,就是爲了迎合讖文。宋末有《王子年歌》曰"三禾摻摻林茂犖,金刀利刃齊刈之",④崔祖思稱爲讖書,並勸蕭道成以齊爲國號,以應天命。⑤ 齊梁之際,沈約引讖云"行中水,作天子",勸進蕭衍。⑥ 北朝的情況也大致相同。⑦ 可見當時主要是引據新出讖文,其主要特點是簡明易曉、指向明確,具有濃厚的政治意圖。由於政治動蕩,朝代更替頻繁,新讖書層出不窮。梁阮孝緒撰《七録》,其《術伎録》(内篇五)收"緯讖部三十二種,四十七帙,二百五十四卷",⑧從卷數上看,新出讖書的數量遠超東漢圖緯。⑨ 出於自身政治利益的考慮,當時的帝王在即位前往往樂於利用這些新出讖書宣揚天命,而在即位後又忌憚有人會故伎重演,危及統治,故而屢行禁毁。禁毁的重點當是新出讖書,而非已成故籍的東漢圖緯。這些新出讖書較之東漢官定圖讖,往往更加荒誕不經,使得"讖"名趨向俚俗,與"緯"名的區别愈發明顯。在當時的語境中,"讖"字多指新出的政治讖言、讖書,而"緯"字則由於其本身含有配經之義,故而仍指緯書。

從學術上看,由於魏晉以後圖緯不再作爲官方意識形態,因而在士人群體中逐漸失去了經典地位。夏侯湛(243—291)作《昆弟誥》云"自三墳、五典、八索、九丘,圖緯六藝,及百家衆流,罔不探賾索

---

① 《晉書》卷三一《后妃傳上·元夏侯太妃》,第969頁。
② 《晉書》卷九《孝武帝紀》,第242頁。
③ 《晉書》卷一〇《安帝紀》,第267頁。
④ 《南齊書》卷一八《祥瑞志》,第351頁。
⑤ 《南齊書》卷二八《崔祖思傳》,第517頁。
⑥ 《梁書》卷一三《沈約傳》,北京:中華書局,1973年,第234頁。
⑦ 北朝的相關情況參見姜望來《謠讖與北朝政治研究》,天津:天津古籍出版社,2011年。
⑧ [唐]釋道宣《廣弘明集》卷三,影印宋《磧砂藏》本,上海:上海古籍出版社,1991年,第114頁。
⑨ 《七録》的計數方式應與《隋書·經籍志》相同,以一經之緯爲一種,即七經緯爲七種,篇數不作爲種數。

隱,鉤深致遠",①尚以"圖緯"與"六藝"並稱。然而,也有時人在史傳著述中將圖緯與天文、曆算、風角等數術之學並列,視爲與經學有別的學問,顯示了其經典地位的動搖。如三國吳人謝承《後漢書》云:

> (徐)稚少爲諸生,學嚴氏《春秋》、京氏《易》、歐陽《尚書》,兼綜風角、星官、筭歷、《河圖》、七緯、推步、變易,異行矯時俗,閭里服其德化。

> (李)固改易姓名,杖策驅驢,負笈追師三輔,學五經,積十餘年。博覽古今,明於風角、星筭、《河圖》、讖緯,仰察俯占,窮神知變。②

此後,宋人范曄在《後漢書·方術列傳·序》中有更明確的表述:

> 至乃《河》《洛》之文,龜龍之圖,箕子之術,師曠之書,緯候之部,鈐決之符,皆所以探抽冥賾,參驗人區,時有可聞者焉。其流又有風角、遁甲、七政、元氣、六日七分、逢占、日者、挺專、須臾、孤虛之術,及望雲省氣,推處祥妖,時亦有以效於事也。③

所謂"《河》《洛》之文""龜龍之圖""緯候之部"皆指圖緯之學,范曄將其與箕子之術(陰陽五行)、師曠之書(災異)、鈐決之符(兵陰陽)並述,顯然是以數術視之。《方術列傳》記述習圖緯之學者,即將"《河》《洛》""圖緯""讖緯"之詞與其他數術並列。王儉《七志》也將"圖緯"歸入"陰陽志"中。④ 所以陳侃理認爲,東漢以後,"隨著讖緯逐漸淡出儒學,它作爲數術占驗之學的形象日益鮮明","無論從名稱還是實質上説,讖緯都回到了數術的傳統之中"。⑤ 同樣地,梁

---

① 《晉書》卷五五《夏侯湛傳》,第 1496—1497 頁。
② 《後漢書》卷五三《徐穉傳》、卷六三《李固傳》注引"謝承書",第 1746、2073 頁。
③ 《後漢書》卷八二上《方術列傳》,第 2703 頁。
④ 《隋書》卷三二《經籍志一》,第 906 頁。
⑤ 陳侃理《儒學、數術與政治:災異的政治文化史》第三章附錄《讖緯與災異論》,第 171—174 頁。

劉勰《文心雕龍·正緯》亦發圖緯之僞,劉氏既謂"前代配經",①則當時緯書已經失去配經的地位。

以上所舉都是南朝的例子,而由於政治文化傳統的差異和長期分裂局面的存在,南北學術在經學、史學、宗教、文學等方面都有不少相異之處。② 關於南北經學的差異,《魏書·儒林傳序》云:

> 漢世鄭玄並爲衆經注解,服虔、何休各有所説。玄《易》《書》《詩》《禮》《論語》《孝經》,虔《左氏春秋》,休《公羊傳》,大行於河北。王肅《易》亦間行焉。晋世杜預注《左氏》,預玄孫坦、坦弟驥於劉義隆世並爲青州刺史,傳其家業,故齊地多習之。③

又《隋書·儒林傳序》云:

> 南北所治,章句好尚,互有不同。江左《周易》則王輔嗣,《尚書》則孔安國,《左傳》則杜元凱。河、洛《左傳》則服子慎,《尚書》《周易》則鄭康成。《詩》則並主於毛公,《禮》則同遵於鄭氏。大抵南人約簡,得其英華,北學深蕪,窮其枝葉。④

除了《詩》毛氏、《禮》鄭氏爲南北同尊外,北方經學固守鄭玄、服虔、何休等東漢舊學,⑤而南方則取王弼、僞孔、杜預等魏晋新注,兩地好尚有異。⑥ 由於鄭玄、何休等人的經學體系皆與圖緯密切相關,⑦所

---

① 劉勰著,范文瀾注《文心雕龍注》,第29—31頁。
② 參見劉師培《南北學派不同論》,《劉申叔先生遺書》十五。唐長孺《魏晋南北朝隋唐史三論》第二篇第四章《南北學風的差異》,北京:中華書局,2011年。周一良《略論南朝北朝學之異同》,《魏晋南北朝史論集》,北京:北京大學出版社,2010年。胡寶國《漢唐間史學的發展·南北史學異同》(修訂本),北京:北京大學出版社,2014年。湯用彤《漢魏兩晋南北朝佛教史》,上海:上海人民出版社,2015年。曹道衡《南朝文學與北朝文學研究》,北京:商務印書館,2015年。
③ 《魏書》卷八四《儒林傳》,北京:中華書局,1974年,第1843頁。
④ 《隋書》卷七五《儒林傳》,第1705—1706頁。按:以上二段文字亦見《北史·儒林傳序》,乃本此二書。
⑤ 主要指河北(河洛)地區,齊地由於有杜預後人,故多習杜注,與河北有異。
⑥ 當然,南北朝雖然是分裂的時代,但仍有頻繁交流,經學上的差異存在於某些方面,是相對而言,不應絕對化。參見葉純芳《中國經學史大綱》,北京:北京大學出版社,2016年,第188—190頁。
⑦ [日]池田秀三《緯書鄭氏學研究序説》。

以北方學者對圖緯的態度也與南方學者不同。《魏書·儒林傳》記載東魏天平四年(梁大同三年,537),李興業出使南朝,與朱异及梁武帝問答,就反映了南北學術的差異。① 其中朱、李二人辯論明堂圓方之説:

> 异曰:"若然,圓方竟出何經?"業興曰:"出《孝經援神契》。"异曰:"緯候之書,何用信也!"業興曰:"卿若不信,靈威仰、叶光紀之類經典亦無出者,卿復信不?"异不答。②

可見二人對緯書的態度截然不同。朱异問出何經,李興業答以緯書之名,説明在北人李氏眼中,緯書尚有近似經典的地位,而南人朱氏則斥爲不可信用之書。李興業爲上黨人,師事北朝大儒徐遵明,大致可以説明北地學者仍沿襲東漢傳統,較爲重視緯書。又顔之推《顔氏家訓·勉學》云:"俗間儒士,不涉群書,經緯之外,義疏而已。"③從上下文舉例看,顔氏所譏爲固守經術、别無所能的北齊儒生、博士。説明緯書與經書、義疏一樣,皆爲北方一般儒生究心研讀之書,與南人將圖緯視爲經學以外的補充知識不同。

此後,隨著南北政權的統一,學術上也逐漸走向融合,出現了"學通南北"的大儒劉焯、劉炫,④南北學者對緯書的認識也日益趨同,傾向於否定。唐代《五經正義》中,《尚書正義》《毛詩正義》《春秋正義》皆本之二劉義疏,其中多有否定緯書之語。以《尚書正義》爲例:

> 《堯典》疏:此言堯知子不肖,有志禪位。然則自有賢子,必不禪人。授賢爰自上代,堯舜而已。非堯舜獨可,彼皆不然,將以子不肖,時無聖者,乃運值污隆,非聖有優劣。而緯候之書附會其事,乃云河洛之符,名字之録,何其妄且俗也。
>
> 《大禹謨》疏:曆數謂天曆運之數。帝王易姓而興,故言曆

---

① [日]喬秀岩《書〈魏書·李興業傳〉後》,《義疏學衰亡史論》,臺北:萬卷樓圖書股份有限公司,2013年,第193頁。
② 《魏書》卷八四《儒林傳·李興業》,第1863頁。
③ 王利器《顔氏家訓集解》(增補本),北京:中華書局,1993年,第183頁。
④ 《隋書》卷七五《儒林傳》,第1707頁。

數,謂天道。鄭玄以曆數在汝身謂有圖籙之名,孔無讖緯之説,義必不然。

《咸有一德》疏:天道遠而人道近,天之命人,非有言辭文誥,正以神明佑之,使之所征無敵,謂之受天命也。緯候之書乃稱有黄龍、玄龜、白魚、赤雀,負圖銜書,以授聖人,正典無其事也。漢自哀平之間,緯候始起,假託鬼神,妄稱祥瑞。孔時未有其說,縱使時已有之,亦非孔所信也。

《泰誓上》疏:緯候之書言受命者,謂有黄龍、玄龜、白魚、赤雀,負圖銜書,以命人主。其言起於漢哀平之世,經典無文焉。孔時未有此説,《咸有一德》傳云"所征無敵,謂之受天命",此傳云"諸侯並附,以爲受命之年",是孔解受命皆以人事爲言,無瑞應也。

《洪範》疏:龜負《洛書》,經無其事,《中候》及諸緯多説黄帝、堯、舜、禹、湯、文、武受圖書之事,皆云龍負圖,龜負書。緯候之書不知誰作,通人討覈,謂僞起哀平。①

《尚書正義》以緯候之書出於西漢哀平之時,不信其附會妄俗之説,而讚揚僞孔傳的平實之言,當是二劉觀點的反映。②

雖然漢代緯書逐漸淡出儒學,並被二劉等大儒所否定,但這種轉變是一個漸進的過程。在某些領域中,緯書尚在形式上保持著其配經地位。最明顯的例子是,從官方目錄看,圖緯仍居於經部。《隋書·經籍志》經部異説類序云:"列于六經之下,以備異説。"③唐玄宗開元間所修《群書四部錄》,分類與《隋志》同。④ 又開元間所修《唐六典》載祕書郎掌四部之圖籍,分藏甲、乙、丙、丁四庫,類目亦同《隋

---

① 孔穎達《尚書正義》,第59、112、241、291、324頁。
② 喬秀巖《二劉學術風貌》,《義疏學衰亡史論》,第64—65頁。
③ 《隋書》卷三二《經籍志一》,第941頁。
④ [唐]毋煚《古今書錄序》云:"(《群書四部錄》)所用書序,咸取魏文貞;所分書類,皆據《隋·經籍志》。"(《舊唐書·經籍志》,第1964頁)可見《群書四部錄》之大小序與類目皆與《隋志》相同。

志》,甲部爲經,分爲十類,其中"九曰圖緯,以紀六經讖候"。①《舊唐書·經籍志》全襲開元間毋煚所撰《古今書録》,②甲部經録分十二家,第九爲讖緯類。③《新唐書·藝文志》則據《開元四庫書目》,④甲部經録分十一類,九曰讖緯類。⑤ 官修目録類目的調整總是滯後於學術的發展,隋唐目録均將讖緯歸入經部,應是沿襲前代官修四部目録的分類體系。《隋志》經部大序謂"班固列六藝爲九種,或以緯書解經,合爲十種",⑥當即此意。

概括來説,東漢圖讖在魏晉南北朝時期與政治逐漸疏離,僅作爲歷史文獻被學者使用。由於南北經學好尚的差異,緯書在北朝尚較受重視,而在南朝則被排除出經典之列,重歸數術之學。隋代統一,南北學術融合,也是南方學術居於主導地位,當代大儒多批評緯書之妄誕。另一方面,由於政治的需要,各種新造讖書層出不窮。上節指出,"讖緯"一詞在漢末魏晉時期僅指稱緯書,而隨着新出讖書的不斷增加,"讖緯"詞義開始擴大,不僅指漢代圖緯,也同樣包含新出讖書。《七録》立"緯讖部",凡三十二種,四十七帙,二百五十四卷,從卷數上看,"緯讖"一詞顯然同時涵蓋東漢圖緯與新出讖書。一方面是東漢圖緯淡出儒學,不再有配經的地位,另一方面是屬於數術之學的新出讖書的不斷增加,"讖緯"一詞荒誕不經的意味自然日益濃厚。但分而言之,"緯"(東漢緯書)畢竟有解經的内容,在名稱上又有配經的形式,與"讖"名(新出讖書)仍有區别。

以往的研究認爲,《隋書·經籍志》是最早明確區分"緯"與

---

① [唐]李林甫等《唐六典》卷一〇《祕書省》,陳仲夫點校,北京:中華書局,1992年,第299頁。按:《六典》正文所列四部圖籍類目及原注部數、卷數皆本之《隋志》,參見陳氏案語(第311—312頁)。
② 余嘉錫《目録學發微》,北京:中華書局,2007年,第125頁。
③ 《舊唐書》卷四六《經籍志上》,北京:中華書局,1975年,第1966頁。
④ 余嘉錫《目録學發微》,第126頁。
⑤ 《新唐書》卷五七《藝文志一》,北京:中華書局,1975年,第1423頁。
⑥ 《隋書》卷三二《經籍志一》,第948頁。

"讖"的文獻。① 但細繹《隋志》之文,會發現此前的研究者對文義的理解有偏差之處。《隋志》經部異説類序云:

> 《易》曰:"河出圖,洛出書。"然則聖人之受命也,必因積德累業,豐功厚利,誠著天地,澤被生人,萬物之所歸往,神明之所福饗,則有天命之應。蓋龜龍銜負,出於河、洛,以紀易代之徵,其理幽昧,究極神道。先王恐其惑人,祕而不傳。説者又云,孔子既敘六經,以明天人之道,知後世不能稽同其意,故別立緯及讖,以遺來世。其書出於前漢,有《河圖》九篇,《洛書》六篇,云自黄帝至周文王所受本文。又別有三十篇,云自初起至于孔子,九聖之所增演,以廣其意。又有七經緯三十六篇,並云孔子所作,并前合爲八十一篇。而又有《尚書中候》《洛罪級》《五行傳》《詩推度災》《氾曆樞》《含神務》《孝經勾命決》《援神契》《雜讖》等書。②

這段話不甚明確,大致是先談作者,再説篇目。作者方面,《河圖》《洛書》爲上天所賜,先王秘而不傳。孔子則在六經之外別立緯及讖,以向後世闡發其意。篇目方面,《河圖》《洛書》四十五篇,七經緯三十六篇,合計八十一篇。此外又有《尚書中候》至《雜讖》等書。既云"別立緯及讖",則似以"緯"與"讖"有別,所以陳槃認爲《隋志》此序將讖緯分爲三類:《河圖》《洛書》、緯、讖。③ 按照這種理解,再結合《隋志》的敘述順序,很容易將此三類與篇目一一對應,即《河》《洛》四十五篇,七經緯三十六篇,餘下的《尚書中候》至《雜讖》等書則是讖。但據《後漢書·樊英傳》李賢注,《詩推度災》《詩氾曆樞》《詩含神務》《孝經勾命決》《孝經援神契》均在七緯之目,序言若已區分"讖""緯",則此五篇不當視爲讖,前後矛盾。問題的關鍵在於前人對孔子"別立緯及讖"一句的理解有誤。

---

① 陳槃《讖緯命名及其相關之諸問題》(增訂本):"讖與緯之分別,以今所知,蓋莫先于《隋志》。"(第 155 頁)按:《七録》名"緯讖部","緯"在"讖"前,或許有區分彼此高下的考慮。

② 《隋書》卷三二《經籍志一》,第 941 頁。

③ 陳槃《讖緯命名及其相關之諸問題》(增訂本),第 142 頁。

爲了準確理解這句話的含義,需要結合有明確區分標準的《唐律疏議》之文。①《唐律》云:

  諸玄象器物,天文,圖書,讖書,兵書,《七曜曆》,《太一》《雷公式》,私家不得有,違者徒二年。其緯、候及《論語讖》,不在禁限。

在禁限者爲圖書、讖書,不在禁限者爲緯、候及《論語讖》。對於各類所指,《律疏》有詳細説明:

  圖書者,"河出圖,洛出書"是也。讖書者,先代聖賢所記未來徵祥之書。……緯、候及讖者,五經緯、《尚書中候》、《論語讖》,並不在禁限。②

可見《唐律疏議》明確將讖緯分爲三類:一是圖書,即《河圖》《洛書》之類;二是讖書,所謂"先代聖賢所記未來徵祥之書",即《隋志》所載"梁有"之《孔老讖》《老子河洛讖》《尹公讖》《劉向讖》《堯戒舜禹》《孔子王明鏡》《郭文金雄記》《王子年歌》《嵩山道士歌》等;③三是緯書,除了五經緯(實有七經緯),《尚書中候》和《論語讖》也歸入此類。由此可知,《隋志》所謂孔子"別立緯及讖"一句,"緯"指七經緯,"讖"指《論語讖》,實際説的是一類。只是由於《論語讖》無"緯"名,故謂"緯及讖"。上引《隋志》文字主要在談東漢圖緯八十一篇的源流,《河》《洛》是天降之書,七經緯和《論語讖》是孔子所作,實際並未叙及其他讖書。《尚書中候》《洛罪級》《五行傳》是圖緯相關之

---

① 據唐長孫無忌等《進律表疏》及《舊唐書·高宗紀》《刑法志》的記載,今本爲永徽《律疏》。日本學者仁井田陞、牧野巽《故唐律疏議製作年代考》(《東方學報》(東京)第 1 册、第 2 册,1931 年;收入《譯註日本律令》(一),東京:東京堂,1978 年)認爲今本是李林甫等補修的開元二十五年《律疏》,楊廷福《唐律疏議製作年代考》(《文史》第 5 輯;收入楊廷福《唐律初探》,天津:天津人民出版社,1982 年)則予以駁正。劉俊文指出,今本多見永徽以後歷次修改之内容,但又與敦煌莫高窟所出開元《律疏》有顯著差異,故而推斷今本爲神龍以後、開元二十五年以前通行本《律疏》。(劉俊文《唐律疏議箋解·序論》,北京:中華書局,1996 年,第 69—70 頁)

② 劉俊文《唐律疏議箋解》卷九《職制》,第 764 頁。

③ 《隋書》卷三二《經籍志一》,第 940 頁。

書,《詩推度災》《氾曆樞》《含神霧》、《孝經勾命決》《援神契》應是單行之本①,與《唐律疏議》對照,可知絕非研究者認爲的"讖書"。

《唐律疏議》對圖書、讖書和緯候有清晰界定,説明唐初人是將三者區別看待的。這種區分"讖""緯"的意識當然不是唐初才産生,而是延續了南北朝以來的觀念。之所以如此,是因爲圖書、讖書之類在漢代以後仍在不斷新增,與政治的關係十分密切。而緯候之書則基本保持了漢代的文本,增益較少,作爲歷史文獻,主要被學術著作徵引。唐代五經正義、四經義疏皆據南北朝舊疏修成,其中引及漢代緯候,而絕無南北朝新出讖書,説明南北朝經師也是明確區分二者的。要之,南北朝至隋唐時期,"讖緯"一詞可泛稱一切與預言、隱語有關之書。但分而言之,讖書主要指當時新出的、假託聖賢立言的預言書;而緯書則僅指漢代的七經緯,亦常與《尚書中候》並稱"緯候"。

附録　釋"五經六緯"

前人討論讖緯起源問題,常引《漢書·李尋傳》"五經六緯,尊術顯士"爲據,認爲"五經"即經書,"六緯"即緯書,從而將緯書的成立推至西漢成帝時,甚至更早,這實際是對文義的錯誤理解。成帝時多災異,李尋乃上書大司馬王根,倡言廣求賢人,其文略云:

> 書云"天聰明",蓋言紫宫極樞,通位帝紀,太微四門,廣開大道,五經六緯,尊術顯士,翼張舒布,燭臨四海,少微處士,爲比爲輔,故次帝廷,女宫在後。聖人承天,賢賢易色,取法於此。天官上相上將,皆顓面正朝,憂責甚重,要在得人。得人之效,成敗之機,不可不勉也。②

孟康曰:"六緯,《五經》與《樂緯》也。"張晏曰:"六緯,《五經》就《孝經緯》也。"顔師古曰:"六緯者,《五經》之緯及《樂緯》也。孟説是

---

① 徐興無《讖緯文獻與漢代文化構建》,第7頁。
② 《漢書》卷七五《眭兩夏侯京翼李傳》,第3179頁。

也。"①注文雖對六緯之目所言略異，但皆以六緯指六部緯書。此説時間最早，影響亦最大，後世學者如閻若璩、徐養原、汪繼培等多承其説，②並據此注以爲緯書在西漢成帝時即已形成。當代學者亦有持此論者，如李學勤云：

> "五經六緯"兩句，是承上"紫微極樞"等四句，一氣貫通而下。李尋先提北宫紫微，繼説南宫太微，由太微四門，講到"廣開大道"，即君主的求賢。這就很自然地引至"五經六緯，尊術顯士"。漢人稱儒學爲術，《説文》訓"儒"爲"術士之稱"。"尊術顯士"，便是尊顯專治"五經六緯"的儒學之士。劉攽以至王先謙之説，均係誤解。……五經六緯在李尋心目中已經是儒學的基本内容。這也就是説，在成帝時諸緯業已大備，緯書的起源肯定更早。③

李文中提及的北宋人劉攽是最早質疑舊説並提出新見者，劉氏云："正言星宿，何故忽説五經？蓋謂二十八舍。"但云二十八宿，未言"五經六緯"具體所指。故乾隆武英殿本《漢書》所附《考證》云："劉攽駁顔，其論甚合。但所云天文六緯名目，劉亦未嘗指實。"後人於是生發出數種解釋。

清人姚鼐云："言天文當爲人主所取法。此五經者，五經星也。六緯者，十二次相向爲六。故人主當法之，以尊五行之術，顯十二州之士耳，與經書讖緯何涉哉？"經星即恒星，④但姚氏未明示"五經星"所指。而以十二次相向牽合六緯，則不可信。

---

① 《漢書》卷七五《眭兩夏侯京翼李傳》，第3179—3180頁。
② ［清］閻若璩《尚書古文疏證》卷七"第九十九"，清乾隆眷西堂刻本。清徐養原《緯候不起于哀平辨》："按尋説王根在成帝之世，是時緯已萌芽，猶未入祕府，故劉向校書，獨不見録。以爲始於哀平之際、王莽之篡，亦未必然也。"清汪繼培《緯候不起于哀平辨》亦據孟康、張晏注爲説。徐、汪二文皆見清阮元編《詁經精舍文集》卷一二，第346—349頁。
③ 李學勤《〈漢書·李尋傳〉與緯學的興起》，原載《杭州師範學院學報》，1996年第2期。此據李學勤《周易溯源》，成都：巴蜀書社，2006年，第400—401頁。
④ 《穀梁傳·莊公七年》："夏四月辛卯，昔，恒星不見。恒星者，經星也。"范甯注："經，常也，謂常列宿。"

王先謙言"五經六緯"所指,與姚鼐不同:

《天文志》太微廷,掖門內六星,諸侯。其內五星,五帝坐。五帝者,《晉志》黃帝坐在太微中,四帝星夾黃帝坐,蓋即五經。六緯者,六諸侯。《天官書》同,蓋漢世天文家說如此。姚謂五經爲五經星,六緯爲十二次,上下文義不屬,疑非。術,道也。術士,有道之士。少微士大夫在太微星西,故以尊顯言之。①

則王氏以五經爲五帝坐,六緯爲六諸侯。然此説亦有疑義,李學勤質疑道:

王説……不過在太微中找出"五""六"兩個數字,没有什麽證明。況且《史》《漢》所説"門內六星,諸侯","六"字可能有誤。《史記會注考證》引王元啓云:"按星書,太微垣五諸侯,五黑星;東井北河五諸侯,五紅星。一星同名異處,色亦不同。又諸侯星五,《史》《漢》俱云六者,或'六'字誤,或古今星數隱見不同。"《漢書補注》也指出《晉》《隋》《宋志》均作五諸侯。《乙巳占》《開元占經》等書,都是一樣。②

"六諸侯"是否確爲"五諸侯"之誤,尚可討論,然王先謙僅因數字相合,即牽合二者,確顯武斷。李尋此文,倡言朝廷"宜急博求幽隱,拔擢天士,任以大職",以爲輔佐,即"尊術顯士"之謂。若言五帝爲經,六諸侯爲緯,則是諸侯輔翼五帝。五帝有五,皇帝僅一,無法對應。諸侯亦是在高位者,非"幽隱天士"之比。要之,皆不合李尋以天文説人事之旨。當然,也可以將"五經六緯"作主語,理解爲在高位之五帝、諸侯"尊術顯士",廣求賢人,但仍略顯牽强,聊備一説。

沈欽韓《漢書疏證》引《晉書·天文志》云:"五諸侯五星,在東井北,主刺舉,戒不虞。一曰帝師,二曰帝友,三曰三公,四曰博士,五曰太史。此五者常爲帝定疑議。星明大潤澤,則天下大治。又二台八星,兩兩而居,起文昌,列太微。"則沈氏以五諸侯爲五經,以三台爲

---

① [清]王先謙《漢書補注》卷七五《眭兩夏侯京翼李傳》,清光緒二十六年(1900)長沙王氏虛受堂刻本,第21b—22a頁。
② 李學勤《〈漢書·李尋傳〉與緯學的興起》,《周易溯源》,第399—400頁。

六緯。但亦無法與"尊術顯士"相諧。

周壽昌《漢書注校補》之解釋又有不同：

> 案《史記·天官書》有云："故紫宮、房心、權衡、咸池、虛危列宿部星,此天之五官坐位也,爲經,不移徙。"此所云"五經"也。又云："三能、三衡者,天廷也。"注引《晉書·天文志》云："三台,主開德宣符也,所以和陰陽而理萬物也。三衡者,北斗杓三星爲玉衡,人君之象,號令主也。"此所云"六緯"。①

然《天官書》言"三能、三衡",《索隱》《正義》則言"三台、三衡",頗不可解,周氏亦無説。梁玉繩《史記質疑》於此云："'三能'三句有闕文,《索隱》《正義》解費而義晦。"

"五經六緯"釋義,除了以上"經書緯書"與"天文星象"二説外,顧頡剛又在《三皇考》一文中提出新解：

> 李尋所謂"五經六緯"乃是承上文"太微四門,廣開大道"來的：向南北開的大道謂之"經",向東西的則謂之"緯"（正如今天津、濟南所闢馬路,有"經路"和"緯路"）。其云"尊術顯士",即堯典"闢四門,明四目,達四聰"之義。蓋他述天象,因論天廷的政事,因"女宮在後"而想到"賢賢易色",因"上將、上相"而想到"要在得人",因"太微四門"而想到"五經六緯"與"尊術顯士",語法正一律。②

顧氏認爲李尋是因天象而談人事,"太微四門"爲天象,則"五經六緯"是人間南北、東西向的道路,與以上天文星象的解釋有異。然而,既是人間道路,數字"五""六"又是何指呢？顧氏新説恐怕未爲的論。除顧氏"道路"之説外,尚有以"天五地六"（《周易·繫辭上》）釋之者,認爲"五經六緯"即泛指天地。③ 然此處所言皆爲天象,以象人事,並未及於地,故此説非是。

---

① ［清］周壽昌《漢書注校補》卷四五《眭兩夏侯京翼李傳》,清光緒十年思益堂刻本,第 6b—7a 頁。

② 顧頡剛《三皇考》,《顧頡剛全集·顧頡剛古史論文集》卷二,第 88 頁。

③ 于湧《"五經六緯"考辨》,《洛陽理工學院學報（社會科學版）》第 28 卷第 5 期（2013 年 10 月）。

細繹上下文,仍應於天文星象中尋求解釋。① 其實周壽昌釋"五經"之説頗可信據,惜引《天官書》之文,及"經"而未及"緯"。今檢《史記·天官書》云:"故紫宫、房心、權衡、咸池、虚危列宿部星,此天之五官坐位也,爲經,不移徙,大小有差,闊狹有常。水、火、金、木、填星,此五星者,天之五佐,爲緯,見伏有時,所過行贏縮有度。"②紫宫即中官天極星,房、心即東官蒼龍,權、衡即南官朱雀,咸池即西官白虎,虚、危即北官玄武,此五官"不移徙",故爲"經"。水、火、金、木、填五星,爲"天之五佐","見伏有時",故爲"緯"。即五官爲經,五星(佐)爲緯。而月與五星同運行於黄道,與五官"不移徙"不同,故漢人有將月與五星並稱之例,如《史記·天官書》有"月、五星順入,軌道""月、五星守犯者",③《漢書·天文志》有"日之所行爲中道,月、五星皆隨之也"之語。④ 李尋下文亦有"月、太白入東井",以月與金星並稱。五星爲五緯,加月則爲六緯。⑤ 五經六緯,於上天爲五官六星,於人間爲五官六佐。有官有佐,方顯求賢佐政之義。官爲朝廷肱骨重臣,故下文云"天官上相、上將,皆顓面正朝,憂責甚重,要在得人"。佐爲有道術之賢士,即官需得之人。類比言之,王根即官,李尋即佐。下文李尋勸王根"賢友彊輔",以免"物盛必衰"之禍,以"保身命,全子孫,安國家",亦是此理。但應當承認,此説亦有缺陷。

---

① 吕思勉云:"上下皆言天文,此語不得忽及經籍也。"(《秦漢史》第二十章《秦漢宗教》第四節《圖讖》,第742頁)

② 《史記》卷二七《天官書》,第1608頁。"爲緯"原作"爲經緯",點校本據王元啓《史記三書正譌》之説删,是。張守節《正義》云:"五星行南北爲經,東西爲緯也。"可見唐代已衍"經"字。《史記會注考證》引日人豬飼彦博云:"五佐爲緯,與五官爲經對。"王元啓曰:"五星皆東行,逆則西行,無所謂南北行。《正義》不知經字爲衍文,强爲之説。"([日]瀧川資言《史記會注考證》,北京:新世界出版社,2009年,第94頁)

③ 《史記》卷二七《天官書》,第1550頁。

④ 《漢書》卷二六《天文志》,第1295頁。

⑤ 李申已提出此説,惟論證稍略,見《"五經六緯"説正誤》,《中國社會科學院院報》2003年10月9日。收入李申《中國哲學史文獻學》,鄭州:河南大學出版社,2012年,第474—476頁。

"太微四門"以下,所涉星名,如翼、張、少微等,皆爲南官(即後世之太微垣)所屬,此處忽及五官總名,似有不恰。

雖然對於具體所指的理解不同,但"五經六緯"當以星象釋之,蓋無疑義。除此例外,先秦至西漢文獻中的"緯"字有"織物的橫綫""地理上的東西向""道路""星宿""治理""輔翼"等諸多義項,①而絕無"緯書"之義。且牽合經書與圖讖而成的經讖形成於東漢初,西漢時既無其實,"緯"名更無可附著,孟康、張晏之注不可依從。

---

① 具體用例參見黄復山《漢代〈尚書〉讖緯學述》(第57—58頁)、張峰屹《兩漢經學與文學思想》(第277—279頁)二書。

第二章　東漢圖讖流衍與散佚的目録學考察

　　東漢光武帝頒布圖讖八十一篇,對漢代的政治、思想和文化都産生了深遠影響。魏晉至隋唐間,東漢圖讖的文本逐漸散佚,至宋初僅存《易緯》。魏晉以後,政治背景發生轉變,圖讖失去了官方意識形態的地位,與儒學的關係也日漸疏離,重新回到數術之學的範疇。當時,還有不少新出讖書流行於世。梁阮孝緒《七録·術伎録·緯讖部》凡"三十二種,四十七帙,二百五十四卷",①除東漢圖讖外,也包含了當時的新出讖書,如《孔老讖》《老子河洛讖》《尹公讖》《劉向讖》《堯戒舜禹》《孔子王明鏡》《金雄記》《王子年歌》《嵩山道士歌》等。② 從書名來看,這些新出讖書的形式與東漢圖讖已有很大不同,不再將假託的範圍局限於上天和九聖,而是將老子、尹公、劉向,甚至郭文、王嘉等近代人物也納入其中。從《宋書·符瑞志》和《南齊書·祥瑞志》所載諸書佚文看,都是當時的政治預言,而與儒學經典毫無關涉。時人所泛稱的"讖緯""圖讖"與《七録》一致,同時涵蓋舊傳的東漢圖讖和當時的新出讖書。

　　對於當時的帝王來説,"讖緯""圖讖"等詞是與天文星占等數術之學聯繫在一起的,如晉武帝泰始三年(267)"禁星氣讖緯之學",③

---

① [唐]釋道宣《廣弘明集》卷三,第114頁。
② 見《隋書·經籍志》經部異説家著録之"梁有"。
③ 《晉書》卷三《武帝紀》,第56頁。《太平御覽》卷六四二引《晉律》,"挾天文圖讖"者科以"二歲刑"。

後趙石虎建武二年(336)"禁郡國不得私學星讖"等。① 這種數術之學往往被人利用,鼓吹政治預言,惑亂人心,影響政局穩定,所以屢被禁毀。② 北魏孝文帝太和九年(485)詔書明確說:"圖讖之興,起於三季。既非經國之典,徒爲妖邪所憑。自今圖讖、祕緯及名爲《孔子閉房記》者,一皆焚之,留者以大辟論。又諸巫覡假稱神鬼,妄說吉凶,及委巷諸卜非墳典所載者,嚴加禁斷。"③可見禁毀原因有二:一是圖讖並非經典,這是時人視讖緯爲數術之學的表現;二是圖讖容易被妖邪利用,這是加以禁毀的真正原因。從曹操"科禁内學"到隋煬帝"搜天下書籍與讖緯相涉者,皆焚之",④其禁毀的重點在於當時流行的新出讖書,而非東漢圖讖。究其原因,東漢圖讖的文本已經固化,如果要在政治上加以利用,只能作十分迂曲的解釋,而不同利益集團的說法又往往相左,漢末袁術和曹魏集團對《春秋讖》中"當塗高"一語的不同解釋就是例證。反之,如果自己新造讖書,則可以隨意創造文本,準確貼合政治需求,當時的各種讖書正是在這種需求下不斷產生的。正因爲禁毀的重點在新出讖書,所以南北朝讖書在唐初幾乎不存,而東漢圖讖,尤其是其中的七經緯則基本完整地保存下來。唐律亦禁私藏圖書、讖書,但明確說"緯候及《論語讖》,不在禁限"。⑤下文即主要藉助目錄學的手段,考察東漢圖讖流傳、衍變與散佚的經過。

第一節　六朝至隋唐間東漢圖讖的流傳情況

漢魏禪代之後,圖讖八十一篇中最先開始散佚的是《河圖》《洛

---

① 《晉書》卷一〇六《石季龍載記上》,第 2765 頁。
② 關於歷代禁毀讖緯的情況,參見鍾肇鵬《讖緯論略》,第 31—33 頁。吕宗力《魏晉南北朝至隋禁毀讖緯始末》,《高敏先生八十華誕紀念文集》,第 253—261 頁。
③ 《魏書》卷七上《高祖紀上》,第 155 頁。
④ 《三國志》卷二三《魏書·常林傳》裴注引《魏略》,第 660 頁。[唐]魏徵、令狐德棻《隋書》卷三二《經籍志一》,第 941 頁。
⑤ 劉俊文《唐律疏議箋解》,第 763—764 頁。

書》諸篇。《河圖》《洛書》中有大量宣揚劉氏受命與正統性的內容，由於漢室覆亡，這些內容失去了價值，自然最先散佚。從現存的圖讖佚文看，《河圖赤伏符》《河圖提劉予》《河圖合古篇》等光武帝曾在封禪文中引用的、鼓吹劉氏正統性的篇目僅存數條佚文，即證明其散佚的時間甚早。從現有文獻看，至遲在南朝宋時，圖讖文本已開始出現散佚。《後漢書·馮異傳》載安帝詔曰："建武元功二十八將，佐命虎臣，讖記有徵。"①之所以稱"二十八將"，范曄説："中興二十八將，前世以爲上應二十八宿，未之詳也。"②據安帝之言，圖讖中當有所謂二十八將上應二十八宿之説，而宋人范曄已不知其詳，説明當時可能已有部分篇目不傳。至梁代，《真誥》云："《河圖》中《要元篇》第四十四卷云：句金之壇，其間有陵，兵病不往，洪波不登。"陶弘景注云："此《河圖》者，舜、禹所受，及《洛書》之屬，今猶有四十餘卷存。"③由此可知，原本四十五篇的《河圖》《洛書》當時猶存四十餘篇，雖略有散佚，但結構尚大致完整，"《要元篇》第四十四"應是原書的卷端題署。

魏晉南北朝時期有大量的目錄類著作問世，其中必然有當時所存圖讖篇卷的著錄。但由於這些目錄皆不傳，故今日無從詳考。僅知宋王儉《七志》中"五曰陰陽志，紀陰陽、圖緯"，④梁阮孝緒《七錄·術伎錄》中有"緯讖部三十二種，四十七帙，二百五十四卷"，⑤從數量上看，除東漢圖讖外，顯然也包含了當時的新出讖書在內。《隋書·經籍志》將圖緯置於經部，應是沿用前代四部分類目錄的體系，故其經部大敘云："班固列六藝爲九種，或以緯書解經，合爲十種。"但在類敘中又説"今錄其見存，列于六經之下，以備異説"，⑥反映了

---

① 《後漢書》卷一七《馮異傳》，第 652 頁。
② 《後漢書》卷二二《馬武傳》，第 787 頁。
③ ［梁］陶弘景《真誥》卷一一《稽神樞第一》，趙益點校，北京：中華書局，2011 年，第 191 頁。標點略有改動。
④ 《隋書》卷三二《經籍志一》，第 906—907 頁。
⑤ ［唐］釋道宣《廣弘明集》卷三，第 114 頁。
⑥ 《隋書》卷三二《經籍志一》，第 941 頁。

編者實際上並不以經説視之。唐代國家藏書分庫收藏,有甲、乙、丙、丁四部,甲部爲經,又分十類,其中第九類即爲"圖緯","以紀六經讖候"。① 下文即據現存隋唐文獻考察東漢圖讖在當時的存佚情況:

(一)《河圖》《洛書》

  《隋書·經籍志》:《河圖》二十卷。梁《河圖》《洛書》二十四卷,目録一卷,亡。②

  《日本國見在書目録》:《河圖》一卷。③

可見唐初僅存《河圖》二十卷,《洛書》已散亡殆盡,而《舊唐書·經籍志》《新唐書·藝文志》中連《河圖》亦無著録,説明《河圖》的亡佚在玄宗開元前。《隋書·經籍志》中的"梁有"是梁阮孝緒《七録》的内容,阮孝緒與陶弘景同時,且本人亦富於讖緯之書的收藏,考慮到陶氏明確説當時《河圖》《洛書》尚存四十餘卷,則此處的"二十四卷"或是"四十二卷"之誤。

(二)《易緯》

  《隋書·經籍志》:《易緯》八卷,鄭玄注。梁有九卷。

  《天文要録·採例書名目録》:《易緯》六卷,鄭玄注。④

  《日本國見在書目録》:《易緯》十卷,鄭玄注。⑤

  《舊唐書·經籍志》:《易緯》九卷,宋均注。⑥

  《新唐書·藝文志》:宋均注《易緯》九卷。⑦

---

① 李林甫等《唐六典·祕書省》,第 299 頁。

② 《隋書》卷三二《經籍志一》,第 940 頁。以下頁碼從略。

③ 〔日〕藤原佐世《日本國見在書目録》,見孫猛《日本國見在書目録詳考》,上海:上海古籍出版社,2015 年,第 341 頁。

④ 〔唐〕李鳳《天文要録》,日本寶曆(1751—1763)間抄本,日本國立天文臺藏,無葉碼。圖版見 http://library.nao.ac.jp/kichou/archive/0404/kmview.html。

⑤ 〔日〕藤原佐世《日本國見在書目録》,第 348 頁。日本大阪府河内長野市金剛寺(真言宗寺院)藏鎌倉時期寫本《全經大意》亦著録"《〔周易〕緯》十卷,鄭玄注,後漢人"。圖版及録文見後藤昭雄等編《天野山金剛寺善本叢刊》第 1 期第 1 卷《漢學》,東京:勉誠出版,2017 年,第 7、593 頁。

⑥ 《舊唐書》,第 1982 頁。以下頁碼從略。

⑦ 《新唐書》,第 1444 頁。以下頁碼從略。

可見諸目差異有二：一爲注者，或作鄭玄，或作宋均。二爲卷數，或六卷，或八卷，或九卷，或十卷。關於注者，唐玄宗開元以前的目錄均作鄭玄。《隋書·經籍志》乃據《隋大業正御書目錄》增損而成①，八卷本《易緯》大概是隋煬帝時東都觀文殿的藏書。② 根據李鳳(622—674)自序，《天文要錄》的奏上時間爲唐高宗麟德元年(664)，(圖1)反映了唐初的《易緯》面貌。藤原佐世(847—898)的《日本國見在書目錄》成書於寬平三年(唐昭宗大順二年，891)③，雖然時代已介晚唐，但此目著錄的唐代著述絶大部分成書於太宗至武周時期，甚至玄宗前後的著述也不多。④ 由此推測，此目著錄的《易緯》很可能是玄宗之前的本子，所以注者與《隋書·經籍志》和《天文要錄》一致。變化發生在玄宗開元間，《舊唐書·經籍志》全抄自開元間毋煚所撰《古今書錄》，《新唐書·藝文志》所據則爲《開元四庫書目》⑤，二書皆作宋均注。開元三年，玄宗令馬懷素、褚無量整比内庫舊書，此後修成《群書四部錄》二百卷，開元九年由元行沖奏上⑥，改鄭玄爲宋均或許與此次整理藏書、編纂目錄的活動有關。但宋代目錄又改作鄭玄注，南宋《中興館閣書目》說"宋注不傳"(詳見下文)。現存文獻徵引《易緯》，僅《文選·思玄賦》李善注引《乾鑿度》"五緯順軌，四時和栗。宋均曰：和栗，氣和而嚴正"一條提及宋均注。《舊唐書》和《新唐書》的著錄令人生疑，有可能是沿襲唐開元間目錄的錯誤。

---

① 余嘉錫《目錄學發微》，第119頁。
② ［清］姚振宗《隋書經籍志考證》，劉克東、董建國、尹承整理，北京：清華大學出版社，2014年，第1012頁。
③ 孫猛《〈日本國見在書目錄〉的成書年代及其背景》，《日本國見在書目錄詳考·研究篇》，第2165—2179頁。
④ 孫猛《漢籍東傳與〈日本國見在書目錄〉》，《日本國見在書目錄詳考·研究篇》，第2156頁。
⑤ 余嘉錫《目錄學發微》，第125—126頁。宋晁公武《郡齋讀書志》云："《唐四庫書目》……有宋均注《易緯》。"宋馮椅《厚齋易學》附錄一《先儒著述上·周易緯》云："《唐四庫書》有宋均注。"《唐四庫書目》即《開元四庫書目》。
⑥ 余嘉錫《目錄學發微》，第122—124頁。

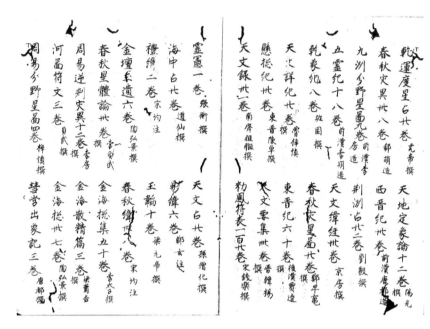

图1　唐李鳳《天文要録·採例書名目録》，
日本寶曆(1751—1763)間抄本，日本國立天文臺藏

至於卷數，歧異更爲紛紜，作九卷的最多，包括梁阮孝緒《七録》《舊唐志》《新唐志》，宋代的《崇文總目》亦是如此。此外，《隋志》八卷、《天文要録》六卷、《日本目》十卷，看不出什麽特别的規律。據《後漢書·樊英傳》李賢注，"七緯"中，《易緯》有《稽覽圖》《乾鑿度》《坤靈圖》《通卦驗》《是類謀》《辨終備》六篇。①《天文要録》作六卷，蓋即以一篇爲一卷，而八卷、九卷、十卷之别，當是其中各篇又有分卷所致。日藏《五行大義》卷五紙背注記引"易緯乾鑿(圖)〔度〕下卷第四"云云②(圖2)，所據之本或即分爲"稽覽圖上卷第一""稽覽圖下卷第二""乾鑿度上卷第三""乾鑿度下卷第四"……

---

① 《後漢書·樊英傳》，第2721頁。
② ［日］中村璋八、築島裕、石塚晴通解題《五行大義》(二)，影印日本穗久邇文庫藏元弘三年(1333)抄本，《古典研究會叢書·漢籍之部》第8卷，東京：汲古書院，1990年，第427頁。

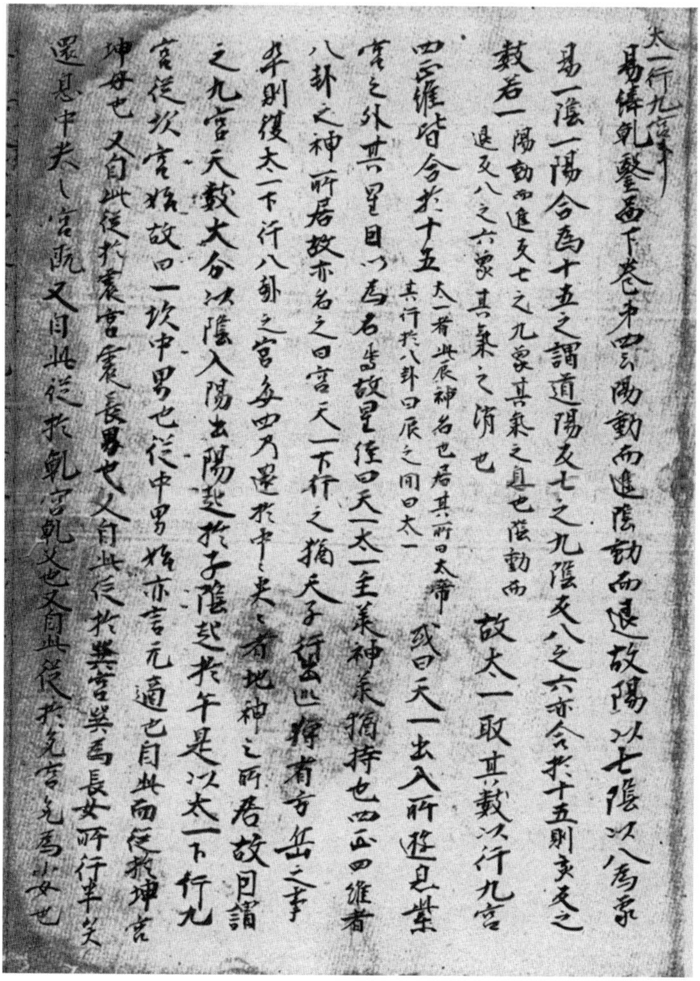

太一行九宮事
易緯乾鑿度下卷云四正陽動而進陰動而退故陽以七陰以八為彖
易一陰一陽合為十五之謂道陽爻七之九陰爻八之六亦合於十五則彖爻之
數若一 陽動而進爻七之九象其氣之息也陰動而退爻八之六象其氣之消也 故太一取其數以行九宮
四正四維皆合於十五 太一者北辰神名也居其所曰太帝其行於八卦曰辰之間曰太一 或曰天一出入所遊息紫
宮之外其星因以為名焉故星經曰天一太一主氣神之所持也四正四維者
八卦之神所居故亦名之曰宮天一下行之猶天子出巡狩省方岳之事
卒則復太一下行八卦之宮每四乃還於中央中央者地神之所居故曰謂
之九宮天數大分以陰入陽出陽起於子陰起於午是以太一下行九
宮從坎宮始故曰一坎中男也從中男始亦言元適也自此而從於坤宮
坤母也又自此從於震宮震長男也又自此從於巽宮巽為長女所行半矣
還息於中央之宮既又自此從於乾宮乾父也又自此從於兌宮兌為少女也

圖2　日本元弘三年(1333)抄本《五行大義》
紙背注記,日本穗久邇文庫藏

(三)《書緯》

《隋書·經籍志》:《尚書緯》三卷,鄭玄注。梁六卷。

《舊唐書·經籍志》:《書緯》三卷,鄭玄注。

《新唐書·藝文志》:鄭玄注《書緯》三卷。

唐初至開元間流傳的都是這種三卷本的《書緯》。據《後漢書·樊英傳》李賢注,《書緯》有《璇機鈐》《考靈耀》《刑德放》《帝命驗》《運期授》五篇,《七錄》作六卷,肯定不是每篇一卷。《隋志》《唐志》作三卷,似乎較梁代有所散佚。然而,《隋志》著錄《尚書中候》五卷,謂"梁有八卷,今殘缺",明確說明今之五卷本較《七錄》之八卷本在內容上有殘缺,已非完本,此乃《隋志》體例。《書緯》此條則僅標明卷數之不同,而未注明"今殘缺",或許僅是分卷之異。

(四)《詩緯》

《隋書·經籍志》:《詩緯》十八卷,魏博士宋均注。梁十卷。

《日本國見在書目錄》:《詩緯》十卷,魏博士宋均注。①

《舊唐書·經籍志》:《詩緯》三卷,鄭玄注。又十卷,宋均注。

《新唐書·藝文志》:(宋均)注《詩緯》十卷。……(鄭玄)注《詩緯》三卷。

據李賢注,《詩緯》有《推度災》《記曆樞》《含神務》三篇。《七錄》《隋志》《日本目》皆僅有宋均注,新舊《唐志》則又出現鄭玄注,與《易緯》的情況一樣,這種變化也是出現在玄宗開元間。從現存《詩緯》佚文看,宋均注十分常見,但絕無文獻引及鄭玄注,令人懷疑開元間新著錄的可信性。

(五)《禮緯》

《隋書·經籍志》:《禮緯》三卷,鄭玄注,亡。

《天文要錄·採例書名目錄》:《禮緯》二卷,(宗)〔宋〕均注。

《日本國見在書目錄》:《禮緯》三卷,鄭玄注。《禮緯》三卷,宋均注。②

《舊唐書·經籍志》:《禮緯》三卷,宋均注。

《新唐書·藝文志》:(宋均)注《禮緯》三卷。

清人姚振宗謂《隋志》"此'亡'字衍"。③ 姚氏未言所據,當是從

---

① 藤原佐世《日本國見在書目錄》,第351頁。
② 藤原佐世《日本國見在書目錄》,第353—354頁。
③ 姚振宗《隋書經籍志考證》,第407頁。

《隋志》體例推之。按《隋志》體例,只在"梁有"下標"亡"字,以示"梁有而今亡",且本類小序明言"今錄其見存",不應開列亡書,故姚說甚是。據李賢注,《禮緯》有《含文嘉》《稽命徵》《斗威儀》三篇,三卷本當是篇各一卷。從以上著錄看,當時有鄭玄、宋均兩種注本並存,但今存佚文中僅《太平御覽》卷一天部一明確引及鄭注一條,而標明宋注者則甚多。①

(六)《樂緯》

《隋書·經籍志》:《樂緯》三卷,宋均注。
《日本國見在書目錄》:《樂緯》三卷,同〔宋均〕注。②
《舊唐書·經籍志》:《樂緯》三卷,宋均注。
《新唐書·藝文志》:(宋均)注《樂緯》三卷。

各目對《樂緯》的著錄完全一致,均是宋均所注三卷本。據李賢注,《樂緯》包括《動聲儀》《稽耀嘉》《汁圖徵》三篇,當亦是篇各一卷。

(七)《春秋緯》

《隋書·經籍志》:梁有《春秋緯》三十卷,宋均注。……亡。
《天文要錄·採例書名目錄》:《春秋緯》卅八卷,宋均注。
《日本國見在書目錄》:《春秋緯》卅卷,同(宋均)注。③
《舊唐書·經籍志》:《春秋緯》三十八卷,宋均注。
《新唐書·藝文志》:(宋均)注《春秋緯》三十八卷。

---

① 安居香山、中村璋八編《緯書集成》,第493頁。此外,《緯書集成》還從《禮記·曲禮下》疏中輯出一條《含文嘉》佚文,同時包含宋均注與鄭玄注(第503頁),但其中的鄭注乃是誤輯。檢《禮記·曲禮下》疏云:"《禮說含文嘉》云:'天子、三公、諸侯皆以三帛以薦玉。'宋均注云:'其殷禮三帛,謂朱、白、倉,象三正。其五帝之禮,薦玉用一色之帛。'故鄭注《虞書》'三帛':'高陽氏之後用赤繒,高辛氏之後用黑繒,其餘用白繒。'"此條鄭注顯然出自鄭玄《尚書》,《禮記·檀弓上》疏引同文即作"鄭注《尚書》",《公羊傳·隱公五年》疏引亦謂鄭注《堯典》之文,可證《緯書集成》之誤。
② 藤原佐世《日本國見在書目錄》,第354頁。
③ 藤原佐世《日本國見在書目錄》,第355頁。《全經大意》著錄"《〔春秋〕緯》卅卷,鄭玄注"(第35、599頁),注者與各書均異,未知何據。又同書"穀梁傳"下亦有"緯卅卷,鄭玄注"(第45、602頁),則顯屬誤書。

《隋志》將"梁有《春秋緯》"云云附注在"《春秋災異》十五卷"下（圖3），是因爲《隋志》無《春秋緯》，只能將《七錄》的內容附注在郗萌《春秋災異》下，而非如明人孫瑴認爲的此《春秋緯》即郗萌所撰《春秋災異》。① 上文已經指出，《隋書·經籍志》乃據《隋大業正御書目錄》增損而成，《隋志》無《春秋緯》，也證明了小序煬帝禁讖緯後，"祕府之內，亦多散亡"之語。當然，《隋志》並不能完整反映唐初藏書的全貌，從上舉諸目看，至玄宗開元間，《春秋緯》仍完整地保存著。

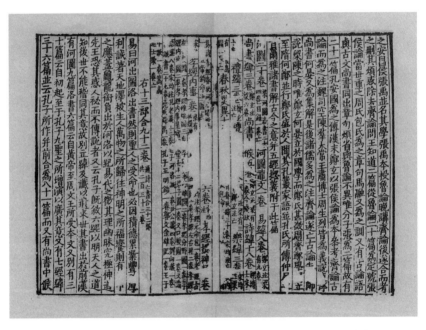

圖3 《中華再造善本》影印中國國家圖書館藏宋刻遞修本《隋書》

據李賢注，《春秋緯》包含《演孔圖》《元命包》《文耀鈎》《運斗樞》《感精符》《合誠圖》《考異郵》《保乾圖》《漢含孳》《(佑)〔佐〕助期》《握誠圖》《潛潭巴》《說題辭》，加上漏載的《命曆序》（詳本書第

---

① 明孫瑴《古微書·刪微》卷六《春秋緯》云："賁居子曰：漢末有郎中郗萌集圖緯讖雜占爲五十篇，于是七經緯各自爲篇部。至宋均始合而集之，得三十卷，總名曰《春秋災異》，而言緯者，始主《春秋》。諸書徵引，殊不別疏，皆曰《春秋緯》，以故緯之篇《春秋》爲多。至其詮次先後，茫無辨也。"（第1a頁）

三章第三節），凡十四篇，在七經緯中篇目最繁、卷帙最多，現存佚文的體量也最大。

（八）《孝經緯》

《隋書·經籍志》：《孝經勾命決》六卷，宋均注。《孝經援神契》七卷，宋均注。

《日本國見在書目錄》：《孝經勾命決》六卷，宋均注。《孝經援神契》七卷，同注。①

《舊唐書·經籍志》：《孝經緯》五卷，宋均注。

《新唐書·藝文志》：（宋均）注《孝經緯》五卷。

據李賢注，《孝經緯》包含《援神契》和《鉤命決》兩篇，在《隋志》和《日本目》中原是各自單行，至新舊《唐志》則作爲整體流傳，與其餘諸緯的形式一致，可能是玄宗開元間馬懷素、褚無量整比内庫舊書的結果。

（九）《論語讖》

《隋書·經籍志》：梁有……《論語讖》八卷，宋均注。……亡。

《舊唐書·經籍志》：《論語緯》十卷，宋均注。

《新唐書·藝文志》：〔宋均〕注《論語緯》十卷。

七經緯有《孝經》而無《論語》，故《孝經緯》題"緯"而《論語讖》稱"讖"。《七錄》作《論語讖》，乃屬原題，而新舊《唐志》改題《論語緯》，應是唐人不解漢人"七經"之義，②以爲凡經書皆可加"緯"字，改變了舊本原貌。

除了以上所列文獻，李淳風（602—670）《乙巳占》卷一《天占》開列的"古占書目"中也有《易緯》《春秋佐（易）〔助〕期》《尚書緯》《詩緯》《禮緯》五種緯書（圖4）。據李氏自言，這些古占書均是其"幼小

---

① 藤原佐世《日本國見在書目錄》，第358—359頁。《全經大意》著録"《〔孝經〕句命決》六卷，宋均注"（第54、604頁）。

② 《後漢書·張純傳》注解"七經讖"云："七經謂《詩》《書》《禮》《樂》《易》《春秋》及《論語》也。"（第1196頁）有《論語》而無《孝經》，與同書《樊英傳》"七經緯"注相牴牾，即屬一種誤解。

所習誦”者。[1] 總之,東漢圖讖中的《河圖》《洛書》在南北朝時期散佚嚴重,唐初僅存《河圖》二十卷,至玄宗開元間則不見著録,當已亡佚,但七經緯和《論語讖》仍較爲完整地保存著。對於七經緯及《論語讖》的卷數、注者,唐初與開元間的著録往往有異,可能是開元間馬懷素、褚無量等整比内庫舊書的結果。

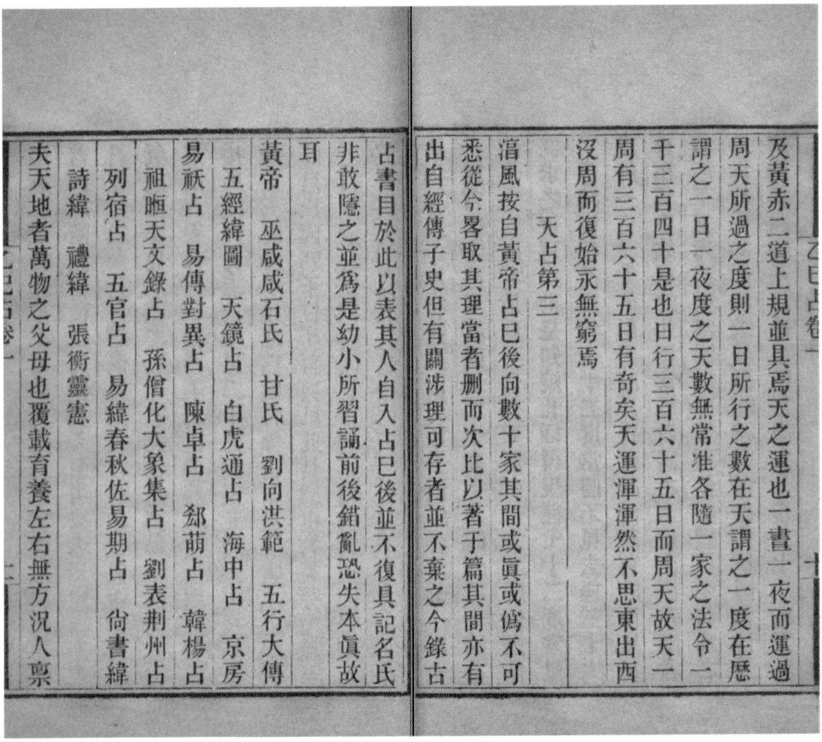
乙巳占卷一　十
及黃赤二道上規並具焉天之運也一晝一夜而運過
周天所過之度則一日所行之數在天謂之一度在歷
謂之一日一夜度之天數無常准各隨一家之法令一
千三百四十是也日行三百六十五日而周天故天一
周有三百六十五日有奇矣天運渾渾然不思東出西
沒周而復始永無窮焉
天占第三
湻風按自黃帝占巳後向數十家其間或眞或僞不可
悉從今畧取其理當者删而次比以著于篇其間亦有
出自經傳子史但有關涉理可存者並不棄之今錄古
占書目於此以表其人自入占巳後並不復具記名氏
非敢隱之並爲是幼小所習誦前後錯亂恐失本眞故
耳
黃帝　巫咸咸石氏　甘氏　劉向洪範　五行大傳
五經緯圖　天鏡占　白虎通占　海中占　京房
易袄占　易傳對異占　陳卓占　郄萌占　韓楊占
祖暅天文錄占　孫僧化大象集占　劉表荆州占
列宿占　五官占　易緯春秋佐易期占　尙書緯
詩緯　禮緯　張衡靈憲
夫天地者萬物之父母也覆載育養左右無方況入禀
乙巳占卷一　十一

圖 4　清光緒三年(1877)吴興陸氏十萬卷樓刻本《乙巳占》

天寶之末,安、史亂起,兩都覆没,舊籍散亡,此後雖加搜訪購募,然又毁於黄巢之亂。[2] 經過唐末、五代的動蕩,至宋初編《崇文總

---

① [唐]李淳風《乙巳占》卷一《天占第三》,清光緒三年(1877)吴興陸氏十萬卷樓刻本,第10b—11a頁。

② 《舊唐書·經籍志》序。陳登原《古今典籍聚散考》,上海:華東師範大學出版社,2010年,第145—147頁。余嘉錫《目録學發微》,第127—128頁。

目》,僅存《易緯》九卷,可見其他緯書均已亡佚。① 由於唐代中後期所編圖籍目錄甚少,②且均不傳,無從得知緯書亡佚的具體時間。這一時段涉及東漢圖讖的材料只有張彥遠的《歷代名畫記》,此書成於唐宣宗大中(847—859)年間。③ 張彥遠在《歷代名畫記》卷三《述古之祕畫珍圖》中列舉了九十七種圖畫,其中可能與東漢圖讖有關的是:

《河圖》十三,又八卷。

《詩緯圖》一。

《孝經讖圖》十二。

《河圖括地象圖》十一。④

此外,《詩緯圖》與《孝經讖圖》之間有《春秋圖》,或爲《春秋緯圖》之訛,但《歷代名畫記》此篇所載各圖排列混亂,並無次序可言,故亦不使以前後圖名推測。又有《龍魚河圖》《五帝鉤命決圖》《孝經祕圖》《孝經左契圖》《孝經雌雄圖》《遁甲開山圖》等,多見於《隋書·經籍志》著錄之"梁有",皆屬六朝之作,此不具論。需要考慮的是,上舉《河圖》《詩緯圖》《孝經讖圖》《河圖括地象圖》等圖畫是不是東漢圖讖八十一篇中原有的內容呢? 答案應該是否定的。圖讖記載聖王所受河圖確實有圖繪,《春秋合誠圖》曰:

堯母慶都,有名於世,蓋大帝之女,生於斗維之野,常在三河之[東]南。天大雷電,有血流潤大石之中,生慶都。長大,形像大帝,常有黃雲覆蓋之,夢食不飢。及年二十,寄伊長孺家。出觀三河之首,常若有神隨之者。有赤龍負圖出,慶都讀之,赤受

---

① 《直齋書錄解題》云:"《唐志》猶存九部四十八卷,今其書皆亡,惟《易緯》僅存如此。"

② 《宋史·藝文志》有《唐祕閣四部書目》四卷、《唐四庫搜訪圖書目》一卷,並不著撰人及時代,余嘉錫認爲後者成於文宗時,見《目錄學發微》,第127—128頁。

③ 余嘉錫《四庫提要辨證》卷一五《尚書故實》,北京:中華書局,2007年,第913—914頁。宿白《張彥遠和〈歷代名畫記〉》,北京:文物出版社,2008年,第7—8頁。

④ [唐]張彥遠《歷代名畫記》,影印明毛晉刻《津逮祕書》本,《叢書集成初編》,上海:商務印書館,1936年,第146、148頁。

天運。下有圖人，衣赤光，面八彩鬚鬢，長七尺二寸，兑上豐下，足履翼翼，署曰赤帝起誠天下寳。奄然陰風雨，赤龍與慶都合婚，有娠，龍消不見。既乳，視堯如圖表。及堯有知，慶都以圖予堯。①

慶都所得河圖中繪有堯之圖像，並有題署。但這僅是記述聖王當時所得河圖的原始面貌，而非自言漢世所傳河圖之相。從文獻記載看，並無東漢圖讖中有圖繪的相關證據，故而本人認爲八十一篇有文無圖。《歷代名畫記》中記録的《河圖》《詩緯圖》等圖畫應是後人據圖讖文字所繪之圖。

張家累世收藏法書名畫，其祖張弘靖時"家聚書畫侔祕府"，②但同時也開始散失：元和十三年(818)弘靖被迫向憲宗進獻精品，長慶元年(821)出鎮幽州，遇朱克融之亂，又多有失墜。③ 張彦遠慨歎："彦遠時未齓歲，恨不見家内所寳，其進奉之外，失墜之餘，存者纔二三軸而已。"④可見先世所藏在其幼時即多已散失，《歷代名畫記》中提及的書畫並不一定皆經張彦遠目驗。《述古之祕畫珍圖》篇首云："古之祕畫珍圖，固多散逸，人間不得見之。今粗舉領袖，則有……"⑤以此推測，此篇記録的大部分圖畫，張彦遠應該並未親睹，而是從其他文獻抄出書名中有"圖"字者，以成此篇。其中多有《隋志》著録的"梁有"而唐初不存之書，也説明了這一點。因此，並不能以《歷代名畫記》的著録來説明唐代中後期東漢圖讖的流傳情況。

至於諸緯亡佚於唐代中後期的主要原因，應該還是經學本身的揚棄。唐初的《五經正義》雖然引用了不少緯書的内容，但這主要是由於"疏不破注"的編纂原則，必須對注文的相關内容作出解釋，《五

---

① ［宋］李昉等《太平御覽》卷八〇《皇王部五》，影印宋刻本，北京：中華書局，2000年，第373頁。
② 《新唐書》卷一二七《張弘靖傳》，第4448頁。
③ 宿白《張彦遠和〈歷代名畫記〉》，第10頁。
④ 張彦遠《歷代名畫記》，第24—25頁。
⑤ 張彦遠《歷代名畫記》，第144頁。

經正義》對緯書在整體上仍是持否定態度,如《禮記正義》解題即謂:"緯候紛紜,各相乖背,且復煩而無用。"①唐代中期以後,經學發生轉向,逐漸擺脫注疏學的範式,輕視舊注,而以己意説經,②因此對緯書更無興趣。既無需求,民間自少流傳,僅有孤本存於秘閣,戰亂一起,則原本蕩然無存。於是,被經學徹底抛棄的緯書只能作爲一種數術資源,部分保存在以天文星占、祥瑞災異爲主要内容的《天文要録》《天地瑞祥志》《開元占經》等書中。但歷代對這些涉及王朝興衰、災異預言的數術之書的管控都十分嚴格,此三書亦僅在存亡之間。③

第二節 宋至明代《易緯》的流傳與衍變

漢代緯書絕大多數散佚於唐代,雖經後世學者鉤沉輯佚,仍僅餘斷簡殘句,難窺全貌,惟有《易緯》至今仍保存了較爲完整的篇目與文本。因此,《易緯》對研究漢代緯書的文本面貌自然有著不可替代的價值。對於《易緯》的篇目與流傳,以往的讖緯研究論著中大多都有論述④,但由於對一些目録類文獻存在認識上的不足,或是使用的目録文本不佳,導致結論有所偏差,不能準確反映出宋代以降《易緯》篇目的分合、流衍情況。所以,當前仍有必要藉助宋代豐富的目録類文獻,從目録學上對《易緯》的篇目分合及流傳衍變做一番細緻的考察。

---

① 孔穎達《禮記正義》,第 2 頁。
② 林慶彰《唐代後期經學的新發展》,《中國經學史論文選集》上册,臺北:文史哲出版社,1992 年,第 670—677 頁。
③ 《大文要録》《天地瑞祥志》僅在日本存有抄本,《開元占經》則在明萬曆間才被重新發現。
④ 中村璋八《緯書の基礎的研究・資料篇》第二章《各緯における諸問題》,第 390—404 頁。安居香山、中村璋八編《緯書集成・解説》,第 2—23 頁。鍾肇鵬《讖緯論略》第二章《讖緯篇目及緯書解題》,第 36—48 頁。

北宋初,反映太祖、太宗、真宗三朝館閣藏書的《三朝國史藝文志》中,①讖緯類著録"四部三十二卷",②從卷數看,所存應該不止《易緯》一種,惜具體書目已不可考。至仁宗時,館閣所藏緯書則僅有《易緯》③,不過尚存唐代之舊。慶曆元年(1041)成書之《崇文總目》著録"《易緯》九卷"(《厚齋易學》引作"《周易緯》九卷,漢鄭康成注"④),又有"《周易乾鑿度》二卷"⑤,可見當時已有《周易乾鑿

---

① 太祖、太宗兩朝國史編修始於真宗景德四年(1007),大中祥符九年(1016)修成。仁宗天聖五年(1027)增修真宗朝爲《三朝國史》,其中《藝文志》未有增補,所載圖籍實際爲建隆至大中祥符崇文院藏書。詳參馬楠《離析〈宋史・藝文志〉》,《中國典籍與文化論叢》第 21 輯。收入馬楠《唐宋官私目録研究》,上海:中西書局,2020 年,第 135—180 頁。

② [元]馬端臨《文獻通考》卷一八八《經籍考一五》引"宋三朝志",上海師范大學古籍研究所、華東師范大學古籍研究所點校,北京:中華書局,2011 年,第 5505 頁。

③ 太宗端拱元年(988)在崇文院中堂建秘閣。秘閣建立之初,即選三館"真本書籍"萬餘卷及内廷所藏書畫收藏其中。淳化二年(991),又以史館所藏天文、占候、讖緯、方術書及圖畫轉歸秘閣。真宗大中祥符八年(1015)宫城火災延燒崇文院,藏書損失嚴重,秘閣所藏更是所剩無幾。《三朝志》著録的"四部 三十二卷"讖緯書或即毁於此時。

④ [宋]馮椅《厚齋易學》附録一《先儒著述上》,清乾隆文淵閣《四庫全書》本,第 3b 頁。

⑤ [宋]王堯臣等編《崇文總目》卷一《易類》,明抄本,寧波天一閣博物館藏,無葉碼。按:《崇文總目》原書已亡佚,天一閣明抄本乃紹興改定本(删去類敘與解題,並加注闕否),爲今傳各本之祖本。康熙三十九年(1700),朱彝尊託張希良往天一閣借抄一部(今藏日本静嘉堂文庫),成爲清代各抄本之祖本。朱氏於該本上增補了一些書名下原闕的撰者,改變了天一閣本的原貌。翁方綱在校閱源出朱彝尊藏本的四庫進呈本時即發現,《崇文總目》解題謂"不著撰人姓氏",而抄本卻有撰人姓名,因而推測"恐是朱彝尊所加,非原本所有"。此外,錢東垣等撰《崇文總目輯釋》,底本也是源出朱氏藏本,同樣承襲了這些增補文字。《四庫全書》本《崇文總目》及錢氏等《崇文總目輯釋》於"易緯九卷"下尚有"宋均注"三字,乃朱彝尊所加,非原本所有。參見楊恒平《紹興改定本〈崇文總目〉現存版本考論》,《中國典籍與文化》2012 年第 4 期。董岑仕《〈崇文總目輯釋〉編纂考——兼論南京圖書館錢大昕舊藏本〈崇文總目〉非〈崇文總目輯釋〉底本》,《版本目録學研究》第 10 輯,北京:國家圖書館出版社,2019 年。董岑仕《〈崇文總目〉明清抄校本源流考》,《北京大學中國古文獻研究中心集刊》第 20 輯,北京:北京大學出版社,2020 年。

度》別出單行。(圖5)雖然傳世《崇文總目》爲"紹興改定本"(簡本),各書下敘錄不存,無從知《易緯》各卷細目。但《中興館閣書目》著錄《易緯》,敘錄中引李淑《書目》(按即《邯鄲書目》)亦作九卷,"凡《乾鑿度》《稽覽圖》《通卦驗》各二,《辨終備》《是類謀》《坤靈圖》各一"①,即是各篇又有分卷。李淑(1002—1059)於仁宗景祐間曾奉命校定三館、秘閣書籍②,當曾見館閣所藏《易緯》,其《書目》著錄篇卷當與《崇文總目》著錄之館閣藏本一致。③ 可見宋初雖有《周易乾鑿度》之單行本,《易緯》九卷中仍存其篇,不失

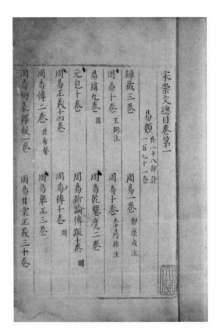

圖5　明抄本《崇文總目》,
寧波天一閣博物院藏

唐代舊觀。《兩朝國史藝文志》云:"舊有讖緯七經雜解,今緯書存者獨《易》,而《含文嘉》乃後人著爲占候兵家之説,與諸書所引《禮緯》乖異不合,故以《易緯》附經,移《含文嘉》於五行。"④同樣證明仁宗、英宗時,館閣所藏緯書僅存《易緯》一種。

其後館閣藏書有所散失,沈括《夢溪筆談》云:"今三館、秘閣凡

---

①　《玉海·藝文》引《書目》(按即《中興館閣書目》),見[宋]王應麟撰,武秀成、趙庶洋校證《玉海藝文校證》卷一《易·易緯》,南京:鳳凰出版社,2013年,第53頁。

②　王應麟撰,武秀成、趙庶洋校證《玉海藝文校證》卷一八《書目·景祐編三館秘閣書籍》,第874頁。

③　據《玉海·藝文》引《中興書目》,李淑《邯鄲書目》十卷撰於皇祐(1049—1053)中。見王應麟撰,武秀成、趙庶洋校證《玉海藝文校證》,第879頁。《直齋書錄解題》卷八《目錄類》亦載此書,有"皇祐己丑自作序"。([宋]陳振孫《直齋書錄解題》,徐小蠻、顧美華點校,上海:上海古籍出版社,2015年,第231頁)

④　馬端臨《文獻通考》卷一八八《經籍考一五》引"宋兩朝藝文志",第5506頁。

四處藏書,然同在崇文院,其間官書多爲人盜竊,士大夫家往往得之。"①徽宗大觀四年(1110)秘書監何志同奏:"慶曆距今未遠也,按籍而求之,十纔六七,號爲全本者,不過二萬餘卷,而脫簡斷編、亡散闕逸之數浸多。"乃提議搜訪圖書,"視慶曆舊録(按即《崇文總目》)有未備者,頒其名數於天下……加意求訪。《總目》之外別有異書,并許借傳……上之策府"。②徽宗年間編成的《祕書省續編到四庫闕書目》即"秘書省陸續採編到的四庫原闕圖書之目"③,著録了北宋後期秘閣新增圖書,故基本不與《崇文總目》重複。其中易類有"鄭康成注《易通卦驗》二卷",又有"《周易緯稽覽圖》一卷"④,可見當時又有《通卦驗》《稽覽圖》兩種別出單行。

靖康之變後,宋室南渡,圖籍散亡殆盡,故高宗紹興間著力訪求遺書。爲使各地有目可依,將《唐書·藝文志》《崇文總目》《祕書省續編到四庫闕書目》中館閣"所闕之書,注'闕'字於其下,鏤板降付諸州軍照應搜訪"。⑤檢今傳紹興改定簡本《崇文總目》,"《易緯》九卷"下即注有"闕"字⑥,則此時北宋館閣所藏九卷本《易緯》已經不存。孝宗淳熙五年(1178)編成的《中興館閣書目》著録有:

---

① [宋]沈括《夢溪筆談》卷一《故事一》,上海:上海書店出版社,2003年,第5頁。
② [清]徐松輯《宋會要輯稿》崇儒四、職官一八,劉琳等校點,上海:上海古籍出版社,2014年,第2826、3478—3479頁。
③ 張固也、王新華《〈祕書省續編到四庫闕書目〉考》,《古典文獻研究》第12輯,2009年。收入張固也《古典目録學研究》,武漢:華中師範大學出版社,2014年。
④ [宋]佚名編,[清]葉德輝考證《祕書省續編到四庫闕書目》卷一《易類》,《宋史藝文志附編》,上海:商務印書館,1957年,第298、301頁。
⑤ 清徐松輯《宋會要輯稿·崇儒四》載紹興十三年向子固上言,但未言及《祕書省續編到四庫闕書目》(第2830頁)。《玉海·藝文》卷一八《書目》云:"紹興初,再改定《崇文總目》《祕書省續編四庫闕書》。"(《玉海藝文校證》,第882頁)宋章如愚《山堂考索·前集》卷一八《聖翰門·書目類》所載略同。又《直齋書録解題》卷八《目録類》載:"《唐藝文志》四卷,《新唐書》中録出別行。監中有印本。《崇文總目》一卷……題紹興改定。《祕書省四庫闕書目》一卷,亦紹興改定。其闕者,注'闕'字於逐書之下。"(第230—231頁)
⑥ 王堯臣等編《崇文總目》卷一《易類》。

《易緯》。案《隋志》"八卷,鄭玄注",《舊唐志》"九卷,宋均注"。康成或引以解經。今篇次俱存,宋注不傳。李淑《書目》九卷,凡《乾鑿度》《稽覽圖》《通卦驗》各二,《辨終備》《是類謀》《坤靈圖》各一。今三館所藏《乾鑿度》《通卦驗》皆別出爲一書,而《易緯》止有鄭氏注七卷:《稽覽圖》第一,《辨終備》第四,《是類謀》第五,《乾元序制記》第六,《坤靈圖》第七,二卷、三卷無標目。

《易乾鑿度》二卷。

《易通卦驗》二卷。

《稽覽圖》一卷。①

單行的三種,卷數與北宋時相同。現存《易緯》(不計宋人僞造者)中以此三種較爲完備,或即曾經單行之故。而重新收得的《易緯》則變爲七卷,篇目也發生了篡亂,其中不再有《乾鑿度》《通卦驗》,而加入了宋人僞造的《乾元序制記》,卷二、卷三的內容也不明確,不復北宋九卷本之舊,內容或許也有殘損。《宋史·藝文志》易類有《易乾鑿度》三卷、《易緯》七卷、《易緯稽覽圖》一卷、《易通卦驗》二卷,云"並鄭玄注"。② 元人所修《宋史·藝文志》,乃據宋代四修國史中的藝文志刪併而成,而其中的《中興國史藝文志》又是據陳騤《中興館閣書目》、張攀《中興館閣續書目》及嘉定以前書編成。③ 所以《宋史·藝文志》的著錄與《中興館閣書目》基本一致,④惟"《易乾鑿度》三卷"當是"二卷"之誤。

---

① 王應麟撰,武秀成、趙庶洋校證《玉海藝文校證》卷一《易·易緯》引,第53頁。按:此外尚有"《流演通卦驗》一卷,不知作者",應是宋人所造,而非漢代《易緯》。
② 《宋史》卷二〇二《藝文一》,北京:中華書局,1985年,第5041頁。
③ 余嘉錫《目錄學發微》,第133頁。
④ 《中興館閣書目》(《玉海》卷六三《藝文》引)讖緯類五家十三卷,《中興國史藝文志》(《文獻通考》卷一八八《經籍考》引)讖緯類三家五部十二卷,兩者略有參差。所謂五家、五部指《易緯》《易乾鑿度》《易通卦驗》《稽覽圖》《流演通卦驗》,三家指鄭玄、宋均、不知作者。按《玉海》卷三五所引《中興目》五家之書合計爲十二卷,與《中興志》正同,則《玉海》卷六三所引"五家十三卷"當爲"五家十二卷"之誤。

再看當時的民間收藏，晁公武所藏《易緯》包括"《周易緯稽覽圖》二卷、《周易緯是類謀》一卷、《周易緯辨終備》一卷、《周易緯乾元敘制記》一卷、《周易緯坤靈圖》一卷、《易通卦驗》二卷，右漢鄭玄注"，晁氏云："李氏本注與《隋志》同，卷數與《唐志》同。家本蓋出李氏，獨不載《乾鑿度》二卷，而有《乾元敘制》一卷。"①所謂"李氏"當即李淑。晁氏認爲己藏本出於李氏，不確。從篇名看，前五種皆冠有"周易緯"三字，獨末種《易通卦驗》不同，或是某人將單行的《易通卦驗》二卷合於前五種之末。從前五種篇目看，晁氏藏本更接近於《中興館閣書目》著錄的七卷本《易緯》。此外，晁氏還藏有單行的《易乾鑿度》二卷。② 又陳振孫《直齋書錄解題》云："《易緯》七卷，漢鄭康成注。其名曰《稽覽圖》《辨終備》《是類謀》《乾元序制記》《坤靈圖》。"③篇目及次序皆與《中興館閣書目》所載藏本一致，可見南宋流傳的《易緯》多是這種篇次的七卷本。鄭樵《通志・藝文略》載"《易緯稽覽圖》七卷，鄭玄注"④，亦是這種七卷本，只不過誤以首篇《稽覽圖》統括書名而已。陳氏所藏單行本有《易稽覽圖》三卷、《易通卦驗》二卷、《易乾鑿度》二卷。陳氏謂"《易稽覽圖》三卷與上《易緯》前三卷相出入，而詳略不同"，則七卷本《易緯》之前三卷皆爲《稽覽圖》，《中興館閣書目》所謂無標目的卷二、卷三亦是《稽覽圖》。

宋代產生了兩種僞造的《易緯》，即《坤鑿度》二卷和《乾元序制記》一卷。據晁公武說，前者最早見於"元祐《田氏書目》，當是國朝人依託爲之"。⑤ 晁氏《郡齋讀書志》著錄《田氏書目》六卷，云："右皇朝田鎬撰。田偉居荊南，家藏書幾三萬卷。鎬，偉之子也，因成此

---

① 晁公武撰，孫猛校證《郡齋讀書志校證》，上海：上海古籍出版社，2011年，第8—9頁。
② 晁公武撰，孫猛校證《郡齋讀書志校證》，第7頁。
③ 陳振孫《直齋書錄解題》卷三《讖緯類》，第79頁。
④ ［宋］鄭樵《通志二十略》，王樹民點校，北京：中華書局，1995年，第1456頁。
⑤ 晁公武撰，孫猛校證《郡齋讀書志校證》，第8頁。

目。元祐中,袁默爲之序。"①《輿地紀勝》有田偉的簡要介紹:"田偉,以燕人歸朝,得江陵尉,即占籍焉。建博古堂,藏書三萬七千卷,無重複者。黄魯直與其子(按:田鈞)交遊,曰:'文書之富,未有過田氏者。'政和中詔求遺書,嘗上千卷,補三館之闕。"②田偉以契丹歸明人爲江陵尉在宋仁宗康定元年(1040),③政和(1111—1117)獻書自爲田氏後人所爲。而徽宗時編成的《祕書省續編到四庫闕書目》即著録有"蒼頡注《坤鑿度》二卷",④應該就是田家所獻,可見此書應當産生於北宋後期。

　　此書卷端題"包義氏先文,軒轅氏演古籀文,蒼頡修"。⑤ "坤鑿度"應該是最初的書名,爲的是與《易乾鑿度》二卷對應。⑥ 直到尤袤(1127—1194)的《遂初堂書目》尚是如此。而此後的陳振孫《直齋書録解題》則作"《乾坤鑿度》二卷",云"一作《巛(坤)鑿度》"。⑦ 這種名爲"乾坤鑿度"的本子,卷上稱"乾鑿度",卷下稱"坤鑿度",黄震(1213—1280)所見即是此本。⑧ 現存明《永樂大典》本、明范氏天一

---

①　晁公武撰,孫猛校證《郡齋讀書志校證》,第 407 頁。按:《祕書省續編到四庫闕書目》作《荆南田氏書目》二卷(第 1349 頁),鄭樵《通志·藝文略》作《荆州田氏書目》六卷(第 1595 頁),《宋史·藝文志》作《荆州田氏書總目》三卷(第 5147 頁)。此目編纂當始於田偉,元祐中方由其子田鎬完成,故晁公武於此目下著"田鎬撰",而在他書解題中又稱引"田偉《書目》",並不矛盾。惟鄭樵《通志·藝文略》於此目下逕著"田瑋",則略有不當。

②　[宋]王象之《輿地紀勝》卷六五《荆湖北路·江陵府下·人物》,影印道光二十九年甘泉岑氏懼盈齋重刊文選樓影宋鈔本,北京:中華書局,1992 年,第 2231 頁。

③　[宋]李燾《續資治通鑑長編》卷一二七,北京:中華書局,2004 年,第 3010 頁。按:《長編》作"田瑋"。《郡齋讀書志》著録《匈奴須知》一卷,作"契丹歸朝人田緯"(第 284 頁)。田偉、田瑋、田緯爲一人。

④　佚名編,葉德輝考證《祕書省續編到四庫闕書目》卷一《易類》,第 298 頁。

⑤　晁公武撰,孫猛校證《郡齋讀書志校證》,第 8 頁。

⑥　《郡齋讀書志》載"《易乾鑿度》二卷",亦題有"蒼頡修古籀文"字樣(第 7 頁),或是時人受僞造《坤鑿度》的影響而誤添,或是晁公武誤記。

⑦　陳振孫《直齋書録解題》卷三《讖緯類》,第 79 頁。

⑧　[宋]黄震《慈溪黄氏日抄分類》卷五七《讀諸子·乾坤鑿度》,影印上海圖書館藏元後至元三年刻本,《中華再造善本·金元編》,北京:北京圖書館出版社,2005 年,第 12a—13a 頁。

閣刻本、明末自得軒刻本等皆是如此。

《乾元序制記》最早見於《郡齋讀書志》《中興館閣書目》，已作爲一篇混入《易緯》之中，則産生時間大概在南北宋之交。① 《直齋書錄解題》亦有著錄，《遂初堂書目》之《易緯》中當亦有其目。《四庫總目》疑此篇乃"後人於各緯中分析以成此書者"，②張惠言謂"宋人鈔撮者爲之"，③孫詒讓則明確指出"以古書援引之文推校之，前半當爲《是類謀》，後半當爲《坤靈圖》，蓋宋人得兩緯殘本，合編之，而妄題《乾元序制記》之名也"。④

總之，南宋時流傳的易緯有如下幾種：（一）《易緯》七卷，包括《稽覽圖》《辨終備》《是類謀》《乾元序制記》《坤靈圖》五篇。（二）《易乾鑿度》二卷。（三）《易通卦驗》二卷。（四）《易稽覽圖》一卷（又有三卷本）。（五）《乾坤鑿度》（原名《坤鑿度》）二卷。

經過元代，這五種中，除了單行本《易稽覽圖》不明外，其餘皆存。故明初修《永樂大典》，收入《乾坤鑿度》《周易乾鑿度》（卷一四七〇八"度"字下），《易通卦驗》（卷一九五二七"驗"字下），《易緯》（卷一五二九七"緯"字下）。⑤ 據《永樂大典目錄》所載，卷一五二九七"緯"字下爲《易緯稽覽圖》，這是因爲首篇是《稽覽圖》，並非《大典》此卷僅收有《稽覽圖》一篇。雖然《大典》卷一五二九七已經不存，但《四庫總目》"易緯坤靈圖一卷"提要先引"《玉海》（按：實際爲《玉海》所引《中興館閣書目》）謂三館所藏有鄭注《易緯》七卷，《稽

---

① 《郡齋讀書志》所載著述的下限爲紹興末年，參見馬楠《從杜鵬舉、姚應績二本重審〈郡齋讀書志〉》，《文史》2022年第1期。

② 永瑢等《四庫全書總目》卷六《經部·易類六》"易緯乾元序制記一卷"提要，第47頁。

③ ［清］張惠言《易緯略義·自敘》，清光緒廣雅書局刻民國九年番禺徐紹榮彙編重印《廣雅書局叢書》本，第1b頁。

④ ［清］孫詒讓《札迻》卷一，梁運華點校，北京：中華書局，1989年，第29頁。

⑤ 《永樂大典目錄》，影印道光間靈石楊氏刻《連筠簃叢書》本，《永樂大典》第10册，北京：中華書局，1986年，第457、477、606頁。

覽圖》一、《辨終備》四、……《坤靈圖》七",又云"《永樂大典》篇次亦然",①則《大典》此卷所載即《稽覽圖》至《坤靈圖》五種,亦即傳自南宋的七卷本《易緯》,只是内容上可能又有殘損。故《四庫總目》亦云:"今略依原第編葺,蓋從宋時館閣本也。"除了《易緯》七卷(五種),《大典》所收《乾坤鑿度》《周易乾鑿度》《易通卦驗》原本應均爲單行本,仍大致保存了南宋的館閣藏本。編纂《永樂大典》所用之書籍,存貯於南京文淵閣。永樂十九年(1421)遷都,部分南京文淵閣藏書被揀選送往北京,②暫存左順門北廊,正統初年入藏新建成的北京文淵閣。③ 楊士奇等於正統六年(1441)修成《文淵閣書目》,其中僅有"《易乾鑿度》一部一册",④而無其餘各篇。正統十四年,南京文淵閣遭遇大火,藏書悉爲灰燼。⑤ 所以,不論七卷本《易緯》當時是被取送北京,還是留貯南京,其亡佚都不晚於正統間。

不同於内府藏書,在民間,《易緯》發生嚴重散佚的時間更早。南宋後期,黄震尚見《乾坤鑿度》《周易乾鑿度》《易緯稽覽圖》《易通卦驗》四種,⑥由宋入元的程龍(1242—1322,字舜俞)則説"今行于世,惟乾坤二《鑿度》",⑦胡一桂(1247—1314)作"外篇解題",僅能引馮椅、程龍之説,甚至連"尚存而未泯如《鑿度》"都"未及見焉"⑧,由元入明的王禕(1322—1374,字子充)也只提及"今《易緯乾鑿度》

---

① 永瑢等《四庫全書總目》卷六《經部·易類六》"易緯坤靈圖一卷"提要,第47頁。
② [明]陳循《芳洲文集》附《芳洲先生年譜》,影印明萬曆二十一年陳以躍刻本,《四庫全書存目叢書》集部第31册,濟南:齊魯書社,1995年。
③ [明]楊士奇《文淵閣書目·題本》,清乾隆《文淵閣四庫全書》本。
④ 清宋氏漫堂鈔本《文淵閣目》(中國國家圖書館藏,善15851)作"《周易乾鑿度》一册"。
⑤ [明]姚福《青溪暇筆》卷上,影印明邢氏來禽館抄本,《續修四庫全書》第1167册,上海:上海古籍出版社,1999年,第641頁。
⑥ 黄震《慈溪黄氏日抄分類》卷五七《讀諸子》"乾坤鑿度""易緯稽覽圖""易通卦驗"三條,第12a—13b頁。
⑦ [元]胡一桂《周易本義啓蒙翼傳·外篇》引"程舜俞曰",元刻本,日本國立公文書館藏,第4a—4b頁。
⑧ 胡一桂《周易本義啓蒙翼傳·外篇》,第4b頁。

猶存"。① 大概在元代,民間除了《乾坤鑿度》《周易乾鑿度》二種,其餘各篇均已不存,内府雖有收藏,亦不爲人知。

　　由於《周易乾鑿度》與《乾坤鑿度》題名近似,彼此關係易致混淆,在南宋中後期就有將二篇合爲一書者。如趙彦衛《雲麓漫鈔》講"九宫推移之法"引《乾坤鑿度》云云,實爲《周易乾鑿度》之文。② 又如黄震《黄氏日抄》以"乾坤鑿度"立目,先介紹《乾坤鑿度》"不知誰所作,矯黄帝而爲之言"云云,然後説"又有《周易乾鑿度》《周易坤鑿度》二篇,又皆矯孔子而爲之言",③顯然黄震所見本,前爲《乾坤鑿度》,後爲《周易乾鑿度》(又將《周易乾鑿度》二卷分別冠以"周易乾鑿度""周易坤鑿度"之名)。再如宋末元初的程龍云:"乾坤二《鑿度》序稱包羲氏作,注稱其書謂'序乾坤之元體與易大行者也'。考其間有所謂太一九宫、卦宫、卦氣、月卦、爻位之法,與夫軌占筮之術、律曆相生之數,古今術家多用之,又似陰陽卜筮者流托爲包羲氏書以自神其説也。"④前引"注稱"文字見《乾坤鑿度》卷下,而"太一九宫"以下則明顯是《周易乾鑿度》的内容,可見也是合併的本子。《永樂大典》卷一四七〇八收《乾坤鑿度》,後接《周易乾鑿度》全文,但未標"周易乾鑿度"書名,二者間僅以"鄭玄注"三字區隔(詳下文),《大典》所據之本可能與程龍所見近似。此後,明代仍有合併二書的本子流傳,所以胡應麟明確指出:"《周易乾鑿度》二卷,又《乾坤鑿度》二卷,今合爲一,實二書也。"⑤嘉靖中四明范氏天一閣刻有《乾坤鑿度》二卷、《周易乾鑿度》二卷,版心皆題"乾坤鑿度卷×",卷端則分題:乾坤鑿度/乾

---

①　[明]王禕《青巖叢録》,《叢書集成初編》,北京:中華書局,1991 年,第 12 頁。按:"王禕",文獻中多有誤作"王褘"者,相關考辨參見徐永明《元代至明初婺州作家群研究》下編《考證篇》第五章《王禕年譜》,北京:中國社會科學出版社,2005 年,第 511 頁。
②　[宋]趙彦衛《雲麓漫鈔》卷二,傅根清點校,北京:中華書局,1996 年,第 21 頁。
③　黄震《慈溪黄氏日抄分類》卷五七《讀諸子》"乾坤鑿度"條,第 12a—13a 頁。
④　胡一桂《周易本義啓蒙翼傳·外篇》引"程舜俞曰",第 3a 頁。
⑤　胡應麟《少室山房筆叢·丁部·四部正譌上》,第 292 頁。

鑿度卷上，坤鑿度卷下，周易乾鑿度卷上，周易乾鑿度卷下（圖6），可見是以"乾坤鑿度"之名統括二書，説明也是以二者爲一書。

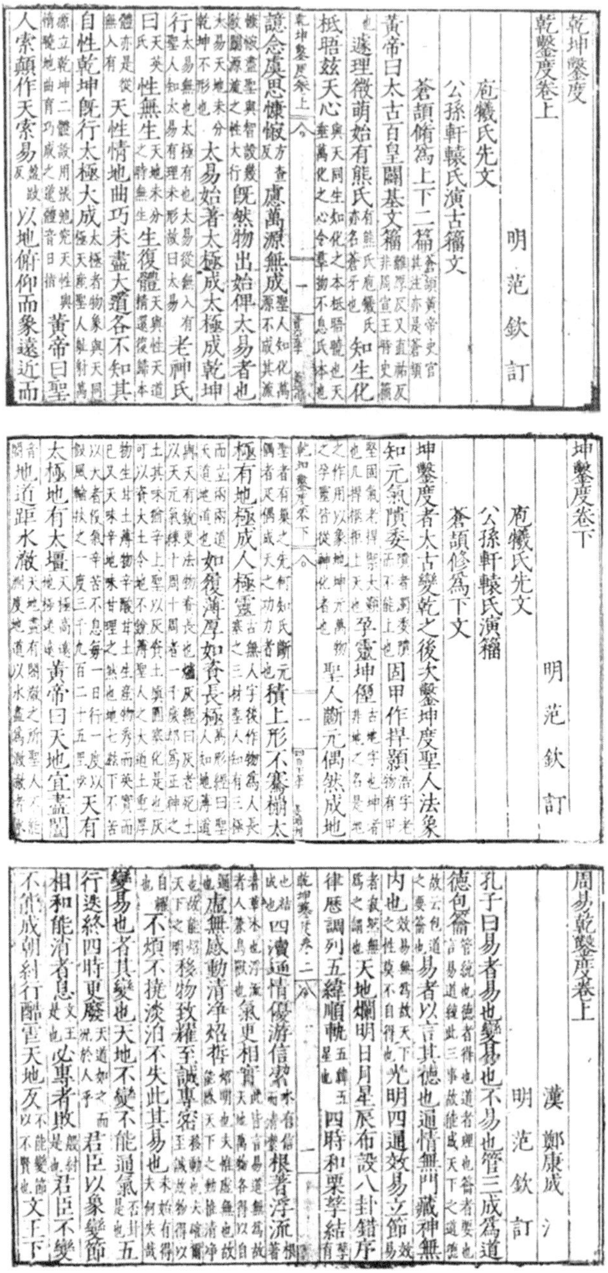

圖6 《四庫提要著錄叢書》影印明嘉靖四明范氏天一閣刻本
《乾坤鑿度》《周易乾鑿度》

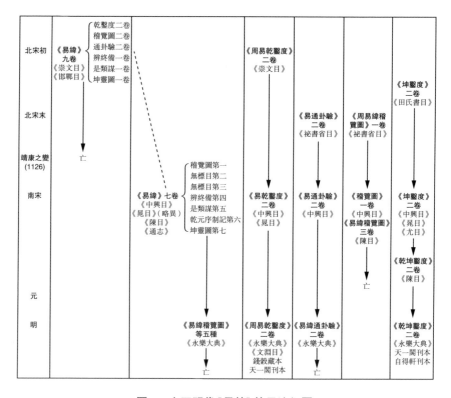

圖7 宋至明代《易緯》篇目流衍圖

第三節　清乾隆間《永樂大典》本
《易緯》八種的輯佚

　　雖然除了《周易乾鑿度》及宋人僞造的《乾坤鑿度》,《易緯》其餘各篇均亡佚於明初,但幸運的是,《永樂大典》中尚保留了其文本内容。清乾隆間修《四庫全書》時,四庫館臣將《大典》中所存《易緯》輯出,即今日最常用的武英殿本《易緯》八種:《易緯乾坤鑿度》二卷、《易緯乾鑿度》二卷、《易緯稽覽圖》二卷、《易緯辨終備》一卷、《易緯通卦驗》二卷、《易緯乾元序制記》一卷、《易緯是類謀》一卷、《易緯坤靈圖》一卷。目前學界對於《大典》本的原始面貌和館臣的輯佚過程缺乏研究,甚至都沒有注意到《乾坤鑿度》《乾鑿度》所在的《大典》殘卷尚存世間,故仍有細緻研究之必要。

　　《永樂大典》輯佚書的辦理流程大致是:簽出佚書—抄出佚文（散片或散篇）—粘連成册（即輯佚稿本）—校勘並擬定提要—謄録成正本。①《武英殿聚珍版書》所收《易緯》八種,②八篇提要校上時間皆爲乾隆三十八年四月,距本年二月開輯《大典》僅兩月。③ 初期

---

①　張升《〈永樂大典〉流傳與輯佚研究》,北京:北京師範大學出版社,2010年,第125頁。詳細流程參見張升《四庫全書館研究》第三章第二節《翰林院四庫館的辦書流程——大典本》,北京:北京師範大學出版社,2012年。

②　金簡提議以木活字排印各應刊之書的時間爲乾隆三十八年十月,三十九年四月字模製作完成,才開始擺印圖書。故首批四種(《易緯》《漢官舊儀》《魏鄭公諫續録》《帝範》)皆爲乾隆三十八年武英殿刊刻,非活字本,當時亦無聚珍版之名。參見張升《四庫全書館研究》第九章《武英殿聚珍版叢書》,第315—316頁。

③　清鄒炳泰《午風堂叢談》卷二:"乾隆癸巳二月,上命大學士劉統勛等將《大典》内散篇纂集成書,總纂則紀編修昀、陸刑部錫熊,纂修三十人。余時爲庶常,亦膺是選。"(影印清嘉慶刻本,《續修四庫全書》第1462册,上海:上海古籍出版社,2001年,第5a頁)又《大學士劉統勛等奏議定校核〈永樂大典〉條例並請撥房添員等事折》(乾隆三十八年二月二十一日):"今奉旨校核《永樂大典》……臣等謹遵旨於翰林等官内,擇其堪預分校之任者,酌選三十員,專司查辦,仍即令辦事翰林院。"(中國第一歷史檔案館編《纂修四庫全書檔案》,上海:上海古籍出版社,1997年,第59頁)

辦成之書,皆整部從《大典》中抄出者,①成書較易。《易緯》各篇當即從《大典》某卷直接抄出,各篇之內不必編排,體量又小,故與《漢官舊儀》《魏鄭公諫續錄》《帝範》爲第一批成書的四種《大典》本。

《易緯》八種的纂修官,除《易緯通卦驗》一種爲鄒炳泰外,皆爲閔思誠。鄒炳泰(1741—1820),字仲文,號曉屏,江蘇無錫人。乾隆三十七年進士,改翰林院庶吉士,散館授編修,充《四庫》館、《三通》館纂修,文淵閣校理。② 鄒氏《午風堂叢談》云:

> 《永樂大典》載《易緯》八種:《乾坤鑿度》二卷、《周易乾鑿度》二卷、《易緯稽覽圖》二卷、《易緯辨終備》一卷、《易緯通卦驗》二卷、《易緯乾元序制記》一卷、《易緯是類謀》一卷、《易緯坤靈圖》一卷。《坤靈圖》殘缺不完,僅存論乾、大畜、无妄卦詞及史注所引日月聯璧數語而已。《易緯通卦驗》,余所纂也,曾以聚珍版印行,今是本絶難得矣。③

所言與殿本題署纂修官一致。閔思誠(1749—1788),字中孚,一字讀山,號義亭,浙江湖州府歸安縣人。閔鶚元次子。④ 乾隆三十六年進士,授編修,官至刑部主事。

乾隆三十八年二月辦理《永樂大典》之初,纂修官定員爲三十人,負責從《大典》中簽出佚書。即先將《大典》原本分派給纂修官,由纂修官逐册閱讀,用事先製好的簽條標明該册需要輯佚的書名、頁碼及佚文條數,粘貼於各册之上(一般在內封),然後交謄録官謄

---

① 《諭內閣四庫全書處進呈各書疵謬疊出總裁蔡新等著交部察議》(乾隆三十九年十月十八日):"《永樂大典》內由散篇輯成者,此次始行呈進,辦理已經年餘。"(中國第一歷史檔案館編《纂修四庫全書檔案》,第275頁)參見張升《四庫全書館研究》,第86頁。

② [清]王引之《王文簡公文集》卷四《協辦大學士鄒公墓誌銘》,影印民國十四年羅氏鉛印《高郵王氏遺書》本,《續修四庫全書》第1490册,第16a—18b頁。

③ 鄒炳泰《午風堂叢談》卷二,《續修四庫全書》第1462册,第17a—17b頁。

④ 顧廷龍主編《清代硃卷集成》第二三一册浙江鄉試(乾隆戊子科),臺北:成文出版社,1992年,第257頁。閔氏卒年,史廣超據邵晋涵《南江文鈔》考定爲乾隆五十三年,見史廣超《〈永樂大典〉輯佚述稿》,鄭州:中州古籍出版社,2009年,第98頁。

寫。① 現存籤條中有一署"纂修官閔"者,即閔思誠,所籤爲卷一五〇七三至一五〇七五,知其籤書範圍在此前後。② 檢《永樂大典目録》,卷一四七〇八"度"字下爲《乾鑿度》《坤鑿度》,③卷一五二九七"緯"字下爲《易緯稽覽圖》,④當皆是閔氏籤出。

今檢《大典》卷一四七〇八,大字標目"乾鑿度"下抄寫《乾坤鑿度》上篇,大字標目"坤鑿度"下抄寫《乾坤鑿度》下篇,書名"乾坤鑿度"皆爲朱筆。其後接抄《周易乾鑿度》,但無"周易乾鑿度"書名,⑤僅題"鄭氏注"三字,亦未分卷。《四庫總目》所云"《永樂大典》遂合加標目",⑥即指《周易乾鑿度》與《乾坤鑿度》合抄,未另立標目。可見《乾坤鑿度》《周易乾鑿度》皆閔思誠自《大典》卷一四七〇八輯出,殿本《周易乾鑿度》分上下二卷,實據錢穀本(雅雨堂本)。⑦《大典》卷一五二九七現已不存,但可知收有《稽覽圖》《辨終備》《是類謀》《乾元序制記》《坤靈圖》五種,是南宋館閣所藏七卷本《易緯》(説見上文)。

---

① 張升《〈永樂大典〉流傳與輯佚研究》,第125、130頁。
② 張升《〈永樂大典〉流傳與輯佚研究》,第128頁。按:此書所列尚有"侍講鄒",籤書範圍爲卷四八九至六六六,認爲是鄒炳泰。但在《四庫全書館研究》中,張氏發現鄒氏不曾任侍講,"侍講鄒"當爲鄒奕孝。
③ 《永樂大典目録》卷三九,《永樂大典》第10册,第457頁。《大典》卷一四七〇七至一四七〇八(韻編:六暮)一册,現藏中國國家圖書館。
④ 《永樂大典目録》卷四〇,《永樂大典》第10册,第477頁。
⑤ 1960年中華書局《永樂大典》套色縮印本(1980年中華書局單色拼版影印本仍據此本製版),"鄭氏注"三字上空闕,恰可容五字,本疑影印本套印時漏印"周易乾鑿度"朱文書名,然檢2003年北京圖書館出版社原大仿真影印本,此處確爲空闕,知《大典》原書當即如此。因此處無書名,故樂貴明《永樂大典索引》(北京:作家出版社,1997年)未將《周易乾鑿度》編入。
⑥ 《四庫全書總目》卷六《經部・易類六》"周易乾鑿度二卷"提要,第46頁。
⑦ 《四庫全書總目》云:"定其爲上下二卷,則從鄭樵《通志》之目也。"然僅據《通志・藝文略》著録二卷,並不能知曉從何處分卷,實際是根據錢本。

第三章 東漢圖讖的結構與篇目
——兼論讖緯的斷代標準

　　建武中元元年(56),光武帝"宣布圖讖於天下",①標誌著東漢官定圖讖文本的正式成立。關於圖讖篇卷之數,《續漢書·祭祀志》載光武帝封禪刻石文云"以章句細微相況,八十一卷明者爲驗,又其十卷,皆不昭晢",②《後漢書·張衡傳》李賢注引"《衡集》上事"則云"《河》《洛》五九,六藝四九,謂八十一篇也",③可見最後頒布的圖讖文本有八十一篇,張衡在"請禁絶圖讖疏"中謂"八十篇"是舉其成數。④ 此外,荀悦《申鑑·俗嫌》引荀爽曰"八十一首非仲尼之作",⑤劉勰《文心雕龍·正緯》云"八十一篇皆託於孔子",⑥皆同上説。

　　那麽,東漢圖讖八十一篇的結構如何,又具體包括哪些篇目呢?漢代文獻中並没有留下有關文字。關於七經讖(七緯)的篇目,《後漢書·樊英傳》李賢注列出了一個可以信賴的書目,但僅三十五篇,尚闕一篇。河洛讖的篇目,因爲没有類似的記載,不同學者間的分歧更大。由於具體篇目不明,安居香山、中村璋八《緯書集成》的收録並没有一定的標準,造成不同時代的文獻混雜在一起,難以區分東漢圖讖和六朝讖書,給學者的利用帶來困難。對於無法斷代的文獻,其

---

① 《後漢書》卷一下《光武帝紀下》,第84頁。
② 司馬彪撰,劉昭注《續漢書·祭祀志》,見《後漢書》,第3166頁。
③ 《後漢書》卷五九《張衡傳》,第1913頁。
④ 《後漢書》卷五九《張衡傳》,第1912頁。
⑤ 荀悦撰,黄省曾注,孫啓治校補《申鑑注校補》,第137頁。
⑥ 劉勰著,范文瀾注《文心雕龍注》,第30頁。

第三章　東漢圖讖的結構與篇目——兼論讖緯的斷代標準 | 93

史料價值是大打折扣的,錯誤的使用只能干擾研究的方向。爲了解決這一問題,本章將嘗試從分析東漢圖讖的結構入手,同時結合佚文的內容,提出區分東漢圖讖和六朝讖書的標準,並盡可能考察出《緯書集成》中的六朝讖書。

第一節　圖讖八十一篇的結構

關於東漢圖讖的體系和篇目,《隋書·經籍志》云:

《易》曰:"河出圖,洛出書。"然則聖人之受命也,必因積德累業,豐功厚利,誠著天地,澤被生人,萬物之所歸往,神明之所福饗,則有天命之應。蓋龜龍銜負,出於河、洛,以紀易代之徵,其理幽昧,究極神道。先王恐其惑人,祕而不傳。説者又云,孔子既敍六經,以明天人之道,知後世不能稽同其意,故別立緯及讖,以遺來世。其書出於前漢,有《河圖》九篇,《洛書》六篇,云自黃帝至周文王所受本文。又別有三十篇,云自初起至于孔子,九聖之所增演,以廣其意。又有七經緯三十六篇,並云孔子所作,并前合爲八十一篇。而又有《尚書中候》《洛罪級》《五行傳》《詩推度災》《氾曆樞》《含神務》《孝經勾命決》《援神契》《雜讖》等書。①

根據《隋志》的説法,圖讖八十一篇可分爲《河圖》《洛書》(河洛讖)和七經緯(七經讖)兩大部分,正與光武帝封禪刻石文"《河》《雒》命后,經讖所傳"、張衡"《河》《洛》五九,六藝四九"的説法一致。② 其中《河圖》《洛書》凡四十五篇,又分爲兩個層次:(一)黃帝至周文王所受本文,即上天降下的帝王受命之文,包括《河圖》九篇、《洛書》六篇。(二)孔子等九聖增演之文,共三十篇。一是上天所降,一是聖人增演,兩者性質有異。"河出圖,洛出書"是帝王受命的象征,黃帝

---

①　《隋書》卷三二《經籍志一》,第 940—941 頁。
②　司馬彪撰,劉昭注《續漢書·祭祀志》,見《後漢書》,第 3165—3166 頁。《後漢書》卷五九《張衡列傳》注引"《衡集》上事",第 1913 頁。

至周文王皆親受上天之文。而王充在《論衡·宣漢篇》中記載東漢儒者認爲漢無聖帝，未致太平，故無《河圖》之瑞：

> 儒者稱五帝、三王致天下太平，漢興已來，未有太平。彼謂五帝、三王致太平，漢未有太平者，見五帝、三王聖人也，聖人之德，能致太平；謂漢不太平者，漢無聖帝也，賢者之化，不能太平。又見孔子言："鳳鳥不至，河不出圖，吾已矣夫！"方今無鳳鳥、《河圖》，瑞頗未至悉具，故謂未太平。……彼聞堯、舜之時，鳳皇、景星皆見，《河圖》《洛書》皆出，以爲後王治天下，當復若等之物，乃爲太平。①

儒者認爲鳳鳥、《河圖》等符瑞是聖王治平天下的象徵，而當時並無此類瑞應，說明天下尚未太平。王充反駁的理由是古今祥瑞不同，但對於漢代無《河圖》之瑞的說法則沒有異議。光武帝以《赤伏符》即位，又校定圖讖並宣布天下，爲何時人仍有漢無《河圖》之說？原因是，五帝三王所得《河圖》出於河水，乃上天所賜，屬於"本文"。《毛詩·大雅·文王》疏引鄭玄《六藝論》云："《河圖》《洛書》皆天神言語，所以教告王者也。"這裏說的應該就是《河》《洛》"本文"。而光武帝並未從上天獲得受命的"本文"，記載其受命的《河圖》得於時人之手（如《赤伏符》是彊華自關中奉至），乃孔子爲漢所製，②屬於聖人增演之文，不可視爲上天之瑞。這也證明《隋志》將《河圖》《洛書》分爲"本文"和"增演"兩個層次是可信的。《周易·繫辭上》疏引《春秋緯》云："河以通乾出天苞，洛以流坤吐地符。河龍圖發，洛龜書感。《河圖》有九篇，《洛書》有六篇。"說的就是"本文"的篇數。

那麼，所謂"黃帝至周文王"究竟包括哪些古代帝王呢？陳蘇鎮認爲，圖讖應是受當時流行的"五帝三王"說的影響，"受本文"者包括黃帝、帝顓頊、帝嚳、帝堯、帝舜、夏禹、商湯和周文王，當屬正解。③

---

① 黃暉《論衡校釋》（附劉盼遂集解），第815—816頁。
② 《公羊傳·隱公元年》疏引《春秋說》云："丘攬史記，援引古圖，推集天變，爲漢帝制法，陳敘圖錄。"
③ 陳蘇鎮《〈春秋〉與"漢道"——兩漢政治與政治文化研究》第五章《漢室復興的政治文化意義——讖緯和〈公羊〉學對東漢政治的影響》，第424—425頁。

上引《論衡》謂"儒者稱五帝三王致天下太平",儒者用的應該就是圖讖的說法。再看圖讖之文,《易是類謀》云:"建世度者戲,重瞳之新定錄圖,有(白)〔由〕顓頊帝,紀世讖,別五符,元元之威冥因裁。"①鄭玄注:

> 建世度,謂五世之法度。虙戲氏始作八卦,以爲後世。軒黄帝之表重瞳。定錄圖,黄帝始受《河圖》而定錄。(白)〔由〕帝顓頊有爲世讖,別五帝之符,異精元冥,又因著衆灾也。顓頊氏水摽德,王天下,於五帝次冥,故言有由者矣。

這段文字略有訛舛,但大致意思是明確的。伏羲雖建立五德終始之法度,但並未受《河圖》《洛書》,"始受《河圖》"的是黄帝。黄帝不僅受《河圖》,還有"定錄"之事。所謂"定錄",當即《隋志》所云"九聖之所增演,以廣其意"。黄帝所受《河圖》代表的是上天受命,自己又作成後世受命帝王之名錄。顓頊在黄帝之後,故此"新定錄圖"始於帝顓頊,著錄五帝各自的符應及德衰之後的災異。結合《隋志》的說法可知,黄帝自身所受《河圖》屬於上天所降"本文",自作之"新定錄圖"則屬於"聖人增演"。

《易是類謀》又云:"皇觀鈎堂,考房斗能,帝視《河》《洛》緯合謀。"鄭注云:"鈎、堂、房、斗、能,皆星名。言三皇觀此宿而動作,五帝則視《河》《洛》、五緯而合謀。"言三皇之動作僅據星宿之變化,至五帝則同時參考《河圖》《洛書》與五星,亦是五帝始受《河圖》《洛書》之證明。《尚書璇璣鈐》更明言"孔子曰:五帝出,受錄圖"。② 此外,《易是類謀》之文可與《續漢書·天文志》相參照,《續漢書·天文志》序云:"三皇邁化,協神醇朴,謂五星如連珠,日月若合璧。化由

---

① 《易緯是類謀》,清乾隆二十八年武英殿刻本,第3a頁。按:顓頊爲黑帝,"白"乃"由"字之誤,據鄭注改正。又陳蘇鎮以此文爲《易是類謀》引《雒書靈準聽》,不確。《易是類謀》引《雒書靈準聽》僅篇首起始數句,餘下皆《是類謀》本文。

② 蕭統編,李善注《文選》卷四七陸機《漢高祖功臣頌》注引,第3册,第79頁。亦見卷五九沈約《齊故安陸昭王碑文》注引,尤袤本作"受圖籙"(第14册,第196頁),明州本六臣注作"受籙圖"([梁]蕭統編,[唐]吕延濟等注《六臣注文選》,影印日本足利學校藏宋刻明州本,北京:人民文學出版社,2008年,第895頁)。

自然,民不犯慝。至於書契之興,五帝是作。軒轅始受《河圖(關)〔闓〕苞授》,規日月星辰之象,故星官之書自黃帝始。"①《續漢志》的說法與《易是類謀》一致,同樣是黃帝始受《河圖》,應是受到圖讖的影響。

"自黃帝至周文王"已經明確,那麼"自初起至于孔子"的"九聖"又是哪幾位呢?既云"增演""以廣其意","其"就是《河圖》《洛書》本文,則顯然應從始受《河圖》的黃帝算起。所謂"初起"就是五帝之首的黃帝,"自初起"與"自黃帝"同義。② 上引《易是類謀》鄭注說"黃帝始受《河圖》而定錄",即證明黃帝既受本文,又加增演,必然在"九聖"之列。所以陳蘇鎮認為"九聖"就是五帝三王加孔子,此說最為合理。九聖之中,五帝三王作為受命帝王,從上天獲得了《河圖》《洛書》;作為聖人,又對所受本文加以增演,作成新的篇目。惟孔子不同,他雖是聖人,卻並非受命帝王,故未受《河圖》《洛書》,僅有增演之事。《魯相韓勑造孔廟禮器碑》(東漢桓帝永壽二年,156)云:"乾元以來,三九之載。八皇三代,至孔乃備。聖人不世,期五百載。三陽吐圖,二陰出讖。制作之義,以俟知奧。""八皇"蓋即五帝三王,加孔子為九聖,《河圖》《洛書》之增演、製作至此"乃備"。

關於《河圖》《洛書》的內容,《尚書旋璣鈐》曰:"《河圖》命紀也。圖天地帝王終始存亡之期,錄代之矩。"③《(春秋)命曆序》曰:"《河圖》,帝王之階,圖載江河山川州界之分野。"④《春秋運斗樞》謂舜受《河圖》,"中有七十二帝地形之制、天文官位度之差"。⑤《河圖挺佐輔》中有"天老"曰:"河出龍圖,雒出龜書,紀帝錄,(州)〔列〕聖人所

---

① 司馬彪撰,劉昭注《續漢書·天文志上》,見《後漢書》,第 3214 頁。
② 陳蘇鎮《〈春秋〉與"漢道"——兩漢政治與政治文化研究》第五章《漢室復興的政治文化意義——讖緯和〈公羊〉學對東漢政治的影響》,第 426 頁。
③ 蕭統編,李善注《文選》卷三六王融《永明十一年策秀才文》注引,第 9 冊,第 173 頁。
④ 〔北魏〕酈道元著,〔清〕王先謙校《合校水經注》卷一《河水》,影印光緒十八年思賢講舍刻本,北京:中華書局,2009 年,第 2 頁。
⑤ 李昉等《太平御覽》卷八一《皇王部六》,第 377 頁。

第三章　東漢圖讖的結構與篇目——兼論讖緯的斷代標準 | 97

紀姓號。"①由此可知，《河圖》《洛書》的主要內容包括天文星度、地理分野以及帝王興替等，這也與現存佚文相合。如《河圖稽燿鈎》講五星之精散爲妖星，《河圖帝覽嬉》講日月之運行，《河圖始開圖》講黄河九曲，《河圖括地象》講大九州，《河圖祕徵篇》《河圖説徵示》講災異，《河圖提劉予》講帝劉季之興，《河圖著命》講感生帝等等。

至於現存《河》《洛》篇目之中，何者爲"本文"，何者爲"增演"，由於文獻的闕失，已難以一一區分，只有部分篇目比較明確。如上引《續漢書·天文志》言"軒轅始受《河圖(鬪)〔闓〕苞授》，規日月星辰之象，故星官之書自黄帝始"，既爲受自上天，則《河圖闓苞受》當屬"本文"，其内容當是天文星象之類，故黄帝能法之作星官之書。現存《河圖闓苞受》佚文僅《文選》李善注引"弟感苗裔出應期"一句。②此外，黄帝所受"本文"尚有《河圖帝視萌》。《帝王世紀》云："黄帝五十年秋七月庚申，天大霧三日三夜，霧除，帝遊洛水之上，見大魚負圖書，(命)〔今〕《河圖帝視萌》篇是也。"③此篇佚文亦僅存一條，見梁陶弘景《養性延命録·教誡篇》："《河圖帝視萌》曰：侮天時者凶，順天時者吉。春夏樂山高處，秋冬居卑深藏，吉利多福，壽考無窮。"④

《河圖括地象》是禹所受"本文"。《藝文類聚》卷四七引《尚書刑德放》曰："禹長於地理，水泉九州，得《括象》圖，故堯以爲司空。"⑤所謂"《括象》圖"即《河圖括地象》。《太平御覽》卷八二引

---

① 李昉等《太平御覽》卷七九《皇王部四》，第 368 頁。按：《藝文類聚》卷一一《帝王部一》引作"列聖人之姓號"，知"州"爲"列"字之誤。
② 蕭統編，李善注《文選》卷四三孫楚《爲石仲容與孫皓書》注引，第 11 册，第 68 頁。
③ 瞿曇悉達《開元占經》卷一〇一《霧》引，第 5a 頁。按：《藝文類聚》卷九九《祥瑞部下》、《初學記》卷六《地部中》亦引及，文字有參差。"命"乃"今"字之誤，據《藝文類聚》《初學記》引文改正。
④ 〔梁〕陶弘景集，王家葵校注《養性延命録校注》卷上《教誡篇》，北京：中華書局，2014 年，第 33 頁。
⑤ 歐陽詢《藝文類聚》卷四七《職官部三》，第 1281—1282 頁。《太平御覽》卷二〇八《職官部六》引同。

《尚書中候》之文,其言更詳:

> 伯禹在庶,四嶽師舉薦之帝堯。握《括》命,不試,爵授司空。伯禹稽首,讓于益歸。帝曰:"何,斯若真,出爾命圖,示乃天。"伯禹曰:"臣觀河,(百)〔白〕面長人魚身出曰:'吾河精也。'授臣《河圖》,豐入淵。"①

此文言禹觀河,從河精受《河圖》事。"握《括》命,不試"注云:"禹握《括地象》,天已命之,故不復試以衆官。""出爾命圖"注云:"圖,《括地象》。""授臣《河圖》"注云:"《河圖》,謂《括地象》。"皆明言河精代天授禹之《河圖》即《河圖括地象》。《御覽》卷八七二引《尚書中候》,河精所言尚有"文命治滔水"之語(文命爲禹名),然後授圖,②可見上天之所以授禹《河圖》,是出於命其治水之意。《帝王世紀》謂禹"觀於河,始受圖,《括地象》也,圖言治水之意",③《宋書·符瑞志》亦云此《河圖》"言治水之事",④顯然都是出於《尚書中候》之說。既要治水,需知天下地理大勢,故上天授禹地理之書。《尚書·益稷》疏引鄭玄《尚書注》云:"此禹所受地記書曰'崑崙山東南,地方五千里,名曰神州'者。"⑤按此句乃《河圖括地象》之文,⑥鄭玄之所以稱作"禹所受地記書",正是由於其地理書的性質。

既然受"本文"者爲"黃帝至周文王",則有關劉氏受命的篇目都屬於孔子的"增演"。光武帝在封禪刻石文中引及《河圖赤伏符》《河圖會昌符》《河圖合古篇》《河圖提劉予》《雒書甄曜度》五篇,皆言劉

---

① 李昉等《太平御覽》卷八二《皇王部七》,第381頁。《藝文類聚》卷一一《帝王部一》亦引及,僅"伯禹曰"至"授臣河圖"一段。
② 李昉等《太平御覽》卷八七二《休徵部一》,第3868頁。
③ 李昉等《太平御覽》卷八二《皇王部七》,第380頁。
④ 沈約《宋書·符瑞志上》,第763頁。
⑤ 按:梁崔靈恩《三禮義宗》(唐王涇《大唐郊祀錄》卷八引)作"禹受地說書",《文選·吳都賦》李善注作"禹所受地說書",《禮記·曲禮》疏作"地統書括地象",《通典》卷四作"先儒皆引禹受地統書","地説書""地統書"當皆字訛。
⑥ [唐]徐堅《初學記》卷八《州郡部》,北京:中華書局,2004年,第163頁。李昉等《太平御覽》卷一五七《州郡部三》,第761頁。又見《文選》之《魏都賦》《爲石仲容與孫皓書》《答盧諶》等篇李善注。

氏受命平定天下,應封禪紀功。其中《河圖會昌符》云"赤帝九世,巡省得中,治平則封,誠合帝道孔矩,則天文靈出,地祇瑞興",告誡皇帝要遵守孔子之法,更明確了這五篇應是假託出於孔子之手。

第二節　河洛讖篇目考

　　相對七經讖和《論語讖》而言,東漢《河圖》《洛書》的散佚時間甚早,唐人已經不知其完整篇目,所以後人只能依據古書的徵引進行推測。另一方面,魏晉以降,又有一些新出之書,同樣冠以"河圖""洛書"之名,難以與光武《河》《洛》作區分。這些新出之書的撰者往往並不明確,古書徵引也僅有篇名。惟北周武帝天和五年(570)玄都觀道士所上經目中著錄"《河圖文》一部九卷,何承天等修撰",①明確標明了修撰者。但此書不見於《宋書·何承天傳》,具體篇目和性質亦不詳。

　　前人根據古書徵引,對東漢《河圖》《洛書》的篇目做過一些推測。清人汪師韓《韓門綴學》云：

　　　　今考《尚書中候》之外,《河圖》九篇,具見《選》注：曰《括地象》,曰《帝覽嬉》,曰《帝通紀》,曰《著命》,曰《闓包受》,曰《會昌符》,曰《龍文》,曰《玉版》,曰《考鉤》,其數相符。惟《洛書》只有其二：曰《摘亡辟》,曰《天淮聽》,而有獨稱《尚書雜書》者,豈本無篇名邪？又有曰《春秋河圖揆命篇》者,豈即《著命》邪？有《樂錄圖》,又有《春秋錄圖》,其皆在別三十篇之數耶？②

汪氏僅因《文選》李善注徵引的《河圖》篇目恰爲九篇,即以此九篇爲《隋書·經籍志》所言《河圖》"本文",並無實際證據,可謂魯莽过

---

① ［唐］釋法琳《辯正論》卷八,《大正新修大藏經》第五十二卷,第546頁。關於《玄都觀經目》,參見陳國符《道藏源流攷》,北京：中華書局,2012年,第106—107頁。

② 汪師韓《韓門綴學》卷一《緯候圖讖》,第32a頁。

甚,安居香山、中村璋八即表示難以信服。① 至於《洛書》,清人蔣清翊在《文選》注之外考得《甄曜度》《靈準聽》(原注:此即《選》注所引《天淮聽》)《寶號命》《録運期》("期"或作"法")《稽命曜》《摘六辟》("六"或作"亡",此即《選》注所引《摘亡辟》)六篇,"亦適合六篇之數",②也是將此六篇視爲《隋志》所言《洛書》"本文"。鍾肇鵬所列六篇,有《洛罪級》而無《稽命曜》,未言依據。③

　　除了以上所舉,古書中還有不少以"河圖""洛書"爲名的篇目,朱彝尊《經義考》列《河圖》三十二篇(姚振宗又增《河圖舍占篇》《河圖考鉤》二篇),④列《洛書》六篇。⑤ 安居香山、中村璋八的《緯書集成》是現有收録佚文數量最多的讖緯文獻輯本,《河圖》類列四十二篇,《洛書》類列十四篇(《解説》中列十一篇)。不過,安居、中村二氏在《解説》中也指出其中有些屬於同一篇名誤傳爲多篇,有些篇名僅見於單一出處,因此承認"上述篇目未必全可信賴,它們中的許多是六朝以後的僞作,或是篇名的誤寫"。⑥ 鍾肇鵬《讖緯論略》在此基礎上,對個別疑似同篇的篇名進行了合併,又據《經義考》加入了幾種不見於《緯書集成》的篇名,⑦凡《河圖》四十篇,《洛書》十三篇。⑧ 但《緯書集成》和《讖緯論略》所列篇目還存在一些問題,爲便於説明,現參照兩書所收,詳細檢核諸書徵引,重加整合校正,將現存文獻中的"河圖""洛書"類篇目列表如下:

---

① 安居香山、中村璋八編《緯書集成·解説》,第66頁。
② [清]蔣清翊《緯學原流興廢考》卷上《河洛》,《緯史論微》附,上海:上海書店出版社,2005年,第404頁。
③ 鍾肇鵬《讖緯論略》第二章《讖緯篇目及緯書解題》,第73頁。
④ 姚振宗《隋書經籍志考證》,第403頁。
⑤ [清]朱彝尊《經義考》卷二六四《毖緯二》,第1a—13a頁。按:僅計有具體篇名者,自《河圖括地象》起算。
⑥ 安居香山、中村璋八編《緯書集成·解説》,第67頁。
⑦ 鍾氏未明言所據,但從排列順序看,基本與《緯書集成》一致,增加的篇目則全部見於《經義考》。
⑧ 鍾肇鵬《讖緯論略》第二章《讖緯篇目及緯書解題》,第71—73頁。

表2　現存文獻徵引"河圖"篇目

	篇名	最早出處	徵引異名	説明
1	河圖闓苞受	《續漢書·天文志上》	河圖鬭苞授（《續漢書·天文志上》）	僅存一條佚文，見《文選》卷四三孫楚《爲石仲容與孫皓書》李善注。篇名見於《續漢志》，惟"闓"誤作"鬭"。①
2	河圖帝視萌	《帝王世紀》		僅存一條佚文，見梁陶弘景《養性延命錄》。篇名見於皇甫謐《帝王世紀》。
3	河圖括地象	《後漢書·公孫述傳》《曹褒傳》《楚辭·離騷》《天問》王逸注《周髀算經》注		《集成》括注一作《河圖括地象圖》，《論略》亦備注"《括地象》有圖，稱《括地象圖》"，當皆據《經義考》爲説，《經義考》則據《歷代名畫記》之著錄。然東漢圖讖本無圖，《歷代名畫記》所載當是後人據圖讖内容所繪之圖。②且諸書徵引《括地象》佚文，無稱《括地象圖》者。③

---

① 錢大昕《十駕齋養新錄》卷一七，陳文和主編《嘉定錢大昕全集》（增訂本），第458頁。錢大昕《三史拾遺》卷五，陳文和主編《嘉定錢大昕全集》（增訂本），第117頁。

② 詳參本書第二章第一節。

③ 諸書徵引有《括地圖》，與《括地象》並非一書，見曹建國《〈河洛括地象〉考論——兼論讖緯文獻的甄别與運用》，《國學研究》第39卷，2017年。

續表

	篇名	最早出處	徵引異名	說明
4	河圖始開圖	《北堂書鈔》	河圖始闓圖(《太平御覽》卷三八) 河圖始開(《北堂書鈔》卷一五〇、《太平御覽》卷八、《法苑珠林》卷七)	"闓"爲誤字。又《論略》備注"一作《始開篇》",① 亦據《經義考》。《經義考》未言所據,從其引文看,僅見於《太平御覽》。然《御覽》作《河圖始開圖》,《經義考》有誤。
5	河圖挺佐輔	《北堂書鈔》		
6	河圖稽燿鈎	《藝文類聚》	河圖稽燿鈎(《太平御覽》卷八七五)	此篇名雖不見於唐前文獻,但《太平御覽》卷八七五引《河圖稽燿鈎》曰"太白散爲天狗,主候兵",《南齊書·天文志下》引同文作《河圖》,知此《河圖》即《河圖稽燿鈎》。
7	河圖帝覽嬉	《尚書考靈曜》鄭玄注		《禮記·月令》疏引"鄭注引《河圖帝覽嬉》"云云,據孔疏,知此爲鄭注《考靈曜》之文。 又《論略》備注"嬉一作禧",然作"禧"者惟喬松年《緯攟》,經檢核其出處,皆作"嬉",《緯攟》有誤。

---

① 《讖緯論略》原作《開始篇》,當屬手民之誤。

第三章　東漢圖讖的結構與篇目——兼論讖緯的斷代標準　103

續表

	篇名	最早出處	徵引異名	説明
8	河圖握矩起	《藝文類聚》	河圖握拒起(《藝文類聚》卷二、《太平御覽》卷八二) 河圖握拒(《太平御覽卷七九》) 河圖矩起(《太平御覽卷三六八》)	"拒"當作"矩",《易通卦驗》"遂皇始出,握機矩"注云"矩,法也",故當以《河圖握矩起》爲正,作《河圖握拒》《河圖矩起》者皆爲省稱。按漢隸中多以"柜"同"矩"①,而"木"旁在傳抄中多訛作"扌",故有"拒"之誤。②又《集成》作《河圖握矩記》,《論略》備注"起一作紀",蓋據《古微書》,然諸書徵引無作"記""紀"者,《古微書》不可信。
9	河圖録運法	《後漢書・公孫述傳》		
10	河圖帝通紀	《北堂書鈔》《隋書・王劭傳》《北史・王劭傳》		

---

① 王立軍《漢碑文字通釋》,北京:中華書局,2020年,第306頁。
② 此點爲同事李林芳兄教示,謹致謝忱。

續表

	篇名	最早出處	徵引異名	説明
11	河圖真紀鉤	《北堂書鈔》	河圖真紀（《藝文類聚》卷三九、《初學記》卷一三） 河圖真記（《天地瑞祥志》卷一四）	《集成》有《河圖稽紀鉤》，輯自《開元占經》卷八六，然檢核原書，實作《河圖真紀鉤》，《集成》誤立篇目。① 又《論略》備注"一作《河圖真紀》《河圖真鉤》"，其中所謂《河圖真鉤》乃採《經義考》之著録，並無徵引依據。同一句引文，《北堂書鈔》《太平御覽》作《河圖真紀鉤》，《藝文類聚》《初學記》作《河圖真紀》，當屬簡省或脱文。
12	河圖説徵示	《天地瑞祥志》	河圖説徵（《太平御覽》卷八四〇、九四七） 河圖説徵禾（《秘府略》卷八六四）	"禾"乃"示"字形近之誤。《集成》分立《河圖説徵祥》《河圖説徵示》二目，其中《河圖説徵祥》僅見於《緯攟》，然檢核出處（均出《太平御覽》），一作《河圖説徵示》，一作《河圖》，並無此目，知《緯攟》不可信從，當予合併。《論略》以《河圖説徵》立目，備注云"一作《説徵祥》，又誤作《説徵示》"，則屬以正爲非。

① 鍾肇鵬已經指出此誤，見《讖緯論略》，第72頁。

第三章　東漢圖讖的結構與篇目——兼論讖緯的斷代標準 | 105

續表

	篇名	最早出處	徵引異名	說明
13	河圖皇參持	《易辨終備》		《集成》誤倒作《河圖皇持參》。
14	河圖聖洽符	《開元占經》		現存佚文皆出《開元占經》。
15	河圖會昌符	《續漢書・祭祀志上》		
16	河圖赤伏符	《續漢書・祭祀志上》《後漢書・光武帝紀上》《王梁傳》		
17	河圖提劉予	《續漢書・祭祀志上》	河圖提（《開元占經》卷八五）河圖提劉（《藝文類聚》卷一二）	作《河圖提》《河圖提劉》皆非。《集成》《論略》作《河圖提劉篇》，蓋從《古微書》及《緯攟》，無文獻徵引依據，不可信。
18	河圖合古篇	《續漢書・祭祀志上》	河圖令占篇（《太平御覽》卷四）河圖合占篇（《開元占經》卷七六）	《集成》並立《河圖合古篇》及《河圖令占篇》二目。"令占"應爲"合古"形近之訛。
19	河圖祕微篇	《續漢書・五行志三》	河圖帝祕微篇（《太平御覽》卷七）河圖祕徵（《開元占經》卷一一、《太平御覽》八七七等）	《太平御覽》卷七引《河圖帝祕微篇》曰："帝淫泆，政不平，則奎有角。"篇名"帝"字蓋涉引文而衍，"微"爲"徵"形近之誤。又《集成》及《論略》均立《河圖稽命徵》之目，僅見

續表

	篇名	最早出處	徵引異名	説明
19	河圖祕徵篇	《續漢書·五行志三》	河圖徵(《晉書·藝術傳》) 河圖稽命徵(《太平御覽》卷八七四)	《太平御覽》引及一條,而同文見於《開元占經》卷三引《河圖祕徵》,疑"稽命徵"是"祕徵"之誤。
20	河圖叶光篇	《五行大義》	河圖汁光篇(《太平御覽》卷八六九) 河圖叶光紀(《開元占經》卷三) 河圖汁光篇(《五行大義》卷一六) 河圖計先篇(《令集解》卷二八)①	此篇篇名諸書徵引多有歧異,似當以《河圖叶光篇》(《藝文類聚》卷一引)爲是。從殘存的幾條佚文看,都與日(陽精)有關,而"叶光紀"爲五帝座中的黑帝之名(汁、叶通),似與之無關。② 又《論略》備注"有圖,又稱《叶光圖》",乃採《經義考》之著録,並無文獻徵引依據,不可信。
21	河圖要元篇	《真誥》		《真誥·稽神樞第一》引作"《河圖》中《要元篇》第四十四卷"。
22	河圖内元經	《真誥》		僅存一條佚文,見《真誥·稽神樞第一》,《御覽》卷一七〇引作《河圖》,無具體篇名。

---

① [日]惟宗直本《令集解》卷二八《儀制令》第二,東京:國書刊行會,1913年,第188頁。

② 陳槃持相反觀點,認爲此篇即以黑帝叶光紀名篇,見陳槃《古讖緯研討及其書録解題》,第313—316頁。

續表

	篇名	最早出處	徵引異名	說明
23	河圖記命符	《抱朴子内篇》		"記"或作"紀"(《醫心方》卷二六)。
24	河圖玉版	《博物志》《山海經注》《列子注》		
25	河圖龍文	《初學記》《文選注》		
26	龍魚河圖	《齊民要術》		
27	河圖著命	《文選注》		
28	河圖考鉤	《文選注》		僅存一條佚文,見《文選》卷五七顏延年《陶徵士誄》李善注。
29	河圖表紀	《天文要錄》		此四篇僅見於《天文要錄》,皆星占之文,彼此關係難以確定。其中引《河圖龍表》《河圖龍帝紀》各一條,引《河圖帝紀》二條,引《河圖表紀》較多。《河圖帝紀》有"魏元帝時"云云,當非東漢圖讖。
30	河圖龍表	《天文要錄》		
31	河圖帝紀	《天文要錄》		
32	河圖龍帝紀	《天文要錄》		
33	河圖靈武帝	《天文要錄》	河圖靈武帝篇	僅存一條佚文。
34	河圖天靈	《太平御覽》	河圖考靈曜(《初學記》卷六)	僅存一條佚文。《太平御覽》卷八〇六引《河圖天靈》與《初學記》卷六引《河圖考靈曜》,文字完全一致,疑《河圖考靈曜》乃《河圖天靈》之誤。

續表

	篇名	最早出處	徵引異名	説明
35	河圖玉英	《文選鈔》①		僅存一條佚文。《河圖玉英》云："劉季爲天子。"按《詩含神霧》曰："含始吞赤珠,刻曰玉英生漢皇。後赤龍感女媧,劉季興也。"若《文選集注》"云"是"生"字之誤,則此文變爲"《河圖》:玉英生劉季,爲天子",正與《詩含神霧》"玉英生漢皇"之文相合。是否確有名《河圖玉英》之篇者,存疑。
36	河圖揆命篇	《文選注》		《文選》卷五二班彪《王命論》及卷五三李康《運命論》李善注引作"春秋河圖揆命篇",疑有誤。

　　《集成》有《河圖絳象》《圖緯絳象》二篇,《論略》予以合併。其中,《河圖絳象》篇名據《古微書》,所收佚文凡四條。第一條佚文出處標爲《格致鏡原》,時代過晚,經檢核,見於唐李淳風《乙巳占》卷三,實作"圖緯降象河圖"云云。② 第二條佚文出處標爲郭茂倩《樂府詩集》,但郭書僅作《河圖》,實爲《河圖始開圖》之文,屬於誤收。第三條佚文未標出處,實際亦見於《乙巳占》引"圖緯降象河圖"。第四

---

① 《文選集注》卷九三陸機《漢高祖功臣頌》引,見周勛初纂輯《唐鈔文選集注彙存》,上海:上海古籍出版社,2011年,第3册,第79頁。金少華認爲《文選鈔》撰者爲唐人公孫羅,見金少華《古抄本〈文選集注〉研究》,杭州:浙江大學出版社,2015年,第144—147頁。

② 李淳風《乙巳占》卷三《分野》,第12a—13b頁。

條佚文亦無出處,蓋據《古微書》收入,經檢核,見於元趙道一《歷世真仙體道通鑑》卷二"真行子"條,與圖讖毫無關涉,亦屬誤收。所謂《圖緯絳象》則僅收一條佚文,同樣見於《乙巳占》引"圖緯降象河圖"。所以,實際有效的佚文全部屬於"圖緯降象河圖"。然而,此名在形式上與以上各篇差異明顯,令人懷疑是否確屬篇名。從《乙巳占》的引文看,部分文字如"崑崙南東,方五千里,名神州,中有五山地祇圖,隔以阻塞,帝王居之"等與《河圖括地象》一致,①疑此"河圖"指《括地象》,"圖緯降象"爲《乙巳占》標目,②而非連下"河圖"二字爲篇名。今不列於表中,附此説明。此外,《論略》又有《河圖期運授》《河圖考曜文》二篇,蓋據《經義考》增入。於《河圖期運授》,《經義考》謂《太平御覽》引之,然經檢索,未見此篇,當是朱彝尊誤記。至於《河圖考曜文》,《經義考》僅列其名,未言出處,不可信據。故此二篇亦不列入上表。

表3　現存文獻徵引"洛書"篇目

	篇名	最早出處	徵引異名	説明
1	洛書靈准聽	《易乾鑿度》		
2	洛書摘亡辟	《易乾鑿度》《易通卦驗》	雒書摘亡辭(《文選》卷一一何晏《景福殿賦》注)	篇名見於《易通卦驗》。《易乾鑿度》引,"亡"誤作"六",據孫詒讓説改正。③"摘"或作"搞"(《太平御覽》卷一三五),同。
3	洛書甄曜度	《三國志·蜀書·先主傳》		"曜"或作"耀",同。

---

① 《河圖括地象》曰:"崑崙東南,地方五千里,名神州。中有五山,帝王居之。"(《初學記》卷八《州郡部》、《太平御覽》卷一五七《州郡部三》等引)
② "降象"語義不明,"象"或指天象。
③ 孫詒讓《札迻》卷一,第3頁。

續表

	篇名	最早出處	徵引異名	説明
4	洛書寶予命	《華陽國志·劉先主志》	洛書寶號命(《三國志·蜀書·先主傳》)	《華陽國志》《宋書·符瑞志上》及陶弘景《養性延命録》均作"予",作"號"者蓋"号""予"草書近似致誤。
5	洛書録運期	《三國志·蜀書·先主傳》	洛書録運法(《太平御覽》卷一三五)	《集成》並立《洛書録運期》與《洛書録運法》,《論略》合併,今從後者。《河圖》篇目中有《録運法》。
6	洛書兵鈐勢	《開元占經》		
7	洛書洛罪級	《開元占經》		現存佚文皆出《開元占經》。
8	洛書説徵示	《開元占經》	雒書説禾(《藝文類聚》卷八五、《秘府略》卷八六四)	"禾"當"示"字之誤。《集成》《論略》皆作爲兩篇並立,今予以合併。《河圖》篇目亦有名《説徵示》者,故《集成·解説》疑《洛書説徵示》是《河圖説徵示》之誤,①但無確切證據。
9	洛書斗中圖	《明文抄》②《諸祭文故實抄》③		

---

① 安居香山、中村璋八編《緯書集成·解説》,第68頁。
② [日]藤原孝範《明文抄》卷五《神道部》,塙保己一《續群書類從》第三〇輯下卷八八六,東京:八木書店,1972年,第183頁。
③ [日]佚名編《諸祭文故實抄》一册,寫本,日本神宮文庫藏。此據竹内理三編《鐮倉遺文·古文書編》補遺第三卷(文書番號51371),東京:東京堂出版,1995年,第60頁。按:《洛書斗中圖》見引於日本寶治元年(1247)後嵯峨天皇之祭神文。

第三章　東漢圖讖的結構與篇目——兼論讖緯的斷代標準 | 111

《集成》有《洛圖三光占》(《洛書三光占》),收佚文兩條,皆出《開元占經》卷三六。然經檢核,《占經》實作《雄圖三光占》,①"雄""雒"形近,《集成》蓋據誤本《占經》。② 又有《洛書紀》,僅收佚文一條,出《天文要錄》,疑篇名有脫誤,故不列入上表。《論略》有《洛書稽命曜》,當亦抄自《經義考》,《經義考》未注來源,不可信據。③ 此外,《集成》與《論略》均收《孔子河洛讖》,見引於《宋書·符瑞志上》,其文爲七言韻語,言晉當禪宋。此篇不論從篇名還是内容上看,都與《隋書·經籍志》著録的"梁有"之《孔老讖》《老子河洛讖》近似,④均屬晉宋、宋齊禪代時期的産物,而與東漢圖讖差異明顯,故不收入。

經過覆核文獻,合併篇目,上表凡列"河圖"類篇目三十六篇,"洛書"類篇目九篇。雖然恰合"河洛五九"之數,但以上篇目顯然並非皆屬光武帝所頒之《河圖》《洛書》,而是混入不少後出之篇,甚至有些篇目是否確實存在也仍存疑。

那麽,究竟如何區分東漢圖讖和後出之篇呢?三字篇名應該是一個重要因素。《後漢書》(包括《續漢志》)正文中引用的《河圖括地象》《河圖録運法》《河圖赤伏符》《河圖會昌符》《河圖提劉予》《河圖祕徵篇》《河圖合古篇》《雒書甄曜度》等篇和李賢注七緯所列三十五篇,是最可信賴的東漢圖讖篇目,這些篇目在形式上都有一個明顯的特徵:以三字爲名。對於這種現象,前人有不同的解釋。安居香山注意到五帝座星蒼帝靈威仰、赤帝赤熛怒、黄帝含樞紐、白帝白招矩、黑帝汁光紀也是以三字爲名,因而懷疑緯書的三字名與星神名有關。同時也提及福井康順指出《莊子》篇名《逍遥遊》《齊物論》《養生主》等亦是三字,但認爲尚待研究。安居氏自己的理解是,這種含義不明

---

① 《開元占經》中又有《雌雄圖三光占》。
② 安居、中村二氏在《緯書集成·解説》(第 68 頁)中已經懷疑"洛"(雒)字爲"雄"或"雌"的誤寫。
③ 胡應麟《少室山房筆叢》丁部《四部正譌上》列緯書篇目,謂《太平御覽》有《洛書稽命曜》,然經檢索,未見此名,蓋胡氏誤記。
④ 《老子河洛讖》之文見《南齊書·祥瑞志》及《南史·齊本紀》,文字略異。

的篇名有類似預言的神秘性,其目的是爲了賦予緯書權威性。① 王利器在《讖緯五論》(1984)中的解釋更爲細緻:

> 讖緯諸書的大題,大多是三言。一般認爲是受《莊子》的影響。尋《莊子》內七篇小題爲:《逍遙游》《齊物論》《養生主》《人間世》《德充符》《大宗師》《應帝王》,斠若畫一。蓋道家言一生二,二生三,三生萬物,三可以包舉一切。故其"寄言出意",單不足以舉則兼之,兼不足以舉則三之。大題、小題,以三言爲名,較之一言、二言,更爲博大而周至。②

王氏也提到五帝座星名,以及太歲紀年中的"攝提格""大荒落""大淵獻""赤奮若"等三字之名,認爲這些名稱大都與三楚有關,因而懷疑是楚文化的產物,即楚語的對音。

事實究竟如何,尚可進一步研究,但三字篇名作爲東漢圖讖的重要標誌,顯然無可置疑。東漢魏伯陽著《周易參同契》,朱熹謂"篇題蓋仿緯書之目"。③梁陶弘景作《真誥》,分爲七篇:《運題象》第一、《甄命授》第二、《協昌期》第三、《稽神樞》第四、《闡幽微》第五、《握真輔》第六、《握真檢》第七,皆是三字篇名。其《真誥敘錄》明確説這是仿效緯候:"夫真人之旨,不同世目。謹仰範緯候,取其義類,以三言爲題。所以《莊篇》亦如此者,蓋長桑公子之微言故也。俗儒觀之,未解所以。"④當時東漢圖讖篇目尚基本完整,陶氏之言應可信。既然《真誥》篇名皆是整齊劃一的三字,逆推東漢圖讖八十一篇當亦如此。不過,河洛讖與七經讖的情況稍有不同,七經讖與《真誥》篇名的形式完全一致,但《河圖》中有部分篇名如《河圖祕徵篇》《河圖合古篇》等是以"篇"字結束,似是勉強湊足三字。

---

① [日]安居香山《緯書與中國神秘思想》,田人隆譯,石家莊:河北人民出版社,1991年,第144—145頁。
② 王利器《讖緯五論》,《曉傳書齋集》,第92頁。
③ [宋]朱熹《晦庵先生朱文公文集》卷八四《書周易參同契考異後》,朱傑人、嚴佐之、劉永翔主編《朱子全書》(修訂本),上海:上海古籍出版社、合肥:安徽教育出版社,2010年,第3979頁。
④ 陶弘景《真誥》,第333頁。

也有學者反對以是否三字篇名判斷圖讖的時代,李學勤在考察《乾元序制記》的時代時説:"緯書固然多取三字題,兩字、四字以至六字的也不乏其例。五字的可舉出《春秋·河圖揆命篇》及《論語·素王受命讖》。《乾元序制記》取五字題,不足爲異。"①但李氏舉的幾個例子並無説服力,《春秋河圖揆命篇》僅見《文選》卷五二班彪《王命論》及卷五三李康《運命論》兩篇李善注,兩處文字完全一致:"《春秋河圖揆命篇》曰:倉、戲、農、黄,三陽翼天德聖明。"②東漢圖讖的篇題形式均是河圖/洛書/七經名＋篇名,《春秋河圖揆命篇》既冠"春秋",又有"河圖",顯然與此形式不合。《揆命篇》又見於《公羊疏》,哀公十四年疏云:"正以《演孔圖》云'獲麟而作《春秋》,九月書成'是也。而《揆命篇》云'孔子年七十歲,知圖書,作《春秋》'者,何氏以爲'年七十歲'者,大判言之,不妨爾時七十二矣。"③按《公羊疏》之體例,凡引他經之緯,三字篇名上皆注明某緯,如《禮緯含文嘉》《孝經鉤命決》等,而引《春秋緯》篇名則不加"春秋",蓋因本經之緯,不煩標明。此以例之,疏引《揆命篇》之總名當爲《春秋揆命篇》,故述及孔子作《春秋》事。④ 所謂"春秋河圖揆命篇"可以有兩種解釋:一是《文選》李善注徵引有誤,"河圖"二字爲衍文;二是《春秋揆命篇》與《河圖揆命篇》並存,二者又有相同之文——後一種的可能性似乎較小。總之,並不能將"春秋河圖揆命篇"視爲五字篇名。《論語讖》的情況比較複雜,現存篇目中既有與七經緯篇名形式一致的《摘輔象》《摘衰聖》,也有《比考讖》《撰考讖》《崇爵讖》《糾滑讖》《陰嬉讖》等"二字＋讖"的形式,《素王受命讖》與此二者又不同。《論語讖》不在圖讖八十一篇中,雖然見於《白虎通》,證明成書時間在東漢章帝前,但具體情況不明。《論語素王受命讖》是否確爲

---

① 李學勤《論〈易緯·乾元序制記〉》,《清華大學思想文化研究所集刊》第 1 輯,1996 年。此據李學勤《周易溯源》,成都:巴蜀書社,2011 年,第 427 頁。
② 蕭統編,李善注《文選》,第 13 册,第 41、89 頁。
③ [漢]何休解詁,[唐]徐彦疏《春秋公羊傳注疏》,刁小龍整理,上海:上海古籍出版社,2015 年,第 1196 頁。
④ 《揆命篇》不在李賢注七經緯之目,當是後出之篇。

東漢初成書的《論語讖》中的一篇尚且存疑,欲以之證明東漢圖讖並非全爲三字篇名,似難服衆。至於《乾元序制記》,李氏對前人意見的反駁都十分牽強,對宋代目錄的著録更有誤解,此不贅述。① 總之,這種對三字篇名的反對意見難以成立。

當然,三字篇名僅是判斷某篇是否爲東漢圖讖的必要條件,因爲後代偶有一些模仿之作也使用三字篇名。另一方面,現存圖讖佚文多是從注疏、類書中輯出,偶有簡稱或脱字的情况,改變了三字篇名的原貌,因此需要綜合考慮不同出處的徵引之文。由此可見,如果僅以三字篇名作爲判斷標準,顯然過於武斷,仍需結合佚文内容進行分析。

下文即結合篇名與内容,對《緯書集成》中的部分篇目進行一番考察。《集成》中有《河圖玉版》《河圖龍文》《龍魚河圖》三篇,皆是二字篇名。三者中僅《河圖龍文》見於《隋書·經籍志》著録,作一卷。雖然篇名不同,三者卻有一些近似的佚文:

〇《河圖玉版》曰:從崑崙以北九萬里得龍伯國,人長三十丈②,生萬八千歲而死。從崑崙以東得大秦,人長十丈,皆衣帛。從此以東十萬里得佻國③,人長三(十)丈五尺④。從此以東十萬里得中秦國,人長一丈。【《山海經·大荒東經》郭璞注、《博物志》卷三、《列子·湯問》注(僅龍伯國)、《法苑珠林·六道篇》、《太平御覽》卷三七七《人事部一八·長絶域人》、卷八一八《布帛部五》】

《河圖》曰:崑崙之東十萬里,有大秦之國,人民長三十丈,亦壽萬八千歲,不知田作,但食沙石子。【《北堂書鈔》卷一五九《地部三》】

《河圖玉版》云:天立四極,有金剛力士,兵長三十丈。【《荆楚歲時記》《玉燭寶典》卷一二】

〇《河圖龍文》曰:龍伯國,人長三十丈。以東得大秦國,人

---

① 詳參本書第二章第二節。
② 《列子·湯問》注作"四十丈"。
③ 《太平御覽》作"佻吐凋國"。又郭注"國""人"原誤倒,今乙正。
④ 《博物志》《法苑珠林》《太平御覽》皆無"十"字,此蓋衍文。

長十丈。又以東十萬里得佻國,人長三丈五尺。又以東十萬里中秦國,人長一丈。

天之東南西北極各有銅頭鐵額兵,長三千萬丈。又有金剛敢死力士,長三千萬丈。天中太平之都,有都甲食鬼鐵面兵,長三千萬丈。【《初學記》卷一九《人部下·長人第四》】

○《龍魚河圖》曰:天之東西南北極各有銅頭鐵額兵,長三千萬丈,三千億萬人。天之東西南北極各有金剛敢死力士,長三千萬丈,三千億萬人。天中有太平之都,有都甲食鬼鐵面兵,長三千萬丈,三千億萬人。【《太平御覽》卷三七七《人事部一八·長絶域人》】

《北堂書鈔》所引雖僅記作《河圖》,但言大秦國人"亦壽萬八千歲",顯然原文應是接續龍伯國人"生萬八千歲而死",知此《河圖》乃是《河圖玉版》之文。《河圖玉版》與《河圖龍文》均言龍伯國、大秦國、佻國、中秦國,文字雖有參差,當是諸書徵引時有删節所致。此外,三者又同時述及天之四極,《河圖龍文》和《龍魚河圖》顯屬同文,《河圖玉版》佚文當是徵引時撮舉文義,其原文亦應與二者相同。由於《河圖玉版》和《河圖龍文》現存佚文很少,三者相同之處僅見於上舉之文,但已經可以看出三者之近似。至於是三者部分内容有共同來源,抑或三者是同書異名,則難以論定。

《河圖玉版》見於晉張華(232—300)《博物志》、郭璞(276—324)《山海經注》和張湛《列子注》,可見時代確實較早。佚文中有"金剛力士"一詞,《河圖龍文》《河龍魚圖》均作"金剛敢死力士"。金剛力士爲佛教護法神,手持金剛杵,漢譯佛典中最早見於吳支謙譯《佛開解梵志阿䫌經》和《須摩提女經》。① 疑《河圖玉版》用佛教詞

---

① "金剛力士"亦見於佚名譯《分別功德論》,傳世《大藏經》均附"後漢録",一般視作東漢譯經。但有學者從語法、詞彙和佛教慣用語分析,認爲翻譯年代應在西晉以後,不能作爲東漢語料,見方一新、高列過《〈分別功德論〉翻譯年代初探》,《浙江大學學報(人文社會科學版)》第 33 卷第 5 期,2003 年 9 月。又方一新《從部分佛教慣用語看〈分別功德論〉的翻譯年代》,《漢語詞彙學研究》(三),北京:商務印書館,2015 年,第 217—224 頁。

彙,其時代必不能早至東漢光武帝時。當然,也有學者因爲金剛力士見於此文,於是認爲不始於佛教,①似屬本末倒置。

從内容上看,《河圖玉版》《河圖龍文》言及龍伯國、大秦國、佻國、中秦國等異域諸國及國之民情,敘述荒誕迂怪,與東漢圖讖中同樣言及地理的《河圖括地象》内容不類,反而與以異域民情爲主的《括地圖》相似。《河圖括地象》主要闡述大九州説,同時記録了現實的山川河流及其與星辰的對應關係,相對比較平實。而《括地圖》則不同,魏晋人裴秀(224—271)《禹貢地域圖序》云:"今祕書……惟有漢氏《輿地》及《括地》諸雜圖。各不設分率,又不考正準望,亦不備載名山大川。雖有粗形,皆不精審,不可依據。或荒外迂誕之言,不合事實,於義無取。"②其中的《括地》即《括地圖》,以記述殊方異族爲主,多荒外迂誕之言。③從這點上看,《河圖玉版》《河圖龍文》與東漢圖讖在内容上有着比較明顯的差異。

《龍魚河圖》中也有一些與東漢圖讖不類的内容,如:

〇《龍魚河圖》曰:歲暮夕,四更中,取二七豆子,二七麻子,家人頭髮少許,合麻豆著井中,呪勑井(使)〔吏〕,其家竟年不遭傷寒,辟五方疫鬼。【《齊民要術》卷二《小豆》、《藝文類聚》卷八五《百穀部》、《太平御覽》卷八四一《百穀部五》】④

〇《龍魚河圖》云:七月七日,取赤小豆,男吞一七,女吞二七,令人畢歲無病。【《太平御覽》卷三一《時序部一六》引《韋氏月録》】

〇《龍魚河圖》曰:冬以臘月鼠斷尾。正月旦,日未出時,家長斬鼠,著屋中,祝云:付勑屋吏,制斷鼠蟲,三時言功。鼠不敢行。【《齊民要術》卷五《種桑柘》】

---

① 〔清〕俞樾《茶香室三鈔》卷一六《金剛力士見緯書》,北京:中華書局,1995年,第1237頁。
② 《晋書》卷三五《裴秀傳》,第1039頁。
③ 李劍國《唐前志怪小説史》,北京:人民文學出版社,2011年,第169—170頁。
④ "吏"字,《齊民要術》誤"使",據《藝文類聚》《太平御覽》改正。又"五方疫鬼",《藝文類聚》《太平御覽》作"五瘟(温)鬼"。

○《龍魚河圖》曰：懸文虎鼻門上，宜官，子孫帶印綬。懸虎鼻門中，周一年，取燒作屑，與婦飲之，二月中便有兒生貴子。勿令人知之，泄則不驗也，亦勿令婦人見。【《太平御覽》卷八九一《獸部三》】

○《龍魚河圖》曰：埋蠶沙於宅亥地，大富，得蠶絲，吉利。以一斛二斗，甲子日鎮宅，大吉，致財千萬。【《齊民要術》卷五《種桑柘》】

上文已經指出，東漢《河圖》《洛書》的主要內容是天文星度、地理分野以及帝王興替等，其中的星象、災異皆是易代之徵或上天譴告，屬於精英階層的知識，絕無民間日用之內容。而《龍魚河圖》中這些民間祝語、咒術，顯然等而下之，故爲《齊民要術》所採，與東漢《河圖》在性質上有明顯差異。當然，《龍魚河圖》中也有上古帝王、天文星占等與東漢《河圖》類似的內容，説明此書乃後人雜抄諸書而成，故而性質較爲駁雜。此外，"七月七日"之文也令人生疑。選擇重數之日，顯然是有特別意義的。東漢崔寔《四民月令》説七月七日"可合藍丸及蜀漆丸"，①《龍魚河圖》言此日吞服赤小豆可令人無病，都與人體健康有關，即説明了此重數日的特殊性。序數紀日產生於西漢武帝末至宣帝時期，此後逐漸通行，取代干支紀日，成爲新的時間標尺。② 官文書改用序數紀日始於東漢建武年間，③民間的普及應該更早。不過，賦予重數日以特殊意義，自然又要稍晚於序數紀日的普及時間。即使這個普及時間早於建武時期，也仍很難想象當時作爲上天所降和聖人增演之文而被整理頒布的河洛讖中，會使用這種新的紀日方式。

總之，經過分析，《河圖玉版》《河圖龍文》《龍魚河圖》在內容上都與光武圖讖有明顯差異，不可能是其中的篇目，同時也證明三字篇名可以作爲判斷光武圖讖的重要參考。當然，由於《河圖》中有部分

---

① ［漢］崔寔撰，石聲漢校注《四民月令校注》，北京：中華書局，2013 年，第 55 頁。
② 陳侃理《序數紀日的產生與通行》，《文史》2016 年第 3 輯。
③ 汪桂海《漢代官文書制度》，南寧：廣西教育出版社，1999 年，第 67—69 頁。

篇目是以"篇"爲末字，他書徵引時有省略此字的情況，如上表所列《河圖祕徵篇》，即有引作《河圖祕徵》者，所以需要參考不同文獻的徵引情況。

由於東漢《河圖》《洛書》的散佚時間較早，没有留下具體篇目，一直以來的研究只能依據他書的徵引，本文自然也不例外。但古書徵引往往並不嚴謹，部分篇目僅見於單一出處，無法參互校正，這就注定現在無法完整復原"河洛五九"的篇目。上表所列篇目，綜合考慮篇名、佚文内容及徵引文獻時代等因素，《河圖記命符》和《洛書洛罪級》以前的篇目屬於東漢圖讖的可能性較大。

第三節　七經讖篇目考

關於七經讖的篇數，張衡謂"六藝四九"，鄭玄云孔子"作讖三十六卷"，①《隋書·經籍志》更明確説"七經緯三十六篇"。至於具體篇目，《後漢書·方術列傳》言樊英善"河洛七緯"，李賢注云：

> 七緯者，《易緯》：《稽覽圖》《乾鑿度》《坤靈圖》《通卦驗》《是類謀》《辨終備》也；《書緯》：《璇機鈐》《考靈耀》《刑德放》《帝命驗》《運期授》也；《詩緯》：《推度災》《記歷樞》《含神務》也；《禮緯》：《含文嘉》《稽命徵》《斗威儀》也；《樂緯》：《動聲儀》《稽耀嘉》《汁圖徵》也；《孝經緯》：《援神契》《鉤命決》也；《春秋緯》：《演孔圖》《元命包》《文耀鉤》《運斗樞》《感精符》《合誠圖》《考異郵》《保乾圖》《漢含孳》《佑助期》《握誠圖》《潛潭巴》《説題辭》也。②

此注列《易緯》六篇、《書緯》五篇、《詩緯》三篇、《禮緯》三篇、《樂緯》三篇、《孝經緯》二篇、《春秋緯》十三篇，凡三十五篇，尚闕一篇。清人汪師韓認爲所闕之篇是《春秋命曆序》，姚振宗認爲是《禮記默

---

① 《周易乾鑿度》卷下鄭玄注。
② 《後漢書》卷八二上《樊英傳》，第 2721—2722 頁。

第三章　東漢圖讖的結構與篇目——兼論讖緯的斷代標準 | 119

房》，胡薇元認爲是《孝經左右契》，鍾肇鵬同意汪説。① 今按《禮記默房》非三字篇名，與以上各篇體例不合，可予排除。諸書徵引篇名，有《孝經左契》《孝經右契》，而無《孝經左右契》。從徵引内容看，多與《孝經援神契》之文同。蓋後人以合契之義分《孝經援神契》爲《孝經左援神契》《孝經右援神契》②，又簡化爲《孝經左契》《孝經右契》，實爲注中已列之篇，不應重複。至於《命曆序》則見於靈帝熹平四年蔡邕議曆之文③，時代較早，故當以汪氏、鍾氏之説爲是。

當然，對於李賢注的準確性，也有學者表示懷疑。姚振宗《漢書藝文志拾補》云："按七經緯三十六篇，章懷太子所舉止於三十五，尚闕其一。又范書《黨錮・魏朗傳》注云'孔子作《春秋緯》十二篇'，此乃十三篇，亦彼此不相合，蓋殘闕之餘，約略紀載，皆非漢時之舊矣。"陳槃《讖緯釋名》説："賢注七緯之目，不知何本。數目止三十五篇，持校《隋志》亦有出入。……賢注三十六緯之目，東拼西湊，無以充其數，故止於三十五篇也。"④在此後的論文中，陳氏的態度略有緩和，除了此種懷疑外，也承認"將其文有闕耶"的可能。⑤ 陳蘇鎮的懷疑主要基於兩點：一是《隋志》成書早於李賢注二十餘年，已不知七經緯三十六篇的確切篇目，李賢注未載明出處，不知從何而來。二是《隋志》八十一篇之外又有《詩推度災》《氾曆樞》《含神務》、《孝經勾命決》《援神契》，似乎不在三十六篇中，與李賢注説法不同。⑥

對於第一點疑問，陳氏自己根據趙翼《陔餘叢考》的説法做了推測，即此條注文或許來自南朝舊注，但同時又認爲"其可靠性仍無法確定"。其實，《隋書・經籍志》乃據《隋大業正御書目録》增損而成，

---

① 鍾肇鵬《讖緯論略》第二章《讖緯篇目及緯書解題》，第35、60頁。
② 如日一條兼良《日本書紀纂疏》卷一《神代上之一》即引《孝經左援神契》曰，"元氣混沌，孝在其中。"（東京：國民精神文化研究所，1940年，第18頁）
③ 司馬彪撰，劉昭注《續漢書・律曆志中》，見《後漢書》，第3038頁。
④ 陳槃《讖緯釋名》，《古讖緯研討及其書録解題》，第313頁。
⑤ 陳槃《讖緯命名及其相關之諸問題》（增訂本），《古讖緯研討及其書録解題》，第142頁。
⑥ 陳蘇鎮《〈春秋〉與"漢道"——兩漢政治與政治文化研究》，第417—418頁。

不能完整反映唐初藏書的全貌。綜合考察新舊《唐志》《日本國見在書目錄》《天文要錄》等文獻的著錄,可知七緯(七經讖)在唐初仍基本完整,所以李賢等注出其確切篇目並非難事,更不必本之南朝舊注。《後漢書》原文是"河洛七緯",李賢只注"七緯"而不注"河洛",正是因爲當時七經緯尚存,而河洛則散佚過甚,無法注出完整篇目。至於第二點疑問,當是陳氏對《隋志》之文理解有偏差。《隋志》此序文義不甚明晰,文末所列五篇應是單行之本,而非不在三十六篇之中,故而與李賢注並不衝突。① 至於姚振宗提出的《魏朗傳》注作"《春秋緯》十二篇",或是後人因《春秋》有十二公而誤改。總之,李賢注所列雖闕《春秋命曆序》一種,但都應屬流傳中產生的闕訛,其本身仍是現在最可信據的七經讖篇目。

今本《後漢書》李賢注中所列篇目有個別誤字。如《記歷樞》之名,本書《郎顗傳》正文、注文及《隋書·經籍志》經部異説類小序皆作《氾歷樞》②,諸書徵引,或作"氾(汜)",或作"記(紀)"。清人趙在翰釋此篇名云"永言律本,運譜曆軌,氾覽五際,其樞在水",③則當以"氾"字爲是,"記"乃草書形近之誤。中村璋八則認爲當以"紀"字爲是,並釋篇名之義爲"記錄歷數樞紐"。④ 此外,《佑助期》當作《佐助期》,趙在翰云"聖王代出,輔佐應期",⑤乃取"輔佐"之義。至於《汁圖徵》,"汁"通"叶""協"⑥,有和諧、和洽之義。

從李賢注所列篇目數量看,《春秋緯》最多,隋唐目錄著錄的《春秋緯》卷帙也遠超其餘諸緯,顯示了其在七經讖中的重要地位。此外,

---

① 對《隋志》此篇類序的分析,參見本書第一章第五節。
② [宋]晏殊《晏元獻公類要》卷三五引《後漢書》李賢注作"紀"(影印清抄本,《四庫全書存目叢書》子部第 167 册,第 337 頁),與今本不同。
③ 趙在翰輯《七緯·詩緯敘目》,第 752 頁。
④ 中村璋八《緯書の基礎的研究·資料篇》第二章《各緯における諸問題》,第 429—433 頁。安居香山、中村璋八編《緯書集成·解説》,第 47 頁。
⑤ 趙在翰《七緯·春秋緯敘目》,第 755 頁。
⑥ [清]段玉裁《説文解字注·水部·汁》,上海:上海古籍出版社,1981 年,第 563 頁。[清]錢繹《方言箋疏》卷三,北京:中華書局,1991 年,第 103—104 頁。王立軍《漢碑文字通釋》,第 651 頁。

《孝經緯》的地位也比較獨特,《隋書·經籍志》《日本國見在書目録》著録《孝經鉤命決》六卷、《孝經援神契》七卷,其餘諸緯皆以整體著録,惟《孝經緯》二篇爲單行之本。《孝經》在諸經中體量最小(一般均作一卷),而兩篇《孝經緯》的卷數竟然分别有六卷、七卷之多。漢儒以《孝經》爲群經之本,鄭玄《六藝論》曰:"孔子以六藝題目不同,指意殊别,恐道離散,後世莫知根源,故作《孝經》以總會之。"①宋王儉《七志》列《孝經》於《經典志》之首,②正是這種思想在南朝的延續。

東漢人將《春秋》和《孝經》均視爲孔子之作,與孔子删定之經有别。《孝經鉤命決》曰:"孔子曰:吾志在《春秋》,行在《孝經》。以《春秋》屬商,以《孝經》屬參。"③《白虎通·五經》云:"(孔子)已作《春秋》,復作《孝經》何?"④《孔廟置守廟百石孔龢碑》(即《乙瑛碑》,東漢桓帝永興元年,153)云:"孔子作《春秋》,制《孝經》,□□五經,演《易·繫辭》,經緯天地,幽讚神明。"⑤《魯相史晨祠孔廟奏銘》(即《史晨碑》,東漢靈帝建寧二年,169)云:"乃作《春秋》,復演《孝經》,删定六藝,象與天談,鉤《河》摘《雒》,却揆未然。"⑥東漢人往往以孔子所作的《春秋》與《孝經》作爲一個組合,而以孔子删定的《易》《書》《詩》《禮》《樂》作爲另一個組合,也就是《白虎通》所説的"五經",⑦加起來就是"七經緯"的"七經"。⑧ 這也解釋了七經緯中

---

① [唐]李隆基注,[宋]邢昺疏《孝經注疏》,金良年整理,上海:上海古籍出版社,2013年,第2頁。

② [唐]陸德明《經典釋文·序録·次第》云:"如《禮記·經解》之説,以《詩》爲首;《七略》《藝文志》所記,用《易》居前,阮孝緒《七録》亦同此次;而王儉《七志》,《孝經》爲初。"(影印清康熙通志堂刻本,北京:中華書局,1983年,第3頁)

③ 歐陽詢《藝文類聚》卷二六《人部十》,第718頁。

④ [清]陳立《白虎通疏證》卷九,吳則虞點校,北京:中華書局,2011年,第446頁。

⑤ [宋]洪适《隸釋》卷一,北京:中華書局,1985年,第18頁。

⑥ 洪适《隸釋》卷一,第23頁。

⑦ 今本《白虎通》云:"五經何謂?《易》《尚書》《詩》《禮》《春秋》也。"(《白虎通疏證》,第448頁)"春秋"乃"樂"字之誤,參劉師培《白虎通義斠補》(《白虎通疏證》附録三,第706頁)、《白虎通德論補釋》(《白虎通疏證》附録八,第806頁)。

⑧ 徐興無《從"六經"到"七經"》,《中國經學》第20輯。

爲何有《孝經》而無《論語》。

第四節　圖讖注者注本考

　　圖讖八十一篇在東漢作爲官方意識形態，傳習者甚衆。① 關於圖讖注本，《隋書·經籍志》云："漢代有郗氏、袁氏説。漢末，郎中郗萌集圖緯讖雜占爲五十篇，謂之《春秋災異》。宋均、鄭玄，並爲讖律之注。"② 袁氏不詳何人，郗氏蓋即郗萌，或其先世。《隋志》經部異説類著錄"《春秋災異》十五卷，郗萌撰"，③ 子部五行類謂"梁有《秦災異》一卷，後漢中郎郗萌撰"。④《晉書·天文志》云："宣夜之書亡，惟漢祕書郎郗萌記先師相傳。"⑤《天地瑞祥志》有"大史令郗萌"⑥ 祕書郎即祕書校書郎，曹魏始置其官，東漢稱校書郎、校書郎中，⑦《晉志》所記略有不當。班固《典引》謂"永平十七年（74），臣與賈逵、傅毅、杜矩、展隆、郗萌等，召詣雲龍門"，⑧ 則郗萌爲明帝時人，與《隋

---

① 參見[清]朱彝尊《曝書亭集》卷六〇《説緯》，清康熙五十三年刻本，第10b—12a 頁。[清]杭世駿《道古堂文集》卷二三《説緯》，第5a—8a 頁。[清]蔣清翊《緯學原流興廢考》卷中《師承》，《緯史論微》附，第420—447 頁。李梅訓《東漢讖緯學者與緯書傳承》，《歷史文獻研究》第34 輯。吴從祥《讖緯與漢代文學》附錄二《兩漢通緯學者一覽表》，北京：中國社會科學出版社，2015 年，第324—334 頁。

② 《隋書》卷三二《經籍志一》，第941 頁。按："讖律"疑"讖緯"之誤。

③ 《隋書》卷三二《經籍志一》，第940 頁。

④ 《隋書》卷三四《經籍志三》，第1035 頁。

⑤ 《晉書》卷一一《天文志上》，第279 頁。亦見《隋書》卷一九《天文志上》，第507 頁。

⑥ [唐]薩守真《天地瑞祥志》卷一《條例目錄·啓》，影印日本昭和七年（1932）東方文化學院京都研究所抄本，高柯立選編《稀見唐代天文史料三種》，北京：國家圖書館出版社，2011 年。

⑦ [唐]杜佑《通典》卷二六《職官八·諸卿中》"祕書校書郎"條云："漢之蘭臺及後漢東觀皆藏書之室，亦著述之所，多當時文學之士，使讎校於其中，故有校書之職。後於蘭臺置令史十八人，又選他官入東觀，皆令典校祕書，或撰述傳記，蓋有校書之任，而未爲官也。故以郎居其任則謂之校書郎，以郎中居其任則謂之校書郎中。……至魏，始置祕書校書郎。"（北京：中華書局，1988 年，第735 頁）

⑧ 蕭統編，李善注《文選》卷四八，第12 册，第157—158 頁。

第三章　東漢圖讖的結構與篇目——兼論讖緯的斷代標準 | 123

志》所言漢末不合。或《隋志》有誤，或爲同名之人。①《春秋災異》乃郗萌"集圖緯讖雜占"而成，當是從圖讖中抄出有關災異占之文，《續漢書·天文志》劉昭注及《開元占經》所引"郗萌曰""郗萌占曰"，皆是此類內容。所以，《春秋災異》本身並非圖讖注本。現在所知的圖讖注者主要有如下幾家：

一、翟酺

《後漢書》載東漢安帝、順帝時人翟酺"著《援神鉤命解詁》十二篇"②，當是對《孝經援神契》《孝經鉤命決》的注解，《華陽國志》則作《援神契經説》。③《後漢書·翟酺傳》云："翟酺字子超，廣漢雒人也。四世傳《詩》。酺好《老子》，尤善圖緯、天文、曆筭。"可見是精於圖緯之人。

二、朱倉

《華陽國志》云："朱倉，字雲卿，什邡人也。受學於蜀郡張寧。……著《河洛解》。"④朱倉與折像、段恭爲友，諸人"但説天文，論五經"，⑤所謂"天文"蓋即圖讖之書。⑥ 段恭附見《後漢書·龐參傳》中，永建（126—131）中曾上疏順帝，⑦知朱倉亦順帝時人。《河洛解》當爲《河圖》《洛書》之注解。

三、鄭玄

鄭玄雖是經學大師，少時亦好數術，通緯早於通經。《世說新語·文學》劉孝標注引《（鄭）玄別傳》曰："玄少好學書數，十三誦五經，好天文、占候、風角、隱術。……年二十一，博極群書，精曆數

---

① 姚振宗認爲《隋志》作漢末誤，見[清]姚振宗《後漢藝文志》，馬小方整理，北京：清華大學出版社，2011年，第111頁。
② 《後漢書》卷四八《翟酺傳》，第1606頁。
③ 常璩著，任乃強校注《華陽國志校補圖注》卷一〇中《廣漢士女》，第563頁。
④ 常璩著，任乃強校注《華陽國志校補圖注》卷一〇中《廣漢士女》，第566頁。
⑤ 常璩著，任乃強校注《華陽國志校補圖注》卷一〇中《廣漢士女》，第566頁。
⑥ 《華陽國志·廣漢士女》云："段恭，字節英，雒人也。少周流七十餘郡，求師受學，經三十年，凡事馮翊駱異孫、泰山彦之章、渤海紀叔陽，遂明天文二卷。"（第564—565頁）此"天文"亦是圖讖之書。
⑦ 《後漢書》卷五一《龐參傳》，第1691頁。

圖緯之言,兼精算術。"①此後方從京兆第五元先受《京氏易》《公羊春秋》《三統曆》《九章算術》,從東郡張恭祖受《周官》《禮記》《左氏春秋》《韓詩》《古文尚書》。② 由此可知,鄭玄學問的形成過程是:先圖緯,次今文經,次古文經。其所受《京氏易》和《公羊春秋》,也與緯書有著密切聯繫。甚至以《三統曆》《九章算術》爲代表的曆學和算學知識,對研讀緯書同樣有重要作用,故鄭玄從扶風馬融問學時,"會融集諸生考論圖緯,聞玄善筭,乃召見於樓上"。③ 鄭玄在《戒子益恩書》中自述"博稽六藝,粗覽傳記,時覩祕書緯術之奧",④説明經學與緯學都是其學問的重要組成部分。池田秀三甚至認爲緯書是鄭玄"六藝一體觀"的最大要素,是其學問、思想的結構核心。⑤

緯書在鄭玄的學問構成和經學體系中佔有重要地位,其注書亦自緯書始。《續漢書·百官志》劉昭注云:"康成淵博,自注《中候》,裁及注《禮》而忘舜位,豈其實哉。"⑥唐劉子玄(知幾)《孝經老子注易傳議》引鄭玄《自序》云:"遭黨錮之事,逃難注《禮》。"⑦鄭玄遭黨錮在建寧四年(171)至中平元年(184),⑧作《三禮注》即在此間。而注《尚書中候》又早於注《三禮》,則時間應在黨錮之前,屬於鄭玄早期之作。此處雖僅記《尚書中候》,不過學者一般認爲注圖緯也在同

---

① [宋]劉義慶撰,[梁]劉孝標注,余嘉錫箋疏《世説新語箋疏》卷上之下《文學第四》,北京:中華書局,2007年,第223頁。
② 《後漢書》卷三五《鄭玄傳》,第1207頁。
③ 《後漢書》卷三五《鄭玄傳》,第1207頁。
④ 《後漢書》卷三五《鄭玄傳》,第1209頁。
⑤ [日]池田秀三《緯書鄭氏學研究序説》,洪春音譯,《書目季刊》第37卷第4期。
⑥ 司馬彪撰,劉昭注《續漢書·百官志》,見《後漢書》,第3558頁。
⑦ 李昉等《文苑英華》卷七六六,北京:中華書局,1966年,第4032頁。
⑧ 王利器《鄭康成年譜》,濟南:齊魯書社,1983年,第71—87頁。

一時期,①故皮錫瑞總結其爲學、著書次第云:"鄭學宏通,本先今而後古。著書次序,實始緯而次經。"②

四、宋均

宋均,《後漢書》無傳。③唐劉子玄《孝經老子注易傳議》引宋均《詩緯序》云"我先師北海鄭司農",④則宋均是鄭玄(127—200)傳業弟子。《隋書·經籍志》《日本國見在書目録》著録《詩緯》,皆云"魏博士宋均注"。⑤ 又《晉書·徐苗傳》云:"徐苗字叔胄,高密淳于人也。……弱冠,與弟賈就博士濟南宋鈞受業,遂爲儒宗。作《五經同異評》。"⑥鄭玄爲高密鄉賢,徐苗從其弟子受業,合情合理,此"博士

---

① [清]鄭珍《鄭學録》卷一云:"《續漢志》'裁'即'纔'字,云注《中候》纔注《禮》,以知自辭融歸後至坐黨前凡八九年,已爲《易》《詩》《禮》《尚書》四緯作注。"(清同治四年成山唐氏刻本,第12a頁)

② [清]皮錫瑞《六藝論疏證·序》,《皮錫瑞全集》第3册,吴仰湘整理,北京:中華書局,2015年,第503頁。

③ 《後漢書》有南陽宋均(字叔庠),今本"宋"乃"宗"之誤(日本宮內廳書陵部藏鐮倉時代寫卷子本《群書治要》所載《後漢書》不誤),惟《南蠻西南夷傳》序不誤。詳[宋]趙明誠撰、金文明校證《金石録校證》卷一八《漢宗資墓天禄辟邪字》《漢司空宗俱碑》,北京:中華書局,2019年,第351—352頁。清乾隆武英殿本《後漢書》卷七一考證引何焯按語。[清]惠棟《後漢書補注》卷一〇,第12b頁。[清]王先謙《後漢書集解》卷四一,民國四年(1915)長沙王氏虛受堂刻本,第13b—14a頁。[清]王太岳等《四庫全書考證》卷一九《漢隸字源》,影印清內府抄本,北京:書目文獻出版社,1991年,第466頁。宗均爲光武帝、明帝時人,卒於建初元年(76),與注圖緯之宋均無涉。

④ 李昉等《文苑英華》卷七六六,第4033頁。[宋]王欽若等《册府元龜》卷六〇四,北京:中華書局,2003年,第7247頁。[宋]王溥《唐會要》卷七七,北京:中華書局,2006年,第1407頁。李隆基注、邢昺疏《孝經注疏》,第4頁。按:《文苑英華》《册府元龜》作《詩緯序》,《唐會要》《孝經疏》則作《詩譜序》。段玉裁認爲作"譜"非,見[清]段玉裁《經韻樓集》卷五《與孫淵如書》,鍾敬華校點,上海:上海古籍出版社,2008年,第100—101頁。

⑤ 《隋書》卷三二《經籍志一》,第940頁。藤原佐世《日本國見在書目録》,第351頁。

⑥ 《晉書》卷九一《儒林傳·徐苗》,第2351頁。

濟南宋鈞"當即"魏博士宋均"。① 由此可知,宋均爲濟南人,漢末從鄭玄受業,入魏爲博士。

鄭玄和宋均是緯書的主要注者,但《後漢書·鄭玄傳》僅言注《尚書中候》,未及七經緯,宋均又無傳,關於二人究竟都注過哪些緯書,只能根據後世目録著録和現存緯書佚文進行推測。② 本書第二章已經對隋唐目録中的圖讖注本進行了分析,現將著録情況列爲下表:

表4　六朝隋唐目録著録圖讖注本

	《七録》	《隋志》	《天文要録》	《日本目》	《舊唐志》	《新唐志》
《易緯》	鄭注九卷	鄭注八卷	鄭注六卷	鄭注十卷		
					宋注九卷	宋注九卷
《書緯》	鄭注六卷	鄭注三卷			鄭注三卷	鄭注三卷
《詩緯》					鄭注三卷	鄭注三卷
	宋注十卷	宋注十八卷		宋注十卷	宋注十卷	宋注十卷

① 陳槃《古讖緯書録解題(五)》《古讖緯書録解題(七)》,《古讖緯研討及其書録解題》,第392、533頁。按:《水經注》卷一五《伊水》載新城縣有《晋使持節征南將軍宋均碑》,又云:"均字文平,縣人也。其碑,太始三年十二月立。"楊守敬因其與注緯之宋均時代相近,故懷疑是一人,云:"或在魏爲博士,至晋爲征南將軍乎?"([北魏]酈道元撰,[清]楊守敬、熊會貞疏《水經注疏》,段熙仲點校,陳橋驛復校,南京:江蘇古籍出版社,1989年)李梅訓《宋均生平著述考論》(《山東師範大學學報(人文社會科學版)》2004年第49卷第5期)即從楊説。但與《晋書·徐苗傳》中的"博士濟南宋鈞"相較,顯然後者的身份更爲符合注緯之宋均。《晋書·文帝紀》載甘露四年(259)使"宋鈞監青州諸軍事"(第36頁),此人當是新城宋均。

② 不少考補史志之書(如侯康《補後漢藝文志》、姚振宗《後漢藝文志》等)和鄭玄傳譜之書(如鄭珍《鄭學録·書目》、胡元儀《北海三考·注述考》、王利器《鄭玄年譜》等),大多僅據某圖緯佚文下有鄭玄注,即認定鄭玄曾注此書,顯然過於武斷。古書徵引,往往並非直接抄自原書,而是輾轉承用,個別情況下,一條佚文的正文與注文可能不是出於一書,具體例證參見本書第三章第一節注。所以,必須同時參考文獻記載與古書徵引,若僅存個別佚文,必須慎重考慮是否存在徵引有誤的情況。王利器對所謂鄭玄《爾雅注》的考辨,可爲參考,見《鄭玄年譜》,第259—260頁。但《年譜》對圖緯注疏於考察,往往以僅有之佚文作爲鄭玄有某緯注之證。

第三章　東漢圖讖的結構與篇目——兼論讖緯的斷代標準 | 127

續表

	《七録》	《隋志》	《天文要録》	《日本目》	《舊唐志》	《新唐志》
《禮緯》		鄭注三卷		鄭注三卷		
			宋注二卷	宋注三卷	宋注三卷	宋注三卷
《樂緯》		宋注三卷		宋注三卷	宋注三卷	宋注三卷
《春秋緯》	宋注三十卷		宋注卅八卷	宋注卌卷	宋注三十八卷	宋注三十八卷
《孝經緯》		宋注合十三卷		宋注合十三卷	宋注五卷	宋注五卷
《論語讖》	宋注八卷				宋注十卷	宋注十卷

　　標鄭玄注者有《易緯》《書緯》《詩緯》《禮緯》四種，結合現存佚文看，《易緯》《書緯》當無疑義。《詩緯》在《七録》《隋志》和《日本目》中僅有宋均注本，至新舊《唐志》則鄭注與宋注二本並存。現存《詩緯》佚文中，宋注甚多，鄭注則未見，中村璋八懷疑《詩緯》並無鄭注。① 《禮緯》鄭注見於《隋志》和《日本目》，但今存佚文中僅見一條。標宋均注者有《易緯》《詩緯》《禮緯》《樂緯》《春秋緯》《孝經緯》《論語讖》七種，劉子玄《孝經老子注易傳議》（開元七年，719）亦引及宋均《詩緯序》《孝經緯注》《春秋緯注》。其中《易緯》宋注僅見一條，疑新舊《唐志》著録有誤，其餘六種則無疑問。至於《河圖》《洛書》，《隋志》無注者，古書徵引，多數亦未標明何人之注。現存佚文注中，標鄭玄之名者僅有兩處，標宋均之名者則較多，似乎宋注的可能性較大。

　　五、宋衷

　　宋衷，又作宋忠，②字仲子，南陽章陵人。後漢荆州五業從事，曾

---

① 安居香山、中村璋八編《緯書集成·解説》，第 46 頁。
② 張澍謂衷、忠"字之通也"，見[漢]宋衷注，[清]張澍輯《世本》，《世本八種》，北京：中華書局，2015 年，第 5 頁。洪業《白虎通引得序》云："晉惠帝諱衷，故史籍或稱仲子，或改爲忠。"（《洪業論學集》，北京：中華書局，1981 年，第 34 頁）按：洪氏考證宋衷生平，謂宋衷、宋忠爲一人固是，然謂宋均、宋衷爲一人則非。

與綦毋闓等撰《五經章句》。卒於建安二十四年(219)。① 清汪師韓《文選理學權輿》謂《文選注》引書有宋衷《易緯注》《春秋緯注》《樂緯注》《孝經緯注》,②姚振宗《後漢藝文志》即據其説立目。③ 經檢核,所謂宋衷《易緯注》僅見兩條:

  1.《易乾鑿度》曰:代者赤兑,黄佐命。**宋衷**曰:此赤兑者,謂漢高帝也。黄者,火之子,故佐命,張良是也。【《文選》卷一《西都賦》注、卷六《魏都賦》注】

  2.**宋衷**《易緯注》曰:天文者,謂三光。地理,謂五土也。【《文選》卷二八《會吟行》注、卷一一《景福殿賦》注(僅首句)】

然此二條皆見於今本《易通卦驗》卷上:

  1. 代者赤兑姓,兑姓有金,其人謀諦,明機七,傑仁出,黄佐命,蒼輔術。【注】此赤兑者,謂漢高帝也。代周蒼,故爲赤。赤,火色也。黄者,火之子,故佐命,張良是也。蒼,火之母,故輔術也。

  2. 此謂冬日至成天文,夏日至成地理。【注】天文者,謂三光也。地理者,謂五土也。

今本《通卦驗》爲鄭玄注,並無異議。《玉燭寶典》卷一一引《易通卦驗》"冬至成天文",注文即作"鄭玄曰"。《文選注》所引宋衷《易緯注》與鄭注《通卦驗》文字一致,而篇名與注者皆不同,疑李善徵引有誤,不可據此認定宋衷曾注《易緯》。

所謂宋衷《樂緯注》,見於徵引者有三條:

  1.《樂動聲儀》曰:帝嚳樂曰《六英》,帝顓頊曰《五莖》,舜曰《大韶》,禹曰《大夏》。**宋衷**曰:《六英》能爲天地四時六合

---

① 關於宋衷事跡的考證,參見[漢]宋衷注,[清]張澍輯《世本》,《世本八種》,第 5 頁。姚振宗《後漢藝文志》,第 10—11 頁。吴承仕《經典釋文序録疏證》,北京:中華書局,2008 年,第 39—40 頁。孫猛《日本國見在書目録詳考》,第 960 頁。

② [清]汪師韓《文選理學權輿》卷二上《注引群書目録上・緯候圖讖》,清嘉慶四年刻《讀畫齋叢書・甲集》本,第 9a、10b—11b 頁。

③ 姚振宗《後漢藝文志》,第 117—118 頁。

第三章　東漢圖讖的結構與篇目——兼論讖緯的斷代標準 | 129

也，《五莖》能爲五行之道立根本也。【《文選》卷六左思《魏都賦》注】

　　2.《樂叶圖徵》曰：焦明狀似鳳皇。**宋衷**曰：水鳥。【《史記·司馬相如列傳》索隱、《文選》卷八《上林賦》注】

　　3.《樂緯》曰：昔歸典叶聲律。**宋忠**曰：歸即夔。【《水經注·江水》】

第一條，《文選》別卷注及他書徵引均作"宋均注"：

　　《樂動聲儀》曰：黃帝樂曰《咸池》，顓頊樂曰《五莖》，帝嚳樂曰《六英》。**宋均**曰：能爲天地四時六合之英華也。【《文選》卷一七《舞賦》注】

　　《樂叶圖徵》曰：帝顓頊樂曰《五莖》。**宋均**注曰：能爲五行之道立根莖也。【《初學記》卷一五】

　　《樂緯》云：黃帝曰《咸池》，帝嚳曰《六英》，顓頊曰《五莖》，堯作《大章》，舜曰《簫韶》，禹曰《大夏》，商曰《大濩》，周曰《大武》《象》。……曰《六英》者，**宋均**注云：爲六合之英華。五龍爲五莖者，能爲五行之道立根莖也。【《禮記·樂記》疏】

諸書徵引，文字略有參差，但可確定是一人之注，《魏都賦》注作"宋衷"疑誤。後二條則未見他書徵引。

　　宋衷《孝經緯注》僅見一條：

　　《孝經援神契》曰：神靈滋液，則犀駭雞。**宋衷**曰：角有光，雞見而駭驚也。【《文選》卷五左思《吳都賦》注】

未見他書徵引。

　　至於宋衷《春秋緯注》，《文選注》徵引相對較多（九條），且有引作"宋衷《保乾圖注》"（卷二五盧諶《贈劉琨》注）、"宋衷《春秋緯注》"（卷八揚雄《羽獵賦》注、卷九班彪《北征賦》注）者，可能宋衷確曾爲《春秋緯》作注。

　　由此可見，宋衷緯書注主要見於李善《文選注》的徵引，總量不大，且部分佚文很可能存在誤標人名的情況，只有《春秋緯注》的可能性較大。姚振宗認爲的"宋仲子或注七緯全書",①當非實情。

六、佚名

除以上幾家外,又有佚名所著《孝經援神契音隱》《鉤命決音隱》,僅見於日本書目《日本國見在書目録》和《通憲入道藏書目録》的著録。② 今見以"音隱"爲名者有服虔《春秋左氏音隱》③、干氏《毛詩音隱》④、謝氏《禮記音義隱》⑤、佚名《説文音隱》⑥、《史記音隱》⑦等,可見是漢末到南朝時期流行的書名。"隱"字是對此類著作形制的描述,⑧除"音隱"外,還有名"隱義"者。《梁書·處士傳》云:"(何胤)注《易》,又解《禮記》,於卷背書之,謂爲隱義。"⑨説明"隱"字重

———

① 姚振宗《後漢藝文志》,第 118 頁。

② [日]藤原佐世《日本國見在書目録·異説家》:"《孝經援神契音隱》一卷。"(第 360 頁)[日]藤原通憲《通憲入道藏書目録》:"《孝經援神契(意)〔音〕隱》(付《鉤命決(意)〔音〕隱》)。"(影印《群書類從》卷四九五刻本,《日本書目大成》第一卷,東京:汲古書院,1979 年,第 47 頁)

③ 《舊唐書》卷四六《經籍志上》,第 1977 頁。《新唐書》卷五七《藝文志一》,第 1438 頁。

④ 《隋書·經籍志》:"梁有……《毛詩音隱》一卷,于氏撰,亡。"按:《經典釋文·序録》載"爲《詩》音者九人",其中有干寶,故姚振宗、吳承仕皆以"于"爲"干"字之誤,見姚振宗《隋書經籍志考證》(第 121 頁)、吳承仕《經典釋文序録疏證》(第 85 頁)。

⑤ 《隋書》卷三二《經籍志一》,第 922 頁。按:《隋志》列於宋徐爰《禮記音》前,則謝氏當爲宋前之人。陸德明《禮記音義·檀弓下》引"音義隱"一條,《禮記正義》引數條。

⑥ 《隋書》卷三二《經籍志一》,第 943 頁。《舊唐書》卷四六《經籍志上》,第 1984 頁。《顏氏家訓·書證》(第 495 頁)引《(説文)音隱》一條。

⑦ [南朝宋]裴駰《史記集解》多引《史記音隱》,作者當爲宋前之人。[唐]司馬貞《史記索隱後序》云:"後漢延篤有《史記音義》一卷,别有《音隱》五卷,不記作者何人。"

⑧ 吳承仕認爲"隱"是檃栝之義(《經籍舊音序録》,北京:中華書局,2008 年,第 214 頁),並不正確。

⑨ [唐]姚思廉《梁書》卷五一《處士傳·何胤》,第 735 頁。《禮記正義》屢引《隱義》,當即此書。此外,《隋書·經籍志》著録梁有"《毛詩隱義》十卷,並梁處士何胤撰。"(第 917 頁)

在指此書的原始形制是書於卷背,故又有名"背隱義"者。① 清人姚振宗最早指出這點:"按齊、梁時隱士何胤注書,於卷背書之,謂爲隱義。背隱義之義,蓋如此。由是推尋,則凡稱音隱、音義隱之類,大抵皆從卷背録出,皆是前人隱而未發之義。當時別無書名,故即就本書加'隱'字以名之。"②敦煌卷子 S.10《毛詩鄭箋》、P.2669《毛詩詁訓傳鄭氏箋》紙背均寫有字音,③注於正面文字的對應位置,正是"音隱""隱義"這種形制的體現,潘重規説:"所謂隱者,特以所著書書於卷背,隱而不見,故名爲隱,非有他義也。"④《孝經援神契音隱》《鉤命決音隱》的原始形制當亦如此。又《玉燭寶典》卷五引《(據)〔援〕神契音義》云:"五者,亦數之一極。日月並當極數,名爲二五。"⑤此《援神契音義》不知是否即《孝經援神契音隱》。

---

① 《隋書·經籍志》:"梁有《毛詩背隱義》二卷,宋中散大夫徐廣撰。"(第917頁)
② 姚振宗《隋書經籍志考證》,第130頁。
③ S.10 和 P.2669 分別抄寫於盛唐和中晚唐時期,參見許建平《敦煌經籍敘録》,北京:中華書局,2006年,第161、165頁。
④ 潘重規《敦煌毛詩詁訓傳殘卷題記》,《敦煌詩經卷子研究論文集》,香港:新亞研究所,1970年,第1頁。鄭阿財《論敦煌文獻展現的六朝隋唐注釋學——以〈毛詩音隱〉爲例》,《敦煌學輯刊》2005年第4期。許建平《敦煌〈詩經〉寫卷與中古經學》,《敦煌學輯刊》2014年第4期,此據作者論文集《敦煌經學文獻論稿》,浙江:浙江大學出版社,2016年,第187—188頁。按:潘、鄭二人認爲這兩個卷子卷背之音即《毛詩音隱》,許建平則認爲是正面抄寫者爲閱讀方便而據別種《毛詩音》注音於卷背,屬於一種獨立的《毛詩音》,並非是與正面文字合成有機整體的《毛詩音隱》,見許建平《敦煌〈詩經〉卷子研讀札記二則》,《敦煌學輯刊》2004年第1期,此據作者論文集《敦煌文獻叢考》,北京:中華書局,2005年,第107—110頁。當以許説爲是。此外,日藏古寫本《春秋經傳集解》和《史記集解》在紙背對應位置分別抄寫《春秋正義》和《史記索隱》《史記正義》,也是"音隱""隱義"這一形制的延續與變體,參見蘇芃《隱義:一種消失的古書形制》,《光明日報》2017年4月15日11版。
⑤ [隋]杜臺卿《玉燭寶典》卷五,影印日本南北朝寫卷子本,《尊經閣叢刊》,1943年。

第四章 《易緯》文本研究

第一節 今傳《周易乾鑿度》文本構成的再考察

一、《周易乾鑿度》的内容與版本

《乾鑿度》是漢代《易緯》中的一種,其篇名和文句最早見於東漢的《白虎通》中,①歷來頻爲他書如晋司馬彪《續漢志》、宋范曄《後漢書》、南北朝諸史、唐孔穎達《周易正義》、李鼎祚《周易集解》等徵引,在諸緯中最受重視。《乾鑿度》卷上中保存了一些先秦或漢初的早期易說,以"孔子曰"的形式對《周易》經文、經義進行了闡釋(這種形式也是對早期易說的沿襲),與其他緯書相比,顯示了更爲明顯的"解經"特色,故清人盧見曾以之爲"先秦之緯",稱"其辭醇",②《四庫全書總目》亦云"說者稱其書出於先秦……於易旨有所發明,較他緯獨爲醇正"。③ 當然,保存早期易說並不代表《乾鑿度》就是先秦之書,但畢竟顯示了其價值。隨著出土文獻的不斷增加和學術研究的持續進展,學界越來越認識到早期文獻的文本複雜性。對於漢代緯

---

① 《白虎通》卷九《天地》云:"故《乾鑿度》云:太初者,氣之始也。太始者,形之始也。太素者,質之始也。陽唱陰和,男行女隨也。"(陳立《白虎通疏證》,第421—422頁)

② [清]盧見曾《周易乾鑿度序》,《周易乾鑿度》卷首,清乾隆二十一年德州盧氏雅雨堂刻本,第1a頁。

③ 永瑢等《四庫全書總目》,第46頁。

書知識體系的駁雜，學界已有公認，但對現存緯書的文本複雜性的認識卻還遠遠不足，而《乾鑿度》恰恰是現存緯書中文本構成頗爲複雜的一種。

據《後漢書·樊英傳》李賢注，七經緯中，《易》有《稽覽圖》《乾鑿度》《坤靈圖》《通卦驗》《是類謀》《辨終備》六種。① 隋唐時期，《乾鑿度》是作爲《易緯》中的一種，與其他各篇一起，以一個整體的形式流傳，《隋書·經籍志》《舊唐書·經籍志》《新唐書·藝文志》中並無單篇流傳的《乾鑿度》。但到了宋初的《崇文總目》中，除了"《易緯》九卷"外，還著錄有"《周易乾鑿度》二卷"，可見當時已經出現了單行本。② 現存《周易乾鑿度》的主要版本有：（一）明嘉靖中四明范氏天一閣刻本。（二）清乾隆二十一年德州盧氏雅雨堂刻本，收入盧見曾輯《雅雨堂藏書》。據盧見曾序，底本爲"嘉靖中吳郡錢君叔寶藏本"。③ 錢叔寶即長洲錢穀（1509—?）。（三）清乾隆三十八年武英殿刻《易緯》八種本，收入《武英殿聚珍版書》。此本乃四庫館臣從《永樂大典》卷一四七〇八"度"字中抄出，並校以"錢本"（即盧見曾刻本）。此卷《大典》尚存，其中《周易乾鑿度》未分卷，可知殿本分卷實據盧本。④ 當然，《周易乾鑿度》還有許多其他版本，但都是以上三種版本的衍生品，⑤此不贅述。這三種版本中，殿本收入《四庫全書》及《四庫全書薈要》，《武英殿聚珍版書》又屢經翻刻，流傳最廣，影響最大，各種緯書輯本所收《乾鑿度》多以殿本爲據。但從整體上看，三本之中，盧本最佳，往往有二本皆誤而盧本不誤處。故本節以盧本文字爲據，遇有盧本誤處，亦參考其餘二本。

---

① 《後漢書》，第2721頁。
② 關於《易緯》篇目的流衍情況，詳見本書第二章第一節、第二節。
③ 盧見曾《周易乾鑿度序》，《周易乾鑿度》卷首，第1a頁。
④ 關於《永樂大典》本《易緯》的輯佚情況，詳見本書第二章第三節。
⑤ 如明末楊履園等輯《緯書》中的《易乾鑿度》，除誤刻外，文字全同范本。清趙在翰輯《七緯》，其中的《易緯》八種則全據殿本。鍾謙鈞輯《古經解彙函》，也是將殿本《易緯》收入。參見安居香山、中村璋八編《緯書集成·解說·關於易緯乾鑿度、乾坤鑿度》，第7頁。同樣地，安居、中村二氏編《緯書集成》，其中《易緯》亦是以殿本爲底本。

二、今傳《周易乾鑿度》的文本構成

今傳《周易乾鑿度》分爲上、下兩卷,卷上主要是易説,闡釋《周易》經文、經義,卷下則主要講象數易學,將易數和曆數結合,創造新占術。對比卷上與卷下可以發現,卷下開頭的部分與卷上正文彼此頗有重複,注文則異,各版本均是如此。四庫館臣在殿本《乾鑿度》按語中已經指出這一點,但未作解釋。① 對於今本存在的這種正文重複而注文有異的情況,研究者多解釋爲今本混入了鄭玄以外的注文,但又難以進行區分。② 鍾肇鵬懷疑《乾鑿度》原書唐以後殘闕,宋人將鄭玄、宋均二家注本混抄,並題爲鄭玄注。③ 但以上研究並未就具體文本進行詳細論證。而通過比對文本,李學勤敏鋭地指出,《乾鑿度》卷上、卷下在體裁和内容上都有差異,是象數易學不同發展階段的産物,故兩卷原非一書,而是被後人拼合在一起。④ 李氏考證《乾鑿度》卷上、卷下分别屬於不同時代的文本,首次揭示出《乾鑿度》的文本複雜性,可謂卓識。同時,李氏還認爲重複段落爲"同出一源的不同傳本",其中的"鄭注彼此呼應,互相補充",進而推測鄭玄作注時已經存在這種重複,即當時上下兩卷已經拼合在一起。這就涉及三個問題:(一)卷上、卷下重複文字的關係。(二)其中的注

---

① 殿本按語云:"按此節與前……一節並複見下卷,辭句微異,鄭注互有詳略,原本及錢本俱同,今仍之。"(《周易乾鑿度》卷上,清乾隆三十八年武英殿刻本,第12a頁)

② 鈴木由次郎《漢易研究》(增補改訂版),第351—352頁。[日]池田秀三《讀易緯通卦驗鄭注札記——周禮との關聯を中心に——》,[日]中村璋八編《緯學研究論叢:安居香山博士追悼》,東京:平河出版社,1993年,第378—379、404頁。池田氏在注(3)中傾向卷上爲鄭注,但同時也承認没有決定性的證據。

③ 鍾肇鵬《讖緯論略》,第39頁。按:北宋初的《崇文總目》同時著録"《易緯》九卷"(《厚齋易學》引作"《周易緯》九卷,漢鄭康成注")和"《周易乾鑿度》二卷",説明當時已經出現了《乾鑿度》的單行本。據同時期的李淑《邯鄲書目》,九卷本《易緯》中,《乾鑿度》亦佔二卷。可見北宋初流傳的《乾鑿度》,不論《易緯》本,抑或單行本,均分爲二卷,與今本相同,鍾氏懷疑宋人混抄的觀點難以成立。

④ 李學勤《〈易緯·乾鑿度〉的幾點研究》,原載《清華漢學研究》第1輯,北京:清華大學出版社,1994年。此據李學勤《周易溯源》,第401—422頁。

文是否全爲鄭玄注。(三)今傳二卷本拼合的時間。在這三個問題上,李氏的觀點頗有可商處。

(一)卷上、卷下重複文字的關係

關於這個問題,先看一個李氏徵引過的重複段落:

《乾鑿度》卷上	《乾鑿度》卷下
孔子曰:自成湯至帝乙。帝乙,湯之玄孫之孫也。此帝乙即湯也。殷録質,以生日爲名,順天性也。玄孫之孫,外絶恩矣。(玄孫之孫,五世之末,外絶恩矣。)同以乙日生,疏可同名。(同以乙日生,天錫之命,疏可同名。)湯以乙生,嫁妹,本天地,正夫婦,夫婦正,則王教興矣。① 故曰:《易》之帝乙爲成湯,《書》之帝乙六世王,同名不害以明功。	孔子曰:自成湯至帝乙。帝乙,湯玄孫之孫也。帝乙則湯。殷録質,(王者之政,一質一文,以變易從初,殷録相次質也。)以生日爲名,順天性也。玄孫,五世之末,外絶恩矣。同日以乙,天之錫命,疏可同名。(仁恩已絶,則不能避,故小殷以是日同,故曰天之錫命矣。)湯以乙生,嫁妹,本天地之義,順陰陽之道,以正夫婦,夫婦正,則王教興。(正夫婦者,乃所以興王教於天下,非苟也。)《易》之帝乙爲湯,《書》之帝乙六世王,名同不害以明功。(《易》與《尚書》俱載帝乙,雖同名,不相害,各以明其美功也。)

這段文字主要是爲了解釋《周易》和《尚書》中的兩個"帝乙"並非一人。先引"自成湯至帝乙"一句,此爲《尚書·多士》之文("自成湯至於帝乙,罔不明德恤祀"),然後解釋這個帝乙是"湯之玄孫之孫"。下句"此帝乙即湯也"則是解釋《周易·歸妹》六五爻辭"帝乙歸妹,其君之袂不如其娣之袂良"中的帝乙,即湯。卷上"此帝乙即湯也"句前未引經文而直接作解釋,顯然此前應當已經出現過"帝乙歸妹"之文,似乎先有人發問,然後有託名孔子的回答。李學勤指出《乾鑿度》"卷上各段各自論一問題,沒有多少內在聯繫,在形式上很像帛書《易傳》的《二三子問》"②,從整體上作了提示。《二三子問》

---

① 此句盧本、范本皆同,惟殿本從《永樂大典》,"王教"作"王道"。
② 李學勤《〈易緯·乾鑿度〉的幾點研究》,第408頁。

的形式是:孔子爲二三子講解《易》,先引"易曰"或"卦曰"(卦爻辭),然後以"孔子曰"的形式進行解釋,最後常以"故曰"云云(卦爻辭)作結。① 如:

《易》曰:"抗(亢)龍有悔。"孔子曰:"此言爲上而驕下,驕下而不怡(殆)者,未之有也。聖人之立(涖)正(政)也,若遁(循)木,俞(愈)高俞(愈)畏下。故曰'抗(亢)龍有悔'。"②

如果據此推測《乾鑿度》這段文字最初的形態,"孔子曰"前當有類似"易曰帝乙歸妹"的文字,亦即"此帝乙即湯也"對應之文。由此也可説明這段文字有較早的來源。

反觀卷下,文字雖然大致相同,卻仍有幾處值得注意的地方。首先,卷上"此帝乙即湯也"一句,卷下作"帝乙則湯",删去了"此"字。説明卷上的文字直接來自形式與《二三子問》相同的早期文獻,"孔子曰"以下應是直接抄録而未加改動,所以"此"字没有對應文句,失於照應。而寫作卷下的人注意到了這個問題,所以删去了"此"字。但即使這樣,仍顯突兀。如果卷上、卷下同出於形式與《二三子問》相同的早期文獻,既然卷下的寫作者已經注意到了失於照應的問題,那爲何不將"易曰帝乙歸妹"的文字加入?所以卷下這段文字可能並非出自早期文獻,而是出自卷上文字,因爲卷上已無"帝乙歸妹"一句,所以卷下此處也未加入。此外還有一個更加值得注意的地方,卷上的注文"玄孫之孫,五世之末,外絶恩矣",到卷下變成了正文"玄孫(按:下脱'之孫'二字),五世之末,外絶恩矣",注文"同以乙日生,天錫之命,疏可同名"變成了正文"同日以乙,天之錫命,疏可同名"。可見卷下的作者一定是見過帶注文的卷上文字的,並將部分注文改造成了正文。

在一些卷上、卷下重複的段落中,卷下較卷上又有内容上的增

---

① 整篇中只有三處二三子的提問("二三子問曰"云云):一處在篇首,直接提問("《易》屢稱於龍,龍之德何如");一處在孔子解釋完鼎九四爻辭後追問("人君至於飢乎");一處在孔子解釋完坤六四爻辭後追問("獨無箴於聖人之口乎")。

② 裘錫圭主編《長沙馬王堆漢墓簡帛集成》第3册,第42頁。

衍,如：

《乾鑿度》卷上	《乾鑿度》卷下
物有始,有壯,有究,故三畫而成乾。乾坤相並俱生。物有陰陽,因而重之,故六畫而成卦。三畫已下爲地,四畫已上爲天。物感以動,類相應也。易氣從下生,動於地之下,則應於天之下；動於地之中,則應於天之中；動於地之上,則應於天之上。初以四,二以五,三以上,此之謂應。陽動而進,陰動而退,故陽以七,陰以八爲象。易一陰一陽,合而爲十五,之謂道。陽變七之九,陰變八之六,(陽動而進,變七之九,象其氣息也。陰動而退,變八之六,象其氣消也。)亦合於十五,則象變之數若之一也。五音六律七變,由此作焉。故大衍之數五十,所以成變化而行鬼神也。日十干者,五音也。辰十二者,六律也。星二十八者,七宿也。凡五十,所以大閡物而出之者也。	物有始,有壯,有究,故三畫而成乾。乾坤相並俱生。物有陰陽,因而重之,故六畫而成卦。卦者,掛也,掛萬物,視而見之。故三畫已下爲地,四畫已上爲天。物感以動,類相應也。易氣從下生,故動於地之下,則應於天之下；動於地之中,則應於天之中；動於地之上,則應於天之上。故初以四,二以五,三以上,此謂之應。陽動而進,陰動而退,故陽以七、陰以八爲象。易一陰一陽,合而爲十五,之謂道。陽變七之九,陰變八之六,亦合於十五,則象變之數若一。陽動而進,變七之九,象其氣之息也。陰動而退,變八之六,象其氣之消也。故太一取其數以行九宮,四正四維,皆合於十五。五音六律七宿,由此作焉。八卦之生物也,畫六爻之移氣①,周而從卦。八卦數二十四,以生陰陽,衍之皆合之於度量。陽析九,陰析六,陰陽之析各百九十二,以四時乘之,八而周,三十二而大周。三百八十四爻,萬一千五百二十析也。故卦當歲,爻當月,析當日。大衍之數必五十,以成變化而行鬼神也。故曰：日十者,五音也；辰十二者,六律也；星二十八者,七宿也。凡五十,所以大閡物而出之者。故六十四卦三百八十四爻戒,各有所系焉。

　　太一行九宮及卦當歲、爻當月、析當日等說皆卷下增衍。又卷上注文"陽動而進,變七之九,象其氣息也。陰動而退,變八之六,象其氣消也"在卷下中也變成了正文,可見上例並非孤證。

---

① "六爻",盧本誤作"六卦",據殿本改正。

以上兩處卷下正文吸收卷上注文的情況說明,今本《乾鑿度》的卷上與卷下並非如李學勤所說是"同出一源的不同傳本",而是卷下乃據卷上增衍而成。

(二)卷上、卷下是否皆爲鄭玄注

關於個別卷上注文變爲卷下正文,當然還有一種解釋,那就是卷上、卷下均爲鄭注,鄭玄以卷下正文注卷上文字,即李學勤説的"鄭注彼此呼應,互相補充",這就涉及到第二個問題,即卷上、卷下是否皆爲鄭玄注。關於《易緯》的注者,唐代著録並不一致,《隋書·經籍志》《日本國見在書目録》《天文要録》皆作鄭玄,《舊唐書·經籍志》《新唐書·藝文志》則作宋均。改鄭玄爲宋均,或與開元三年馬懷素、褚無量整理藏書、編纂目録的活動有關。然所改疑誤,宋均注存在的可能性較低。① 隋唐文獻徵引《乾鑿度》,僅《文選·思玄賦》李善注引"五緯順軌,四時和栗。宋均曰:和栗,氣和而嚴正"一條提及宋均注。② 宋以後目録均作鄭玄注,南宋《中興館閣書目》明確説"宋注不傳"。今傳《永樂大典》殘卷及盧本《周易乾鑿度》均題"鄭氏注",應是沿宋代傳本之舊,所以後人皆以鄭玄注視之。但隋唐文獻徵引《乾鑿度》注,明確說是鄭注的,都與下卷注文相合,而不見於下卷的,又往往與上卷注文不同。如《乾鑿度》卷上首句:"孔子曰:《易》者,易也,變易也,不易也。管三成德,爲道苞籥。"注文云:

> 管,統也。德者,得也。道者,理也。籥者,要也。言《易》道統此三事,故能成天下之道德,故云包道之要籥也。

而《初學記》卷二一《文部·經典第一》引鄭注作:

> 管,猶兼也。一言而兼此三事,以成其德道之苞籥。齊魯之間,名門户及藏器之管爲籥。(《太平御覽》卷六〇九《學部·易》引略同)

《文選》卷二八鮑照《升天行》李善注亦引"鄭玄《易緯注》曰:齊魯之

---

① 詳見本書第二章第一節。
② 考慮到李善注引《易緯》注頗有誤標的情況,此孤例亦令人生疑。詳見本書第三章第四節。

間,名門戶及藏器之管曰籥"。皆與今本卷上之注不同,且無法以"鄭注彼此呼應,互相補充"解釋,可見卷上此條並非鄭注。如果仔細對比卷上、卷下重複段落的注文,也會發現二者有抵牾處,而非互相補充:

《乾鑿度》卷上	《乾鑿度》卷下
昔者聖人因陰陽,定消息,立乾坤,以統天地也。夫有形生於無形,乾坤安從生?(天地本無形,而得有形,則有形生於無形矣,故《繫》曰:"形而上者謂之道。"夫乾坤者,法天地之象質,然則有天地則有乾坤矣。將明天地之所由,故先設問乾坤安從生也。)①故曰:有太易,有太初,有太始,有太素也。太易者,未見氣也。(以其寂然无物,故名之爲太易。)太初者,氣之始也。(元氣之所本始,太易既自寂然无物矣,焉能生此太初哉?則太初者亦忽然而自生。)太始者,形之始也。(形,見也,天象形見之所本始也。)太素者,質之始也。(地質之所本始也。)氣形質具而未離,故曰渾淪。(雖含此三始,而猶未有分判。《老子》曰:"有物渾成,先天地生。")渾淪者,言萬物相渾成而未相離。	文王因陰陽,定消息,立乾坤,統天地。夫有形者生於无形,則乾坤安從生?(消息寒溫之氣而陰陽定,寒溫此,②三微生著而立乾坤。以天地之道,則是天地先乾坤生也。天有象可見,地有形可處,若先乾坤,則是乃天地生乾坤。或云有形生於无形,則爲反矣,如是則乾坤安從生焉?若怪而問之,欲說其故。)故曰:有太易,有太初,有太始,有太素。(將說此也,時人不知,問,故先張所由以爲本,使易陵猶故也。)太易者,未見氣。太初者,氣之始。太始者,形之始。太素者,質之始。(太易之始,漠然無氣可見也。太初之氣,寒溫始生也。)③太始,有兆始萌也。太素,有質始形也。④諸所爲物,皆成苞裹,元未分別。)氣形質具而未相離,故曰渾淪,言萬物相渾淪而未相離。(此極說太素。渾淪,今人言質,率爾有能散之意。)視之不見,聽之不聞,循之不得,故曰易也,易無形埒也。(此又說上古太易之時。始有聲氣曰埒,尚未有聲氣,惡有形兆乎?又重明之。《禮記‧夏小正》十二月雞始乳也。)易變而爲一,一變而爲七,七變而爲九。九者,氣變之究也,乃復變而爲一。一者,形變之始,清輕上爲天,濁重下爲地。(易,太易也。太易變而爲一,謂變爲太初也。一變而爲七,謂變爲太始也。七變而

① 盧本"象質然""所由故"六字空闕,今據殿本補。
② 張惠言《易緯略義》謂"寒溫此"三字衍。
③ "太初之氣",殿本作"太初者氣","氣"字屬下讀。
④ "有",殿本作"者",屬上讀。

續表

《乾鑿度》卷上	《乾鑿度》卷下
(言萬物莫不資此三者也。)視之不見,聽之不聞,循之不得,故曰易也,易无形畔。(此明太易无形之時,虛豁寂寞,不可以視聽尋。《繫》曰"易无體",此之謂也。)易變而爲一,(一主北方,氣漸生之始,此則太初氣之所生也。)一變而爲七,(七主南方,陽氣壯盛之始也,萬物皆形見焉,此則太始氣之所生者也。)七變而爲九。(西方,陽氣所終究之始也,此則太素氣之所生也。)九者,氣變之究也,乃復變而爲一。(此一則元氣形見而未分者。夫陽氣內動,周流終始,然後化生一之形氣也。)一者,形變之始。清輕者上爲天,(象形見矣。)濁重者下爲地。(質形見矣。)	爲九,謂變爲太素也。乃復變爲一,一變誤耳,當爲二。二變而爲六,六變而爲八,則與上七九意相協。不言如是者,謂足相推明耳。九言氣變之究也,二言形之始,亦足以發之耳。又言乃復之一,易之變一也。太易之變,不惟是而已,乃復變而爲二,亦謂變而爲太初。二變爲六,亦謂變而爲太始也。六變爲八,亦謂變而爲太素也。九,陽數也,言氣變之終。二,陰數也,言變之始。則氣與形相隨此也。初太始之六,見其先後耳。《繫》曰:"天一,地二,天三,地四,天五,地六,天七,地八,天九,地十。"奇者爲陽,偶者爲陰,奇者得陽而合,偶者得陰而居,言數相偶乃爲道也。孔子於《易繫》著此天地之數,下乃言子曰,①明天地之道本此者也。一變而爲七,是今陽爻之象。七變而爲九,是今陽爻之變。二變而爲六,是今陰爻之變。六變而爲八,是今陰爻之象。七在南方,象火。九在西方,象金。六在北方,象水。八在東方,象木。自太易至太素,氣也,形也,既成四象,爻備於是。清輕上而爲天,重濁下而爲地,於是開闢也。天地之與乾坤,氣形之與質本,同時如表裏耳。以有形生於無形問,此時之言,斯爲之也。)

卷上的"聖人",卷下改爲"文王",當是出於文王作《易》的觀念。② 對於這段宇宙生成論的文字,卷上、卷下的注文有不同的闡釋。根據卷上的注文,太初是"元氣之所本始",太始是"天象之所本

---

① "下",盧本誤"一",據殿本改正。
② 《列子·天瑞篇》中也有此段文字,與卷上一致,亦作"聖人"。晉張湛注: "此一章全是《周易乾鑿度》也。"(楊伯峻《列子集釋》,北京:中華書局,1979年,第8頁)對於《列子》的成書時代,學界尚無一致意見,或以爲先秦古籍,或以爲魏晉間人採綴秦漢典籍而成。單從此段文字看,既然與《乾鑿度》卷上一致,則《天瑞篇》似乎有較早的來源。如果本文對《乾鑿度》卷上時代(西漢)的認定不誤,則《天瑞篇》的成立或不晚於西漢。

始",太素是"地質之所本始",含有這三種"氣形質具而未離"的狀態叫作"渾淪",萬物都是從這三者中派生出來的。太初並非太易所生,而是"忽然而自生",太始、太素當亦如此。對於易變而爲一,一變而爲七,七變而爲九,九復變而爲一的過程,此注解釋爲"陽氣内動,周流終始"。但同時又認爲最後的"一"與最初的"一"不同,並非太初氣所生,而是"元氣形見而未分者",即上文的"渾淪"。既然如此,所謂的"周流終始"僅是數字層面的一→七→九→一循環,解釋並不圓融,所以下圖也無法完全準確地反映此注的觀點。一→七→九的變化是陽氣由漸生至壯盛,再至終究的氣變。此後的"一"則開始了形變,產生了天地,完成了無形到有形的變化。

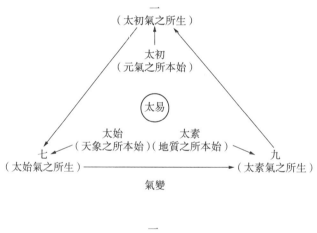

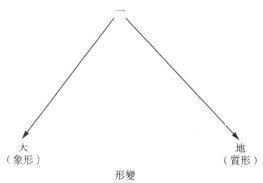

圖8 《乾鑿度》卷上注文闡釋圖解

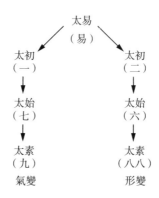

图9 《乾鑿度》卷下注文闡釋圖解

而卷下注文的解釋完全不同,注中認爲渾淪是説太素,與卷上注渾淪"含此三始"的説法有異。對於太易、太初、太始、太素,卷下注認爲是漸次相生的關係,易、一、七、九則與太易、太初、太始、太素一一對應。除了易→一→七→九的變化外,此注認爲還應有易→二→六→八的變化,分别對應氣變和形變。這種解釋自身較爲圓融,但與正文不合。又此注以"七在南方""九在西方""六在北方""八在東方",亦與卷上"一主北方""七主南方""九主西方"之説不同。凡此種種差異,皆説明兩注絶非出於一人之手。清人張惠言《易緯略義》云:"凡此書注語,多有不似康成者,舊題鄭注,或有錯雜。"也表示了對某些注文是否爲鄭注的懷疑。而張氏此條按語就置於卷上注文"夫物不可窮,理不可極。……未濟者,亦無窮極之謂者也"之下。① 考慮到隋唐文獻徵引《乾鑿度》鄭注多見於今本卷下,所以卷下注文當爲鄭玄所作,卷上則絶非鄭注。

此外,卷下注文内部也有相應的證據。如注文解釋"一歲積日法",謂"今(計)〔斗〕已多積候,故會稽尉劉洪《乾象》法已爲五百八十九分(之日)〔日之〕百四十五",提及劉洪《乾象曆》的歲實(回歸年)長度。據《晋書·律曆志》,鄭玄於漢獻帝建安元年(196)受此

---

① 張惠言《易緯略義》卷一,第5b頁。

法,又加注釋①,可見爲《乾象曆》專家,故於注中引及此説。

(三)鄭玄所見《乾鑿度》文本、二卷本的拼合時間與刪削情況

既然鄭玄所注僅爲卷下,那麼認爲"鄭玄時業已拼合在一起"的説法也就沒有根據了。相反地,根據上文的分析可以推知,鄭玄見到的《乾鑿度》文本應該僅相當於今本的卷下,故而只注這一部分。這種推測在鄭玄的經注中也可以得到印證。如《禮記·檀弓下》"舍故而諱新",鄭玄注引《易説》云:"《易》之帝乙爲成湯,《書》之帝乙爲六世王。天之錫命,疏可同名。"所謂《易説》即《易緯》,②鄭玄所引是上文舉例的《乾鑿度》卷上、卷下重出段落。但卷上正文無"天之錫命"四字(在注中),而鄭玄引的恰恰與卷下正文相合,可見鄭氏所見《乾鑿度》相當於今本的卷下。③

還有兩點值得注意,一是隋唐文獻中徵引的部分《乾鑿度》正文與今本卷上文字相近,但又有明顯不同。如今本卷上有一段講八卦與五氣、五常對應關係的文字:

孔子曰:八卦之序成立,則五氣變形。故人生而應八卦之體,得五氣以爲五常,仁、義、禮、智、信是也。夫萬物始出於震,

---

① 《晉書》卷一七《律曆志中》,第498頁。《後漢書·鄭玄傳》載玄所注書中亦有《乾象曆》。

② 《禮記正義·檀弓下》云:"《易説》者,鄭引云《易緯》也。凡鄭云'説'者,皆緯候也。時禁緯候,故轉'緯'爲'説'也。故《鄭志》張逸問《禮注》曰:《書説》,《書説》何書也? 答曰:《尚書緯》也。當爲注時,時在文網中,嫌引祕書,故諸所牽圖讖皆謂之'説'云。"

③ 當然,似乎也有一個反證。《禮記正義·檀弓下》云:"案《易》云'帝乙歸妹',《易乾鑿度》説《易》之帝乙謂是殷湯也。'《書》之帝乙六世王'者,亦《易緯》言也。……'天之錫命,疏可同名'者,此注《易緯》語也。"也就是説,《正義》認爲"《易》之帝乙爲成湯,《書》之帝乙爲六世王"是《乾鑿度》之文,"天之錫命,疏可同名"是注《乾鑿度》之語。而"天之錫命,疏可同名"一句恰在卷上注中,按《正義》所説,似乎此注爲《乾鑿度》鄭注之語。但在《乾鑿度》卷下正文中,"天之錫命,疏可同名"句在前,"《易》之帝乙爲成湯,《書》之帝乙爲六世王"句在後,二句並不相連。細繹鄭玄之意,當是有意調整引文次序,以便語義通順連貫,並非先引一句正文,再加一句注釋。《正義》可能未細檢《乾鑿度》原文,理解有所偏差。總之,此一反例似不能推翻本文之推論。

震,東方之卦也。陽氣始生,受形之道也,故東方爲仁。成於离,离,南方之卦也。陽得正於上,陰得正於下,尊卑之象定,禮之序也,故南方爲禮。入於兑,兑,西方之卦也。陰用事而萬物得其宜,義之理也,故西方爲義。漸於坎,坎,北方之卦也。陰氣形盛,(陰)陽氣含閉,信之類也,故北方爲信。夫四方之義,皆統於中央,故乾、坤、艮、巽位在四維。中央所以繩四方行也,智之決也,故中央爲智。故道興於仁,立於禮,理於義,定於信,成於智。五者,道德之分、天人之際也,聖人所以通天意、理人倫而明至道也。

"陽氣始生,受形之道也"一句,《春秋公羊疏·隱公元年》引作"陽氣施生,愛利之道",這種差異尚可以傳抄譌變來解釋。而"陽氣含閉,信之類也,故北方爲信"一句,《禮記正義·禮運》引作"陽氣合閉,信之類,故北方水爲信";"夫四方之義,皆統於中央……中央所以繩四方行也,智之決也,故中央爲智"一句,《禮記正義·禮運》引作"四時之義,皆法中央。中央土者,可以兼四方之行,知之決也"。《禮記正義》引文與今本卷上不僅有文字差異,而且明確加入了五行的對應,說明徵引所據並非今本卷上。

二是隋唐文獻中徵引的部分《乾鑿度》鄭注不見於今本卷下。如上文所舉《初學記》《太平御覽》引《乾鑿度》皆有正文,有鄭注,而正文見於今本卷上,鄭注則不見於今本。可能的解釋是,鄭玄作注的文本比今傳本卷下的内容要多。即《初學記》等所引正文原本亦存在於卷下,鄭玄爲之作注。而在卷上、卷下合併的時候,整理者將卷下這段與卷上重複的文字删去,正文既然不存,鄭注也就無所附麗,所以被一同削除。如果這一推論成立,則上下二卷合併的時間當較晚,至少不早於唐初。① 上例亦非孤證,如《毛詩正義·采菽》《春秋正義·桓公二年》《春秋公羊疏·桓公四年》皆引《乾鑿度》鄭注:

---

① 當然,類書的編纂往往以前代類書爲藍本,因此不能簡單地以《初學記》《太平御覽》的編纂時代作爲時間上限,不早於唐初的判斷是綜合下文例證後作出的。

> 古者田漁而食，因衣其皮。先知蔽前，後知蔽後。後王易之以布帛，而猶存其蔽前者，重古道，不忘本。①

《采菽》"赤芾在股"鄭箋云："芾，大古蔽膝之象也。"芾（紱）即蔽膝。此條鄭注不見於今本《乾鑿度》，根據内容看，對應的正文應是：

> 孔子曰：紱者，所以别尊卑、彰有德也。故朱赤者，盛色也。是以聖人法以爲紱服，欲百世不易也。故《困》九五，文王爲紂三公，故言"困於赤紱"也。至於九二，周將王，故言"朱紱方來"，不易之法也。

具體來說，應在"是以聖人法以爲紱服，欲百世不易也"句下，解釋聖人造作紱服（蔽膝）的原由。而在今本中，這段正文僅見於卷上，此句下並無注文，説明《乾鑿度》卷下原本應有此段正文及鄭注，後被删去。

又如《玉燭寶典·正月孟春》引《乾鑿度》曰："三王之郊，一用夏正。天氣三微而成一著，〔三著〕而體成。方此之時，天地交而萬物通，所以法天地之通道。鄭玄曰：三微而一著，自冬至〔至〕正月中爲（天）〔泰〕，郊之也。"②同樣是有正文，有鄭注，正文見於今本卷上，但無此鄭注。今本《乾鑿度》書末有後人附注，可析爲三條，皆駁鄭注之文，其中第一條爲：

> 夫天道三微而成一著，三著而體成。（三微而成一著，自冬至至正月中爲泰卦。三著成體，則四月爲乾卦。以三微一著之義，則與三著成體不協，蓋寫之誤也。原經之義，三而成一著，一爻也。三著成體，乃泰卦也。是則十日爲微，一月爲著矣。十有八變而成卦之數，恐未盡注義，故不改。）

孫詒讓云："此正文二句，與上文不相屬，而與前孔子説《益》六二義'三王之郊，一用夏正'章文正同。注'三微而成一著'二句，亦與《玉燭寶典》引鄭注略同。以下云云，又皆駁鄭注義，蓋後人約舉正文及

---

① 引文據《毛詩正義》，《春秋正義》《春秋公羊疏》略同。又《毛詩正義》引作"易乾鑿度注"，《春秋正義》引作"鄭玄易緯乾鑿度注"，《春秋公羊疏》引作"鄭注易説"。

② ［隋］杜臺卿《玉燭寶典》，影印日本南北朝寫卷子本，《尊經閣叢刊》，東京：侯爵前田家育德財團，1943年，無葉碼。按：文字略有脱訛，今據文義校正。

注,而駁正其義。舊本當別書附綴册末,傳寫者誤連屬末章之後耳。"①這段文字既然以鄭注爲駁正對象,則此人附識時,此條正文及鄭注尚存,同樣證明了上文對今本卷下是經人删削而成的推斷。

關於卷上正文的寫作時間,帛書《二三子問》抄寫於漢文帝初年,②卷上正文既然是摘編、改寫此類文獻而成,則成書時間當晚於漢初。又馬王堆帛書《繫辭》尚無"大衍之數五十"一章,張政烺認爲今本中的"大衍章"是後加的,是西漢中期的作品。③而《乾鑿度》卷上正文中有闡釋"大衍之數五十"的文句,如果張氏推論成立,則其成書不早於西漢中期。④李學勤也指出,卷上有對《繫辭》《説卦》的引申鋪陳,其中以八卦配十二月,是漢易卦氣説的原型,對"大衍之數"的推闡,代表了由義理易學向象數易學轉變的關捩,⑤同樣説明卷上成書不會早於帛書易傳和今本"十翼"。

需要附帶指出的是,從卷上自身的文本内容看,各條説法偶有抵牾,説明其有不同的文獻來源。如對《困》九二爻辭"困於酒食,朱紱方來"的解釋,其中一條説:"周將王,故言'朱紱方來'。"也就是説,朱紱是天子所服,而周將要取代商爲王,所以説將要服朱紱。而相鄰的下一條則認爲:"赤(按:當作'朱')紱者,賜大夫之服也。文王方困,而有九二大人之行,將錫之朱紱也。其位在二,故以大夫言之。"這是説,朱紱是天子賞賜大夫之服,九二從爻位上看爲大夫,⑥文王

---

① 孫詒讓《札迻》卷一,第5頁。
② 張政烺《帛書〈六十四卦〉跋》,《張政烺文集·論易叢稿》,北京:中華書局,2012年,第59頁。
③ 張政烺《試釋周初青銅器銘文中的易卦》,《張政烺文集·論易叢稿》,第9頁。
④ 與張政烺不同,李學勤認爲"大衍章"的起源不可能晚,應在《繫辭》形成的時期已經存在,帛書《繫辭》無"大衍章"只是當時不同傳本的出入(李氏認爲帛書《易傳》爲楚人所傳),見李學勤《周易溯源》,第340—342頁。如果李氏推論成立,則《乾鑿度》卷上成書的時間上限可稍稍提前。
⑤ 李學勤《〈易緯·乾鑿度〉的幾點研究》,第410—411頁。
⑥ 《乾鑿度》卷上云:"初爲元士,二爲大夫,三爲三公,四爲諸侯,五爲天子,上爲宗廟。"許慎《五經異義》:"謹案:《易》爻位,三爲三公,二爲卿大夫。"(陳壽祺《五經異義疏證》,第213頁)

"有九二大人之行",故所服同於大夫。此條之注文云:"文王雖紂三公,而爲小人所困,且進不得伸其職事也,故遂同於大夫。二爲大夫也。"應當合乎正文原意。可見這兩條正文對同一句爻辭的解釋並不相同,原因只能是各自的來源不同。

基於以上論證,關於今傳《周易乾鑿度》形成、演變的過程,比較合理的推斷是:西漢中期,有人根據早期不同的易傳類文獻摘編改寫爲一個文本(相當於今本卷上的正文,簡稱甲本),此後有人爲之作注。《漢書·藝文志·六藝略·易》中有"《古雜》八十篇",此甲本或在其中。兩漢之際,又有人根據帶注文的甲本,增改擴充爲一個新文本(相當於今本卷下的正文,但內容更多,簡稱乙本)。當時的乙本應該包含甲本正文的大部分內容,又將少量甲本注文吸收爲正文,但未保留其餘注文。東漢初校定圖讖八十一篇,以"乾鑿度"爲乙本之名,東漢末鄭玄爲《乾鑿度》(乙本)作注,流傳於世。而甲本並不流行,或許僅藏於中秘。魏晉至初唐文獻所引《乾鑿度》,應當都是鄭玄作注的乙本。大概在唐代中期,有人將甲本(佚名注)和乙本(鄭玄注)合併,以甲本爲卷上,乙本爲卷下,又將乙本與甲本正文完全重複的部分進行了刪除,形成了今傳二卷本《周易乾鑿度》。可以提供的一個旁證是,同爲《易緯》之一的今本《稽覽圖》中,包含有南北朝易占之書《易三備》和易圖之書《易通統軌圖》等内容,且有晚至元和之年號,這些内容應是唐代李淳風之後陸續增益的結果。① 由此可見,唐人確實曾對《易緯》進行過一些整理與增益。

當然,關於甲本一直藏於中秘,不爲人知,至唐代中期才被重新發掘的推測,似乎不符合一般的文獻流傳規律。這只是在當前條件下得出的較爲合理的推斷,而對幾個時間節點也只能作比較粗略的估計。但基於隋唐文獻的徵引和卷上、卷下注文的抵牾情況,今本《乾鑿度》卷上非鄭玄注則是可以確定的。總之,《周易乾鑿度》反映了漢代文獻在流傳過程中,文本被不斷增衍、刪併的複雜情況,提示我們面對今傳本早期文獻,應當充分考慮、細緻分析其文本的層次

---

① 詳參本書第四章第二節。

性，而非僅以單一文本視之。同時，作爲《易緯》之一，《周易乾鑿度》也是我們考察漢代緯書文本形成過程的重要依據。

第二節　今傳《易緯稽覽圖》的文本構成
——兼論兩種易占、易圖類著作的時代

《稽覽圖》是漢代《易緯》之一種，將易卦與曆法結合，以卦氣説災異，保存了漢易卦氣説的主要内容，自有其重要價值。今傳《稽覽圖》是清乾隆間四庫館臣從《永樂大典》中輯出，已非漢代舊貌，而是包含了不少後代增益的内容，文本面貌十分複雜。《四庫全書總目》即指出其中雜有南北朝及唐代年號，認爲此類内容"蓋皆六朝迄唐術士先後所附益，非《稽覽圖》本文"。① 此外，其中尚有不少内容，雖無後代年號，亦非漢代舊文。此類内容，雖有殿本《稽覽圖》按語及張惠言《易緯略義》稍加提示，却未能引起大多數研究者的重視，故仍有重新檢討之必要。

一、《易緯稽覽圖》的流傳及今傳本的文本來源

隋唐時代，《易緯》是作爲一個整體流傳，根據《後漢書·樊英傳》李賢注的記載，共包括《稽覽圖》《乾鑿度》《坤靈圖》《通卦驗》《是類謀》《辨終備》六篇，而不同傳本各篇分卷又有不同，故《易緯》有六卷、八卷、九卷、十卷之别。北宋仁宗慶曆間成書的《崇文總目》著録《易緯》九卷，同時代的李淑《邯鄲書目》亦作九卷，並説明了各篇的分卷："凡《乾鑿度》《稽覽圖》《通卦驗》各二，《辨終備》《是類謀》《坤靈圖》各一。"②徽宗時編成的《祕書省續編到四庫闕書目》則出現了單行的"《周易緯稽覽圖》一卷"。③ 到了南宋紹興年間，九卷

---

① 永瑢等《四庫全書總目》，第46頁。
② 王應麟撰，武秀成、趙庶洋校證《玉海藝文校證》卷一《易·易緯》，第53頁。
③ 佚名編，葉德輝考證《祕書省續編到四庫闕書目》卷一《易類》，《宋史藝文志附編》，第301頁。

本《易緯》已經散佚,孝宗時編成的《中興館閣書目》著錄的是一種混入了《乾元序制記》的七卷本《易緯》,此外還有單行的"《稽覽圖》一卷"。七卷本《易緯》包括"《稽覽圖》第一,《辨終備》第四,《是類謀》第五,《乾元序制記》第六,《坤靈圖》第七,二卷、三卷無標目"。① 陳振孫《直齋書錄解題》也著錄了這種七卷本《易緯》,此外還有單行本《易稽覽圖》三卷,"與上《易緯》前三卷相出入,而詳略不同",②可見七卷本《易緯》中"無標目"的二卷、三卷亦是《稽覽圖》。因此,南宋時期流傳的《稽覽圖》既有七卷本《易緯》中的前三卷,也有一卷和三卷的單行本。

　　南宋館閣所藏七卷本《易緯》至明初尚存(内容較南宋時當有殘損),被收入《永樂大典》卷一五二九七"緯"字目中。據《永樂大典目録》所載,卷五二九七"緯"字下爲《易緯稽覽圖》,③這是因爲首篇是《稽覽圖》,並非《大典》此卷僅收有《稽覽圖》一篇。清乾隆間修《四庫全書》,館臣閔思誠將《稽覽圖》從《大典》中抄出,經過整理校正,添附按語,作爲《易緯》八種之一,由武英殿於乾隆三十八年(1773)刊行,後收入《武英殿聚珍版書》及《四庫全書》《四庫全書薈要》中,這就是我們今天看到的《稽覽圖》文本。④

　　《永樂大典》抄録《易緯》時未保留分卷,館臣僅能根據各篇篇名確定起訖,故《四庫總目》謂"今《永樂大典》載有《稽覽圖》一卷",今傳本分爲二卷,乃是館臣"依馬氏舊録,析爲上下二卷"。⑤ 所謂"馬氏舊録"即元馬端臨《文獻通考·經籍考》,提要上文云:"馬氏《經籍考》載《易緯》七種,亦首列鄭注《稽覽圖》二卷。"實際上,馬氏此條乃是抄録晁公武《郡齋讀書志》,晁志作"《周易緯稽覽圖》二卷、《周易緯是類謀》一卷、《周易緯辨終備》一卷、《周易緯乾元叙制記》一

---

① 王應麟撰,武秀成、趙庶洋校證《玉海藝文校證》卷一《易·易緯》,第53頁。
② 陳振孫《直齋書錄解題》卷三《讖緯類》,第79頁。
③ 《永樂大典目録》卷四〇,《永樂大典》第十册,第477頁。
④ 以上詳見本書第二章第三節。
⑤ 永瑢等《四庫全書總目》,第46頁。

卷、《周易緯坤靈圖》一卷、《易通卦驗》二卷",①凡六種,而非提要所云七種。除"《易通卦驗》二卷"外,五篇皆冠"周易緯"三字,篇次亦同七卷本,當是一個整體,惟其中《稽覽圖》作二卷,與七卷本有異。《易通卦驗》二卷則當是某人將單行本合附於後,與前五篇原非一本。《永樂大典》所收《稽覽圖》文本源自南宋館閣所藏七卷本《易緯》,館臣據馬氏《經籍考》(實晁志)分爲二卷,並不恰當。且從何處分卷並無任何依據,實際仍是館臣參酌文本内容,以己意爲之。

二、今傳本中的非《易緯稽覽圖》文本

(一)《易三備》

今本《稽覽圖》卷上首有"推天元甲子之術""推易天地人之元術"二段:

> 推天元甲子之術
>
> 置天元已來年數,以六十去之,不滿六十者,以甲子始數,算盡之上,所得之日,即生歲之卦,諸變皆如卦。十所年歲月朔日辰直子日者,即主今月之卦。今日辰直五子之日,即是今日之卦也。諸改變異,並與歲同占。至歲之卦,當隨太歲而移之,行一子,終則反始,無有窮也。
>
> 推易天地人之元術
>
> 先置天元,太初癸巳元年。一百九十萬八千八百五十三歲,乃始太初元年已來載數,至所求年歲上,以六十除之。不滿六十者,以從甲子所數,算盡者之上,即今歲用事。

其下有注云:

> 已上寫出一紙,本經《易緯》無之,此於《三備》上録出,以廣本耳。其所寫《三備》,並從前立卦者皆不寫,以緣此本有,更不能再出,故此本兩存耳。從後即是《易緯》本經,非《三備》所有也。

---

① 晁公武撰,孫猛校證《郡齋讀書志校證》,第9頁。

已明確說明這兩段文字並非《稽覽圖》原文，而是從"《三備》上"錄出。此二術乃求主歲卦之法，與《稽覽圖》六十四卦主歲說相合，故有人將其抄錄於此，以爲參考，即注文所謂"以廣本耳"。南宋黃震（1213—1280）所見《易緯稽覽圖》已有此二術，①可見迻錄《三備》此文入《稽覽圖》在黃氏前。馮椅《厚齋易學》云："按《中興館閣書》，《易緯》七卷，又有李淳風等續注。其一推天元甲子之術，其二推易天地人之元術。"②上文已經指出，今傳《稽覽圖》乃從《永樂大典》中抄出，而《大典》所收即南宋館閣所藏七卷本《易緯》。《稽覽圖》在南宋七卷本《易緯》中居首，《中興館閣書目》（1178）所載二術正與今本《稽覽圖》一致。對於何人迻錄此文，殿本《稽覽圖》案語謂"乃後世術士所加"，孫詒讓則云"此唐人校書所注補"。③據馮椅所引《中興館閣書目》，《易緯》有李淳風等續注，則迻錄《三備》之文似出李淳風等人之手。

《三備》即《易三備》，所謂"三備"乃天、地、人三才兼備之義，運用八宮六十四卦，以世、應的定和動來預測事物之吉凶禍福。④故分《上備》《中備》《下備》三卷。《隋書·經籍志》《舊唐書·經籍志》《新唐書·藝文志》三書之《子部·五行類》皆著錄《易三備》三卷，另有一卷本。⑤《崇文總目·卜筮類》《通志·藝文略·五行·易占類》有《周易三備》三卷，又《周易中備雜機要》一卷。《宋史·藝文志·子部·蓍龜類》作"《周易三備》三卷，題孔子師徒所述，蓋依託也"，《子部·五行類》又有《周易三備雜機要》一卷，⑥"三備雜機要"似是"中備雜機要"之誤，或即隋唐《志》著錄之一卷本。

---

① 黃震《慈溪黃氏日抄分類》卷五七《讀諸子三·易緯稽覽圖》，第13a頁。
② 馮椅《厚齋易學》附錄一《先儒著述上》，第3b頁。
③ 孫詒讓《札迻》，第6頁。
④ 張志清、林世田《S.6015〈易三備〉綴合與校錄——敦煌本〈易三備〉研究之一》，《敦煌吐魯番研究》第九卷，2006年，第389頁。
⑤ 《隋書》，第1034頁。《舊唐書》，第2042頁。《新唐書》，第1553頁。按：《新唐書·藝文志》作"《易三備》三卷，又三卷"，據《舊唐志》可知，"又三卷"當爲"又一卷"之誤。
⑥ 《宋史》，第5238、5265頁。

此書尚存五個敦煌寫本殘卷（S.6015、S.6349、S.12136、P.4924、P.5031），但只有《中備》和《下備》二卷的內容。S.6349 包括《中備》《下備》二卷，但可能是由兩個不同寫本拼合而成。①其中《中備》不避"世"字。P.4924 則可與 S.6349 中的《下備》寫本綴合，原爲一件，②"世""身"混用。《下備》卷終後附有《占候驗吉凶法》，卷末有題記"于時歲次甲申六月丙辰十九日甲戌申時寫訖"，故《下備》當爲唐懿宗咸通五年抄寫。③ S.6015 爲《下備》寫本，文字較 S.6349 簡略，避"世"字作"身"。P.5031 包括 46 件小殘片，並非一書，其中第 11 片文字爲：④

　　□□八月卦，世在四，應在初。顔□□
　　□□南有伏尸。大河在下。去卜處□□

經與 S.6349 對比，屬於《中備》需卦，文字基本一致，"大河在下"後脱"有玉石"三字。S.12136 僅存頁面下端兩殘行："□□土井，應/□□子云：有伏屍。"難以確認屬於何卦文字。⑤

　　四個殘卷中，S.6349 保存內容最多，首有類似序言之文，介紹了《易三備》的主要內容："《三備》者，經云：《上備》，天也；《中備》，筮人

---

① 張志清、林世田《S.6015〈易三備〉綴合與校錄——敦煌本〈易三備〉研究之一》，第 389 頁。鄭炳林、陳于柱則認爲，二卷出自不同底本，但爲一人所抄，屬於歸義軍時期產物，見二氏《敦煌占卜文獻敘錄》，蘭州：蘭州大學出版社，2014 年，第 12 頁。

② 張志清、林世田《S.6349 與 P.4924〈易三備〉寫卷綴合整理研究》，《文獻》2006 年第 1 期，未附錄文。又收入《國家圖書館同人文選》第 4 輯（北京：國家圖書館出版社，2009 年），附有錄文。

③ 陳槃《敦煌鈔本〈三備〉殘卷附校勘記》，《古讖緯研討及其書錄解題》，第 569 頁。

④ 圖片見國際敦煌項目（IDP）網站及《法國國家圖書館藏敦煌西域文獻》第 34 冊，上海：上海古籍出版社，2005 年，第 84—101 頁。黄正建《敦煌占卜文書與唐五代占卜研究》（增訂版）已經指出 P.5031 可能屬於《易三備》（北京：中國社會科學出版社，2014 年，第 10 頁）。但黄氏似乎將 P.5031 所有殘片視爲一書，可能是由於當時所據圖片不够清晰，未能一一分辨。

⑤ 鄭炳林、陳于柱《敦煌占卜文獻敘錄》（第 14 頁）認爲此二殘行屬於《下備》革卦，但僅"井應""子云"四字相合，難以信從。

中宅舍吉凶也；《下備》，筮地下磐石湧泉深淺吉凶安葬地也。"①如序言所云，《易三備》分爲三部分：《上備》筮天（天上），《中備》筮人中，《下備》筮地下，天上、人中、地下皆備。《通志·藝文略》云："《上備》言天文，《中備》卜筮，《下備》地理。""卜筮"當爲"筮人"之誤。②

關於《易三備》的成書時代，此書既引及郭璞（景純）之名，又見於《隋書·經籍志》著錄，故當爲六朝之書。③ 唐初不少佛書記載，北魏明帝正光元年（520），道士姜斌與僧人曇謨最（曇無最）在殿前對論，曇謨最云："孔子有《三備》（十）〔卜〕經，謂天、地、人、'佛'之文言，出在《中備》。"④此項記載，史實多誤，應當出於北朝後期佛道論爭時的僞造文獻，雖非信史，仍可視爲北朝後期史料。⑤ 由此可知，《易三備》在當時已經頗爲流行，故爲釋氏所知，並視爲孔子之書。敦煌殘卷中，僅 S.6349 有《中備》內容，但殘損嚴重，現存文本無"佛"字。不過，隋杜臺卿《玉燭寶典》引孔子《內備經》云："震爻動，則知有佛。"⑥宋羅泌《路史》卷三四《發揮三》"佛之名"條則引孔子《中備經》曰："觀夫震爻之動，則知有佛矣。"可知《玉燭寶典》"內"爲"中"字之誤，此條引文即"'佛'之文言，出在《中備》"所指。又唐

---

① 《英藏敦煌文獻（漢文佛經以外部份）》第 11 卷，成都：四川人民出版社，1994 年，第 28 頁。陳槃錄文"磐石"上脫"下"字。又"地"字原爲闕文，"湧"字中部殘損，陳槃錄文未補，而引岑仲勉云："以所引郭景純《占》例之，則'筮'下蓋脫'占'字，'石'下蓋脫'湧'字。"按：岑氏補"湧"字甚是，然《中備》下文載"郭景純《占宅地下磐石湧泉伏尸法》"云云，"地下磐石湧泉"六字與上文正合，闕文當補"地"字爲是。

② 陳槃《敦煌唐咸通鈔本〈三備〉殘卷（增訂本）》，《古讖緯研討及其書錄解題》，第 543 頁。

③ 陳槃《敦煌唐咸通鈔本〈三備〉殘卷（增訂本）》，《古讖緯研討及其書錄解題》，第 545 頁。

④ 釋法琳《破邪論》卷上，《大正新修大藏經》第五十二卷，第 481 頁。按：此書撰於唐武德五年（622）。類似記載亦見唐釋道宣《續高僧傳》卷二三《曇無最傳》、《廣弘明集》卷一、《集古今佛道論衡》卷一及唐釋道世《法苑珠林》卷五三等書。

⑤ 此承山東大學《文史哲》編輯部孫齊先生教示，謹致謝忱。

⑥ 杜臺卿《玉燭寶典·二月仲春》，無葉碼。

釋湛然(711—782)《止觀輔行傳弘決》卷六之二云:"《易》測陰陽等者,如孔子《三備》卜經,上知天文,中知人事,下知地理。"日本具平親王(964—1009)《弘決外典鈔》卷三云:"孔子《易林》有《上備》《中備》《下備》。"①敦煌殘卷無題名,但文中屢稱"孔子云""子夏云""顏淵曰"等,《宋史·藝文志》謂"題孔子師徒所述",佛書亦徑以孔子書視之。

S.6349 序言後直接抄寫《中備》而略去《上備》,應該是由於《上備》筮天,所占皆國運興衰,在普通百姓日常生活中缺乏實用性,所以略而不抄。②《中備》和《下備》的文本形式是,先列一段類似於篇序的文字,講解占筮的理論依據與方法,然後以八宮乾、坤、震、巽、坎、離、艮、兑分統六十四卦的順序排列各卦,《上備》的形式應當與此類似。今本《稽覽圖》所載"推天元甲子之術""推易天地人之元術"是從《三備》錄出,講解如何求得各歲、月、日主事之卦。既云"易天地人之元術",則此法之用統括《上備》天、《中備》人、《下備》地三卷,原本應位於《三備》卷首。但"推天元甲子之術"與"推易天地人之元術"二段中關於如何推算主歲卦的内容實際是重複的,不知為何並立二術。迻錄者注云:"其所寫《三備》,並從前立卦者皆不寫,以緣此本有,更不能再出,故此本兩存耳。"也就是説,《三備》中根據以上二術立卦的文字不再抄寫,原因是《稽覽圖》中已有類似的内容,為了避免重複,故在《三備》中略去,僅在《稽覽圖》中保存二術文字。

總之,《易三備》是南北朝之書,唐代李淳風等續注《易緯》,迻錄《易三備》所載"推天元甲子之術""推易天地人之元術"入《稽覽圖》中,以爲補充參考之用,非《稽覽圖》本文。

(二)《易通統軌圖》

《稽覽圖》卷下有一種分卦值日的卦氣圖,將四正卦外的六十卦

---

① [日]具平親王《弘決外典鈔》,《續天台宗全書·顯教3》,東京:春秋社,1989年,第75頁。
② 張志清、林世田《S.6349 與 P.4924〈易三備〉寫卷綴合整理研究》,第52頁。

分爲兩組,三十卦配陽月,三十卦配陰月,六十卦三百六十爻,爻主一日,凡三百六十日。其説如下(爻畫從略):①

八百諸侯正月　侯三月　侯五月　侯七月　侯九月　侯十一月

小過立春　豫清明　大有芒種　恒立秋　歸妹寒露　未濟大雪

初六一日　六二六日　九三十一日　九四十六日　六五二十一日　上六二十六日

二十七大夫蒙正月　大夫訟三月　大夫家人五月　大夫節七月　大夫无妄九月　大夫蹇十一月

初六二日　九二七日　六三十二日　六四十七日　六五二十二日　上九二十七日

九卿益正月　九卿蠱三月　九卿井五月　九卿同人七月　九卿明夷九月　九卿頤十一月

初九三日　六二八日　六三十三日　六四十八日　九五二十三日　上九二十八日

三公漸正月　三公革三月　三公咸五月　三公損七月　三公困九月　三公中孚十一月

初六四日　六二九日　九三十四日　六四十九日　九五二十四日　上九二十九日

天子泰正月　夫子夬三月　天子姤五月　天子否七月　天子剥九月　天子復十一月

初九五日　九二十日　九三十五日　六四二十日　六五二十五日　上六三十日

右是六陽月三十卦,直事日依氣定,日主一爻。

---

① 殿本按語云:"按上文各卦圖,俱取五德,首一卦六爻,依日配之,以例其餘。原本多有脱落錯誤,今各依本卦補入。至策數亦有脱者,未敢妄補,姑仍其舊。"可見《永樂大典》所載文字原有脱訛,已經館臣校正。

　　　　　八百諸侯二月　侯四月　侯六月　侯八月　侯十月　侯十二月
　　　　　需驚蟄　旅立夏　鼎小暑　巽白露　艮立冬　屯小寒
　　　　　初九一日　九二六日　九三十一日　六四十六日　九五二十一日　上六二十六日
　　　　　二十七大夫隨二月　大夫師四月　大夫豐六月　大夫萃八月　大夫既濟十月　大夫謙十二月
　　　　　初九二日　九二七日　九三十二日　六四十七日　九五二十二日　上六二十七日
　　　　　九卿晉二月　九卿比四月　九卿渙六月　九卿大寒八月　九卿噬嗑十月　九卿睽十二月
　　　　　初六三日　六二八日　六三十三日　九四十八日　六五二十三日　上九二十八日
　　　　　三公解二月　三公小寒四月　三公履六月　三公賁八月　三公大過十月　三公升十二月
　　　　　初六四日　九二九日　六三十四日　九四十九日　六五二十四日　上六二十九日
　　　　　天子大壯二月　天子乾四月　天子遯六月　天子觀八月　天子坤十月　天子臨十二月
　　　　　初九五日　九二十日　九三十五日　九四二十日　六五二十五日　上六三十日
　　　　　應已上盡卦爻日,並上一同。
　　　　　右是六陰月三十卦,直事日依氣定,日主一爻。

張惠言《易緯略義》曰:"右二圖陰陽月六十卦直事,題云'日主一爻',而圖列六爻,每爻中間五日,六爻則盡一月矣。"此圖先將六十卦按六陽月、六陰月分爲兩組,每組三十卦。再將三十卦分爲八百諸侯、二十七大夫、九卿、三公、天子五組,每組六卦,分別與六陽月、六陰月對應。如此則每月有五卦三十爻,爻主一日,正盡一月日數。以正月爲例,小過、蒙、益、漸、泰五卦,橫看則每卦之爻間隔五日,豎看則五卦初爻分主一日至五日,次爻分主六日至十日,以此類推,上爻分主二十五日至三十日。其餘各月均同此例。此圖文字較爲簡省，未將各卦爻所主之日一一列出，①現以正月爲例，繪製一副較爲直觀的圖表：

小過	蒙	益	漸	泰
--初六 1	--初六 2	—初九 3	--初六 4	—初九 5
--六二 6	—九二 7	--六二 8	--六二 9	—九二 10
—九三 11	--六三 12	--六三 13	—九三 14	—九三 15
—九四 16	--六四 17	--六四 18	--六四 19	--六四 20
--六五 21	--六五 22	—九五 23	—九五 24	--六五 25
--上六 26	—上九 27	—上九 28	—上九 29	--上六 30

圖10 《易通統軌圖》正月"日主一爻"圖

此卦氣圖中，每卦各值六日，顯然與孟喜、京房及《稽覽圖》的六日七分説不同。唐一行在《曆議·卦議》中討論了孟氏、京氏及《易通統軌圖》三家卦氣説的區別，指出《易通統軌圖》的特點是"自入十有二節，五卦初爻相次用事，及上爻而與中氣偕終"。② 雖仍爲每月五卦，但與孟氏、京氏五卦依次用事不同，改爲五卦初爻依次用事，正與上圖一致。故張惠言云："案此圖初爻一日，而二當六，則立春一日小過，初二日蒙，初三日益，初四日漸，初五日泰，初六日小過二，正是'相次用事'之法，則此圖即《易統軌》。"③此圖各月均從節氣（初氣）起，如正月起自立春，小過初六爲一日，蒙初六爲二日，益初九爲三日，漸初六爲四日，泰初九爲五日，小過六二爲六日，蒙九二爲七日，至泰九三爲十五日，立春節終。小過九四爲十六日，雨水氣始，至泰上六爲三十日，雨水氣終，即一行所謂"及上爻而與中氣偕終"（立

---

① 清人俞樾將三百六十日值日之爻全部列出，可參看。見[清]俞樾《春在堂隨筆》卷八，余駕征點校，《俞樾全集》第 19 册，杭州：浙江古籍出版社，2017 年，第 154—158 頁。本書亦據以改繪一圖，見本章附録一。
② 歐陽修、宋祁《新唐書·曆志三上》，第 599 頁。
③ 張惠言《易緯略義》，第 15a 頁。

春爲節氣,雨水爲中氣)。其他各月皆準此例。可見《稽覽圖》卷下所載此圖即《易通統軌圖》之説,與《稽覽圖》卦氣説不同。張惠言云:"蓋此圖後世雜家所附益,非《中孚傳》(按:即《稽覽圖》)本文。"①

《隋書・經籍志・子部・五行家》、日本藤原通憲(信西)《通憲入道書目録》皆有《易通統卦驗玄圖》一卷,不著撰人。②《顔氏家訓・書證篇》引《易統通卦驗玄圖》曰:"苦菜生於寒秋,更冬歷春,得夏乃成。"又曰:"荔挺不出,則國多火災。"③《易通統卦驗玄圖》《易統通卦驗玄圖》當即一書。④ 此外,《隋志・子部・五行家》尚有《易通統圖》二卷,又《易通統圖》一卷,同樣不著撰人。《經部・易家》謂"梁又有《周易大演通統》一卷,梁氏撰",也屬於圖譜一類。⑤ 所謂"通統圖",即以易圖的形式通貫、綜括《易》之綱領、系統。《易通統卦驗玄圖》《易通統圖》當是形式相近的易圖,從《顏氏家訓》引文看,這類易圖應是將曆法、物候("荔挺生"是七十二候之一)、災異等與《易》結合,將各類内容一一納入易圖,並確定一定的對應關係,以便尋檢。⑥ 一行所謂《易通統軌圖》當即《易通統卦驗玄圖》或《易通統圖》,抑或是同類易圖。此外,一行在《曆議・卦候議》中説:"七十二候……自後魏始載於曆,乃依《易軌》所傳,不合經義。"《易軌》當即《易通統軌圖》之簡稱。唐李鼎祚《周易集解》云:"案《易軌》,一歲十二月,三百六十五日四分日之一。以坎、離、震、兑四方正卦,卦别

---

① 張惠言《易緯略義》,第 15a 頁。
② [日]藤原通憲《通憲入道書目録》第一櫃,日本鐮倉初期寫本,日本宮内廳書陵部藏。
③ 王利器《顏氏家訓集解》(增補本),北京:中華書局,1993 年,第 410、418 頁。
④ 佚文輯録參見本節附録二。
⑤ 姚振宗《隋書經籍志考證》,第 88 頁。
⑥ 據一行《曆議・卦候議》,北魏《正光曆》是最早引入七十二候的曆法,其次序與《逸周書・時訓解》及《禮記・月令》頗有不同,當是進行過調整。唐代一行《大衍曆》之前的曆法均以《正光曆》的七十二候系統爲準(陳美東《中國科學技術史・天文學卷》,北京:科學出版社,2003 年,第 290—292 頁),則南北朝間流行的此類易圖大概也是採用這種排列方式。

六爻,爻主一氣。其餘六十卦,三百六十爻,爻主一日,當周天之數。餘五日四分日之一,以通閏餘者也。"①李道平《纂疏》謂"易軌者,易策也",②並未將其理解爲書名。但就李鼎祚所言,亦是一爻主一日之説,與《易通統軌圖》一致,惟不知是否爲初爻相次用事,此《易軌》當亦爲《易通統軌圖》之簡稱。

《易通統卦驗玄圖》見於《隋書·經籍志》及顏之推《顏氏家訓》,則成書不晚於隋代。③ 又一行《卦議》謂"《天保曆》依《易通統軌圖》"④,《卦候議》謂《正光曆》"依《易軌》所傳",《天保曆》爲北齊文宣帝受禪後命宋景業所造,成於天保元年(550),⑤《正光曆》爲北魏孝明帝正光元年(520)所頒,⑥則《易通統軌圖》時代又在此前。

根據《易通統圖》的殘存佚文,可以考證出此書的時代。《李嶠雜詠·乾象十首·日》唐張庭芳注引《易通統圖》云:"〔春日〕,日行東方青道曰東陸。夏日,日行南方赤道曰南陸。秋日,日行西方白道曰西陸。冬日,日行北方黑道曰北陸也。"⑦敘述了四時、四方與日行四道的配合。《左傳》昭公四年載申豐曰:"古者日在北陸而藏冰,西陸朝覿而出之。"也就是説,古時候人們在太陽運行到"北陸"時鑿取

---

① [清]李道平《周易集解纂疏》,潘雨廷點校,北京:中華書局,1994年,第261頁。標點有改動。
② 李道平《周易集解纂疏》,第262頁。
③ 《顏氏家訓》成書在入隋後,見王利器《顏氏家訓集解·敘錄》,第1—2頁。
④ 清人錢塘《書稽覽圖原本後》云:"緯諸卦直日皆六日七分,而是卷以每月五卦初爻相次用事,中氣隨上爻而終,此本之《天保曆》也。"([清]錢塘《溉亭述古錄》卷一《書稽覽圖原本後》,清道光儀徵阮氏刻《文選樓叢書》本,第7b頁)按:錢氏對這段文本並非《稽覽圖》原文的判斷十分正確,但認爲"本之《天保曆》"則不準確。
⑤ 《隋書·律曆志中》,第417頁。
⑥ 《魏書》卷一〇七上《律曆志三上》,第2663頁。
⑦ [日]山崎明、ブライアン・スタイニンガ《百二十詠詩注校本——本邦伝存李嶠雜詠注》,《斯道文庫論集》第五十輯,2015年,第248頁。《太平御覽》卷一八《時序部三》、卷二一《時序部六》、卷二四《時序部九》、卷二六《時序部十一》亦分別引用,但有訛脱。

冰塊,儲藏於冰室,這時自然是冬季。① 到了"西陸"早晨出現在東方的時候,則開始取用冰塊,這時是春季。②《爾雅·釋天》:"北陸,虛也。""西陸,昴也。"則將北陸特指爲北方七宿之一的虛宿,將西陸特指爲西方七宿之一的昴宿。以此推之,南陸即南方七宿的星宿,東陸即東方七宿的房宿。③ 實際上,四陸之名通該東、南、西、北四象。④服虔、杜預注皆謂"陸,道也",四陸即太陽所行之四道:東陸即東方蒼龍七宿,角、亢、氐、房、心、尾、箕。北陸即北方玄武七宿,斗、牛、女、虛、危、室、壁。西陸即西方白虎七宿,奎、婁、胃、昴、畢、觜、參。南陸即南方朱雀七宿,井、鬼、柳、星、張、翼、軫。

太陽在黄道運行,四象二十八宿分佈於黄道,日行黄道即日行四陸。在古人眼中,太陽圍繞地球旋轉,每年一周,每月到達一個位置。對於一年之中太陽在星空中的視運動,《吕氏春秋》和《禮記·月令》有相同的記載:孟春之月,日在營室。仲春之月,日在奎。季春之月,日在胃。孟夏之月,日在畢。仲夏之月,日在東井。季夏之月,日在柳。孟秋之月,日在翼。仲秋之月,日在角。季秋之月,日在房。孟冬之月,日在尾。仲冬之月,日在斗。季冬之月,日在婺女。

由上圖可知,太陽在北陸(北方七宿)運行的月份是仲冬至孟春(11月至1月),在西陸(西方七宿)運行的月份是仲春至孟夏(2月

---

① 關於藏冰的時間,經注皆以爲在夏正十二月。《詩經·豳風·七月》:"二之日鑿冰沖沖,三之日納于凌陰。"毛傳:"冰盛水複,則命取冰於山林。""凌陰,冰室。"又《周禮·天官·凌人》:"凌人掌冰正,歲十有二月,令斬冰。"又《禮記·月令》:"季冬之月,冰方盛,水澤腹堅,命取冰。"鄭注:"此月日在北陸,冰堅厚之時也。"

② 關於開冰的時間,諸注家略有歧異,服虔、賈公彦以爲在夏正二月,杜預以爲在三月,孫詒讓從前説。參見[清]孫詒讓《周禮正義》卷十,王文錦、陳玉霞點校,北京:中華書局,2013年,第377—378頁。

③ 曾運乾《尚書正讀》,黄曙輝點校,上海:華東師範大學出版社,2011年,第10頁。

④ 服虔注云:"北陸言在,謂十二月日在危一度。西陸朝覿不言在,則不在昴,謂二月在婁四度,謂春分時,奎、婁晨見東方而出冰,是公始用之。"則知奎、婁亦可稱"西陸",故孫詒讓亦云:"審文校義,西陸之名,通晐白虎七宿。"(孫詒讓《周禮正義》,第377—378頁)

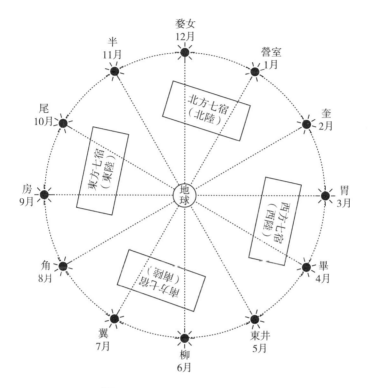

圖 11　太陽在星空中的視運動圖

至 4 月),在南陸(南方七宿)運行的月份是仲夏至孟秋(5 月至 7 月),在東陸(東方七宿)運行的月份是仲秋至孟冬(8 月至 10 月),所以當時的四陸(四象)並不完全與四季對應,而是有交叉。由於歲差,春分點大約每 71 年 9 月西移 1°,而《吕氏春秋》記録的時代,四陸與四季有一個月的偏差,如果要讓二者完全對應,春分點需要東移約 30°,即時間上推約 2150 年,已在夏代之前。

戰國、秦、漢間,並無文獻以四陸與四季一一對應。至西晋司馬彪《續漢書・律曆志下》云:"是故日行北陸謂之冬,西陸謂之春,南陸謂之夏,東陸謂之秋。"方以北陸對冬,西陸對春,南陸對夏,東陸對秋。但這種"西陸—春""東陸—秋"的對應關係,與五行學説中"東方—春""西方—秋"的配合恰恰相反。後人昧於"四陸"本義,將對應關係妄改爲"東陸—春""西陸—秋",以合於五行。如《文選》載晉郭璞《遊仙詩》云:"蓐收清西陸,朱羲將由白。"①據《禮記·月令》孟秋之月"其神蓐收",蓐收既爲司秋之神,則郭璞以西陸爲秋也。循郭詩之意,吕延濟注亦云:"西陸,秋也。"李善注引司馬彪《續漢書》,更是改"西陸謂之春"爲"西陸謂之秋",可見皆已不知"西陸"原意。② 較郭璞略早的張協(景陽)有《雜詩》云:"大火流坤維,白日馳西陸。"③所言亦爲秋日,誤同郭璞,李善注引《續漢書》亦妄改。可見與司馬彪同時之人即已有以西陸配秋,以東陸配春者。

此外,漢代緯書中還有"日行九道"的説法。④《尚書考靈曜》云:"萬世不失九道謀。"鄭注引《河圖帝覽嬉》云:"黄道一。青道二,出黄道東;赤道二,出黄道南;白道二,出黄道西;黑道二,出黄道北。日春東從青道,夏南從赤道,秋西從白道,冬北從黑道。"⑤鄭玄《禮記·月令》注亦有"日之行,春東從青道,發生萬物,月爲之佐"云云。孔疏云:

> 云"月爲之佐"者,以日月皆經天而行,月亦從青道,陰佐于陽,故云"月爲之佐"。知月亦從青道者,以緯云"月行九道,九道者並與日同,而青道二,黄道東;赤道二,黄道南;白道二,黄道西;黑道二,黄道北;并黄道而爲九道也",並與日同也。

可見緯書中日月皆行九道。王充《論衡·説日》亦云"日月有九道"。但"日有九道"的概念並不常見,更爲人熟知的是"月有九道"。⑥ 劉

---

① 蕭統編,吕延濟等注《六臣注文選》卷二一,第330頁。
② 姚鼐在《惜抱軒筆記》中認爲郭璞所用不誤,"按天之西陸,西方七宿也,主肅殺之氣。景純言蓐收之氣應之,此本不誤,非謂日之所行也。當秋,日之所行自在東陸。……今李善既不達郭旨,遽改《續志》之文曰'西陸謂之秋',何其謬耶。"([清]姚鼐《惜抱軒筆記》卷八《集部·文選》,影印清嘉慶三年刻增修本,《續修四庫全書》第1453册,第3b—4a頁)若按姚氏説,西陸爲西方七宿,故可主肅殺之氣,而肅殺之氣在秋,然則西陸可謂秋乎? 關鍵在於不可據五行説層層推導。故今不從姚氏説。
③ 蕭統編,吕延濟等注《六臣注文選》卷二九,第457頁。
④ 九道是由於星辰四遊産生的,參見李天飛《緯書〈尚書考靈曜〉中的宇宙結構》,《揚州大學學報(人文社會科學版)》第17卷第6期,2013年11月。
⑤ 孔穎達《禮記正義》卷二一《月令第六》解題引,第458—459頁。
⑥ 漢代的"月行九道"是用來解釋近點月問題的,參見陳久金《九道術解》,《自然科學史研究》1982年第2期。

向《洪範五行傳》:"日有中道,月有九行。"(一行《大衍曆議》引)《漢書·天文志》云:"月有九行者:黑道二,出黃道北;赤道二,出黃道南;白道二,出黃道西;青道二,出黃道東。立春、春分,月東從青道;立秋、秋分,西從白道;立冬、冬至,北從黑道;立夏、夏至,南從赤道。然用之,一決房中道。"①

表5 《易通統圖》雜糅"日行四陸"與"日行九道"説

	"日行四陸"説/"日行九道"説	《易通統圖》
春	日行西陸→日行東陸	日行東方青道曰東陸
	日東從青道	
夏	日行南陸	日行南方赤道曰南陸
	日南從赤道	
秋	日行東陸→日行西陸	日行西方白道曰西陸
	日西從白道	
冬	日行北陸	日行北方黑道曰北陸
	日北從黑道	

所謂九道,從顏色上區分,實際只有青、赤、白、黑四道。按照"日行九道"的説法,日道與四季的對應關係爲:春—東從青道,夏—南從赤道,秋—西從白道,冬—北從黑道。這種春—東—青、夏—南—赤、秋—西—白、冬—北—黑的配合正與五行説一致。但漢代緯書中雖有此説,卻並未以之牽合四陸,可見《易通統圖》並非漢代緯書。從時間上看,先是晋人將"日行四陸"説中的"西陸謂之春,東陸謂之秋"誤改爲"東陸謂之春,西陸謂之秋",然後《易通統圖》又將這種誤改過的"日行四陸"説與"日行九道"説雜糅合一。此書既見於《隋書·經籍志》,蓋成書於南北朝時期。

要之,《稽覽圖》中"初爻相次用事"的卦氣圖出自《易通統軌圖》,此書當即《易通統卦驗玄圖》或《易通統圖》,抑或是同類易圖。這類易圖將曆法、物候、災異等與《易》結合,是對《易緯》的發展,但

———————
① 《漢書·天文志》,第1295頁。

皆屬南北朝時代的產物，不可以漢代緯書視之。

（三）李淳風等續注

上文已經指出，《中興館閣書目》著錄有李淳風等續注《易緯》，《易三備》和《易通統軌圖》之文蓋即續注之內容，唐人將其抄入《稽覽圖》中，以爲參考。《稽覽圖》卷下載四十二世軌，下有識語："已上勾者，是勘《銘軌》加之，本經並無，只有單數不勾耳。"殿本按語云："按此條乃後人標識之辭，原本混入正文，今姑存其舊，而用細字夾注以別之。"從稱《易緯》爲"本經"看，與"推天元甲子之術""推易天地人之元術"下注語相同，當亦李淳風等續注時添入。"勘銘軌加之"何意，前人無説，今檢《宋史·藝文志·子部·五行類》有《銘軌》五卷，①則《銘軌》中當亦有世軌之説，李淳風等比勘二者，根據《銘軌》對《稽覽圖》内容略加增益。《銘軌》或亦南北朝易占之書。此外，卷下所載推世卦術、推厄法有前後重複之處，又有舉例推算之文，頗爲繁複，顯然並非全爲《稽覽圖》原文，而是多有後人續注内容，但已經很難一一準確分別。

既云李淳風等，則所謂續注並非出於李氏一人。今傳《稽覽圖》文本中有一些李淳風之後的唐代年號，也説明尚有李氏之後唐人附益的内容。如卷上唐人附注之語云："易天地人道元，至宋元嘉元年，一百九十萬六千三百八十算外。從元年至今大唐上元二年乙亥，又積三百三十八年。"此語在"推天元甲子之術""推易天地人之元術"注文與《稽覽圖》正文"甲子卦氣起中孚"之間，殿本雖作大字（圖12），但顯然並非二術文字。二術注文既云"從後即是《易緯》本經，非《三備》所有也"，則當時並無此附注之文，而是直接《稽覽圖》本文，故附注文字時間較二術注文爲後。唐代有兩"上元"年號，一爲高宗，一爲肅宗。唐高宗上元二年（675）正當乙亥，然自宋元嘉元年（424）積三百三十八年當爲唐肅宗"上元二年辛丑"（761），"乙亥"蓋後人誤改。又宋元嘉元年爲甲子年，積年一百九十萬六千三百八十恰可整除六十，則"易天地人道元"爲甲子元。又如卷下推爻術後亦有唐人附注之文："從伏羲天

---

① 《宋史》，第5262頁。

元甲寅已來,至大唐貞元年乙亥,積二百七十六萬一千二百二十算。至元和年三月,二百七十六萬一千二百三十一算。""貞元年乙亥"指唐貞元十一年乙亥(795),下"元和年"當爲元和元年(806),正差十一年。此外,最晚的年份已至元和十五年(820)。

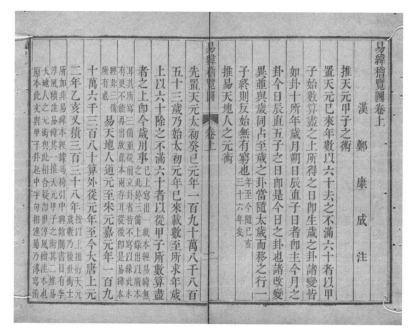

圖12　清乾隆三十八年武英殿刻本《易緯稽覽圖》

　　通過上文的考察可以看出,今傳《易緯稽覽圖》的文本十分複雜,既有南北朝時代的易占、易圖類著作的內容,又有不同時期的唐人附注之文。不同時代的文本錯雜而處,影響了我們對漢代《稽覽圖》文本的認識與利用。

　　經過考證,可以確認今傳《稽覽圖》中的"推天元甲子之術""推易天地人之元術"是南北朝易占書《易三備》的內容。此書取天、地、人三才兼備之義,運用八宮六十四卦,以世、應的定和動來預測事物之吉凶禍福,在中古時代頗爲流行,今尚存敦煌殘卷。至於《稽覽圖》中所載"日主一爻"的卦氣圖,則屬於一行《曆議·卦議》提及的《易通統軌圖》。據一行說,此書爲北魏《正光曆》所依,則成書必在正光元年（520）之前。見於書目著録的類似易圖著作有《易通統卦驗玄圖》和《易通統圖》二種，《易通統軌圖》當即二者之一，抑或是同類易圖。通過對《易通統圖》殘存佚文的考察，也證明此書晚出，非漢代文獻。總之，這類易圖將曆法、物候、災異等與《易》結合，是對《易緯》的發展，但皆屬南北朝時代的産物，不可以漢代緯書視之。

今傳《稽覽圖》中的《易三備》《易通統軌圖》内容當是唐代李淳風等續注《易緯》時添入，以爲補充參考之用。續注工作亦非李淳風一人之力，而是唐代不同時期之人陸續增益，故有晚至元和之年號。

附録一　"日主一爻"圖

		正月	二月	三月	四月	五月	六月
初一	八百諸侯	小過初六〔立春〕	需初九〔驚蟄〕	豫初六〔清明〕	旅初六〔立夏〕	大有初九〔芒種〕	鼎初六〔小暑〕
初二	二十七大夫	蒙初六	隨初九	訟初六	師初六	家人初九	豐初九
初三	九卿	益初九	晉初六	蠱初六	比初六	井初九	渙初六
初四	三公	漸初六	解初六	革初九	小畜初九	咸初六	履初九
初五	天子	泰初九	大壯初九	夬初九	乾初九	姤初九	遯初六
初六	八百諸侯	小過六二	需九二	豫六二	旅六二	大有九二	鼎九二
初七	二十七大夫	蒙九二	隨六二	訟九二	師九二	家人六二	豐六二
初八	九卿	益六二	晉六二	蠱九二	比六二	井九二	渙九二
初九	三公	漸六二	解九二	革六二	小畜九二	咸六二	履九二
初十	天子	泰九二	大壯九二	夬九二	乾九二	姤九二	遯六二
十一	八百諸侯	小過九三	需九三	豫六三	旅九三	大有九三	鼎九三
十二	二十七大夫	蒙六三	隨六三	訟六三	師六三	家人九三	豐九三
十三	九卿	益六三	晉六三	蠱九三	比六三	井九三	渙六三
十四	三公	漸九三	解六三	革九三	小畜六三	咸九三	履六三
十五	天子	泰九三	大壯九三	夬九三	乾九三	姤九三	遯九三

續表

		正月	二月	三月	四月	五月	六月
十六	八百諸侯	小過九四〔雨水〕	需六四〔春分〕	豫九四〔穀雨〕	旅九四〔小滿〕	大有九四〔夏至〕	鼎九四〔大暑〕
十七	二十七大夫	蒙六四	隨九四	訟九四	師六四	家人六四	豐九四
十八	九卿	益六四	晉九四	蠱六四	比六四	井六四	渙六四
十九	三公	漸六四	解九四	革九四	小畜九四	咸九四	履九四
二十	天子	泰六四	大壯九四	夬九四	乾九四	姤九四	遯九四
廿一	八百諸侯	小過六五	需九五	豫六五	旅六五	大有六五	鼎六五
廿二	二十七大夫	蒙六五	隨九五	訟九五	師六五	家人九五	豐六五
廿三	九卿	益九五	晉六五	蠱六五	比九五	井九五	渙九五
廿四	三公	漸九五	解六五	革九五	小畜九五	咸九五	履九五
廿五	天子	泰六五	大壯六五	夬九五	乾九五	姤九五	遯九五
廿六	八百諸侯	小過上六	需上六	豫上六	旅上九	大有上九	鼎上九
廿七	二十七大夫	蒙上九	隨上六	訟上九	師上六	家人上九	豐上六
廿八	九卿	益上九	晉上九	蠱上九	比上六	井上六	渙上九
廿九	三公	漸上九	解上六	革上六	小畜上六	咸上六	履上九
三十	天子	泰上六	大壯上六	夬上六	乾上九	姤上九	遯上九
		七月	八月	九月	十月	十一月	十二月
初一	八百諸侯	恒初六〔立秋〕	巽初六〔白露〕	歸妹初九〔寒露〕	艮初六〔立冬〕	未濟初六〔大雪〕	屯初九〔小寒〕
初二	二十七大夫	節初九	萃初六	无妄初九	既濟初九	蹇初六	謙初六
初三	九卿	同人初九	大畜初九	明夷初九	噬嗑初九	頤初九	睽初九
初四	三公	損初九	賁初九	困初六	大過初六	中孚初九	升初六
初五	天子	否初六	觀初六	剝初六	坤初六	復初九	臨初九
初六	八百諸侯	恒九二	巽九二	歸妹九二	艮六二	未濟九二	屯六二
初七	二十七大夫	節九二	萃六二	无妄六二	既濟六二	蹇六二	謙六二
初八	九卿	同人六二	大畜九二	明夷六二	噬嗑六二	頤六二	睽九二

續表

		七月	八月	九月	十月	十一月	十二月
初九	三公	損九二	賁六二	困九二	大過九二	中孚九二	升九二
初十	天子	否六二	觀六二	剝六二	坤六二	復六二	臨九二
十一	八百諸侯	恆九三	巽九三	歸妹六三	艮九三	未濟六三	屯六三
十二	二十七大夫	節六三	萃六三	无安六三	既濟九三	蹇九三	謙九三
十三	九卿	同人九三	大畜九三	明夷九三	噬嗑六三	頤六三	睽六三
十四	三公	損六三	賁九三	困六三	大過九三	中孚六三	升九三
十五	天子	否六三	觀六三	剝六三	坤六三	復六三	臨六三
十六	八百諸侯	恆九四〔處暑〕	巽六四〔秋分〕	歸妹九四〔霜降〕	艮六四〔小雪〕	未濟九四〔冬至〕	屯六四〔大寒〕
十七	二十七大夫	節六四	萃九四	无安九四	既濟六四	蹇六四	謙六四
十八	九卿	同人九四	大畜六四	明夷六四	噬嗑九四	頤六四	睽九四
十九	三公	損六四	賁六四	困九四	大過九四	中孚六四	升六四
二十	天子	否九四	觀六四	剝六四	坤六四	復六四	臨六四
廿一	八百諸侯	恆六五	巽九五	歸妹六五	艮六五	未濟六五	屯九五
廿二	二十七大夫	節九五	萃六五	无安九五	既濟九五	蹇九五	謙六五
廿三	九卿	同人九五	大畜六五	明夷六五	噬嗑六五	頤六五	睽六五
廿四	三公	損六五	賁六五	困九五	大過九五	中孚六五	升六五
廿五	天子	否九五	觀六五	剝六五	坤六五	復六五	臨六五
廿六	八百諸侯	恆上六	巽上九	歸妹上六	艮上九	未濟上九	屯六上
廿七	二十七大夫	節上六	萃上六	无安上九	既濟上六	蹇上六	謙上六
廿八	九卿	同人上九	大畜上九	明夷上六	噬嗑上九	頤上九	睽上九
廿九	三公	損上九	賁上九	困上六	大過上六	中孚上六	升上六
三十	天子	否上九	觀上九	剝上六	坤上六	復上六	臨上六

附錄二 《易通統卦驗玄圖》佚文輯錄

【輯錄說明】由於篇名近似，隋唐諸書輾轉徵引《易通統卦驗玄圖》之文時，往往誤作《易通卦驗》，少量引文中仍可見致誤之跡。從佚文内容看，大致是先言某卦爻所應之物候，次言物候應期之象，次言物候失節之災，與《易通卦驗》有别，而與《正光曆》七十二物候相合。今以《正光曆》七十二物候爲序排列諸條佚文，並標出相應節氣、物候，以清眉目。諸書徵引篇名仍存其舊，以見致誤之跡。

【冬至三候：荔挺出】

〇《易統通卦驗玄圖》曰：荔挺不出，則國多火災。【《顔氏家訓·書證篇》、《太平御覽》卷一〇〇〇《百卉部七·荔挺》】

按：《太平御覽》引作《易統驗玄圖》。《御覽》"荔挺"條引文多出《顔氏家訓》，此條當亦如是。

【大寒次候：鵲始巢】

〇《易通卦驗》曰：鵲者，陽鳥，先物而動，先事而應，見於木風之象。① 今失節不巢，陽氣不通，② 故言春不東風也。【《太平御覽》九二一《羽族部八·鵲》、《初學記》卷三〇《鳥部·鵲》】

按：《初學記》引作《易統卦》，宋吴曾《能改齋漫録》、高似孫《緯略》引亦同，蓋所見《初學記》即如此，非誤字。

【大寒三候：雉始雊】

〇《易通卦驗》云：雉者是陽，雄鳴則雌應，陽唱陰和之義。當時則雊，亦號令之義。【《五行大義》卷五《論禽蟲·論三十六禽》】

【立春初候：雞始乳】

〇《周（書）〔易〕緯通卦》云：雞，陽鳥也，以爲人候四時。（四）〔萬〕人得以翹首、結帶、正衣常也。【《太平御覽》卷二九《時序部一四·元日》引《荆楚歲時記》注③】

《易通卦驗》曰：萬民聞雞鳴，皆翹首，結帶，正衣裳。【《開元占經》卷一一五《鳥咎徵·雞非時鳴》、《太平御覽》卷九一八《羽族部五·雞》】

按：《文選》卷四〇《奏記詣蔣公》李善注引至"皆翹首"。

---

① "木"，《初學記》作"未"。
② "陽"，《初學記》作"癸"。
③ 《太平御覽》作大字，然依《荆楚歲時記》文例，應非宗懔原文，而是杜公瞻注文。"四人"之"四"字，宋蜀刻本《太平御覽》空闕，此據日本静嘉堂文庫藏宋建刻本。又據《開元占經》及《太平御覽》别卷所引，"四"當爲"萬（万）"字之誤，今改正。

【雨水次候:獺祭魚】

○《易通卦》曰:雨水之氣,獺不祭魚,國多盜賊。①【《天地瑞祥志》卷一九《獸·獺》】

按:《開元占經》卷一一六《獸占·獸咎徵·獺不祭魚》引作《通卦驗》,無"雨水之氣"。

【雨水三候:鴻雁來】②

○《易緯通卦驗》曰:鴈生邊垂,得陰陽之氣,動流天地間。今失時不來,故知遠人不服。【《天地瑞祥志》卷一八《禽·雁鴻》】

【驚蟄次候:桃始華】

○《易通卦驗》曰:驚蟄,大壯初九候,桃始華。桃不華,倉庫多火。【《太平御覽》卷九六六《果部三·桃》】

按:《藝文類聚》卷八六《菓部上·桃》引有脫略。

【春分初候:鷹化鳩】③

○《易緯通卦驗》曰:鷹者,鷙殺之鳥,德氣不施、小人不就之象,故多盜賊。【《天地瑞祥志》卷一八《禽·鷹》】

按:《初學記》卷三〇《鳥部·鷹》、《太平御覽》九二六《羽族部一三·鷹》引作《易通卦驗》,僅"鷹者,鷙殺之鳥"句。

【穀雨次候:田鼠化爲鴽】

○《易通卦驗》曰:鼠者,居土而藏,夜行晝伏,奸人之象也。【《天地瑞祥志》卷一九《獸·鼠》】

【穀雨三候:虹始見】

○《通卦驗》曰:虹不時見,女謁亂公。虹者,陰陽交接之氣,陽唱

---

① 《天地瑞祥志》此下尚有雙行小字"鄭玄曰"云云,乃《禮記·月令》注,非此篇之文。

② 《正光曆》七十二候中,雨水三候、白露三候皆爲"鴻雁來",霜降次候爲"鴻雁來賓"。按《逸周書·時訓解》云:"雨水……又五日鴻雁來……鴻雁不來,遠人不服。""白露之日鴻雁來……鴻雁不來,遠人背畔。""寒露之日鴻雁來賓……鴻雁不來,小民不服。"故將此條佚文歸入雨水三候。

③ 《正光曆》七十二候中,春分初候鷹化鳩,處暑三候鷹祭鳥。按《逸周書·時訓解》云:"驚蟄……又五日鷹化爲鳩……鷹不化鳩,寇(戎)〔賊〕數起。""處暑之日鷹乃祭鳥……鷹不祭鳥,師旅無功。"故將此條佚文歸入春分初候。

陰和之象。今失節不見者，以人君心在房内，①不脩外事，②廢禮失義，夫人淫恣而不敢制，故女謁亂（宫）〔公〕。③【《開元占經》卷九八《虹蜺占》、《太平御覽》卷一四《天部一四·虹蜺》、《太平御覽》卷八七八《咎徵部五·虹蜺》】

【小滿三候：苦菜秀】

○《易統通卦驗玄圖》曰：苦菜生於寒秋，更冬歷春，得夏乃成。【《顔氏家訓·書證篇》、《經典釋文》卷三〇《爾雅音義下》、《爾雅·釋草》疏】

按：《爾雅音義》引作《易通卦驗玄圖》，"更"作"經"。《爾雅疏》蓋據《爾雅音義》轉引，"易"下增"緯"字，又脱"得夏"二字。

【芒種三候：螳蜋生】

○《易通卦驗》曰：螳蜋搏蟬蜱之虫，乘虚而殺物，④自隱蔽而有所害，捕搏之象也。奸人由陰行邪，令失節不生，武官不務奸，故爲奸猾事發。【《開元占經》卷一二〇《龍魚虫蛇占·候螳蜋生》】

按：《太平御覽》卷九四六《蟲豸部三·螳蜋》引作《易通繫卦》，引至"捕搏之象也"。

【夏至次候：反舌無聲】

○《易通卦驗玄》曰：反舌者，⑤反〔舌〕鳥也，⑥能反覆其舌，隨百鳥之音。【《玉燭寶典·五月》、《藝文類聚》卷九二《鳥部下·反舌》、《太平御覽》九二三《羽族部一〇·百舌》】

《易緯通卦》曰：能反覆其口，隨百鳥之音也。故爲反舌鳥，亦百舌鳥也。【《天地瑞祥志》卷一八《禽·反舌》、《五行類事占》卷四】

按：《藝文類聚》《天地瑞祥志》引作《易緯通卦》，《太平御覽》引作《易通卦驗》。

【夏至三候：鹿角解】

○《易通卦驗》曰：鹿者，獸中陽也。獸者陰，貴臣之象。鹿應陰

---

① "以"，《太平御覽》二處均誤作"似"。又《太平御覽》卷一四無"人"字。
② "脩"，《太平御覽》卷八七八誤作"循"。
③ "公"，《開元占經》作"宫"，與上文不合，今改從《太平御覽》。"故"字下，《太平御覽》二處均有"曰"字。
④ "虚"，《太平御覽》作"寒"。
⑤ 《藝文類聚》引作"百舌者"。
⑥ "舌"字據《藝文類聚》《太平御覽》引補。

解角者,夏至太陽始屈,〔陰氣始昇〕,①陰陽相向,君臣之象。今失節不解,陰不變陽,臣不承君之象,故爲貴臣作姦。【《開元占經》卷一一六《獸占·獸咎徵·候鹿解角》、《天地瑞祥志》卷一九《獸·鹿》】

　　按:《五行大義》卷五《論禽蟲·論三十六禽》有節引。《太平御覽》卷二三《時序部八·夏至》亦引,而頗有脱譌。

　　【小暑初候:蟬始鳴】

　　○《易通卦驗》曰:遭上九候,②蟬始鳴。不鳴,〔人臣力争〕,③國多妖言。蟬應期鳴,言語之象。今失節不鳴,鳴則失時,故多妖言。【《太平御覽》卷九四四《蟲豸部一·蟬》】

　　按:《開元占經》卷一二〇《龍魚虫蛇占·候蜩鳴》引至"國多妖言"。

　　【大暑次候:蟋蟀居壁】

　　○《易通系卦》曰:蟋蟀之蟲隨陰迎陽,居壁向外,趣婦女織績,女工之象。今失節不居壁,似女事不成,有淫佚之行,因夜爲姦,故爲門户夜開。門户,人之所由出入,今夜不閉,明非也。【《太平御覽》卷九四九《蟲豸部六·蟋蟀》】

　　按:《文選》卷二六《夏夜呈從兄散騎車長沙》李善注引亦作《易通系卦》,僅"蟋蟀之蟲隨陰迎陽"一句。

　　【霜降三候:雀入大水化爲蛤】

　　○《易通卦驗》曰:失節不入水爲蛤,民多淫祀也。【《天地瑞祥志》卷一八《禽·雀》】

---

　　① "陰氣始昇"四字據《太平御覽》《天地瑞祥志》引補。《天地瑞祥志》"陰"誤"除"。
　　② "遭",《開元占經》作"遁",誤。
　　③ "人臣力争"四字,據《開元占經》補。

第五章 讖緯輯佚史研究

讖緯文獻大部分亡佚於唐代中期以後，後人難窺原貌，故明清以來多有輯佚之作。元末陶宗儀纂輯《説郛》，可謂讖緯輯佚之濫觴。隨著輯佚之學的發展，讖緯輯本的質量逐漸由粗轉精，輯佚的範圍也不斷擴大，有力地推動了相關研究的發展。本章計劃按時代順序逐一梳理已有的讖緯輯本，總結其優劣得失，並將讖緯輯佚放在明清以來學術變遷的脈絡之中，對讖緯輯佚的歷史做一概觀性的考察。

第一節 讖緯輯佚的濫觴：百卷本《説郛》

陶宗儀，字九成，號南村，元末明初台州黄巖（今屬浙江省台州市）人，晚年避亂遷居松江（今上海市松江區）。主要著作有《説郛》《輟耕録》《書史會要》《四書備遺》等。① 《説郛》有楊維楨序，明確説書已纂成，而楊氏卒於明洪武三年（1370），故一般認爲此書成於元代。② 陶氏《説郛》原本一百卷，但此後經過數次重編，版本情況極爲複雜，大致可分爲百卷本和百二十卷本兩大系統。③ 明抄本基本上

---

① ［明］孫作《滄螺集》卷四《陶先生小傳》，明毛氏汲古閣刻本，第8b—10b頁。
② ［法］伯希和《説郛考》，原載《通報》(*T'oung Pao*) 第23卷，1924年。今據馮承鈞譯文，載《國立北平圖書館館刊》第6卷第6號，1932年。昌彼得《説郛考》上篇《源流考》，臺北：文史哲出版社，1979年，第12—13頁。
③ 參見昌彼得《説郛考》上篇《源流考》，第13—35頁。

都是百卷本系統,①百二十卷本則是明末重編而成,較百卷本多有增刪。民國初,張宗祥以六種明抄本合校,整理成書,民國十六年(1927)由上海商務印書館排印出版,即現在學界廣泛使用的涵芬樓百卷本。但此本未出校記,校訂亦難稱精審,不乏訛文誤字、錯簡脱漏之處。② 中國國家圖書館藏明弘治十三年(1500)抄本(善 03907)是有明確抄寫紀年最早的《說郛》版本,文字較爲原始,具有很高的文獻價值,而爲張宗祥所未見。③ 經與張氏整理本互校,知此本在文字上優於張本,④故本文主要使用此本進行論述。

　　百卷本《說郛》卷二第一種爲《古典録略》,摘録所謂"古典"二十七種,大抵輯自類書,而不題輯者,故昌彼得認爲是陶宗儀自輯。⑤ 明弘治十三年抄本在題名"古典録略"下注"十号",而同館藏明會稽鈕氏世學樓抄本(善 02408)作"二十六号",⑥與子目總數接近,張宗

―――――――
　　① 香港大學馮平山圖書館藏明嘉靖吳江沈瀚抄本《說郛》二十四册(善 837/77—11),分六十九卷,但多未注卷次。所收各書大致以類相從,與百卷本系統有異,饒宗頤認爲更接近陶宗儀原書面貌。參見饒宗頤《〈說郛〉新考——明嘉靖吳江沈瀚抄本說郛記略》,《饒宗頤二十世紀學術文集》卷六《史學》,臺北:新文豐出版社,2003 年,第 797—806 頁。
　　② 昌彼得《說郛考》上篇《源流考》,第 35—37 頁。饒宗頤《香港大學馮平山圖書善本書目》,《饒宗頤二十世紀學術文集》卷十《目録學》,第 586 頁。香港大學馮平山圖書館編《香港大學馮平山圖書館藏善本書録》,香港:香港大學出版社,2003 年,第 337—340 頁。
　　③ 沈暢《明弘治十三年鈔本〈說郛〉的重新發現及其文獻價值——兼論原本〈說郛〉的版本源流》,《中國典籍與文化》2009 年第 1 期。
　　④ 如弘治抄本收《孝經援神契》佚文有:"蛟珠旗。宋均曰:蛟魚之珠有光耀,可以餙旗。"此條見《文選》卷七司馬相如《子虚賦》李善注,張宗祥本脱"旗""均"二字,"耀"作"輝"。《孝經援神契》末"黄河"一條,張本誤入下《孝經緯》中。下《詩含神霧》,張本"詩"誤作"神"。《春秋漢含孳》,張本脱"孳"字。《春秋考異郵》,張本脱"郵"字(弘治本誤"節")。《春秋説題辭》,張本脱"辭"字。《春秋潛潭巴》,張本"潭"誤作"澤"。
　　⑤ 昌彼得《說郛考》下篇《書目考》,第 44 頁。
　　⑥ 明抄本《說郛》每隔數卷會有一個分目録,涵蓋本卷至後數卷的内容。世學樓抄本分目録中《古典録略》亦作"二十六号",而弘治抄本卷一至八的分目録不存,無從核對。

祥本則無卷數。(圖13至圖15)從情理推斷,改"二十六号"爲"十号"的可能性很小,反而是抄寫者可能依據子目的數量將"十号"改爲"二十六号"。世學樓抄本的格式是,《尚書璇璣鈐》等篇名低三格,

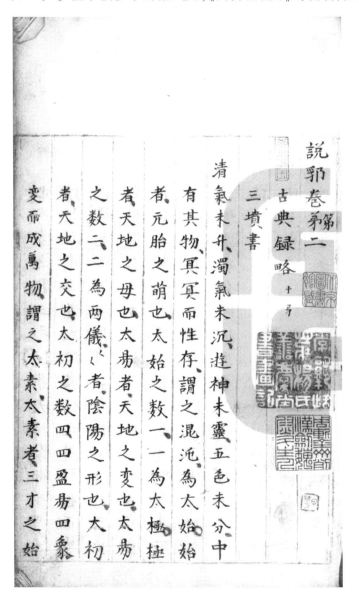

圖13　明弘治十三年抄本《説郛》

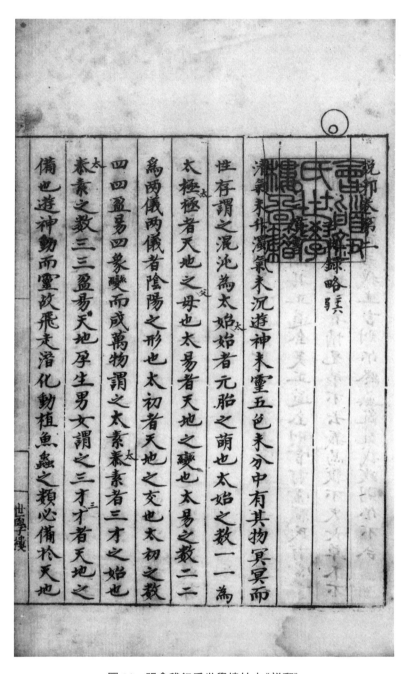

圖 14　明會稽鈕氏世學樓抄本《說郛》

說郛卷第二

古典錄略

三墳書

清氣未升濁氣未沉遊神未靈五色未分中有其物冥冥而性存謂之混沌混沌為太始太始者元胎之萌也太始之數一一為太極太極者天高明而清地博厚而濁謂之太極者天地之父母也一極易天地之變也太易之數二二為兩儀兩儀者陰陽之形也謂之太初太初者天地之交也太初之數三三為三才三才者天地之備也遊神動而靈故飛形成萬物謂之太素太素者三才之始也太素之數四四盈易四象變而成萬物謂之太素太素者三才之始也太素之數四四盈易天地孕而生男女謂之三才三才者天地之間謂之太古太古生之走潛化動植魚蟲之類必備於天地之間謂之太古太古生之始也太古之民貴壽盈易始三男三女冬藏夏散食鳥獸蟲魚草

圖15　民國張宗祥整理本《說郛》

正文低一格，以作區分。最初抄寫的時候，"援神契"三字僅低一格，與正文無別，後來才改爲"孝經援神契"，且低三格，說明其底本從形式上看正是二十六種子目（圖16）。加之弘治抄本的時代更早，因此作"十弓"可能更爲原始。百卷本《説郛》中與《古典録略》類似，摘集若干種書冠一總名，不題輯人而疑爲陶氏自輯者尚有：《談叢》五卷（卷三）、《墨娥漫録》十五卷（卷四）、《讀子隨志》一卷（卷六）、《廣知》八卷（卷六）、《諸傳摘玄》三卷（卷七）。① 以上五書卷數均與所收子目之數不合，同樣證明《古典録略》作十卷更爲可信。既然各書原有卷數，説明陶氏此前各有成書，纂輯《説郛》時又加以摘録。如果以上推論成立，那麼十卷本《古典録略》原書中的讖緯佚文數量肯定多於百卷本《説郛》的摘録本。只是此書不見於其他文獻著録，無法進一步驗證。

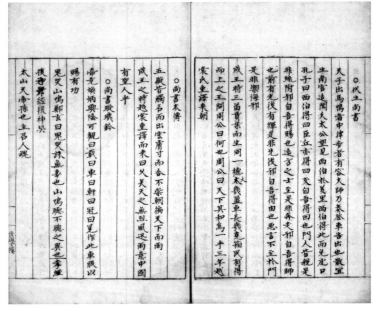

圖16　明世學樓本《説郛》抄寫格式

---

① 弘治十三年抄本闕卷七，張宗祥本《諸傳摘玄》無卷數，此"三弓"據世學樓抄本。又此數書之内容多是從《類説》摘録，參見昌彼得《説郛考》上篇《源流考》，第17頁。

從收書情況看,《古典録略》類目不倫,編次紊亂,既有《三墳書》《伏生尚書》《尚書大傳》等經傳,《尚書璇璣鈐》《孝經援神契》等讖緯,又有《吳越春秋》《九州春秋》等雜史,《晏子春秋》等子書。陶氏僅因書名中有"易""書""詩""禮""春秋""五經"之字,便視爲所謂"古典",編次亦以書名類聚,①使經傳子史混雜,難稱佳構。僅就諸篇讖緯而言,《詩含神霧》與《春秋漢含孳》間雜有《易飛候》《京房易傳》《五經通義》《五經要義》四書,《春秋説題辭》與《春秋運斗樞》間雜有《春秋繁露》,説明陶氏對於何爲讖緯並無明確之概念。

《古典録略》收讖緯十四種,其中既有《孝經援神契》《春秋漢含孳》等單篇之名,又有《孝經緯》《春秋緯》等總名,皆是照抄佚文出處所題之名。至於所收佚文數量,除《孝經援神契》外,每種多僅寥寥一、二條。(表6)《説郛》原書不注出處,經過檢索,可知佚文主要來源於《藝文類聚》《文選注》《白氏六帖事類集》《太平御覽》《後漢書注》(《續漢書注》)《太平廣記》等書(據佚文數量降序排列),其中尤以《藝文類聚》最多。② 陶氏僅將佚文簡單抄出,缺乏整理,乃至《孝經援神契》中竟雜有《詩含神霧》之文。之所以如此,是因爲《藝文類聚》作:"《孝經援神契》曰:德至鳥獸則鸞鳥舞。《詩含神霧》曰:德化充塞,照潤八冥,則鸞臻也。"③此二條相連(但有一空格區隔),且均言鸞鳥,故陶氏徑行接抄其下,可見編排之草率無序。

---

① 上舉陶氏自輯之書均是如此:《談叢》所收之書均名"某某録",《墨娥漫録》均名"某某記",《讀子隨志》均名"某某子",《廣知》均名"某某志",《諸傳摘玄》均名"某某傳"。

② 確定來源主要依據篇名和文字上的相似性,對於兩者完全相同的不同來源,作並列處理。由於未發現《初學記》作爲單一來源的情況,故不予列入,僅在表中保留。

③ 歐陽詢《藝文類聚》卷九九,第2526—2527頁。

表 6　百卷本《說郛・古典錄略》所收讖緯佚文來源一覽表

讖緯篇名	佚文	來源
《尚書璇璣鈐》	1."帝堯煥炳"句	《文選》卷一一《魯靈光殿賦》李善注
	2."鬼哭山鳴"句	《文選》卷三六《永明九年策秀才文》李善注
《孝經援神契》	1."太山"句	《文選》卷二三《贈五官中郎將》李善注
	2."蛟珠旗"句	《文選》卷七《子虛賦》李善注
	3."德至於山陵"句	《藝文類聚》卷九八《祥瑞部上・慶雲》
	4."德至於草木"句	《藝文類聚》卷九八《祥瑞部上・木連理》
	5."德至草木"至"則芝草茂"句	《藝文類聚》卷九八《祥瑞部上・木芝》
	6."德至水泉"至"龜出書也"句	《藝文類聚》卷九八《祥瑞部上・龍》
	7."德至鳥獸"至"鸞鳳舞"句	《藝文類聚》卷九八《祥瑞部上・麟》 《藝文類聚》卷九九《祥瑞部下・鳳皇》 《藝文類聚》卷九九《祥瑞部下・鸞》
	8."詩含神霧"至"則鸞臻"句	《藝文類聚》卷九九《祥瑞部下・鸞》
	9."王者奉己儉約"至"則白雀見"句	《藝文類聚》卷九九《祥瑞部下・雀》
	10."德至鳥獸"至"白馬見"句	《藝文類聚》卷九九《祥瑞部下・烏》 《藝文類聚》卷九九《祥瑞部下・白鹿》 《藝文類聚》卷九九《祥瑞部下・騶虞》
	11."王者祭祀"至"白雉應"句	《藝文類聚》卷九九《祥瑞部下・雉》
	12."椒薑"至"益聰"句	《太平御覽》卷九五八《木部七・椒》

續表

讖緯篇名	佚文	來源
《孝經援神契》	13."神靈"至"翠羽曜"句①	《藝文類聚》卷九二《鳥部下·翡翠》《太平御覽》卷九二四《羽族部一一·翡翠》
	14."天子孝"至"景雲出遊"句	《藝文類聚》卷一《天部上·雲》
	15."德至八方,則祥風至"句	《藝文類聚》卷一《天部上·風》
	16."神靈滋液"至"可以爲鏡"句	《白氏六帖事類集》卷四《鏡》《初學記》卷二五《器物部·鏡》
	17."黃河"至"上應天河"句	《白氏六帖事類集》卷二《河》
《孝經緯》	1."社,土地之主"句	《藝文類聚》卷三九《禮部中·社稷》《初學記》卷一三《禮部上·社稷》
《禮含文嘉》	1."燧人"句	《藝文類聚》卷一一《帝王部一·燧人氏》《初學記》卷九《帝王部·總敘帝王》《太平御覽》卷八六九《火部二》
	2."明堂"句	《藝文類聚》卷三八《禮部上·明堂》
《詩含神霧》	1."秦地"句	《藝文類聚》卷三《歲時部上·秋》
	2."蹄羌之國"	《太平廣記》卷四八二《蠻夷三·蹄羌》(引作《博物志》)
《春秋漢含孳》	1."穴藏之蟻"句	《文選》卷二九張華《情詩》李善注
《春秋考異郵》	1."陰陽之專精"句	《太平御覽》卷一四《天部一四·雹》
《春秋說題辭》	1."號者功之表"句	《藝文類聚》卷四〇《禮部下·諡》
	2."星之爲言精也"句	《藝文類聚》卷一《天部上·星》《初學記》卷一《天部上·星》
《春秋運斗樞》	1."北斗七星"句	《藝文類聚》卷一《天部上·星》

---

① 弘治抄本"神靈"下六字皆脱,世學樓本、張宗祥本不闕。

续表

谶纬篇名	佚文	来源
《春秋元命苞》	1."天不足西北"句	《艺文类聚》卷一《天部上·天》
	2."地者易也"句	《艺文类聚》卷六《地部·地》
《春秋感精符》	1."麟一角"句	《文选》卷三七刘琨《劝进表》李善注 《艺文类聚》卷九八《祥瑞部上·麟》
	2."人主与日月"句	《太平御览》卷一《天部一》
《春秋潜潭巴》	1."河水逆流"句	《艺文类聚》卷三〇《人部一四·怨》
	2."天子无高台榭"句	《后汉书·宦者列传·张让》李贤注
《春秋纬》	1."日之将蚀"句	《续汉书·五行志》刘昭注
《春秋符》	1."王者政令苛"句	《白氏六帖事类集》卷一《霜》

此外,陶氏亦有误辑之文,如《尚书璇玑钤》第 1 条:"帝尧焕炳,隆兴可观。曰载,曰车,曰轩,曰冠,曰冕。作此车服,以赐有功。""帝尧"句确实是《文选·鲁灵光殿赋》李善注引《尚书璇玑钤》之文。但"曰载"云云文义不通,实际是属于下句的张载注。陶氏误合二注,文字又有讹误。《文选》单李善注本中,"帝尧"句在正文"焕炳可观,黄帝唐虞"下,"曰载"句在正文"轩冕以庸,衣裳有殊"下,二句并不相连,不易致误。① 因此,陶宗仪使用的应是五臣注在前、李善注在后的六家注《文选》。六家注《文选》"焕炳可观,黄帝唐虞。轩冕以庸,衣裳有殊",正文相连,故注文亦相连:

> 载曰:至于焕炳可观,唯黄帝、尧、舜以来。《易》曰:"黄帝、尧、舜垂衣裳而天下治。"善曰:《尚书琁玑钤》曰:"帝尧焕炳,隆兴可观。"
> 载曰:车曰轩,冠曰冕。庸,用也。作此车服,以赐有功,章有德。②

---

① 萧统编,李善注《文选》卷一一,第 3 册,第 194 页。
② 萧统编,吕延济等注《六臣注文选》(明州本)卷一一,第 180 页。[梁]萧统编,[唐]吕延济等注《六臣注文选》卷一一,影印日本东京大学东洋文化研究所藏朝鲜活字本,南京:凤凰出版社,2018 年,第 33b 页。按:朝鲜本的底本为北宋元祐九年(1094)秀州州学刻本,宋明州刻本、广都裴氏刻本皆从秀州本出。陶宗仪所据当即此系统之版本。

可見陶氏未讀上下文,不知"載"是張載之名,以致誤判佚文起訖,可見工作之粗率。

又《孝經援神契》第 11 條:"王者祭祀不相踰,宴食衣服有節,則白雉至。又德至鳥獸,故雉白首。又妃房不偏,白雉應。"出自《藝文類聚》卷九九《祥瑞部下·雉》,陶氏略有調整。但《藝文類聚》"王者"前尚有"周成王時越裳獻白雉,去京師三萬里"一句,陶氏未錄。且"妃房"句乃雙行小注,陶氏又誤作正文。①

又《春秋元命苞》第 1 條:"天不足西北,陽極於九,故天周九九八十一萬里。天如鷄子,天大地小,表裏有水,地各乘氣而立,載水而浮,天轉如車轂之運。"出自《藝文類聚》卷一《天部上·天》,但"天如鷄子"以下乃《藝文類聚》引《渾天儀》之文,陶氏蓋因二條相連而誤抄。同篇第 2 條:"地者易也,言萬物懷妊,交易變化也。自東極至於西極,五億十萬九千捌百八步。"出自《藝文類聚》卷六《地部·地》,但"自東極至於西極"以下乃《藝文類聚》下下條引《山海經》之文,陶氏誤輯。

孫作稱陶宗儀"務古學,無所不窺",②《說郛》的纂輯也是出於"博古物""索異事""搜神怪"等目的,故楊維楨謂此書可補"考索之遺"。③ 百卷本《說郛》雖然是讖緯輯佚的濫觴,但這並非是陶宗儀有意識的行爲,其本人對讖緯也缺乏清晰的認識。就陶氏而言,讖緯佚文不過是經史傳記、百氏雜說之書中的一種,僅因篇題有五經之名而被收入"古典"。而從輯佚質量看,《古典錄略》編次無序,缺乏整理,又有誤輯。胡應麟稱"陶九成《說郛》百卷,蓋信手鈔錄成編,非《廣記》等書比也",④即就其中的讖緯佚文而言,胡氏的批評也是適用的。

---

① 當然,誤注文爲正文也可能是後世傳抄過程中產生的錯誤。他處注文前標有"註"字。
② 孫作《滄螺集》卷四《陶先生小傳》,第 9a 頁。
③ 楊維楨《說郛序》,《說郛》,第 1 頁。
④ [明]胡應麟《少室山房類藁》卷一〇四《讀說郛》,民國十三年(1924)永康胡氏夢選廡刻《續金華叢書》本,第 2a 頁。

第二節　百二十卷本《説郛》之編刻與
　　　　讖緯佚文之增輯

　　百卷本《説郛》成書以後,長期未能刊行。明人胡應麟(1551—1602)謂"書素無雕本",①黃汝亨(1558—1626)也説"今世未刻唯《册府元龜》《説郛》二書"。②書經輾轉傳抄,多有缺漏訛誤,故來斯行(1567—1633)希望"得好事者梓而行之"。③萬曆十七年(1589),陸樵收得嘉靖間吳江沈瀚抄本,其跋語仍言"陶九成《説郛》未經鏤版"。④可見至少到萬曆前期,《説郛》都還没有出現刻本。不過,也有研究者依據一些文獻資料,對此有不同看法,現逐一辨正如下:

　　胡應麟《少室山房筆叢》云:"戊辰之歲,余偶過燕中書肆,得殘刻十數紙,題《趙飛燕别集》,閲之乃知即《説郛》中陶氏删本。"⑤戊辰爲隆慶二年(1568),據此材料,伯希和、渡邊幸三認爲是《説郛》的元代原刻,⑥昌彼得則認爲是隆慶以前的明代刻本。伯氏、渡邊氏之説,昌彼得已以《説郛》帙鉅、陶氏家貧及傳本編次舛亂等因駁之。⑦然昌氏之説亦嫌武斷,胡應麟所見名《趙飛燕别集》⑧,而明抄百卷本《説郛》則作《趙飛燕别傳》,書名並不相同。胡氏只是説殘刻的文本

---

　　① 胡應麟《少室山房類藁》卷一〇四《讀説郛》,第 2b 頁。
　　② 見百二十卷本《説郛》卷首《讀説郛》,影印清順治四年(1647)宛委山堂印本,《説郛三種》,上海:上海古籍出版社,1988 年,第 11 頁。
　　③ 見百二十卷本《説郛》卷首《讀説郛》,《説郛三種》,第 11 頁。
　　④ 饒宗頤《〈説郛〉新考——明嘉靖吳江沈瀚抄本説郛記略》,《饒宗頤二十世紀學術文集》卷六《史學》,第 800—801 頁。饒宗頤《香港大學馮平山圖書善本書目》,《饒宗頤二十世紀學術文集》卷十《目録學》,第 584 頁。
　　⑤ 胡應麟《少室山房筆叢》丙部《九流緒論》卷下,第 284 頁。
　　⑥ [日]渡邊幸三《説郛攷》,原載《東方學報》(京都)第 9 册,1938 年。此據中譯本,收入《陶宗儀研究論文集》,杭州:浙江人民出版社,2006 年,第 307 頁。
　　⑦ 昌彼得《説郛考》上篇《源流考》,第 20 頁。
　　⑧ 百二十卷本《説郛》卷首《讀説郛》引録胡氏語作"别傳",當是據《説郛》本書妄改,以便二者對應。此類情況並非孤例,當以胡氏原書爲準。

内容與《説郛》删節本相同,而非認爲即《説郛》之刻本。即使文本内容一致,也可能是他人從《説郛》中抽出刊刻單行,或是採録《説郛》内容的他書,並不能説明《説郛》全本當時已經刊行。① 且戊辰歲胡氏年僅十八,此後作《讀説郛》尚言"素無雕本",也説明早年所見並非《説郛》刻本。②

清人莫友芝《邵亭知見傳本書目》云:"明人刊本有一百卷,校刊本不同,藏嘉定吳氏,又一部藏常熟陳子正家。惜二書皆闕二字本。"③昌彼得據此認爲莫氏曾見明刊百卷本《説郛》。④ 按"嘉定吳氏"不詳何人,渡邊幸三疑"陳子正"是"陳子準"(陳揆)之誤,⑤當是。然檢陳揆《稽瑞樓書目》,僅有"《説郛》一百二十册,舊鈔本",⑥並無刻本。莫友芝所記當是得之傳聞,而非實見其書,不可信據。

此外,近人莫伯驥《五十萬卷樓藏書目録初編》亦著録明刊本《説郛》一百卷,前有郁文博、楊維楨二序,半葉八行,行十七字。⑦ 昌彼得認爲即胡應麟於隆慶二年所見之刻。⑧ 但莫氏書志未言刊刻年

---

① 參見陳先行《〈説郛〉再考證》,《中華文史論叢》1982 年第 3 輯。
② 黃復山《陶宗儀〈説郛〉百卷本流衍考及其讖緯輯佚之文獻價值評議》,《元代經學國際研討會論文集》(下),臺北:"中央研究院"中國文哲研究所籌備處,2000 年,第 803—806 頁。
③ [清]莫友芝《邵亭知見傳本書目》卷十,清同治十二年莫繩孫抄本,中國國家圖書館藏。"二字本"云云不通,檢莫友芝手箋本(批於清乾隆四十九年趙懷玉刻本《欽定四庫全書簡明目録》卷十三子部雜家類雜纂之屬,上海圖書館藏,綫善20389—400,12 册)即是如此,疑有誤。
④ 昌彼得《説郛考》上篇《源流考》,第 20 頁。
⑤ 渡邊幸三《説郛攷》,《陶宗儀研究論文集》,第 306 頁。按:渡邊氏也相信莫氏的記録,因爲没能在《稽瑞樓書目》中找到刊本的記録,故而又很快推翻了自己"陳子正"是"陳子準"之誤的懷疑。
⑥ [清]陳揆《稽瑞樓書目·附記各櫥》,清光緒三年吳縣潘氏八囍齋刻本,第 2b 頁。
⑦ 莫伯驥《五十萬卷樓藏書目録初編》卷十二,影印民國二十五年(1936)東莞莫氏排印本,《海王邨古籍書目題跋叢刊》第 7 册,北京:中國書店,2008 年,第 361—362 頁。
⑧ 昌彼得《説郛考》上篇《源流考》,第 21 頁。

代，亦未列子目，無從比對。中國國家圖書館藏一部百二十卷本《説郛》（善06345），著録爲明末刻本，①與清順治宛委山堂印本同版而刷印較早。此本同樣是僅有郁、楊二序，雖然正文行款爲九行二十字，但卷首《讀説郛》五葉則爲八行十七字（圖17），與莫氏所記相同。莫氏書志中"道書以一卷爲一弓"云云乃抄自《讀説郛》引包衡之語，②此文後接記行款。可見莫氏僅翻書至此，所記非正文行款。

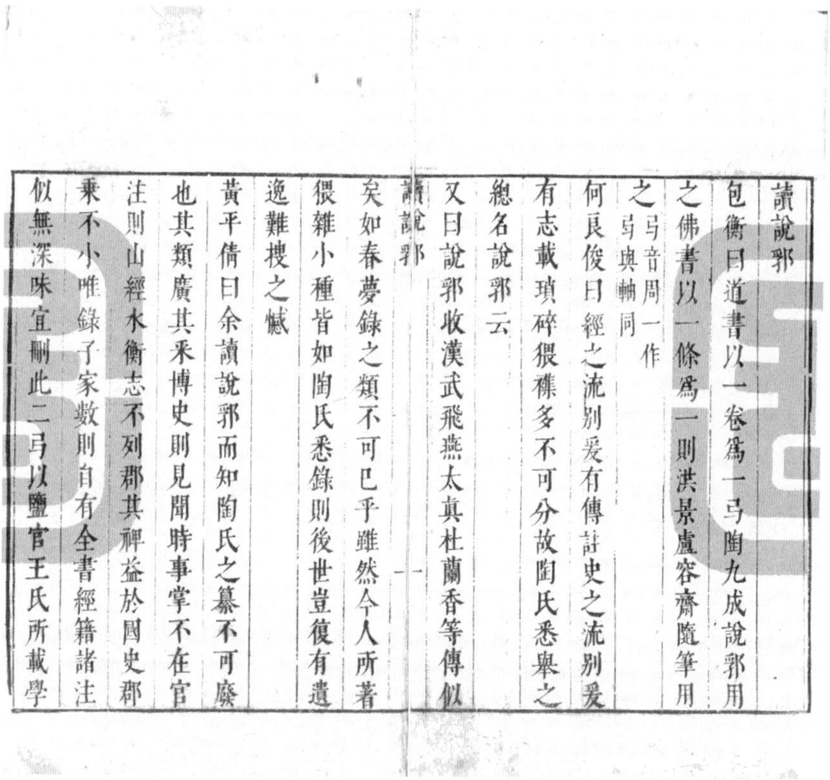
讀說郛
包衡曰道書以一卷爲一弓陶九成說郛用
之佛書以一條爲一則洪景盧容齋隨筆用
之弓音周一作弓與軸同
何良俊曰經之流別爰有傳詁史之流別爰
有志載瑣碎猥穠多不可分故陶氏悉舉之
總名說郛云
又曰說郛收漢武飛燕太真杜蘭香等傳似
讀說郛 一
矣如春夢錄之類不可已乎雖然今人所著
猥雜小種皆如陶氏悉錄則後世豈復有遺
逸難搜之憾
黃平倩曰余讀說郛而知陶氏之纂不可廢
也其類廣其采博史則見聞時事掌不在官
注則山經水衡志不列郡其裨益於國史郡
乘不小唯錄子家數則自有全書經籍諸注
似無深味宜刪此二弓以鹽官王氏所載學

圖17　明末刻百二十卷本《説郛》卷首《讀説郛》

---

① 北京圖書館編《北京圖書館古籍善本書目·子部》，北京：書目文獻出版社，1989年，第1695頁。

② 包衡亦是襲用楊慎之文，見楊氏《丹鉛總録》卷十一《史籍類》"一卷爲弓，一條爲則"條，明嘉靖三十三年梁佐刻本，第13b頁。

由此可知,莫氏藏本最早也只是明末刷印的百二十卷本,因爲佚失了後二十卷,莫氏不察,誤著録爲百卷本。不過,莫氏説"此書已易弓爲卷",則與百二十卷本不合,存疑待考。① 莫氏此後又對《初編》加以審核,删汰一半以上篇幅,並對原稿修訂補充,以《五十萬卷樓群書跋文》之名印行,而其中已無《説郛》一書。② 如果確是珍貴的明刊百卷本《説郛》,不應不予收入,這也從側面説明《初編》的著録很可能并不準確。

因此,以上文獻材料均不能證明嘉靖、隆慶以前已有百卷本《説郛》刊本行世。現存的衆多百二十卷本《説郛》,學界已公認是明末編刻,此本才是《説郛》的首個刻本。不過,此本乃重編而成,卷帙、編次、内容都與百卷本《説郛》有很大差别,③已失原貌。④ 關於百二十卷本《説郛》的編者,順治四年(1647)宛委山堂印本目録葉次行題"天台陶宗儀纂,姚安陶珽重輯",故後人長期視爲陶珽重編。但明末印本僅在卷一目録末題"天台陶宗儀九成纂",而無陶珽之名。順治印本之所以如此改動,可能與陶珽曾纂《説

---

① 莫氏藏書大部分散失於抗戰期間,今中國國家圖書館、廣東省立中山圖書館、香港大學馮平山圖書館、臺灣"國家圖書館"等均有莫氏舊藏(羅焕好《我國近代著名藏書家莫伯驥及其五十萬卷樓藏書》,《圖書館論壇》2006年第3期),或許這部《説郛》尚存世間,存此待訪。

② 莫伯驥《五十萬卷樓群書跋文》,影印民國三十七年(1948)廣州文光館排印本,《國家圖書館藏古籍題跋叢刊》第27—29册,北京:北京圖書館出版社,2002年。

③ 渡邊幸三對比張宗祥整理的百卷本和東方文化學院京都研究所(今京都大學人文科學研究所)藏百二十卷本,前者收書725種(含子目109種),後者1364種(内注闕者113種),前者有而後者無184種(含子目66種),前者無而後者增719種。即使兩者都收録之書,内容也往往有差異。(《説郛攷》,《陶宗儀研究論文集》,第325頁)

④ 永瑢等《四庫全書總目》卷一二三《子部·雜家類七》,第1062頁。又如百二十卷本卷一所增《詩傳》《詩説》皆明人豐坊僞造,陶宗儀無從得見。

郛續》有關。①

　　百二十卷本《說郛》的版式與不少明末刻印的叢書如《廣漢魏叢書》《(重編)百川學海》《續百川學海》《廣百川學海》《藝遊備覽》《熙朝樂事》《雪堂韻史》等相同，均是九行二十字，左右雙邊，單白魚尾，版心上方刻書名，每書頁碼各自起訖。這些叢書與百二十卷本《說郛》存在大量重合的版片，前者每書卷首撰人之下皆題有校閱者姓名，正文旁刻圈點，而今日所見明末印本《說郛》則剜去撰人名下"著"字、校閱者姓名和圈點，僅偶有遺漏。② 可見百二十卷本《說郛》的主體並非新刻，而是集合各家現有版片並少量新刻之版彙編而成。各叢書所題校閱者有陳繼儒、鍾人傑、潘之恒、孫毅、程嘉燧、王穉登、袁宏道、屠本畯、陶珽等百餘人，而又多有互見，且籍貫多署武林，知爲同一時期刻於杭州者。昌彼得根據各叢書中"校"字或用、或省、或作"挍"的情況，推測版片刊刻於萬曆末年至天啓年間。③ 大概是幾家杭州的書坊分工合作，用同樣的版式刻版，在此過程中又各自編印了幾種叢書，最後才彙編成一部一百二十卷的《說郛》。④ 以"較"代"校"始見於天啓末年，至崇禎時方通行，而郁文博《較正說郛序》正用此字，故昌彼得認爲彙編印行的時間當在崇禎間。⑤ 清順治四年宛委山堂本亦是用杭州所存舊版修整重印，王應昌序所謂

---

① 順治三年(1646)李際期《重較説郛小序》云："此書續于姚安陶先生，類采諸家説部，兵燹之後煨燼殆盡，余因重定而付諸門人輩較梓之。"(《説郛三種》，第3冊，第7頁)明末印本《説郛續》(中國國家圖書館藏，善06346)未題編者，而順治宛委山堂印本則於目錄題"姚安陶珽纂，弘農李□□重定"(《説郛三種》，第9冊，第1頁)，亦可見順治印本之改動。此"弘農李□□"即作序的"周南李際期"(河南孟津人)，"際期"二字當是因版片殘損或後人剜去而缺失。

② 如卷六《聖門事業圖》尚存"嚴之麟校閱"五字。

③ 昌彼得《説郛考》上篇《源流考》，第24—30頁。

④ 程毅中《〈說郛考〉評介》，原載《書品》1992年第2期。此據程毅中《古籍整理淺談》，北京：北京燕山出版社，2001年，第194頁。

⑤ 彙印時版片已有殘損，故與各叢書相較，子目有卷數減少，以殘充全者。各次彙印本收書多少又有不同，均參見昌彼得《説郛考》上篇《源流考》，第28、30—31頁。具體子目差異則參見景培元《説郛版本考》附《各本説郛子目異同表》，《中法漢學研究所圖書館館刊》第1號，1945年。

"重授梓"並非實情。

百二十卷本《說郛》中的讖緯文獻收錄於卷五,①凡 35 種 425 條(各次彙印本均同),相較於百卷本的 14 種 37 條,篇目和佚文數量都大大增加:

    1.《易稽覽圖》(12 條)　2.《易(川)〔巛〕靈圖》(11 條)
3.《易通卦驗》(9 條)
    4.《尚書旋璣鈐》(10 條)　5.《尚書帝命期》(13 條)
6.《尚書考靈耀》(11 條)　7.《尚書中候》(9 條)
    8.《詩含神霧》(11 條)　9.《詩紀曆樞》(13 條)
    10.《春秋元命包》(13 條)　11.《春秋運斗樞》(26 條)
12.《春秋文曜鈎》(16 條)　13.《春秋合誠圖》(14 條)
14.《春秋孔演圖》(26 條)　15.《春秋說題辭》(17 條)　16.《春秋感精符》(10 條)　17.《春秋潛潭巴》(16 條)　18.《春秋佐助期》(12 條)　19.《春秋緯》(11 條)

    春秋後語

    春秋繁露

    20.《禮稽命徵》(9 條)　21.《禮含文嘉》(13 條)　22.《禮斗威儀》(9 條)

    大戴禮逸

    23.《樂稽耀嘉》(10 條)

    24.《孝經援神契》(20 條)　25.《孝經鈎命決》(10 條)
26.《孝經左契》(10 條)　27.《孝經右契》(6 條)　28.《孝經內事》(9 條)

    五經折疑

    五經通義

    29.《龍魚河圖》(9 條)　30.《河圖括地象》(7 條)　31.《河圖稽命徵》(13 條)　32.《河圖稽耀鈎》(11 條)　33.《河圖始開圖》(8 條)　34.《洛書甄耀度》(6 條)　35.《遁甲開山圖》(15 條)

---

① 卷二收《乾鑿度》上下,實爲《乾坤鑿度》,乃宋人之作。

從篇目排列看，百二十卷本較百卷本稍加整齊，但各篇間仍雜有《春秋後語》《春秋繁露》《大戴禮逸》《五經折疑》《五經通義》等篇，並非純粹的讖緯輯佚。從所收讖緯佚文看，百卷本的一些條目也見於百二十卷本中，説明後者應該參考過前者。尤其是百卷本的《春秋元命苞》中，"天不足西北"條混入《渾天儀》之文，"地者易也"條混入《山海經》之文，百二十卷本均沿其誤，可見兩者有承襲關係。但百卷本篇目中有《春秋漢含孳》《春秋考異郵》不見於百二十卷本，佚文中也有近一半條目未被百二十卷本收錄。百二十卷本似乎並無明確的去取標準，隨意性很大。

至於百二十卷本新增的讖緯佚文，則主要輯自《太平御覽》《藝文類聚》《天中記》三書，尤以《御覽》爲多。① 如《孝經內事》凡九條，前八條皆出自《太平御覽》卷八七二《休徵部一·星》相連諸條，先後次序亦同。百二十卷本《説郛》所據《御覽》爲明人刊本，②與宋本文字有出入。如《易稽覽圖》"天有十二分，以日月之所躔也"，明萬曆活字本同，宋本則"以"作"次"。③ 又如《孝經援神契》"孔子海口，言若含擇"，活字本同，宋本則"擇"作"澤"。④ 而一些不見於《太平御覽》《藝文類聚》等唐宋類書的獨有佚文，則應是輯自明陳耀文所編

―――――――――

① 黄復山《陶宗儀〈説郛〉百卷本流衍考及其讖緯輯佚之文獻價值評議》(《元代經學國際研討會論文集》(下)，第 795—835 頁)一文也認爲百二十卷本中的讖緯佚文有輯自明陳耀文《天中記》者，並舉《禮含文嘉》"明堂所以通神"、《孝經援神契》"明堂之制"二例，謂皆與《天中記》文句相同，而異於《太平御覽》《藝文類聚》等唐宋類書。然經檢核，"明堂所以通神"條，《天中記》與《藝文類聚》合，"明堂之制"條，《天中記》與《太平御覽》合，並無異處。

② 明本《太平御覽》有兩種：一是無錫倪炳刻本(萬曆元年黄正色序)，一是常熟周堂活字本(萬曆二年周堂跋)，皆印行於萬曆初，故重編《説郛》者得以利用。參見胡道靜《中國古代的類書》，《胡道靜文集·古籍整理研究》，上海：上海人民出版社，2011 年，第 490—491 頁。《四庫全書總目》云："活字本、倪氏本同出一稿，脱誤相類，而校手各別，字句亦小有異同。"

③ [宋]李昉等《太平御覽》卷一《天部一·天部上》，影印宋刻本，第 5 頁。明萬曆常熟周堂活字本，日本國立國會圖書館藏(な-1)，第 12a 頁。

④ [宋]李昉等《太平御覽》卷三六七《人事部八·口》，影印宋刻本，第 1692 頁。明萬曆常熟周堂活字本，第 8a 頁。

類書《天中記》。如《春秋元命苞》第六條:"水者,天地之包幕,五行之始焉,萬物之所由生,元氣之津液也。"與《天中記》卷九《水》"包天"條所引文字相同。① 近似之文亦見《初學記》卷五《地部中·水》,但"所"作"信",又無"元氣之津液也"一句。又同篇末條"王者置廷尉"云云,僅見於宋孫逢吉《職官分紀》卷一九"廷尉"條和《天中記》卷三三"大理卿"條,結合上例考慮,輯自《天中記》的可能性較大。

百二十卷本的輯佚質量不高,經檢核《太平御覽》等原始出處,各篇中多有誤入之條目。如《易稽覽圖》凡十二條,其中誤入《易通統圖》二條、《春秋内事》四條,占一半篇幅。《易(川)〔巛〕靈圖》凡十一條,其中誤入《易通卦驗》一條、《孝經援神契》一條、《春秋保乾圖》一條、《春秋考異郵》一條、《詩推度災》一條、《春秋繁露》一條,又不甚明確之《易緯》 條、《京房易緯》一條,不誤者僅三條。《禮含文嘉》凡十三條,其中誤入《禮稽命徵》四條、《禮統》一條、《周禮》一條、《孝經援神契》一條、《孫氏瑞應圖》一條,不誤者僅五條。其他各篇亦多有此類情況,不再一一羅列。由此可見,百二十卷本《說郛》的讖緯輯佚工作相當草率,相較於百卷本,雖然篇目和佚文數量大增,但可靠程度卻遠遜,難以爲據。

第三節　明代後期"古學"的興起與
　　　　讖緯輯佚專書的出現

宋人以讖緯爲悖經非聖,摒棄不用,② 元代及明初仍之,無復其學。至弘治、正德間,前後七子倡導詩文復古運動,鄙薄宋人,追慕漢唐。欲作秦漢之文,必然要讀古人之書。在這種風氣的影響下,時人轉而重視秦漢古書,搜求遺書之風甚盛。由於秦漢古書至明代多已

---

① [明]陳耀文《天中記》卷九《水》,天津圖書館藏明萬曆間陳文龍刻本,第1a頁。惟"液"作"夜",明萬曆間屠隆刻本亦同。
② [宋]歐陽修《論刪去九經正義中讖緯劄子》,《歐陽修全集》卷一一二《奏議》卷一六《翰苑進劄狀十三首》,李逸安點校,北京:中華書局,2001年,第1707頁。

亡佚，不少學者開始致力於搜輯佚文，促成了明代後期輯佚活動的興盛。① 受詩文復古運動的影響，明代中期以後，部分儒者也認爲漢人去古未遠，尚存孔門之舊，較宋儒更爲可信，於是漢唐注疏重新受到重視。② 同時，漢代緯書也重新進入學者視野，楊慎(1488—1559)等人的著作中已多有引用讖緯之文。

雖然時人一般仍以僞書視之，但緯書畢竟是漢代"古書"，仍有保存的價值。何良俊(1506—1573)在《四友齋叢説》中説：

> 緯書出於東漢，蓋因光武好讖，故東漢諸儒僞造此書。今《周易乾坤鑿度》《禮含文嘉》諸書皆有傳寫本，大率皆言符讖占候之事，於本經無所發明。但古書難得，今不可不存其本也。③

何氏雖然指出緯書是漢儒僞造，且今傳之本與經義無涉，但仍基於"存古"的觀念，認爲應該保存其書。隨著考據學的深入發展，爲了解釋漢人經説，不少時人著作，如馮復京(1573—1622)《六家詩名物疏》等，開始大量引用讖緯之文，馮書《引用書目》中列有讖緯四十一部。④ 而對於一般士人，由好古而好奇，讖緯之文也能滿足其好奇炫博的需求。萬曆、天啓間，重編本《説郛》之所以大量增輯讖緯佚文，應該也是爲了迎合這種風氣。明代後期的讖緯輯佚工作，正是在這種背景下展開的。

另一方面，嘉靖以降，隨着出版業的發達，大量書籍得以刊行。卷帙繁重的群經義疏、正史志傳和唐宋類書的流通數量急劇增加，獲取

---

① 曹書杰《中國古籍輯佚學論稿》，長春：東北師範大學出版社，1998年，第103—105頁。陳亦伶《晚明學者的經學輯佚活動》，臺北大學碩士論文，指導教授：林慶彰，2009年，第21—24頁。

② 林慶彰《明代的漢宋學問題》《晚明經學的復興運動》，《明代經學研究論集》，臺北：文史哲出版社，1994年，第1—31、79—145頁。

③ ［明］何良俊《四友齋叢説》卷三，北京：中華書局，1959年，第25頁。按：《周易乾坤鑿度》乃宋人僞造之書。明代流傳的《禮含文嘉》寫本亦非東漢《禮緯》，而是宋代以後出現的天文五行占書，何氏所説有誤。參見［日］中村璋八《"國立中央圖書館"藏〈禮緯含文嘉〉について》，《駒澤大學外國語學部紀要》第25號，1996年。［日］佐佐木聰《〈禮緯含文嘉·精魅篇〉的辟邪思想與鬼神觀》，《復旦學報（社會科學版）》2014年第5期。

④ ［明］馮復京《六家詩名物疏》書首《引用書目》，明萬曆刻本，第5頁。

更加便利,而這類書正是輯佚之淵藪。當時,《十三經注疏》有嘉靖李元陽刻本和萬曆北京國子監刻本,《廿一史》也有萬曆南京國子監刻本和北京國子監刻本兩種。尤其是《北堂書鈔》《藝文類聚》《初學記》《太平御覽》等大型類書的相繼刊行,①大大豐富了時人所能掌握的文獻種類。可以説,至萬曆年間,讖緯輯佚的需求和條件均已具備。

當時,一些學者對輯佚的具體方法也有了比較清晰的認知。如祁承㸁(1563—1628)在《澹生堂藏書約・藏書訓略・購書》中説:

> 如書有著于三代而亡于漢者,然漢人之引經多據之。書有著于漢而亡于唐者,然唐人之著述尚存之。書有著于唐而亡于宋者,然宋人之纂集多存之。每至檢閱,凡正文之所引用、註解之所證據,有涉前代之書而今失其傳者,即另從其書各爲録出。如《周易坤靈圖》、《禹時鈎命訣》、《春秋考異郵》《感精符》之類,則于《太平御覽》中間得之。……諸如此類,悉爲裒集。②

可見祁氏在讀書時已經注意搜輯讖緯之文,不過只是隨得隨録,規模不大,也沒有成果留存下來。從現有資料看,專力輯佚緯書之作,仍以孫瑴《古微書》爲最早。

一、孫瑴輯《古微書・删微》

(一)《古微書》的成書

孫瑴(1585—1643),③字子雙,號賁居子,湖廣華容縣(今湖南省華容縣)人,監生。④孫瑴爲"楚名家子",高祖繼芳(1483—1541)至父

---

① 《北堂書鈔》有萬曆二十八年(1600)虞山陳禹謨刻本,《藝文類聚》在正德至萬曆間有六種版本,《初學記》在嘉靖至萬曆間有九種版本,《太平御覽》有萬曆初無錫倪炳刻本和常熟周堂活字本,詳參胡道静《中國古代的類書》。
② [明]祁承㸁《澹生堂藏書約》,上海:上海古籍出版社,2005年,第17頁。
③ 孫瑴生卒年據江澄《矢志著文史,首倡修〈儒藏〉——明代湖湘學人孫羽侯考略》(《船山學刊》2005年第2期)一文,此文的主要依據是清光緒二十九年(1903)所修《孫氏族譜》。
④ [清]狄蘭標修,羅時暄纂[乾隆]《華容縣志》卷八《人物中》,清乾隆二十五年刻本,第9b頁。

羽侯(1556—1617)皆善詩文,各有文集,故《古微書》范景文序稱"祖父四世積有詩賦",①管紹寧序亦謂"其王父雲夢山人(孫斯億)、其曾公洞庭漁父(孫宜),世以詩名頡頏於升菴、弇州間"。②孫瑴與兄瞉、弟愨有"三珠"之譽。其兄瞉爲萬曆三十五年(1607)進士,累官副都御史,巡撫遼東。孫瑴與弟愨則科途不順,故轉而發憤著書。③

關於《古微書》的成書時間與經過,可由崇禎十年(1637)管紹寧(1583—1645)序中考得。管序云:

> 丙子(崇禎九年)初秋,偶於雜課中得一異卷,能古能今,亦奇亦確,知爲多讀書人。比出物色之,則楚生孫子雙也。……因招至與談,落落穆穆似煙霞氣者,絶口不道及世事。至於古異文、異書,輒津津不置。因手出其笈四編,曰《古微書》。問其何書,則皆三代兩漢之佚帙也。問其帙何名,則學士所詫歎未多見者。問其帙逸矣,逸安自蒐,則諸經之疏,諸史之志,諸類書、説書之甄收,人情狃易而不留記憶者。問其書何歲之成,則廿年以來盡發其累世藏本,句累字貫,而後成書。④

管紹寧崇禎九年(1636)任南京國子監司業,⑤孫瑴身爲監生,當時在南監就學,故得與談。孫氏好古異文、異書,從經疏、史志、類書、説部中輯出三代兩漢之佚帙,積二十年之力,成《古微書》四編。由此可知,《古微書》之輯始於萬曆四十四年前後,崇禎九年時業已成書。孫瑴在《敘刪微》中有"予苦心于兹且十年"之言,説的是《刪微》一

---

①　[明]范景文《序》,見孫瑴《刪微》書首,中國國家圖書館藏明崇禎刻清初印本(普古 241),第 7b 頁。

②　[明]管紹寧《序》,見孫瑴《刪微》書首,影印中國國家圖書館藏明崇禎刻本,《中華再造善本·明清編》,第 6b—7a 頁。

③　關於孫瑴家世,詳參戴榮冠《中國首部讖緯輯佚專著——〈古微書〉相關問題考論》,《成大中文學報》第 60 期,2018 年 3 月,第 101—128 頁。

④　管紹寧《序》,見孫瑴《刪微》書首,第 2b—4b 頁。

⑤　[明]盧上銘、馮士驊《辟雍紀事》卷十五,影印南京圖書館藏明崇禎刻本,《四庫全書存目叢書》史部第 271 册,第 305 頁。

部的成書時間。①

孫毅在自序中强調了自己的"愛古",認爲漢代"書皆道古,故其學最富",唐、宋乃至今日書籍篇帙雖繁,但近日之書漸多而古人之書漸少,"書愈富,學愈貧"。孫毅之所以纂輯此書,起自伏羲、蒼頡,斷於陳、隋,正是爲使古人奧帙逸文免於湮没。② 據其《古微書略例》,此書分爲四部:(一)《删微》,輯圖緯;(二)《焚微》,輯先秦佚書;(三)《綫微》,輯漢晋間疏箋;(四)《闕微》,輯三代以降追溯上古七十二代之文。③ 自序云:"伯之以《删》,曰以旌讖緯之伏逋;仲之以《焚》,曰以攬灝噩之什一;叔之以《綫》,曰以索箋疏之象罔;季之以《闕》,曰以甄玄古之紀歷。"范景文序載孫氏自言亦云:"周季爲《删》,秦先爲《焚》,兩漢爲《綫》,上古爲《闕》。"④要之,所輯皆唐前之書。孫氏家世藏書,《略例》中列舉的主要輯佚來源有《十三經注疏》《廿一史》《太平御覽》《玉海》《通典》《通攷》《通志略》等書,與上舉管紹寧序所言一致。孫氏從中蒐輯佚文,連綴成篇,卷首有小引,卷中難曉之篇目有疏釋。佚文附有古注者照録,無原注者則徵引異説作疏通,體例甚善。不過,《古微書》四部中僅有《删微》傳世,餘皆不存。後人所稱《古微書》,實際均爲《删微》。

(二)《删微》所收篇目及其體例

孫毅以緯爲孔子"删餘"之文⑤,故輯本名"删微"。是書共輯録圖緯十類九十一種:⑥

---

① 戴榮冠《中國首部讖緯輯佚專著——〈古微書〉相關問題考論》,第120—121頁。
② 孫毅《古微書初集自序》,見《删微》書首,中國國家圖書館藏明崇禎刻清初印本(普古241),第1a—2a頁。
③ 孫毅《古微書略例》,見《删微》書首,中國國家圖書館藏明崇禎刻清初印本(普古241),第1a—2b頁。
④ 范景文《序》,見孫毅《删微》書首,第5a頁。
⑤ 孫毅《敘删微》,見孫毅《删微》書首,第1a頁。
⑥ 據《中華再造善本·明清編》影印中國國家圖書館藏明崇禎刻本正文統計,與此本《删微目次》頗有參差。

（一）《尚書緯》十九種(卷一至五):1.《尚書考靈曜》 2.《尚書帝命驗》 3.《尚書中候》 4.《尚書五行傳》 5.《尚書璇璣鈐》 6.《尚書刑德放》 7.《尚書運期授》(缺) 8.《尚書帝驗期》(缺)① 9.《中候握河紀》 10.《中候考河命》 11.《中候摘洛戒》 12.《中候運行》 13.《中候洛予命》 14.《中候隨雒貳》 15.《中候義明》 16.《中候勅省圖》 17.《中候稷起》 18.《洪範緯》 19.《中候準讖哲》(12－19總作《中候雜篇》)

（二）《春秋緯》十五種(卷六至十三):1.《春秋元命苞》 2.《春秋演孔圖》 3.《春秋合誠圖》 4.《春秋文耀鉤》 5.《春秋運斗樞》 6.《春秋感精符》 7.《春秋考異郵》 8.《春秋潛潭巴》 9.《春秋說題辭》 10.《春秋漢含孳》 11.《春秋佐助期》 12.《春秋保乾圖》 13.《春秋握成圖》② 14.《春秋內事》 15.《春秋命曆序》

（三）《易緯》十一種(卷十四至十六):1.《易通卦驗》 2.《易坤靈圖》 3.《易稽覽圖》 4.《易通統圖》 5.《易河圖數》 6.《易筮謀類》 7.《易九厄讖》 8.《易辨終備》 9.《易萌氣樞》 10.《易中孚傳》 11.《易運期》(8－10《刪微目次》作《易雜緯》)

（四）《禮緯》三種(卷十七至十九):1.《禮含文嘉》 2.《禮稽命徵》 3.《禮斗威儀》

（五）《樂緯》三種(卷二十至二十二):1.《樂叶圖徵》 2.《樂動聲儀》 3.《樂稽耀嘉》

（六）《詩緯》三種(卷二十三至二十四):1.《詩含神霧》 2.《詩推度災》 3.《詩汎曆樞》

（七）《論語緯》五種(卷二十五至二十六):1.《論語比考讖》 2.《論語譔考》 3.《論語摘輔象》 4.《論語摘衰聖》 5.《論語陰嬉讖》

---

① "缺"字爲崇禎本原注,但各篇輯有少量佚文,"缺"字意義不明。
② 崇禎本《刪微目次》"成"作"誠"。

（八）《孝經緯》七種（卷二十七至三十一）：1.《孝經(授)〔援〕神契》 2.《孝經鉤命決》① 3.《孝經中契》 4.《孝經右契》 5.《孝經左契》 6.《孝經威嬉拒》 7.《孝經內事圖》

（九）《河圖緯》十八種（卷三十二至三十四）：1.《河圖括地象》 2.《河圖始開圖》 3.《河圖絳象》 4.《河圖稽燿鉤》 5.《河圖帝覽嬉》 6.《河圖挺佐輔》 7.《河圖握矩記》② 8.《河圖秘徵》 9.《河圖帝通紀》 10.《河圖著命》 11.《河圖真紀鉤》 12.《河圖要元篇》 13.《河圖考靈耀》 14.《河圖提劉篇》 15.《河圖稽命徵》 16.《河圖會昌符》（8－16《删微目次》作《河圖雜緯篇》） 17.《河圖玉板》 18.《龍魚河圖》

（十）《雜書緯》七種（卷三十五至三十六）：1.《雜書靈准聽》 2.《洛書甄曜度》 3.《洛書摘六辟》 4.《洛書錄運法》 5.《孔子河洛讖》 6.《錄運期讖》 7.《甄燿度讖》（5－7《删微目次》作《河洛讖》）

十類的編排次序出於孫氏己意，與通常的經書排序不同，《說緯》中有闡述。以上分類、分篇不盡合理，如《尚書緯》中雜有《尚書五行傳》及《尚書中候》五種。《尚書五行傳》乃孫氏從《尚書大傳》中摘出的《洪範五行傳》一篇，並非緯書，故為《四庫全書總目》批評。③《尚書中候》各篇亦不屬《尚書緯》，孫氏已自言之："其《中候》諸讖，別自為篇。"④"謹按《隋志》，河洛、七經緯合八十一篇，又有《尚書中候》《洛罪級》《五行傳》、雜讖等書，則《中候》屬讖不屬緯矣。"⑤故張海鵬刻本將卷四、卷五的篇目順序做了調整，使卷四全為《尚書緯》之篇目，卷五全為《尚書中候》之篇目。（表7）又《中候雜篇》之《中候隨雛貳》乃《中候摘雛戒》之誤，與卷五《中候摘洛戒》篇目重複，應予合併。孫氏《古微書》僅輯佚書，故《删微》不收尚有刊

---

① 崇禎本《删微目次》"決"作"訣"。
② 崇禎本《删微目次》"矩"作"通"。
③ 永瑢等《四庫全書總目》卷三三《經部‧五經總義類‧附錄》，第280頁。
④ 孫瑴《删微》卷一，第1b頁。
⑤ 孫瑴《删微》卷四，第1a頁。

本行世的《周易乾鑿度》和《乾坤鑿度》。①

表7　張海鵬刻本《古微書》對部分篇目順序的調整

	明崇禎刻本	清嘉慶十四年昭文張海鵬刻本
卷四	《尚書中候》	《尚書五行傳》《尚書璇璣鈴》《尚書刑德放》《尚書運期授》《尚書帝驗期》
卷五	《尚書五行傳》《尚書璇璣鈴》《尚書刑德放》《尚書運期授》《尚書帝驗期》《中候握河紀》《中候考河命》《中候摘洛戒》《中候雜篇》	《尚書中候》《中候握河紀》《中候考河命》《中候摘洛戒》《中候雜篇》

《删微》中，各類目、篇目下多有解題，或總述各緯之起源、著錄與篇目，或分釋各篇之内容及命名之由。其中涉及一些讖緯研究中的重要論題，如孫氏認爲緯書出於孔門，《尚書考靈曜》解題云："(天學)其秘皆原於緯書，漢儒窮緯，故談天爲至精。……孔門之學揆合唐虞，以故其傳天官亦最密。云謂緯書不出於孔門者，漢儒亦何自而溯其術哉？此亦可爲闢緯者抉疑。"②《雒書緯》解題云："漢儒傳《洪範》，以初一五行六十五字徑爲洛書本文。既有本文，又河云戴履肩足，白文二十五，黑文二十也？雖然，緯書若出漢世者，便應演《洪範》之文，而語不及《範》，固知出春秋季世矣。"③《樂緯》解題則討論了《樂緯》的性質，先提出緯以配經，而《樂緯》無經可配，故孫氏認爲《樂緯》當如《樂記》之於《禮記》、《大司樂》之於《周禮》，附見於《禮緯》。④　又《詩推度災》解題云："緯書所列《推度災》，則或《齊詩》授

---

① 孫瑴《删微》卷十四《易緯》解題云："諸緯文俱佚矣，惟《乾坤鑿度》二册猶存，故不贅録。"按：明刻本將《乾坤鑿度》和《周易乾鑿度》二書合刊，版心及卷端大題皆用"乾坤鑿度"統括二書，故孫瑴僅言《乾坤鑿度》二册。詳參本書第二章第二節。
② 孫瑴《删微》卷一，第2a頁。
③ 孫瑴《删微》卷三五，第1a—1b頁。
④ 孫瑴《删微》卷二十，第1a頁。

受之遺。"①雖屬推測之辭,但畢竟指出了《詩緯》與《齊詩》的密切關係,遠早於清人陳喬樅,可惜未爲現代研究者揭出。② 至於其對部分讖緯篇名的解釋,雖不盡合理,亦仍足資參考。如釋《春秋元命苞》云:"元者,大也。命者,理之隱深也。包,言乎其羅絡也,萬象千名,靡不括也。然主以《春秋》立元之意,爲之履端,故其名則然。"③陳槃、鍾肇鵬等現代學者解釋讖緯篇名,皆以孫氏之説爲出發點。此外,篇中各條佚文下亦多有按語,徵引諸書相似之説以爲疏證,偶附孫氏己説,對於理解讖緯文義不無助益。④

(三)《删微》與重編《説郛》的關係

清順治宛委山堂印本《説郛》有王應昌序云:"周南李君督學兩浙……校試之暇,訪求遺書,得華容孫氏《説郛》善本,因重授梓。"⑤百二十卷本《説郛》編刻於明萬曆末至天啓間,孫瑴爲校閲人之一,⑥故而藏有此書。上文指出,孫瑴以十年之力纂輯《删微》,由《古微書》業已成書的崇禎九年上推十年,則爲天啓間,恰與百二十卷本《説郛》重編刊行的時間相合。孫瑴之所以纂輯《删微》,很可能是受了重編《説郛》增輯讖緯佚文的影響。按語所引文獻,如晉張華注《禽經》、唐邵諤《望氣經》、宋李昉《九域志》、元伊士珍《瑯嬛記》等,多爲當時罕見而收入重編《説郛》者。⑦

---

① 孫瑴《删微》卷二四,第1b頁。
② 孫瑴推測《詩推度災》出於漢代《齊詩》之説,而陳喬樅則認爲漢代《齊詩》之説出於《詩緯》(《詩緯集證自敘》),就此一點而言,反而是孫説更近於事實。
③ 孫瑴《删微》卷六,第2a頁。
④ 孫氏按語徵引書目可參黃復山《〈古微書〉的讖緯文獻價值及評議》,《海峽兩岸古典文獻學學術研討會論文集》,上海:上海古籍出版社,2002年,第597—602頁。
⑤ [清]王應昌《重校説郛序》,見百二十卷本《説郛》書首,影印清順治四年(1647)宛委山堂印本,《説郛三種》,第9—10頁。按:其時孫瑴已卒,當是從孫氏後人處訪得。所謂重梓並非實情,不過是將明末杭州舊版修整重印而已。
⑥ 昌彼得《説郛考》上篇《源流考》,第30頁。
⑦ 黃復山《〈古微書〉的讖緯文獻價值及評議》,《海峽兩岸古典文獻學學術研討會論文集》,第573頁。

從《删微》所收佚文看，應是參考了百二十卷本《説郛》，但又經過重新檢核，故而輯本質量大有進步。以《易稽覽圖》一篇爲例，百二十卷本《説郛》收十二條，《删微》收五條，均不出《説郛》之外。其中"降陰爲雨，降陰之雨，潤而破塊"條，見《太平御覽》卷十《天部十·雨上》，《説郛》及《删微》"而"下皆脱"不"字，亦可見《删微》沿襲之跡。不過，《説郛》十二條中誤收《易通統圖》二條、《春秋内事》四條，《删微》均改歸兩篇。又"夏至之後三十日極熱"條，見《太平御覽》卷三四《時序部十九·熱》，"熱"作"温"，如此便與上條"夏至後三十日極温"重複，故《删微》未收。《説郛》十二條中，《删微》沿用五條，删除重複一條，改隸他篇六條，均屬正確之舉。（表8）

表8　重編《説郛》與《删微》對比

	《説郛·易稽覽圖》	《删微·易稽覽圖》	備注
1	"太平時，陰陽和"條	同	
2	"降陰爲雨"條	同	
3	"夏至後三十日極温"條	同	《删微》"螳生"作"螳蜋生"。
4	"夏至之後三十日極熱"條	無	
5	"冬至之後三十日極寒"條	同	
6	"陰陽和合爲電"條	同	
7	"日春行東方青道曰東陸"條	移入《易通統圖》	《删微》合併二條，首句無"日"字，次句"日月"互倒。又增"日行西方白道曰西陸，日行東北方黑道曰北陸"二句。
8	"夏日月行東南赤道曰南陸"條		
9	"天有十二分"條	移入《春秋内事》	
10	"日者，陽德之母也"條	移入《春秋内事》	《删微》無"也"字
11	"天地開闢，五緯各在其方"條	移入《春秋内事》	《删微》文字頗有差異
12	"陰宅以日奇，陽宅以月耦"條	移入《春秋内事》	《删微》"陽宅内女子"作"陽宅先内女子"

(四)《刪微》的缺陷

佚文不注出處是明人輯佚的通病,《刪微》亦不例外。清道光間,錢熙祚在《刪微》各條下加注出處,間有按語補正,即《守山閣叢書》本。錢氏在按語中指出了不少孫書的錯誤,至於錢本中未能注明出處的條目,也多屬《刪微》之誤收。① 至光緒間,喬松年亦在《古微書訂誤》中指摘其誤收、重收、誤引、訛字等近二百條。② 此外,未經錢氏、喬氏指出的錯誤也不在少數。以《尚書帝命驗》一篇爲例,《刪微》收佚文十八條,經檢核,其中三條非緯書之文,誤收《尚書考靈曜》三條、《尚書刑德放》一條、《尚書中候》一條,又不知篇目之《書緯》一條,近一半篇幅有誤。(表9)

表9 《刪微·尚書帝命驗》所收佚文出處及其實際歸屬

	《刪微·尚書帝命驗》	佚文出處	實際所屬篇目
1	"天有五號"條	《周禮·大宗伯》疏引《五經異義》	《故(古)尚書說》(非緯文)
2	"天宗,日、月、北辰"條	《禮記·祭法》正義引《五經異義》	《古尚書說》(非緯文)
3	"帝者,天號也"條	《藝文類聚》卷一一《帝王部》《初學記》卷九《帝王部》《太平御覽》卷七六《皇王部一》	《尚書刑德放》
4	"帝者,承天立府"條	《史記·五帝本紀》索隱、正義《太平御覽》卷五三三《禮儀部一二》	同
5	"堯夢長人見而論治"條	《路史》卷二一《後紀十二·有虞氏》《廣博物志》卷十	《書緯》

---

① 具體例證可參見戴榮冠《〈古微書〉編纂與詮釋體系之研究:以天文曆法爲對象》,成功大學中國文學系博士論文,2015年,第37—47頁。

② 具體統計數據參見普義南《〈古微書〉讖緯輯佚研究》,《問學集》第11期,淡江大學中國文學研究所,2002年,第82—83頁。

續表

《刪微‧尚書帝命驗》	佚文出處	實際所屬篇目
6 "虞舜聖在側陋"條	《太平御覽》卷八一《皇王部六》 《後漢書‧曹襃傳》 《續漢書‧律曆志中》	同
7 "姚氏縱華感樞"條	《初學記》卷九《帝王部》	同
8 "舜授終,赤鳳來儀"條	《太平御覽》卷九一五《羽族部二》	同
9 "白帝精,以星感"條	《太平御覽》卷八二《皇王部七》	同
10 "禹身長九尺"條	《路史》卷二二《後紀十三‧夏后氏》 《廣博物志》卷二五	《路史》語(非緯文)
11 "桀無道,殺關龍逢"條	《太平御覽》卷八二《皇王部七》	《尚書中候》①
12 "太任生子昌"條	《史記‧周本紀》正義	同
13 "季秋之月甲子"條	《太平御覽》卷八四《皇王部九》	同
14 "赤爵啣丹書"條	《北堂書鈔》卷一五八《地部二》	同
15 "有人雄起"條	《初學記》卷九《帝王部》 《太平御覽》卷七《天部七》 《太平御覽》卷八七《皇王部十二》	同
16 "天鼓動,玉弩發"條②	《北堂書鈔》卷一二五《武功部一三》 《太平御覽》卷七《天部七》 《太平御覽》卷三四八《兵部》 《太平御覽》卷八七《皇王部十二》	同 《尚書考靈曜》

① 《太平御覽》因涉上條《尚書帝命驗》而誤作《尚書帝命候》,據《開元占經》卷六《日占二》引文,知爲《尚書中候》之誤。

② 本條爲多條佚文合併而成,部分佚文屬於誤收。

續表

	《删微·尚書帝命驗》	佚文出處	實際所屬篇目
17	"秦失金鏡,魚目入珠"條	《天中記》卷一一	《尚書考靈曜》
18	"河圖子提期地留"條	《初學記》卷九《帝王部》	《尚書考靈曜》

　　從佚文來源看,《删微》的不少條目輯自一些明代後期的文獻,如《天中記》《廣博物志》《説略》和多種楊慎著作等。① 這些文獻成書過晚,其獨有的讖緯佚文可靠性極低,文字亦不盡可靠。如《尚書中候》"契後十三世生主癸"條②,僅見於明陳耀文《天中記》卷十二《誕聖》"白氣貫月"條。③《天中記》所注出處僅一"上"字,④孫氏徑以爲《尚書中候》之文,難以信據。又上表《尚書帝命驗》(實爲《尚書考靈曜》)"秦失金鏡,魚目入珠"條之注文,《太平御覽》卷八六《皇王部十一·始皇帝》作"宋均注曰",而《天中記》卷十一則作"鄭玄曰",《删微》從晚出之書。再如《易河圖數》收佚文四條,其中三條出自楊慎《丹鉛録》,一條本揚雄《太玄·玄圖》之文,皆非緯文,《易河圖數》一篇乃孫瑴虚造。

　　雖然管紹寧序説孫瑴"盡發其累世藏本",但孫氏實際上使用的主要還是明代嘉靖、萬曆時期的刻本。其中部分刻本文本質量不高,導致了一些文字上的訛脱。以卷三《尚書帝命驗》中一條爲例:

　　　　天鼓動,玉弩發,驚天下。(注曰:秦野有枉矢星,形似弩,

---

　　① 戴榮冠《〈古微書〉編纂與詮釋體系之研究:以天文曆法爲對象》,第77—78頁。
　　② 孫瑴《删微》卷四,第8b頁。
　　③ 陳耀文《天中記》卷十二,第4a頁。
　　④ "上"意當指出處同上條,但上條"玄玉"出處爲《國語》之《周語》《魯語》,上上條"吞卵"出處中方有《書中候》,蓋《天中記》編輯疏漏。

其□□流,天下見之而驚呼。其柄曰臂,似人臂也。)成類出,高將下。(□□,謂秦始皇也。……)

經檢核,此條應是孫瑴合《太平御覽》卷七《天部七·祅星》、卷三四八《兵部七九·弩》和《北堂書鈔》卷一二五《武功部一三》的三條佚文而成。其中"注曰"至"驚呼"僅與萬曆二十八年陳禹謨刻本《北堂書鈔》相合,①而陳本則因竄亂刪改之弊爲清人深致批評。②"成類出",萬曆二年常熟周堂活字本《太平御覽》作"賊類出",只是由於金屬活字上墨的附著性不佳,頁面文字深淺不一,"賊"字呈現作"戒"③,左上部筆畫不全,故被孫瑴誤認作"成"字。下注中兩字的闕文,應該也是由於活字本未能清晰印出,無法辨認所致。又如卷十四《易通卦驗》"秋分,日入酉,白氣出,直兑,此正氣也",《玉燭寶典·八月仲秋》引作"日入白氣出",武英殿本《易緯通卦驗》雖脱"入"字,亦不衍"酉"字,惟陳禹謨本《北堂書鈔》與《删微》同(明抄本系統不衍),則孫氏所據可知。清人錢熙祚曾對比孫瑴《删微》和趙在翰《七緯》,談及孫書優長之處:"孫氏所據《北堂書鈔》尚係原本,而趙氏則據陳禹謨删節之本。《修文殿御覽》等書,明時尚未佚去,而趙氏已不得見。"④據上例可知孫氏所據《北堂書鈔》亦是陳禹謨本,《修文殿御覽》晚明尚存之説更非事實。雖然孫瑴時代較早,但所據文獻的數量和質量並未超過和優於清人。錢氏之説,出於自身想象,實不可信。又《開元占經》雖重出於萬曆末,而孫瑴亦未得見,故所輯多有遺漏。⑤ 錢氏注出處爲《占經》之佚文,實多録自宋李

---

① [隋]虞世南《北堂書鈔》卷一二五,明萬曆二十八年虞山陳禹謨刻本,日本東京大學東洋文化研究所藏,第9a頁。
② 胡道静《中國古代的類書》,《胡道静文集·古籍整理研究》,第442頁。
③ [宋]李昉等《太平御覽》卷三四八,明萬曆二年常熟周堂活字本,日本國立國會圖書館藏(な-1),第1b頁。
④ [清]錢熙祚《跋》,見清道光二十一年金山錢熙祚刻《古微書》(《守山閣叢書》之一)書末。
⑤ 永瑢等《四庫全書總目》卷三三《經部·五經總義類·附録》,第280頁。

季《乾象通鑑》。①

（五）《删微》的版本②

1. 明崇禎刻本

中國國家圖書館藏《删微》三十六卷（善18370），著録爲明崇禎刻本。③ 有《中華再造善本·明清編》影印本。鈐"水西堂"朱方、"隴西布衣"白方、"禮門"朱長方、"吴下詩人"白長方、"崑山山人"朱方、"香簡堂藏書"朱方、"李昆垕印"白方、"怡庭"朱方、"淞南李禮門曾藏"朱方、"劉盼遂印"白方等印。首崇禎十年（1637）管紹寧《序》（文震亨書），次《鑑定古微書諸名公》，次《敘删微》，次《説緯》，次《删微目次》，次《删微》正文。此本目録版心題"古微書目次删微"，正文版心題"古微書卷幾删微"，當時應是計劃將《古微書》四部逐一刊行，只是後來由於某種原因（或與時局有關），僅刊成《删微》一部。卷三十二首葉版心鐫"石城毛陞梓"。毛陞在崇禎八年刊刻過阮大鋮《詠懷堂詩集》四卷，版心鐫"白下毛陞梓"。④ 結合管紹寧序所言及南京刻工毛陞，可以確認崇禎本《删微》刻於南京。

此本之編刊稍顯粗率，個别卷端未題卷次，卷端及版心格式亦多有不統一處。卷一至五（《尚書緯》）題"華容孫瑴著録/麻城劉侗閲正"（卷五"瑴"誤"穀"）；卷六至十三（《春秋緯》）、十七至三十六（《禮緯》至《雜書緯》）題"華容孫瑴著録"，次行空闕（卷二十四作墨

---

① ［清］俞正燮《癸巳類稿》卷一四《書開元占經目録後》，《俞正燮全集》第一册，合肥：黄山書社，2014年，第695頁。趙之謙《喬勤恪公緯攟序》，戴家妙整理，《趙之謙集》第一册，杭州：浙江古籍出版社，2015年，第62頁。（按：此序乃光緒四年趙之謙爲任道鎔代撰，任序見喬松年《緯攟》書前。）黄復山《〈古微書〉的讖緯文獻價值及評議》，《海峽兩岸古典文獻學術研討會論文集》，第575—576頁。
② 關於《删微》版本的先行研究有李梅訓《〈古微書〉版本源流述略》，《文獻》2003年第4期。限於當時的條件，李文對一些版本如明崇禎刻本等未能目驗。
③ 《北京圖書館古籍善本書目·經部》，第142頁。中國古籍善本書目編輯委員會編《中國古籍善本書目》（經部），上海：上海古籍出版社，1989年，第373頁。
④ 《"國家圖書館"善本書志初稿·集部三》，臺北："國家圖書館"，1999年，第170頁。

釘)；卷十四至十六(《易緯》)題“楚夏洲孫瑴雙甫輯”(卷十六無“楚”字)，次行空闕。原計劃應是各類均署一位閱正人，正如《尚書緯》署“麻城劉侗閱正”。只是除劉氏一人外，此刻本均空闕，閱正人名單另開於書前。劉侗字同人，號格菴，湖廣麻城縣(今湖北省麻城市)人。崇禎七年進士，十年除吴縣令，未任，卒於途。① 即“閱正諸名公”中的“劉同人先生”。此本刻有句讀及評點符號，按語徵引書名加墨圍，人名加專名綫，眉目十分清晰。(圖 18)但正文中仍有少量墨釘和空闕未能補足，似爲刊刻未竟之本。

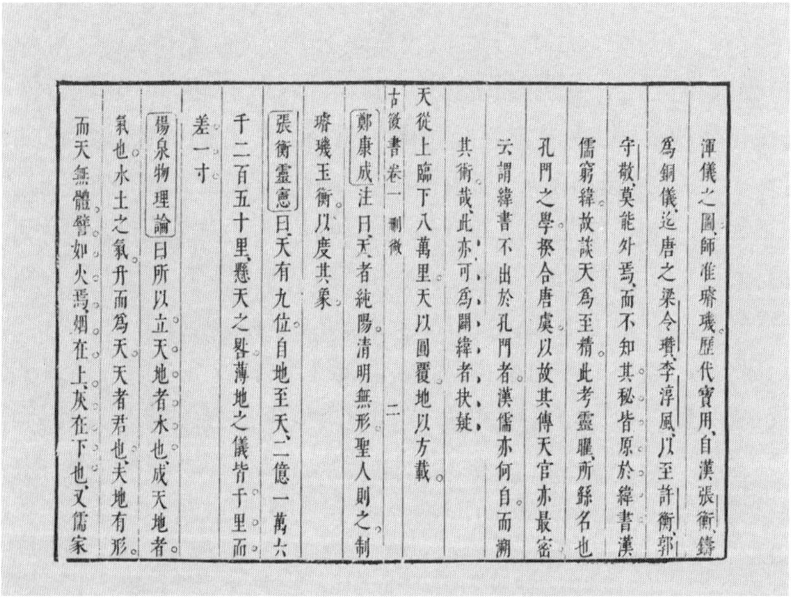
渾儀之圖，師准璿璣，歷代實用，自漢張衡，鑄
爲銅儀，迄唐之梁令瓚，李淳風，以至許衡，郭
守敬，莫能外焉，而不知其秘皆原於緯書。漢
儒窮緯，故談天爲至精。此考靈曜所繇名也。
孔門之學，探合唐虞，以故其傳天官亦最密。
云謂緯書不出於孔門者，漢儒亦何自而測
其衡哉，此亦可爲闢緯者抉疑。
天從上臨下八萬里，天以圓覆地，以方載。
古微書卷一　删微　二
鄭康成注曰，天者純陽，清明無形，聖人則之，制
璿璣玉衡，以度其象。
張衡靈憲曰，天有九位，自地至天，一億一萬六
千二百五十里，懸天之晷，薄地之儀，皆千里而
差一寸。
楊泉物理論曰，所以立天地者水也，成天地者
氣也，水土之氣，升而爲天，天者君也，夫地有形，
而天無體，譬如火焉，烟在上，灰在下也，又儒家

圖 18　《中華再造善本·明清編》影印中國國家圖書館藏明崇禎刻本《删微》

復旦大學圖書館亦藏一部(善綫 1254)，有抄補，鈐“曾藏烏程龐氏家”白方印，爲龐元澄百櫃樓舊藏。有管紹寧序，較國圖藏本多《古微書初集自序》和《古微書略例》，卷五孫瑴、劉侗題名上有

① [清]鄭慶華修，潘頤福纂〔光緒〕《麻城縣志》卷二二上《人物志·文苑》，清光緒二年刻本，第 5b 頁。[明]牛若麟修，王煥如纂〔崇禎〕《吴縣志》卷三一《職員三》，明崇禎十五年刻本，第 6a 頁。

"河間范景文質公定"八字。從版面情況看,刷印時間略晚於國圖藏本。

國圖又藏一部(普古241),著録爲清初刻本。① 鈐"延古堂李氏珍藏""莫友芝圖書印""莫繩孫印"等藏印。首無管紹寧序而有河間范景文序,餘與復旦藏本一致,較國圖上本多《古微書初集自序》和《古微書略例》,卷五孫瑴、劉侗題名上有"河間范景文質公定"八字。范景文(1587—1644),字夢章,號質公,別號思仁,北直隸吳橋縣(今河北省吳橋縣)人。萬曆四十一年進士。② 即"鑑定古微書諸名公"中列首的"范思仁先生"。范序言"客秋寓金陵,曾見其文章",則作序時已不在南京。范氏崇禎七年冬任南京右都御史,八年二月升南京兵部尚書。十一年冬遣兵入衛京師,因疏救黄道周等而被削籍爲民,十二年三月謝職離京。十三年僑寓南京。十五年秋召拜刑部尚書,入京。十七年李自成攻陷京師後殉國。③ 故此序之作當在崇禎十一年冬至十二年初或十五年秋至十七年間。兩本斷版情況一致,實爲同一版本的不同印本,國圖作"清初刻本"不確。蓋此書刻於崇禎十年,刷印時尚無范序,即上本。後又增刻范序,與管序並行,此種印本未見。入清後,因避忌管紹寧抗清之事,④故毁去管序版片,刷印時僅保留范序,即此本。《鑑定古微書諸名公》中,改崇禎本的"陳石寶先生"爲"耆海來先生";《同鄉諸名公》中,改"盧寄園先生"爲"陳瓠庵先生",末增"闕褐公先生"。

---

① 此外,國圖還藏有三部殘本,均著録爲清初刻本:1. 普古152415,存七卷(十一至十二、十八至二十二),二册。2. 普古153778,存二卷(一至二),一册。3. 普古159158,存七卷(十一至十二、十八至二十二),三册。

② 《明史》卷二六五《范景文傳》,北京:中華書局,1974年,第6834頁。

③ 《明史》卷二六五《范景文傳》,第6834頁。[清]王孫錫《范文忠公年譜》,見《范文忠公初集》書前,清康熙十二年刻本,第6a頁。

④ 管紹寧曾出仕南明福王政權,爲禮部右侍郎,清軍南下後因拒絶剃髮而被殺,見[明]屈大均撰,葉恭綽校訂《皇明四朝成仁録》卷六《嘗州死節臣傳》,《廣東叢書》第二集,長沙:商務印書館,1948年,第220頁。

2. 清乾隆《四庫全書》本

清乾隆間開四庫館，江蘇、浙江皆曾進呈此書，①二部均爲"刊本"。② 翁方綱分纂此書提要，從其記録看，有范序、自序、《略例》而無管序，知爲清初印本。又翁氏所擬提要云："此六册則止《刪微》三十六卷……乃其四部中之一部，而《浙江進書總目》直云《古微書》三十六卷，誤也。"翁氏誤以其卷帙不全，故定爲不應存目之書。③ 而《四庫全書》最終據江蘇巡撫採進本抄録此書，卷端不從原書之"刪微"而改題"古微書"，序文、鑑定名録和目次等亦有删削。對於正文則基本是照録，僅改正個别訛字，《四庫全書考證》中收有五條校記。④《四庫全書總目》對此書評價較高："其採摭編綴，使學者生於千百年後，猶見東京以上之遺文，以資考證，其功亦不可没。《經義考·毖緯》一門所引，據出殼書者十之八九，則用力亦可謂勤矣。"⑤《總目》的肯定無疑擴大了此書的影響。

3. 清嘉慶十四年(1809)昭文張海鵬刻本(《墨海金壺》之一)

嘉慶以前，《刪微》長期無新刻本，而崇禎本罕見，故多以抄本流傳。至嘉慶間，方才出現多種刻本。嘉慶十四年昭文張海鵬刻本，卷端題"古微書"，收入《墨海金壺·經部》。此叢書有民國十年上海博古齋影印本。《墨海金壺》的編刊受《四庫全書》的影響很大，據凡例

---

① 《江蘇省第一次書目》《浙江省第五次鄭大節呈送書目》，見《各省進呈書目》，《涵芬樓秘笈》第十集排印本，上海：商務印書館，1921年，第1册第22頁、第3册第34頁。

② [清]黄烈《江蘇採輯遺書目録》，影印清歸安姚覲元咫進齋抄本，見張昇編《四庫提要稿輯存》，北京：北京圖書館出版社，2006年，第四册，第362頁。[清]沈初《浙江採集遺書總録》，影印清乾隆四十年刻本，見張昇編《四庫提要稿輯存》，第一册，第320頁。二録皆爲《古微書》，但從卷數和提要内容看，均爲《刪微》。

③ [清]翁方綱《翁方綱纂四庫提要稿》，吴格整理，上海：上海科學技術文獻出版社，2005年，第98頁。

④ 王太岳等輯《四庫全書考證》卷一八，第441頁。

⑤ 永瑢等《四庫全書總目》卷三三《經部·五經總義類·附録》，第280—281頁。按：各閣本書前提要之文不盡一致，文淵閣提要似爲初稿，文溯閣、文津閣本則續有增改，《總目》提要則與文淵閣本同。

説,不少書依據的是文瀾閣《四庫》本,各書前也多附《四庫提要》。張海鵬刻本改題《古微書》,卷端署"明孫瑴編",都與《四庫》本一致。不過,此本范序、《敘刪微》俱全,所據底本並非《四庫》本。正文中有少量張海鵬案語,記錄別本或他書異文,如卷一《尚書考靈曜》"日萬里不失九道謀"下有:"海鵬案:'里'字別本及《經義考》作'世'。"卷九《春秋文耀鉤》"爲太極之先,含元氣,以斗布常"下有:"海鵬案:'太極'別本作'太一','布常'下有'是天星大帝之號也'一句。"以上二例,崇禎本、《四庫》本皆同別本(惟"天星"作"天皇")。由此推測,張海鵬刻本依據的應是當時流通的一種抄本,與崇禎本、《四庫》本略有差異。張氏還對原書做了一些調整工作,如上舉對卷四、卷五篇目順序的調整,使得分類更加明晰。此外,張本較崇禎本、《四庫》本還有個別增多的佚文條目。如卷十五《易稽覽圖》,張本在"降陰爲雨"條上多"降陽爲風,降陽之風動不鳴條"一條。考慮到下文要介紹的陳本也是如此,則此條佚文應非張海鵬所添,而是其底本即已如此。在清代,張海鵬本的刊刻時間雖然最早,但並未單行,《墨海金壺》至嘉慶二十二年(1817)方彙印流通。① 故錢泰吉嘉慶十七年跋活字本《古微書》,列舉當時印行之本,獨無張海鵬本。②

4. 清嘉慶十五年(1810)山淵堂活字本③

此本卷端題"刪微"。(圖 19)清人錢泰吉曾用明刻本校核,知此本謬誤甚多。④ 章全説"山淵堂活字板與抄本同一舛錯"⑤,陳世

---

① [清]石韞玉《序》,見《墨海金壺》書前,民國十年上海博古齋影印清嘉慶間刻本。

② [清]錢泰吉《甘泉鄉人稿》卷四《跋古微書》,清同治十一年刻光緒十一年增修本,第 3b—4b 頁。

③ 據"學苑汲古"(高校古文獻資源庫)和"全國古籍普查登記基本數據庫",此本吉林大學圖書館(經 0188K)和慕湘藏書樓(2085)有藏。

④ 錢泰吉《甘泉鄉人稿》卷四《跋古微書》,第 3b—4b 頁。

⑤ 陳先行、郭立暄編著《上海圖書館藏善本題跋輯錄》(附版本考),上海:上海辭書出版社,2017 年,第 3 頁。

望亦謂"其紕繆一如金陵之鈔本"①,可見底本是一種質量不高的抄本。

5. 清嘉慶十六年(1811)秀水章氏勤業堂刻本②

此本卷端題"考正古微書",版心刻"勤業堂校定本"。(圖20)後附章氏《雜述》一卷。章全,字遂衷,號益齋,浙江秀水縣(今屬浙江省嘉興市)人。歲貢生,天台縣學訓導。與錢泰吉爲友。③ 其自序云:"七緯之文火於魏,絕於隋,今所傳者微乎微耳,此孫氏所由以'古微'名也。夫微而欲其顯,必取資乎徵引,而孫氏原書既難得,傳鈔者又復舛錯,微者不益晦耶! 爰取經史百家之文,急爲校讎,沿波討源,謬誤者蓋已什去其七八矣。"④可見此本也是據傳抄本校訂而成。

6. 嘉慶十七年(1812)禹航陳世望對山問月樓刻本

內封題"嘉慶壬申重校鐫/禹航對山問月樓藏板",卷端題"古微書",版心亦鐫"對山問月樓"。禹航即餘杭,此即錢泰吉所說的"餘杭陳氏校勘之本"。⑤ 目次後有嘉慶壬申陳世望跋云:"己巳(1809)秋於金陵書肆見有鈔本孫子緯書,名曰'古微'。繙閱數過,見其紕繆處甚夥。因重價攜歸,悉取家藏書,剖判贗真。其誣傳爲經者則正之,其烏焉爲馬者則改之,其殘缺零落者則補之,其顛倒字句、晦塞不可讀者則陶汰之,總計四千餘言。辛未(1811)春購得坊本,其紕繆一如金陵之鈔本者。諸同人以望此書讐校有年,請付諸梓。"所謂坊

---

① [清]陳世望《跋》,見清嘉慶十七年禹航陳世望對山問月樓刻本《古微書》目次後,第6a頁。

② 據"學苑汲古"(高校古文獻資源庫)和"全國古籍普查登記基本數據庫",此本吉林大學圖書館(經185K)、温州市圖書館(012893)和重慶市圖書館(C19/2:2/0997)有藏。中國社會科學院顧頡剛文庫亦有收藏,見顧洪、張順華編《顧頡剛文庫古籍書目》,《顧頡剛全集》,北京:中華書局,2011年,第116頁。

③ [清]葉昌熾著,王欣夫補正《藏書紀事詩》(附補正),上海:上海古籍出版社,1999年,第655—657頁。

④ [清]許瑶光修,吳仰賢等纂[光緒]《嘉興府志》卷八〇《經籍一》,清光緒三年至四年(1877—1878)刻本,第26a頁。

⑤ 錢泰吉《甘泉鄉人稿》卷四《跋古微書》,第3b—4b頁。

圖19　清嘉慶十五年山淵堂
活字本《刪微》,吉林大學圖書館藏

圖20　清嘉慶十六年秀水章氏勤業堂
刻本《考正古微書》,吉林大學圖書館藏

本即山淵堂活字本。因爲底本是抄本,又經過校勘,故陳本與其他各本存在一些異文。如卷一《尚書考靈曜》"日萬里不失九道謀",與張海鵬本一致,而崇禎本、四庫本"里"作"世"。卷九《春秋文曜鉤》"中宫大帝"條,張本同,而崇禎本、四庫本"以斗布常"下多"是天皇大帝之號也"一句。卷十五《易稽覽圖》較崇禎本、四庫本多"降陽爲風"一條,而與張本同。這些異於崇禎本、四庫本而同於張本之處體現了抄本系統的共同特點。當然,陳本也有一些與各本均異之處,如卷五《尚書刑德放》篇題下注"一作攷",爲各本所無。陳本卷五,《洪範緯》篇附末,而各本皆置《中候稷起》和《中候準讖哲》二篇間。這些差異是來自底本,還是出於陳氏校勘,難以認定。不過,有些地方則明顯是陳本之訛。如卷四《尚書中候》解題"今所見寥寥耳則握河摘洛倘皆其篇目之遺用繁與"，明顯窒礙不通，各本"耳則"作"數則耳"，"用繁與"作"用繁厥族"。日本國立公文書館網站有此本全文影像。1994 年上海古籍出版社《緯書集成》影印潘承弼藏殘本（存卷六《春秋緯》以下），有清人批校。① 陳本在清代流傳較廣，先後有嘉慶二十一年、光緒十四年兩種翻刻本。嘉慶二十一年翻刻本內封題"嘉慶丙子重校鐫／對山問月樓藏板"，行款、版式、字體均與原本同，但從斷版情況看，非同一版，需仔細辨別。有 1990 年山東友誼書社《孔子文化大全》影印山東省圖書館藏本。光緒十四年翻刻本書前附有四庫提要。光緒二十一年上海鴻文書局石印本，用光緒翻刻對山問月樓本裁剪拼貼。

7. 清道光二十一年（1841）金山錢熙祚刻本

卷端題《古微書》，收入《守山閣叢書·經部》。據張海鵬《墨海金壺》本重刊，每條下加注出處，另有部分錢氏補正按語，故而最便使用。《守山閣叢書》有光緒十五年上海鴻文書局石印本及民國十一年上海博古齋影印本。《叢書集成初編》據《守山閣叢書》本影印。

《刪微》的版本情況並不複雜，明崇禎刻本雖然不夠精審，但最能反映孫瑴原書的面貌，《四庫全書》本據以抄錄。清代嘉慶時期有多種版本印行，但所據底本均爲當時流通的抄本，與崇禎刻本存在不少差異。加上刊刻者的整理和校訂，已經不能準確反映孫書原貌。不過，若非研究孫氏原書，而僅從使用的便利程度上說，仍以加注出處的錢本爲最佳。

孫瑴《刪微》是第一部讖緯輯佚專書，影響後世甚大，清代不少讖緯輯本如趙在翰《七緯》、馬國翰《玉函山房輯佚書·經編·緯書類》、喬松年《緯攟》等都是在其基礎上增輯的。此外，還出現了姚東

---

① 鈐"武原陳千里校本"朱長方、"驥德之印"白方、"良齋手校"白方等印，知爲海鹽陳驥德校本。陳驥德，字千里，號德大，別署子有、菊磵後人、良齋。咸同間人。

升《古微書補闕》等補遺之作。與清人輯本相較，《刪微》不注出處，篇目、佚文亦不盡可靠，但篇類附解題、正文有按語的體例則優於後人輯本，值得現代輯本參考。

二、楊履闓等輯《緯書》

《緯書》十卷，僅有明末刻本，流傳甚稀，現僅知中國國家圖書館（普古 XD1856）和日本國立公文書館（經 037－0011）有藏。① 日本學者中村璋八最早發現此書，並有介紹。② 此後的研究者多未見原書，僅能轉引中村氏之文，推論多誤。③ 今目驗二本，詳考如下。

此書内封題"楊天玉輯""鄭玄、宋均古註"④，《緯書總目》下題"杜士芬若士較，楊祥團玄開訂，楊履闓玄玉輯，楊喬嶽季夷編，楊太玄文沙參"。（圖21）内封之"楊天玉"當即"楊履闓玄玉"，"大"與"玄"草書近似，或是誤刻。首杜士芬《緯書序》，次楊履闓序，次《緯書攷證》，次《緯書總目》。杜序云："余與同盟楊玄開、玄玉兩兄珍最夥，觥最深，心手俱焦，較之如讐。復得季夷、沙子二妙，延搜廣貿，獲若干卷，輯成一弓。"楊序云："友兄若士、禾兄玄開共嗜圖緯，毀掌及舌，裂裳及紳，恨其亡逸譌謬，因命於闓，共拾而正。"可見《緯書》是杜士芬、楊祥團、楊履闓、楊喬嶽、楊太玄五人共同輯成，之所以内封

---

① 北京圖書館編《西諦書目》卷一，影印1963年文物出版社排印本，北京：北京圖書館出版社，2004年，第8b頁。按：此書見於孫殿起《販書偶記續編》卷三（上海：上海古籍出版社，1980年，第28頁），當即後歸鄭振鐸、終歸國圖之本。《販書偶記續編》著錄爲"無刻書年月，約康熙間刊"，《西諦書目》著錄爲清初刻本，國圖網站館藏目錄檢索系統已改爲明末刻本。鈐"鄭氏注韓居珍藏記"朱長方，"長樂鄭振鐸西諦藏書"朱方，"長樂鄭氏藏書之印"朱長方藏印，知爲乾隆間倖官鄭杰舊藏。

② 中村璋八《緯書の基礎的研究·資料篇》第一章《緯書資料研究における問題の所在》，第330—332頁。[日]中村璋八《内閣文庫藏〈緯書〉について》，《漢魏文化》第六號，東京：漢魏文化研究會，1967年。

③ 中國研究者僅引《緯書の基礎的研究·資料篇》，而未見敘述更詳細的《内閣文庫藏〈緯書〉について》一文。

④ 此據國圖藏本，日藏本内封已佚失。

署楊履園之名,或是其用力最多。

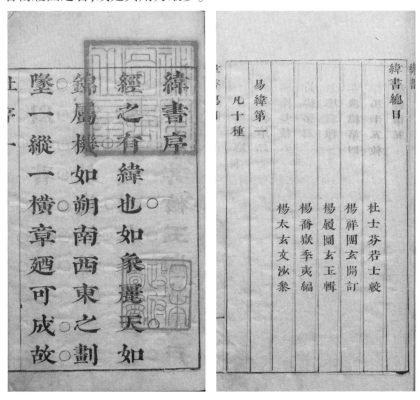

圖 21 明末刻本《緯書》,日本國立公文書館藏

楊履園(1624—1647),字萊民,福建海澄縣(今屬福建省漳州市)人。貴州按察使聯芳季子。永曆元年(順治四年,1647),魯王監國,署兵部職方司主事。謀募兵抗清,事洩被害,年二十四。① 楊祥團事迹不詳,據楊履園序,知祥團為其三兄。楊喬嶽,字季夷,福建龍溪縣(今屬福建省漳州市)人。聯爵孫,舉人光賓子。諸生。師從黄道周,能詩賦,善楷法。明亡後築室西湖,與僧白漢為方外友。著有

---

① [明]屈大均撰,葉恭綽校訂《皇明四朝成仁録》卷九《福州死事傳》,《廣東叢書》第二集,長沙:商務印書館,1948 年,第 336b—337a 頁。[清]魏荔彤修,蔡世遠、陳元麟等纂〔康熙〕《漳州府志》卷二三《人物三·忠節》,清康熙五十四年(1715)刻本,第 44b—45a 頁。

《太室集》。① 楊祥團、楊履闉父名聯芳，楊喬嶽祖父名聯爵，三人當爲宗親。海澄、龍溪二縣皆屬漳州府，杜士芬序署"漳浣花寮杜士芬若士父謹識"，知亦漳州人。順治三年（1646），清軍下閩，次年楊履闉即卒，就其年歲和時局考慮，《緯書》之輯刊當在崇禎末。與事者皆漳州人，刊刻地或亦在福建。

關於緯書的性質，杜士芬《緯書序》云：

> 兹書所編，或真或贋，無容置喙。然考之凤説，有云爲孔夫子手著。蓋起于删定之暇，以此翼經。猶公、穀解義，有口授而無筆證。或云出自漢哀、平之世，夏賀良之徒爲之，其説誕謾不經，近于符命。故間有塵者半，玉者半，存者半，毀者亦半，功罪相等，往往雜出于殘俎剩潘之餘。觀者拾其一二，遂以爲枕中秘，栩栩足自娱也。

杜氏列"孔夫子手著"和"出自漢哀、平之世，夏賀良之徒爲之"兩說，似取真偽相雜之意。楊履闉序則說：

> 窮緯之偽，亦漢人製也。緯雖偽，而注緯者皆二漢注經名手，獨不可存乎？孟氏立言猶宗書候，何前氏拘拘下視邪！輯書若干種，《易乾鑿度》外，俱非全籍。然追其火中得脱，衆人欲殺之後，則好奇者之心平矣，重可傷也。殘珪斷璧，予多其致。

注緯者指鄭玄、宋均，孟氏當指傳《易》之孟喜。楊氏明確指出緯書是漢人偽造，但同時又基於其與漢代經學的關係，認爲不可偏廢。相較於孫瑴之説，這種認識更合於歷史事實。

序後爲《緯書攷證》，先列《隋志》《唐志》《宋三朝志》《宋中興志》所載緯書部數、卷數，再引《隋志·異説家》序、陳振孫《直齋書錄解題》、胡寅《致堂讀史管見》、晁公武《郡齋讀書志》及《宋兩朝藝文志》，實際係將馬端臨《文獻通考·經籍考》"讖緯"部分之文全部錄

---

① [清]吳宜燮修，黃惠纂〔乾隆〕《龍溪縣志》卷一六《人物二·隱逸傳》，清乾隆二十七年（1762）刻本，第53b頁。又卷十三《選舉》，第45b頁。按：縣志字作"季平"，李漁輯《尺牘初徵》卷六（影印清順治十七年刻本，《四庫禁燬書叢刊》集部第153册，第611頁）收朱高治致楊氏札亦作"楊季平"，皆明清鼎革後諱改。

出,只是前後順序略有調整。①

《緯書》共收讖緯十類,《緯書總目》列有各類種數,類前目錄則列有本類種數和篇目,與正文實際所收不盡相符。以下主要依據類前目錄開列種數和篇目,並注明其與《緯書總目》及正文實收篇目的不同之處:

（一）《易緯》十種（鄭玄注）:1.《易乾鑿度》(原注:全本二卷) 2.《易通卦驗》 3.《易稽覽圖》 4.《易坤靈圖》 5.《易川靈圖》 6.《易是類謀》 7.《易辯終備》 8.《易通統圖》(正文無) 9.《易內事》(正文無) 10.《易緯遺》(《緯書總目》另載《易天人應》篇名,注"闕")

（二）《尚書緯》七種②（鄭玄注）:1.《尚書考靈曜》 2.《尚書帝命驗》 3.《尚書帝驗期》 4.《尚書璇璣鈐》 5.《尚書刑德放》 6.《尚書運期授》(原注:載本緯) 7.《尚書緯遺》 8.《尚書中候》附:《尚書大傳》

（三）《詩緯》三種（宋均注）:1.《詩含神霧》 2.《詩推度災》 3.《詩汜曆樞》

（四）《春秋緯》十五種③（宋均注）:1.《春秋元命苞》 2.《春秋說題辭》 3.《春秋感精符》 4.《春秋考異郵》 5.《春秋演孔圖》 6.《春秋潛潭巴》 7.《春秋運斗樞》 8.《春秋文曜鉤》 9.《春秋合誠圖》 10.《春秋佐助期》 11.《春秋漢含孳》 12.《春秋命曆序》 13.《春秋保乾圖》 14.《春秋內事》 15.《春秋握誠圖》(原注:載緯遺) 16.《春秋緯遺》

（五）《禮緯》四種（宋均注）:1.《禮斗威儀》 2.《禮含文嘉》 3.《禮稽命徵》 4.《禮稽命曜》

（六）《樂緯》三種（宋均注）:1.《樂動聲儀》 2.《樂稽曜

---

① 馬端臨《文獻通考》卷一八八《經籍考十五·經·讖緯》,第5503—5506頁。
② 《緯書總目》和《尚書緯目》均作七種,或是未將《尚書中候》計入。
③ 《緯書總目》和《春秋緯目》均作十五種,或是未將載於《春秋緯遺》的《春秋握誠圖》計入。

嘉》 3.《樂叶圖徵》

（七）《孝經緯》七種①（宋均注）:1.《孝經援神契》 2.《孝經鉤命訣》 3.《孝經威嬉拒》 4.《孝經左契》 5.《孝經右契》 6.《孝經中契》 7.《孝經内事》 8.《孝經緯遺》

（八）《河圖》二十四種②（宋均注）:1.《河圖括地象》 2.《河圖稽燿鉤》 3.《河圖稽命徵》 4.《河圖録運法》 5.《河圖帝通紀》 6.《河圖帝覽嬉》 7.《河圖帝視萌》 8.《河圖帝秘徵》 9.《河圖始開圖》 10.《河圖著命苞》 11.《河圖挺佐輔》 12.《河圖要元篇》 13.《河圖握拒》 14.《河圖説微》 15.《河圖玉版》 16.《龍魚河圖》 17.《河圖遺》（《緯書總目》另載《河圖會昌符》《河圖亦伏符》《河圖合古篇》三篇之名，注"闕"）

（九）《洛書》三種（宋均注）:1.《洛書靈準聽》 2.《洛書甄燿度》 3.《洛書摘亡辟》

（十）《論語讖》五種③（宋均注）:1.《論語摘輔象》 2.《論語摘襄聖》 3.《論語陰嬉讖》 4.《論語撰考讖》 5.《論語比考讖》

其中《易乾鑿度》二卷並非輯佚，而是據傳世刻本重刊。從文字看，所據底本應是嘉靖間四明范氏天一閣刻本。④ 時人因《乾坤鑿度》和《周易乾鑿度》篇名近似，常混爲一書。天一閣本合刊二篇，版心皆題"乾坤鑿度"。⑤《緯書》則不取《乾坤鑿度》，僅收《易乾鑿度》一篇，且注明"鄭康成古注全本""凡二卷，與《乾坤鑿度》不同"。説明其明晰二篇之别，不以晚出之《乾坤鑿度》爲漢代緯書，認識較孫瑴等進步。不過，《緯書》所列篇目也存在個别問題，如《易川靈圖》之"川"是"巛"之誤，即《易坤靈圖》，屬於重複立目。

---

① 《緯書總目》和《孝經緯目》均作七種，較實際所收少一篇。
② 《緯書總目》和《河圖目》均作二十四種，與實際所收篇數相差較大。
③ 《緯書總目》作六種，《論語讖目》作五種，與實際所收篇數相合。
④ 安居香山、中村璋八《緯書集成·解説》，第7頁。
⑤ 詳參本書第二章第二節。

至於各緯之注者，《易緯》《尚書緯》各篇題"漢北海鄭玄康成注"，《詩緯》至《論語讖》各篇則題"漢南陽宋均未庠注"，大概是依據輯得附注佚文所標人名推定的，比較合理。但爲緯書作注的宋均是濟南人，漢末從鄭玄受業，入魏爲博士。字叔庠者爲南陽宗均，《後漢書》誤"宗"爲"宋"（惟《南蠻西南夷傳》序不誤）。①

《緯書》之輯刊晚於孫瑴《删微》，但從佚文内容看，兩者並無承襲關係。而《緯書》中的一些誤輯佚文同於重編本《説郛》，一些出處不明的佚文也僅見於前書，説明輯佚時參考了《説郛》。如《易川靈圖》篇名之誤即與重編本《説郛》同，又此篇誤輯之"黄氣抱日"條（實爲《孝經援神契》文）、"陽氣出於東北"條（實爲《春秋繁露》文）、"蠱者陽之火"條（實爲《春秋考異郵》文）亦均見於《説郛》同篇。

《緯書》不注出處，序言中亦未説明所據文獻。中村璋八經過比對，認爲輯得佚文最多的出處是《太平御覽》，此外還有《白虎通》《後漢書》《晋書》《路史》《十三經注疏》《初學記》《藝文類聚》《水經注》《博物志》《續博物志》《聖賢群輔録》《鴻書》等。中村氏還提出兩點值得注意的現象：一是《緯書》中有數十條僅見於清河郡本的佚文，二是《春秋潛潭巴》一篇中有許多與《開元占經》所引類似的佚文。②不過，中村氏並未在文中列舉例證。單就《春秋潛潭巴》一篇看，那些與《開元占經》所引類似的佚文並非輯自《占經》，而是《文獻通考》卷二八二《象緯考五》，中村氏所言不確。

《緯書》中有許多不見於其他輯本的佚文，中村氏統計達124條。其中一些並非獨有佚文，而是不同輯本的篇目歸屬不同，如《尚書帝命驗》"西王母於大荒之國得益地圖"條，《玉海》《天中記》均作《書帝驗期》，故《緯攟》等輯本皆歸入《尚書帝驗期》中。中村氏將這些獨有或與其他輯本有異的佚文看作珍貴資料，並舉出一些例證。但經過檢核，這些例證實際上多是《緯書》有誤。如《詩推度災》：

鄀國爲結蝓之宿，營室之精也。（《删微》）

---

① 詳參本書第三章第四節。
② 中村璋八《内閣文庫藏〈緯書〉について》。

> 蠳螭入三十六種禽,是四種角之類,營室之精。(注:所謂鄃國結螭之宿,營室之精也。)(《緯書》)

中村氏據《緯書》之文,認爲《删微》將注文誤爲了正文,而實際情況並非如此。兩輯本的出處應均爲楊慎《丹鉛録》,原文爲:

> 蝸,蠳螭也。陸佃《埤雅》云:"蠳螭入三十六種禽,是四種角之類,營室之精。"慎按:此説出《詩緯推災度》,所謂"鄃國,結螭之宿,營室之精"是也,與今術士星禽不同,姑著之。①

按楊氏原文,顯然《删微》所輯爲是。《乙巳占》卷三引《詩緯推度災》:"鄃國,結螭之宿。(宋均曰:謂營室星。)"可見楊慎亦合正文、注文爲説。《緯書》以所謂陸佃《埤雅》之説爲《推度災》正文,實屬大誤。② 又如:

> 日月東行,而日行遲,月行疾者,若舒臣勞也。日日行一度,月日行十三度十九分度之一。

此條佚文,《緯書》歸入《尚書刑德放》,《删微》歸入《尚書考靈曜》。按《白虎通·日月》引作《邢德放》,當以《緯書》爲是。然《邢德放》之文僅"日月東行"一句,以下乃另一章,論日月行遲速分,並非引文,《删微》及《緯書》皆屬誤入三十字。又《緯書》之文,"者"爲"何"之誤,末"一"字爲"七"之誤。再如《易稽覽圖》"三王之郊,一用夏正"條,諸書徵引均作《易乾鑿度》之文,《緯書》所收《易乾鑿度》中亦有此文。《尚書帝驗期》"秦失金鏡"條,《北堂書鈔》《初學記》《白氏六帖事類集》《太平御覽》等均作《尚書考靈曜》,《緯書》誤入他篇。此外,還有一些出處並未標爲緯文者,其可靠性值得懷疑。如《詩推度災》"五嶽視三公"一段出自《博物志》,但原書未標來源,《緯書》定爲《詩推度災》之文,缺乏依據。

總之,《緯書》之輯出於衆手,體例與質量都遜於孫瑴《删微》,其

---

① 楊慎《丹鉛總録》卷五《鳥獸類》"蠳螭",第 7a—7b 頁。
② 此文不見於陸佃《埤雅》,實出宋羅願《爾雅翼》卷三〇《釋魚三》"蝸牛":"蠳螭入三十六禽,又是四種角之例,營室之精云。"(石雲孫點校,合肥:黃山書社,1991 年,第 306 頁)元熊忠《古今韻會舉要》卷四"蝸"同時引《爾雅翼》及《埤雅》,誤將此文置於"陸佃云"下,楊慎蓋沿熊氏之訛。

獨有佚文往往屬於誤輯，不可信據。

三、陳時編《說郛裏》

陳時《說郛裏》四卷，乃刪削重編本《說郛》及《說郛續》而成。陳時，字三陟，福建漳浦縣（今福建省漳浦縣）人。此書有崇禎十六年（1643）四炤堂刻本，國內未見收藏，日本國立國會圖書館（特1-703）、國立公文書館（內閣文庫370-34）、京都大學附屬圖書館（4-04セ4）、前田育德會尊經閣文庫等處均有藏本。內封題"陳三陟刪次評釋/說郛裏/四炤堂藏板"，首張居昌《敘》、陳時《說郛裏眉言》，次《說郛裏四例》，次《四炤堂未刻書目》《四炤堂自著未刻書目》，次各卷文目，凡《經書選》六十一種，《子氏選》九十六種，《天地選》四十四種，《人物選》八十二種。卷端題"漳浦陳時三陟父選，全社盧仲高孝登、賴玥神石、張維縉殿錫、張居昌文位閱，兄陳峽山公、弟震遞直青訂"。張居昌，字文位，福建龍溪人，順治九年進士，官吏部郎中。① 盧仲高為黃道周弟子，《榕壇問業》屢見"盧孝登"之名。關於本書之緣起，《說郛裏眉言》云：

元季陶九成取古今書濱二千家，翦其語，名《說郛》。暨昭代續之，又濱六百家，綜一百六十六卷。坊間古文盛行，而此書及宋《冊府元龜》少刊布者，帙浩酬難故也。獻歲坊遊，方耳其書。京坼初居，坐肆者矜矜然，未肯許稍目。咨若價，刻十金。竊自念言，予齠齔彩堂人遠，毀產營書，底今摩毛寸之勘。十金可貲中人，有道主猶惜。即日不憚橐傾，如眶竭何哉！還久之，夏仲，劇人請于予，欲作模錢計。予謝曰……劇人復載四請也。秋高氣爽……一曙猛從事焉，削其濱二百卷者，而為卷有四。削其濱三千書者，而為書二百七十有三。肇八月晦，越十有一月之望，凡七十餘日就緒，重繫諸名曰《說郛裏》，蓋曰得其郛在得其裏也。……正訛增軼，躬自繕錄，然後付諸書，書付諸梓。……斧蔓存秀，令門寒竈冷、借誦無階者，亦得案頭各具。於以助興

---

① ［清］魏荔彤修，蔡世遠、陳元麟等纂［康熙］《漳州府志》卷一六，第1a頁。

古學,不無管神。……癸未冬至後陳時三陟氏書。

蓋陳時爲明末福建書商,刪選《説郛》等巨帙大書,乃爲射利計。其《四炤堂未刻書目》中所列《册府元龜揑》等,亦多是刪選之作。所謂"助興古學",也是爲了迎合當時古學興起的風氣。因爲是重編本《説郛》的節選,收書縮減至二百七十三種,各篇亦僅録十數條,文本上並没有什麽特殊價值。

書中讖緯各篇收録於卷一《經書選》,刪選自重編本《説郛》卷五,篇目及佚文均不出原本之外。雖然如此,刪選者陳時對於讖緯的認識顯然較《説郛》的重編者更爲清晰,不僅剔除了原書各篇間夾雜的《春秋後語》《春秋繁露》《大戴禮逸》《五經折疑》《五經通義》等非讖緯篇目①,而且重新調整了各篇的排列順序,將《河圖》《洛書》諸篇移至《易緯》前,與漢代圖讖的成書先後更爲相符。卷一《經書選》下雖然没有明確標明次級分類,但仍通過另頁起訖的方式做了區分,讖緯各篇自成一類。讖緯類末有簡略小序云:

因七經造七緯,如《論語讖》等,皆僞爲也。隋末搜天下書籍,與讖緯相涉,悉焚之。然當此古學大興,每篇録一二,亦足爲問奇者之一助。苟狂用不顧《論》《孟》之所安,是余之過也夫。②

陳氏認爲七經緯及《論語讖》等讖緯之書皆爲僞造,之所以節録少量内容,是爲了滿足古學大興風氣下好古、好奇者的需求。《説郛裏》本身雖然不是讖緯輯佚專書,但其中有界限明確的讖緯類,與重編本《説郛》對照,可以看出萬曆末至崇禎末,時人對讖緯的認識逐漸清晰,故附論於此。

在明代後期古學大興風氣下出現的幾種讖緯輯本,其纂輯成書的目的不盡相同。孫瑴和楊履園等主要是基於經學的立場,欲保存孔門或漢代經説之孑遺,而作爲書商的陳時則是爲了迎合當時好古

---

① 《説郛裏》卷一亦收録《五經通義》《五經折疑》,但移至讖緯類小序之後,以示别爲一類。又《説郛裏》未收《遁甲開山圖》及原書中泛稱《春秋緯》的一篇。

② [明]陳時編《説郛裏》卷一,明崇禎四炤堂刻本,日本國立國會圖書館藏(特1-703),第40b頁。

好奇的社會需求。可以説,不論是好蒐奇僻之人還是研習經義之儒者,讖緯都可以滿足其需求。明代後期讖緯輯佚專書的出現,正是當時社會風氣的産物。

第四節　清代考據學的發展與讖緯輯佚的新局面

　　明清異代,學風日趨崇實,尤其乾隆以降,考據之學大興,學者在文獻的整理、考訂與研究方面成果豐碩。輯佚成爲專門之學,從事者甚衆,成績亦甚多,尤以四庫館抄輯《永樂大典》所得最富。故皮錫瑞説:"國朝經師有功于後學者有三事,一曰輯佚書。"①梁啓超亦云:"吾輩尤有一事當感謝清儒者,曰輯佚。"②要之,輯佚之學經清人之手而發揚廣大,輯佚書成爲清人董理舊學成績之重要代表。③

　　在此背景下,清人的讖緯輯本自然呈現出一些與明人輯本的不同面貌。從整體上看,其優長主要有以下三點:一、基於無徵不信的原則,佚文大都附注出處,可備檢核。錢熙祚甚至爲《古微書》添注出處,再行刊刻。二、求備求全,費力爬梳文獻,多有新得之佚文。三、重視新資料。如明萬曆間復出之《開元占經》,④以及從日本回傳的《五行大義》等新文獻,皆被納入輯佚範疇。當然,與其他部類的輯佚書相較,從事讖緯輯佚的多非當時的一流學者,不能反映乾嘉考據學的最高水準,整體成就略顯黯淡。

　　經過調查,以輯者劃分,清代讖緯輯本共得十六家。此外,過于飛有《緯候録存》四卷目一卷,⑤今似已不存。過氏字振鷺,江蘇長洲

---

①　皮錫瑞著,周予同注釋《經學歷史》,第330頁。
②　梁啓超《清代學術概論》,北京:中華書局,2015年,第44頁。
③　梁啓超著,俞國林校《中國近三百年學術史》,北京:中華書局,2020年,第429頁。
④　實際上,萬曆以前亦有所謂成化閣本系統(有明成化十八年《御製重録開元占經序》)之抄本流傳,只是多不爲人知。
⑤　[清]李銘皖,譚鈞培修,馮桂芬纂〔同治〕《蘇州府志》卷一三七《藝文二·長洲縣》,清光緒九年江蘇書局刻本,第16b頁。

縣(今屬江蘇省蘇州市)人。康熙八年舉人,丹陽教諭。① 張鑑有《七緯補輯》七卷,內容已納入趙在翰《七緯》之補遺,原書不存,故亦不贅述。下文以時間爲序,分別考察諸家輯本之優劣。

一、湯斌輯《論語緯》

湯斌(1627—1687),字孔伯,號荆峴,晚號潛菴,河南睢州(今河南省睢縣)人。順治九年(1652)進士,授弘文院庶吉士,升國史院檢討,外放陝西、江西任官,後辭官歸里。康熙十七年(1678)舉博學鴻詞,試列甲等,補翰林院侍講。歷官內閣學士、江寧巡撫、禮部尚書、工部尚書等。② 湯氏爲清初理學名臣,乾隆元年賜謚文正,道光三年詔從祀孔廟。③

上海圖書館藏湯斌手稿本一册,館方擬名爲《論語緯附雜錄》(綫善811954)。④ 經摺裝,鈐"潛菴"印。此册蓋爲後人收拾湯氏殘稿數種,加以重裝。其中《論語緯》僅存一摺,爲《論語緯·比考(䜟)〔讖〕》之文(圖22)。文末未標出處,從文字看應是輯自《路史·餘論七·五老人》。其餘各紙抄録《宋史·禮志》、《金史·章宗紀》《許安仁傳》《祁宰傳》《外國傳·西夏》內容,以及姜夔、葉夢得、程垓、陸游、史達祖、蘇軾、王詵、王雱、李甲等人詞作,即擬名中的"雜錄"部分。至於湯氏《論語緯》原稿規模如何,是否還輯有其他緯書,已不可知。⑤ 佚文不注出處,則仍沿明人積習。

---

① 〔清〕高得貴修,張九徵等纂〔康熙〕《鎮江府志》卷二六《師儒》,清康熙二十四年刻本,第26b頁。
② 〔清〕汪琬《堯峰文鈔》卷一四《工部尚書充經筵講官湯公墓誌銘》,清康熙三十二年林佶寫刻本,第4b—8b頁。
③ 王卓華《康熙博學鴻儒著述考》,桂林:廣西師範大學出版社,2017年,第113—114頁。
④ 中國古籍善本書目編輯委員會編《中國古籍善本書目》(經部),第351頁。
⑤ 考慮到湯氏的理學背景,《論語緯》之輯蓋爲讀《論語》之參考,有其他緯書輯本的可能性不大。

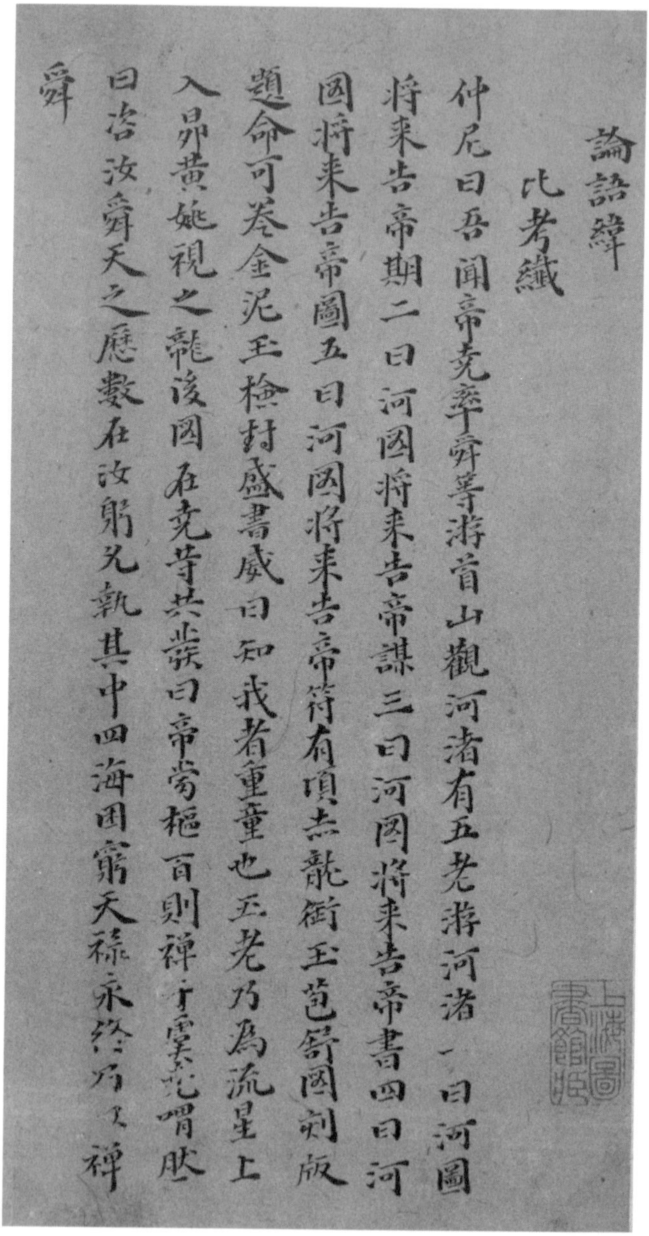

論語緯

比考讖

仲尼曰吾聞帝克桑于舜等游首山觀河渚有五老游河渚一曰河圖將來告帝期二曰河圖將來告帝謀三曰河圖將來告帝書四曰河圖將來告帝圖五曰河圖將來告帝符有頃赤龍銜玉苞舒圖刻版題命可卷金泥玉檢封盛書威曰知我者重童也五老乃為流星上入昴黃姚視之龍後囮在克等共發曰帝常樞百則禪于雲化曰胦曰咨汝舜天之歷數在汝躬允執其中四海困窮天祿永終乃文禪

舜

圖 22　湯斌《論語緯》稿本，上海圖書館藏

二、殷元正、陸明睿輯《集緯》

　　《集緯》不分卷,殷元正原輯,陸明睿增訂。殷元正(？—1760),①字立卿,江蘇華亭縣(今屬上海市)布衣,著有《周易説卦偶窺》三卷。② 陸明睿(1727—1799),③字若瑽,一字文玉,亦華亭縣人,陸樹聲六世孫。諸生,與倪思寬(1729—1786)齊名。④ 著有《三藩紀事本末補》、《茸城望族譜》二卷、《幾求二社姓氏譜》、《時憲志》十卷附《鈞元》一卷、《剳記》二十四種、《耕雲釣雪齋古文》二十卷等。⑤

　　殷元正、陸明睿皆以古文名世。殷元正《徵助刻集緯啓》自言"愛奇仗異,操脩大遠乎中庸;摘句尋章,向慕無關於經術",此書之輯,乃爲藝苑作文之助。陸明睿跋中也説"私愛其奇瓌光古,謂有裨詞章之用",亦與經學考證無關。又據識語,陸氏弱冠時(約乾隆十一年,1746)從其師王永祺("草香師函丈")處獲讀殷氏之書,逐録一部。歷年陸續"增補十四五",過録後曾取正於殷氏。乾隆二十八年(1763)前後又有添注訂正。

---

　　① 上海圖書館藏清清芬書屋抄本《集緯》書末有乾隆二十八年陸明睿跋,言殷氏"辭世已三載",故知其卒年爲乾隆二十五年。

　　② [清]謝庭薰修,陸錫熊纂[乾隆]《婁縣志》卷一二《藝文志》,清乾隆五十三年刻本,第3a頁。按:殷氏《集緯·徵助刻集緯啓》及《周易説卦偶窺》均自署"華亭"。據《清文獻通考·輿地考七》,順治十三年(1656)析華亭置婁縣,並爲松江府治所,故入《婁縣志》。又《婁縣志》作《周易偶窺》四卷,上海圖書館藏清抄本《周易説卦偶窺》(綫善761447–49),書前《總目》分爲三卷。

　　③ 美國普林斯頓大學藝術博物館藏明沈俊繪《明陸文定公像》(y1966–101k),有清嘉慶三年(1798)四月陸明睿題識,言"時年七十有二"。[清]朱大韶《書先師陸若瑽先生隸書册子後》,《實事求是之齋古文》,上海圖書館藏稿本(N402594–623)。

　　④ [清]宋如林修,莫晉纂[嘉慶]《松江府志》卷六〇《古今人傳一二》,清嘉慶間松江府學刻本,第39b—40a頁。

　　⑤ [清]博潤修,姚光發等纂[光緒]《松江府續志》卷三七《藝文志》,清光緒十年(1884)刻本,第26a、28a—28b、33a、35a、39a頁。上海圖書館藏陸氏稿本《陸氏漁獵》不分卷(綫普長004196)、《同姓名識略》不分卷(綫普403457),或即《剳記》二十四種之一部分。

此書卷端題"殷元正立卿甫原輯,陸明睿文玉氏增訂"。(圖23)有乾隆丙申(1776)華亭倪思寬(與陸氏同師王永祺)序、乾隆庚戌(1790)華亭王寶序(王永祺子)序,言此書爲殷元正原輯,殷氏歿後,陸明睿删繁訂譌,倍增佚文。倪序云:"緯候之書,有醇有駁,要之去聖未遠,家法猶存,實爲漢人經學之階梯,不止如劉勰所云有助文章已也。"強調了緯書的經學價值。次殷元正《徵助刻集緯啓》。次《總論》,列舉《漢書·藝文志》《後漢書·方術傳》注等古今論説讖緯之文。次陸明睿《例言十則》。又有《恭引御定書目》《原輯采用書目》《增訂采輯書目》,列舉輯佚所用文獻。正文各類前均有目錄,《河圖目錄》後有《重文標目》,列舉諸書所引緯文篇異文同者。①

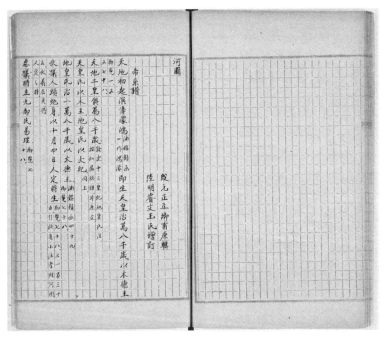

圖23　清平江蘇氏抄本《集緯》,日本京都大學文學研究科圖書館藏

---

①　陸氏《例言》云:"諸書所引篇異文同者頗多,茲悉并附一篇,仍列《重文標目》于首。"依此則《重文標目》爲全書之用,不應列於《河圖目錄》之後。各本中惟清清芬書屋抄本列於《總目》及《河圖目錄》之間,最爲合理。

《恭引御定書目》列《欽定書經傳説彙纂》《御定淵鑑類函》《御定康熙字典》《御定子史精華》等康雍間御纂之書。《原輯采用書目》中時代最晚的是黄叔琳《文心雕龍箋》，有乾隆六年姚培謙刻本。又《原輯采用書目》中有《經義考》，《增訂采輯書目》中有《續刊經義考》。按朱彝尊卒於康熙四十八年，當時《經義考》僅刻成一百六十七卷，有單行本。至乾隆十九年，方得盧見曾資助，由馬曰琯主持續刻，逾年刻竣全書。① 殷氏原輯所據僅爲康熙間刻成的一百六十七卷本，而陸氏增訂時已有續刊，説明成書時間在乾隆二十年之後。書内《易緯目録》中，《乾鑿度》下注"刻有全文，此不更録"，應指此篇有乾隆二十一年盧見曾雅雨堂刻本，故僅存其目。又《坤靈圖》《稽覽圖》《通卦驗》《是類謀》《辯終備》《乾元序制記》諸篇皆從他書輯出，皆因當時尚無武英殿本《易緯》八種。② 綜合以上證據及陸明睿跋，殷氏原輯成書當不晚於乾隆初（約在乾隆六年至十一年間），其後陸氏復加增訂，乾隆二十五年之前已有成書，最終寫定時間在乾隆二十八年。因此，《集緯》是清代首部讖緯輯本。③ 光緒四年劉秉璋《緯攟序》列"近時集緯專家"，首即"華亭殷氏元正"。

《恭引御定書目》列書八種，《原輯采用書目》三十一種，《增訂采輯書目》則達一一〇種。單從數量上看，《集緯》徵引文獻不可謂不豐富，但其中多有注、疏及史、注分列的情況，實際數量應打折扣。書目所列各書著者偶有訛舛，如《原輯采用書目》將沈萬鈳《詩經類考》的著者誤作"陳子龍"，將馮應京《〔六家〕詩名物疏》的著者誤作"陳禹謨"，實際上二陳僅是作序者。《增訂采輯書目》將張自烈《正字通》的著者誤作"廖綸璣"，④實際上廖氏僅爲書前滿文《十二字頭》

---

① ［清］朱稻孫《經義考後序》，見《經義考》書末，第2024—2025頁。沈乃文《朱彝尊與〈經義考〉》，《書谷隅考》，上海：上海古籍出版社，2011年，第19—21頁。
② 殿本《易緯》刊行於乾隆三十八年，四十二年頒發已成之《武英殿聚珍版書》於東南五省，當時江蘇、浙江、福建三省均有翻刻，流傳較廣。陸氏增訂時間較早，此後亦未據以增補。
③ 湯斌《論語緯》時間雖早，但僅爲單種，非彙編群緯之輯本。
④ 關於《正字通》的著者，有張自烈與廖文英兩説。廖文英與廖綸璣爲同宗。

的編者。可見殷、陸二人使用文獻之粗率。另一方面,《集緯》所據文獻時代過晚,多用明清著作,而未能上溯史源,佚文的可靠性與準確性都較低。此外,一些讖緯輯佚的重要來源如《北堂書鈔》《藝文類聚》《乙巳占》《開元占經》等書也未能利用,故所輯頗有遺漏。值得一提的是,《增訂采輯書目》中列有"建寧二年史晨碑",首次將漢代碑刻資料納入讖緯輯佚範疇。

《原輯采用書目》有陶九成《説郛》,從篇目和佚文看,所用爲明末重編的百二十卷本。至於孫瑴《删微》(《古微書》),《經義考》多次徵引,此書雖屢引《經義考》之説,書目及正文中卻全未提及孫書,應是未見原書之故。書末跋文先據《經義考》卷二六七節引孫書自序,又云:"乃知古緯書有先殷氏而輯之者矣。顧《後漢志》載《春秋潛潭巴》,闕占辭者二十有四,而《古微書》皆有之,竹垞翁謂不知其從何處捃拾。蓋孫氏不標所出,令讀者無從考據。然則雖有成書,容免無徵不信之憾乎!"此跋未署姓名,雖在陸明睿跋前,但語氣不類。從其敘述看,亦未見孫氏原書。

《集緯》不標卷次,而略分十二類,故亦有著錄爲十二卷者。① 所輯篇目如下:

(一)《河圖》:《帝系譜》《玉版》《説徵》《挺佐輔》《帝視萌》《始開圖》《稽命徵》《握矩紀》《闓苞受》《括地象》《絳象》《考鉤》《八文》《皇參持》《龍魚河圖》《叶光篇》《帝覽嬉》《帝通紀》《稽曜鉤》《考靈曜》《真紀鉤》《提劉》《合古篇》《赤伏符》《會昌符》《録運法》《祕徵篇》《要元篇》《聖洽》《河圖》《河圖龍文》

(二)《雒書》:《甄曜度》《摘亡辟》《靈準聽》《寶予命》《録運期》《説禾》《兵鈐》《雒書》

(三)《易緯》:《乾鑿度》(刻有全文,此不更録)《坤靈圖》《稽覽圖》《通卦驗》《是類謀》《辯終備》《萌氣樞》《天人應》《乾元序制記》《易緯》

(四)《尚書緯》:《璇璣鈐》《考靈耀》《刑德放》《帝命驗》

---

① 惟〔嘉慶〕《松江府志》卷七二《藝文志》作"十六卷"(第6a頁)。

《運期授》《尚書緯》

（五）《詩緯》：《推度災》《紀歷樞》《含神霧》《含文候》《詩緯》

（六）《禮緯》：《含文嘉》《稽命徵》《斗威儀》《元命包》《禮緯》

（七）《樂緯》：《動聲儀》《稽曜嘉》《叶圖徵》《樂緯》

（八）《春秋緯》：《孔演圖》《元命苞》《文耀鉤》《運斗樞》《感精符》《合誠圖》《考異郵》《保乾圖》《漢含孳》《佐助期》《握誠圖》《潛潭巴》《説題辭》《孔録法》《璇璣樞》《考靈曜》《甄燿度》《鉤命訣》《含文嘉》《聖洽符》《春秋緯》《春秋内事》《春秋河圖揆命篇》《春秋撰命篇》《春秋感應圖》《春秋命歷序》《春秋録圖》

（九）《孝經緯》：《援神契》《鉤命訣》《中契》《左契》《右契》《内事》《雌雄圖》《孝經緯》

（十）《緯書》（原注：凡所引見不著某緯某篇，止云緯書者，另輯于此）

（十一）《讖》：《易運期讖》《易九厄讖》《詩讖》《春秋玉版讖》《禮讖》《孝經中黄讖》《論語摘輔象》《論語摘衰聖》《論語比考讖》《論語撰考讖》《論語陰嬉讖》《論語崇爵讖》《論語糾滑讖》《論語素王受命讖》《論語讖》《雜讖》《讖》

（十二）《尚書中候》：《運衡篇》《握河紀》《考河命》《敕省圖》《契握》《稷起》《苗興》《雒予命》《赤雀命》《我應》《雒師謀》《合符后》《摘雒戒》《覬期》《義明》《準讖哲》《尚書中候》

附：《遁甲開山圖》

《集緯》將讖緯篇目大致分爲河洛、七經緯、讖和《尚書中候》，應是基於讖緯有別的觀念。其中亦有誤收之篇，如《帝系譜》，《舊唐書·經籍志》《新唐書·藝文志》均著録二卷，張愔等撰，並非《河圖》篇目。《河圖八文》僅一條佚文，輯自《玉海·藝文》，而王應麟引作《乾鑿度》。實際上，所謂"河圖八文"之名僅見於宋人僞造的《乾坤鑿度》，不當立目。《詩緯》中《含文候》一篇亦僅有一條佚文，輯自

《路史》注,陳喬樅指出即《含神霧》之文,並無名《含文候》者。① 所謂《春秋感應圖》僅從《淵鑑類函》中輯出一條,實爲王子年《拾遺記》之文。此外,《春秋鉤命訣》《春秋含文嘉》《春秋聖洽符》均疑爲他緯篇名之誤。《集緯》按語中對部分篇目也有懷疑,如疑《春秋璇璣樞》爲《尚書璇璣鈐》之譌,疑《春秋考靈曜》是《尚書考靈曜》之誤。

殷氏原書徵刻未遂,稿本乾隆間存王寶序處。② 陸氏增訂本亦未經刊行,僅以抄本流傳。按朱大韶(1791—1844)所説,陸氏卒後,遺書歸其伯父朱子鄂,"緯書三十卷"即在其中。③ 朱子鄂(1786—1816),字莤士,一字觀白,江蘇婁縣(今屬上海市)人。④ 朱氏曾師事陸明睿,故能得其遺書。朱子鄂卒後,陸氏書爲朱光綸(大韶父)錄藏,後爲陸明睿子索還。⑤ 然法式善(1753—1813)《陶廬雜録》則説"稿本今藏姚春木家",⑥姚春木即姚椿(1777—1853)。兩説矛盾,疑其中一種實爲過録本。光緒九年(1883)朱星衡抄録其父大韶之文,文後注明:"緯書五本,全,藏南埭張氏。"南埭張氏即張錫恭(1858—1924)家,其父張爾耆(1815—1889)爲姚椿弟子,陸氏書或即得自姚氏。經調查,《集緯》現存版本有:

1. 上海圖書館藏清觀我生齋抄本二册(綫普 444108-9),存《河圖》至《孝經緯》。⑦ 1994 年上海古籍出版社《緯書集成》影印此

---

① [清]陳喬樅《詩緯集證·自叙》,清道光二十六年(1846)小嫏嬛館刻本,第 2a 頁。
② [清]王寶序《序》,見《集緯》書前。
③ [清]朱大韶《書先師陸若瑽先生隸書册子後》。
④ [清]朱大韶《世父觀白先生行略》。
⑤ [清]朱大韶《書先師陸若瑽先生隸書册子後》。
⑥ [清]法式善《陶廬雜録》卷四,涂雨公點校,北京:中華書局,1983 年,第 96 頁。
⑦ 上海圖書館編《中國叢書綜録》第一册,上海:上海古籍出版社,2011 年,第 620—621 頁。[日]中村璋八《京都大學藏〈集緯〉と北京·上海圖書館藏本との關係》,《第七、八届中國域外漢籍國際學術會議論文集合刊》,臺北:聯合報文化基金會國學文獻館,1995 年,第 723—744 頁。按:《叢書綜録》子目僅開列至《春秋元命苞》,上海古籍出版社《緯書集成》影印本亦同,今據上海圖書館古籍數據庫著録。

本,僅正文,無序言、總論、例言、書目等。"觀我生齋"爲朱子鄂齋名,①此本蓋即當時過錄之本。有張錫恭批校。錫恭,字聞遠,號殷南,婁縣人。光緒十四年舉人。此本的篇目及佚文數量均少於以下各本,同一條佚文也往往有較大差異,②應是乾隆二十八年添注訂正之前的面貌。

2. 同館藏清抄本四册(綫善 762990-93)。鈐"梅花草堂"白方印。有朱筆校改,眉批有"垂按"云云一條(見《春秋考異郵》),疑爲張允垂(1773-1836)批語。允垂,字升吉,號柳泉,婁縣人。張爾耆父。道光間官杭州知府。書前有後人所錄法式善《陶盧雜錄》一則。

3. 同館藏清清芬書屋抄本三册(綫善 771878-79),闕《春秋緯》。③ 書前有"南武觀我生齋朱蒨士圖書記"朱長印。"清芬書屋"應爲汪大經齋名。④ 大經(1741—1809),字秋白,浙江秀水縣人,但入贅松江,朱子鄂爲其妻姪,⑤與陸明睿亦交善。⑥ 有朱筆圈點及綠筆批語,批語記《繹史》異文。此本行款與上述清抄本相同,清抄本

---

① [清]陳廷慶《謙受堂全集》卷一二《正月下旬六日朱蒨士(子鄂)招余同汪西邨、楊簣山、張遠春、閻鑑波、姚心妙、吳康如集觀我生齋,以坐中佳士時見美人分韻,拈得見字六言絶四首》,清道光十年至十二年一邱園刻本,第 6a 頁。[清]張興鏞《遠春詞》卷二《金縷曲》小注:"丁巳初春,陳桂堂先生飲于朱蒨士觀我生齋,拉余爲不速之客,在座八人即席分體,以坐中佳士時見美人爲韻,屬歌郎拈鬮分送,得美字。"(清嘉慶四年刻本,第 16b 頁)按:上海古籍出版社《緯書集成·例言》謂觀我生齋爲太倉胡金諧(1764—1806)室名,中村璋八《京都大學藏本〈集緯〉と北京·上海圖書館藏本との關係》一文亦從此説,非是。

② 關於此本與京大、國圖藏本的差異,參見[日]中村璋八《京都大學藏本〈集緯〉と北京·上海圖書館藏本との關係》,《第七、八屆中國域外漢籍國際學術會議論文集合刊》,臺北:聯合報文化基金會國學文獻館,1995 年,第 723—744 頁。

③ 前二册爲序至《樂緯》,後一册爲《孝經緯》至跋,上海圖書館原編爲綫善 771878-79、綫善 822539 二號,現已合併。

④ 中國國家圖書館藏《借秋山居詩鈔》八卷(XD3528)、《借秋居雜文草稿》一卷(XD3632),均抄寫於與《集緯》相同的"清芬書屋"烏絲欄稿紙上。原著錄爲抄本,從修改痕跡看,應爲稿本,故推測"清芬書屋"爲汪氏齋名。

⑤ [清]汪大經《借秋山居詩鈔》卷四《妻姪朱蒨士(子鄂)送余至西泠話別》,清嘉慶九年秀水汪氏刻本,第 4a 頁。[清]朱大韶《世父觀白先生行略》。

⑥ [清]汪大經《借秋山居詩鈔》卷六《陸若璿(明睿)哀詞》,第 18a—18b 頁。

所改誤字,此本均已改正,朱筆圈點亦完全一致(圖24),説明兩者同源或有承襲關係。但此本較清抄本多《補編》一葉,收《易通卦驗》2條、《詩含神霧》1條、《禮斗威儀》1條、《春秋元命苞》1條、《樂緯》1條、《遁甲開山圖》1條。除《易通卦驗》第1條出於《太平御覽》外,皆輯自《繹史》。又此本書末有乾隆二十八年陸明睿跋(圖25)。

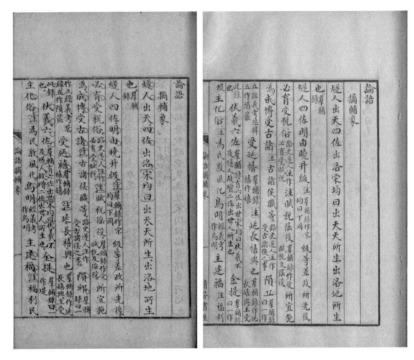

圖24　清抄本(左)及清清芬書屋抄本(右)《集緯》,上海圖書館藏

4. 日本京都大學文學研究科圖書館藏清平江蘇氏抄本四册(A IXa 15 - 2)。① 鈐有"厚康"朱方印,知爲蘇輿(湖南平江縣人)舊藏。蘇氏治公羊學,著有《春秋繁露義證》,故於《春秋緯》各篇批注較多。卷末録有光緒元年(1875)章枼及光緒十六年張聲馳跋。章枼(1832—1886),字韻之,號次柯,妻縣人。張聲馳(1851—?),字慕

---

① [日]中村璋八《緯書の基礎的研究・資料篇》第一章《緯書資料研究における問題の所在》,第342—343頁。

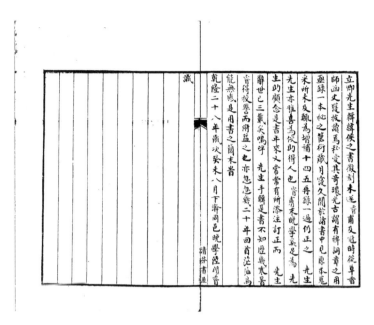

圖 25　清清芬書屋抄本《集緯》書末陸明睿跋，上海圖書館藏

羅，號謙甫，華亭人。章末婿。張跋云："家藏《集緯》一書……是書爲寒宗家學所係，惜板已散佚，當俟有力再付手民。會學使者長沙王益吾先生廣求遺書，因以刊刻是書請。越五年，蒙檄取是書，並允集資付梓。……聲馳恐舟車千里，真本或有遺失，因偕士荃録副上呈。"按王先謙光緒十一年任江蘇學政，在江陰南菁書院開設書局，刊刻《皇清經解續編》等先哲遺書，故張氏以刊刻《集緯》爲請，然未果。光緒十五年，王先謙卸任回里，十六年在長沙思賢講舍設局刻書，故又向張聲馳索取此書。① 張氏怕底本遺失，故與内弟章士荃

---

① 光緒十六年王先謙致繆荃孫札云："前槐生（謙按：葉維幹）允爲覓致朱先生（右曾）《左傳服賈注疏》及松江府學廪生張聲馳家所藏某君所著《古微書疏證》。今槐生已歿，兄已致函蓉浦同年，懇爲行文嘉定、松江兩處，務得稿本賜寄，兄爲籌資付刊。"（錢伯城、郭群一整理，顧廷龍校閲《藝風堂友朋書札》，上海：上海人民出版社，2018 年，第 37 頁）按：王氏於此書不甚了了，書名亦誤。

（章末子）過録副本寄呈。① 蘇輿爲王先謙門生，故能據副本轉抄一部，即此京大藏本。

　　5. 中國國家圖書館藏清抄本四册（善03811），編目者擬題《緯讖候圖校輯》。有清陳壽祺、陳喬樅批校，光緒四年（1878）周星詒跋。② 鈐"翁斌孫印"白方。《北京圖書館古籍珍本叢刊》第三册影印。③ 此本亦無序言、總論、例言、書目等。周跋云："此書世無刻本，丁丑（1877）春，兒子紹寅于陳恭甫太史（陳壽祺）家中廢籠中撿得，并太史與令子喬樅集録經緯殘稿一捆，同爲所棄，因從予乞六千錢買之。予方爲《三國文獻會最》，繙檢《書抄》《類聚》諸書，因并收集緯書，補正此與孫氏脱漏舛誤。□此書中有朱、墨書增訂諸條，爲太史父子手筆。予曾見兩先生書跡，能別識之，故表著以示後來，知寶貴焉。戊寅三月廿二日燈下，星詒。"陳喬樅《詩緯集證・自叙》提及"近世陸明睿增訂殷元正《集緯》"，即此本也。

　　6. 中山大學圖書館藏清抄本九册（0351），編目者擬題《讖緯書》十七種。有佚名墨批及嘉慶九年（1804）順德鄧伯子朱筆題識。無序言，有《重文標目》。④ 鈐"季卿"朱方、"韻海之印"半白半朱方印、"存誠堂藏書印"朱方、"濠堂藏本之一"朱方、"諾津之印"、"敏齋珍玩"、"問農珍玩"等印，知經平湖韓韻海（道光二十三年舉人）、香山何日愈（1793—1872）、番禺盛景璇（1880—1929）等遞藏。此本

----

①　[清]張錫恭《張徵君日記》（上海圖書館藏稿本，綫善826695-712）光緒十六年三月二十日："十六叔囑校《緯書》。"二十一日："竟日校《緯書》……南塘張謙甫（謙按：張聲馳）茂才囑十六叔父鈔，余僅校其新鈔之訛字而已。《春秋考異郵》訖。"二十二日："校《緯書》畢。"可見張錫恭亦參與其事。

②　北京圖書館編《北京圖書館古籍善本書目・經部》，第145頁。按：此本外封原標有册次及本册內容，第一册標"河圖"，第二册標"易緯、禮緯"，第三册標"春秋緯"，第四册標"孝經緯、讖、中候"。然後人改"一"爲"四"，改"二"爲"一"，改"三"爲"二"，改"四"爲三，蓋周氏重裝時所爲，故周跋在原第一册、今第四册末。

③　《北京圖書館古籍珍本叢刊》第三册《緯讖候圖校輯》，北京：書目文獻出版社，1988年。

④　中山大學圖書館編《中山大學圖書館古籍善本書目》，廣州：中山大學圖書館，1982年，第31頁。

爲 1927 年顧頡剛在杭州爲中山大學購得，又別抄一本自存。①

7. 臺北故宮博物院藏清抄本一册（贈善 004173），僅存《河圖》《雒書》。鈐"德清許氏陔華堂藏書"朱方藏印，知爲許宗彥（1768—1818）舊藏。②檢許氏《鑒止水齋藏書目》有"《集緯》四本"，③《增訂四庫簡明目録標注》亦著録"許氏有《集緯》書四卷四册，清殷元正編，陸明睿增補，鈔本"，④當即此本，惟已有佚失。

8. 北京大學圖書館藏清尚友齋抄本一册（SB/099/7711）⑤，存《孝經緯》以下。版心刻"尚友齋鈔本"五字。此本之篇目、文字及朱筆句讀、評點符號、批校文字均與清芬書屋抄本相同（中間部分篇目未録句讀、評點及批校），蓋據後者抄録而成。

以上各本中，僅上圖藏清抄本及京大藏清平江蘇氏抄本爲完書，其餘諸本均有不同程度的殘闕。上圖藏清清芬書屋抄本及北大藏清尚友齋抄本有《補編》及陸明睿跋，爲他本所無。

三、四庫館輯《易緯》八種

清乾隆三十七年開館纂修《四庫全書》，館臣閔思誠、鄒炳泰從《永樂大典》中輯出《易緯》八種，整理成書，三十八年由武英殿刊行，後收入《武英殿聚珍版書》《欽定四庫全書薈要》《欽定四庫全書》中。（圖26）《永樂大典》大致保存了南宋館閣藏《易緯》的舊貌，與

---

① 顧洪、張順華編《顧頡剛文庫古籍書目》，第 985 頁。《中山大學圖書館周刊》第六卷第一至四期合刊（1929 年 2 月）載此本照片一幅，題"清薲山房藏讖緯書十七種鈔本"（第 16 頁）。朱偰《稿本讖緯書十七種跋》（《書林》第一卷第六期《羊城書跋》，1937 年 5 月）亦有介紹，但誤抄本爲稿本。

② "國立"故宮博物院編輯委員會編《"國立"故宮博物院藏沈氏研易樓善本圖録》，臺北："國立"故宮博物院，1986 年，第 238—239 頁。

③ ［清］許宗彥《鑒止水齋藏書目》，《圖書館學季刊》第五卷第三、四期，1931 年，第 474 頁。

④ ［清］邵懿辰撰，邵章續録《增訂四庫簡明目録標注》卷三，上海：上海古籍出版社，2000 年，第 136 頁。

⑤ 北京大學圖書館編《北京大學圖書館藏古籍善本書目》，北京：北京大學出版社，1999 年，第 37—38 頁。

其他各緯相比,文本相對完整,故而十分重要。輯本及時保存了文獻,成爲今日《易緯》研究中的主要文本依據。①

圖26　乾隆三十八年武英殿刻本《易緯乾鑿度》

《易緯》八種包括:《易緯乾坤鑿度》二卷、《易緯乾鑿度》二卷、《易緯稽覽圖》二卷、《易緯辨終備》一卷、《易緯通卦驗》二卷、《易緯

---

① 詳參本書第二章第三節。

乾元序制記》一卷、《易緯是類謀》一卷、《易緯坤靈圖》一卷。① 其中《乾坤鑿度》和《乾元序制記》爲宋人僞造，並非漢代緯書。館臣對照諸書徵引，列出不少異文，也對《大典》文本的訛脫衍倒做了一些校正工作，態度比較審慎，並有按語說明，整理質量頗高。除了諸經義疏、正史傳注和唐宋類書，館臣還利用了孫瑴《古微書》、朱彝尊《經義考》、馬驌《繹史》等晚近之書。此外，在《易緯乾鑿度》中，館臣還參考了"明錢叔寶本"。所謂"明錢叔寶本"即乾隆二十一年德州盧氏雅雨堂刻本，其底本爲"嘉靖中吳郡錢君叔寶藏本"。② 錢叔寶即錢瑴。《大典》本《周易乾鑿度》不分卷，殿本分上下二卷實據錢本。

乾隆四十二年，高宗准許將武英殿已印各書頒發東南五省，聽其翻版通行。③ 故各省先後均有翻刻。此外，還有嘉慶二十年章氏勤業堂刻本、④同治十二年鍾謙鈞等輯《古經解彙函》本等多種版本。（詳見本章附錄三　現存讖緯輯本知見錄）四庫館所輯《易緯》流傳甚廣，此後讖緯輯本中的《易緯》部分多據以轉錄。

四、錢大昭輯《七經緯》

佚名輯《七經緯》不分卷，清抄本，丁丙跋，南京圖書館藏（GJ/112349）。先行研究中均未提及。此書與《世本輯逸》合抄一册，書名皆丁丙跋中擬題。鈐"古杭何元錫藏"朱方、"錢江何氏夢華館藏"

---

① 武英殿本《易緯》無總目，每篇葉碼各自起訖，中國國家圖書館藏本（善02324）次序如此，與同館藏清朱絲欄抄本《武英殿聚珍版書目錄》（目58919）"易緯十二卷一函"下所載篇次相同（惟該目將《通卦驗》誤爲一卷），反映了殿本編次的實際情況。《四庫全書簡明目錄》及浙本《四庫全書總目》篇次與此相同，而摛藻堂《四庫全書薈要總目》及《薈要》原書中，《辨終備》與《通卦驗》次序互換，《乾元序制記》與《是類謀》次序互換；武英殿本《四庫全書總目》及文淵閣《四庫全書》原書中，《乾鑿度》在《辨終備》後、《通卦驗》前。

② ［清］盧見曾《周易乾鑿度序》，見《周易乾鑿度》書前，清乾隆二十一年德州盧氏雅雨堂刻本，第1b頁。

③ 中國第一歷史檔案館編《纂修四庫全書檔案》，第723—724頁。

④ 王欣夫《蛾術軒篋存善本書錄》，鮑正鵠、徐鵬整理，上海：上海古籍出版社，2021年，第371—373頁。

朱方、"夢華館藏書印"白方、"八千卷樓"朱方、"善本書室"朱方、"錢塘丁氏正修堂藏書"朱方,知經何元錫、丁丙遞藏。丁丙跋《世本輯逸》云:

  《世本輯逸》一卷,舊鈔本,何夢華舊藏。此爲乾隆時鈔本,與茆魯山輯本互有異同。上端有錢東垣識語,校勘精審,後來秦嘉謨輯本據此爲藍本,雖較此徵引爲富,要未及此之條條精審也。有"錢江何氏夢華館藏"圖記。

此書無題名,檢核內文,與孫馮翼《世本》輯本基本相同。孫輯本有嘉慶七年孫星衍《重集世本序》云:

  吾友錢徵士大昭嘗據書傳所引,集爲《作篇》《居篇》《姓氏篇》《王侯大夫譜篇》,共四篇,服其勤博。何文學元錫手錄示予,攜歸金陵。適家郎中馮翼篤嗜古書,亦爲此學,既得錢本,復據諸書補其未備,校訂付刊。①

而南圖此本正爲何元錫所藏,蓋爲何氏手錄副本,因知此書即錢大昭輯本。錢大昭(1744—1813),字晦之,江蘇嘉定縣(今屬上海市)人,大昕弟。經對比,不論是《世本考證》還是輯本內文,孫本與錢本幾乎全同,故孫星衍序僅婉言"補其未備"和"校訂"之功。孫輯本卷端僅署"承德孫馮翼集",而無錢氏之名,似有攘奪之嫌。②

《七經緯》既與《世本》合抄,當亦錢大昭所輯。且二書格式一致,皆先引諸書著錄之文爲考證,再分篇輯佚。又眉批有書"東垣案"者,錢東垣即錢大昭子,凡此皆可爲證。丁丙跋云:

  《七經緯》一卷,寫本。何夢華舊藏。讖緯之學,漢人爲盛。讖則專言占驗,爲士大夫所不道。緯則多載秦以前古經説,皆戰國及西漢經師所傳,故近日經師皆取以證經,不可與讖同日而論也。此卷爲《易説》《尚書刑德放》《尚書帝命驗》《尚書考靈耀》

---

① [清]孫馮翼輯《世本》,清嘉慶七年承德孫氏問經堂刻本,第2a頁。
② 清人路慎莊《漢魏遺書續鈔序》開列清代輯佚學者,承德孫氏(馮翼)名下有《世本》及《緯書》等,見[清]路慎莊《蒲編堂路氏藏書目》,杜以恒整理,濟南:齊魯書社,2021年,第991頁。《緯書》當亦是抄襲錢大昭《七經緯》。

《尚書運期授》《尚書璇璣鈐》《尚書説》《符合后》《詩氾曆樞》《詩含神霧》《詩推度災》《詩緯》《禮斗威儀》《禮稽命徵》《禮含文嘉》《禮緯》《禮説》《樂稽耀嘉》《樂叶圖徵》《樂動聲儀》《樂説》《孝經援神契》《孝經鉤命訣》《孝經説》諸種，核其時代，當在趙國翰之前，疑趙氏輯本由此增益。紙墨古雅，筆墨端楷，且經前人朱筆校勘。有"古杭何元錫藏""錢江何氏夢華館藏"圖記。①

"趙國翰"當爲"趙在翰"之誤，丁丙仿照趙氏《七緯》之名，爲此輯本擬名《七經緯》。然此書無《春秋緯》，不符"七經緯"之名。此書先引《後漢書·樊英傳》注、《唐六典》、《舊唐書·經籍志》、《隋書·經籍志》之著錄，《隋志》小序言隋文帝、隋煬帝禁讖緯之文上有錢東垣眉批："東垣案，此言未見其行也。其事不見于兩帝本紀，《隋書》中諸儒援引及之者甚多，蕭吉上表于高祖稱《樂緯》，王劭上表于高祖稱開皇見于緯書，牛弘宇文愷，于煬帝時議明堂上表亦引《禮緯》及《孝經》，皆非私家之撰述。"

所輯讖緯篇目有：

《易坤靈圖》（12條）、《易説》（22條）、《萬形經》（1條）、《尚書刑德放》（9條）、《尚書帝命驗》（19條）、《尚書考靈耀》（56條）、《尚書運期授》（原注：授一作授，2條）、《尚書璇璣鈐》（17條）、《書説》（11條，附《合符后》1條）、《詩氾曆樞》（6條）、《詩含神務》（原注：一作霧，30條）、《詩推度災》（18條）、《詩緯》（7條）、《禮斗威儀》（62條）、《禮稽命徵》（24條）、《禮含文嘉》（39條）、《禮緯》（8條，附《禮元命包》1條、《禮瑞命記》1條）、《禮説》（8條）、《樂稽耀嘉》（11條）、《樂叶圖徵》（原注：叶一作汁，18條）、《樂動聲儀》（22條）、《樂説》（13條）、《孝經援神契》（149條）、《孝經鉤命訣》（58條）、《孝經説》（36條，附《孝經河圖》1條）。

《易坤靈圖》末有按語云："武英殿本又有《繹史》引二條，亦今本所無。"可見此本僅輯武英殿《易緯》八種所無之文，以避重複。但其

---

① 此據丁氏手跋，亦見《善本書室藏書志》卷四，而所録頗有訛脱。

中也有個別條目已見於殿本,錢東垣在眉批校語中注明。《易説》《書説》《詩緯》《禮緯》《禮説》《樂説》《孝經説》收篇目歸屬不明之文。成書時間當在乾隆後期至嘉慶初年。總體而言,輯本篇幅不大,似是讀書時隨筆採録,並非專力於此。

《增訂四庫簡明目録標注》著録"許氏又有錢大昕、錢大昭《緯書輯存》二册,無卷數,鈔本",此"許氏"指德清許宗彦。① 檢《鑑止水齋藏書目》有"緯書輯存二本""五經緯一本",②南圖所藏《七經緯》似當與後者爲一書。

五、趙在翰輯《七緯》

《七緯》三十八卷,趙在翰輯。趙在翰,號鹿園。福建侯官縣(今屬福建省福州市)人。嘉慶十五年(1810)優貢生,③道光五年(1825)舉人。④ 所著除《七緯》外,尚有《晋書補表》二十五卷。⑤

《七緯》在孫瑴《删微》基礎上輯成,故成書較速。趙在翰自言:"迺屏棄舉業,鈔撮群書,二載於兹,略具舊文。伯兄是正,友人楊大椒洲、李五秋潭互相參校,贊成付梓,爰有成書。"⑥此書初刻於嘉慶九年(1804),趙氏僅二十餘歲。⑦ 天津圖書館藏本内封題"易緯、尚書緯、詩緯、禮緯、樂緯、春秋緯、孝經緯、序録/七緯/嘉慶九年三月侯

---

① [清]邵懿辰撰,邵章續録《增訂四庫簡明目録標注》卷三,第136頁。《標注》上條著録《集緯》亦爲許氏藏書,參見上文。
② 許宗彦《鑑止水齋藏書目》,第474頁。
③ [清]周中孚《鄭堂讀書記》卷二,黄曙輝、印曉峰標校,上海:上海書店出版社,2009年,第36頁。
④ [民國]歐陽英修,陳衍纂[民國]《閩侯縣志》卷四三《選舉・清舉人》,民國二十二年刻本,第11a頁。
⑤ [清]趙在翰《晋書補表》,影印中國國家圖書館藏清稿本,《魏晉南北朝正史訂補文獻彙編》第3册,北京:北京圖書館出版社,2004年。
⑥ [清]趙在翰《七緯》卷三八《叙録・孝經緯叙録》,清嘉慶九年侯官趙氏小積石山房刻十四年續刻本,第7a頁。
⑦ 阮元《七緯敘》有"侯官趙君在翰以長沙射策之年,兼江夏無雙之目"之言,據《漢書・賈誼傳》,文帝召爲博士時,賈誼年二十餘。

官小積石山房刊",次葉爲"七緯全函"卷次及子目。無序言,僅書末有嘉慶九年四月李大瑛、楊應階二跋。當時未得《開元占經》①,故有遺漏。其兄趙在田請序於阮元,並乞録《占經》所引緯書佚文爲補遺。阮元乃"屬詁經精舍高足生烏程張鑑采録《開元占經》及新得日本隋《五行大義》中所引諸緯",寄予趙在翰。②《五行大義》中土早佚,日本大學頭林衡於寬政十一年(1799)以活字排印此書,收入《佚存叢書》第一帙,並很快傳入中國,阮元所得即此本。③ 嘉慶九年,德清許宗彦據《佚存叢書》本翻刻,是爲《五行大義》的第一部中國刻本。依靠阮元的襄助,趙在翰得以及時利用最新的回傳文獻,擴大了輯佚的範圍,增加了佚文的數量。然而趙氏已無力重刊,④至嘉慶十四年(1809)方在福建巡撫張師誠的資助下續刻補遺,附於各篇卷之後。⑤ 補遺主要是從《五行大義》和《開元占經》等書中新輯得之佚文,而對於已見於他書之佚文,則以修版或改刻的方式將《五行大義》和《開元占經》作爲出處添入各卷中。續刻本内封題"七緯三十八卷補遺坿/嘉慶十四年侯官趙氏小積石山房刊",書前增刻高宗《御製題乾坤鑿度》及嘉慶十四年張師誠、葉紹本二序。

　　趙在翰秉持讖緯有別的觀點,認爲"緯自緯,讖自讖",批評孫瑴《古微書》界限不明,雜入諸讖。⑥ 故輯本僅取《易》《書》《詩》《禮》

---

　　① 李大瑛跋云:"去秋曾購《開元占經》等書,又郵寄未至。"
　　② 阮序亦爲張鑑代筆,見[清]張鑑《冬青館乙集》卷五《七緯輯序》,影印民國劉氏嘉業堂刻《吳興叢書》本,《續修四庫全書》第1492册,第2a—4a頁。〔同治〕《湖州府志》及潘衍桐《兩浙輶軒續録》載張鑑著述有《七緯補輯》七卷,即此書。
　　③ [清]阮元撰,鄧經元點校《揅經室集·外集》卷二,北京:中華書局,1993年,第1215—1216頁。
　　④ 鍾肇鵬提到中國科學院圖書館藏有一部《七緯》,僅有嘉慶九年九月阮元序,内封鈐"補遺續出"朱印。(鍾肇鵬、蕭文郁點校《七緯》(附《論語讖》),第22頁)既有阮序,説明此本刷印時間晚於天津圖書館藏本,應在嘉慶九年末至十四年間。中國人民大學圖書館亦有此種印本(PG112/73)。
　　⑤ 補遺凡三十二篇(原書第二十九重出),《尚書帝命驗》《樂稽耀嘉》《春秋握誠圖》《春秋説題辭》無補遺。
　　⑥ 趙在翰《七緯》卷三八《敘録·總敘》,第1b—2a頁。

《樂》《春秋》《孝經》七緯,而將《河圖》《洛書》《尚書中候》《論語讖》等視爲讖書,俱不採入。① 趙氏自言"本《隋書‧經籍志》著録以纂集",而《隋志》並無細目,各緯具體篇目實依《後漢書‧樊英傳》李賢注。《隋志》明確説"七經緯三十六篇",而李賢注尚闕一篇,趙輯本亦未補。其中《易緯》八種據武英殿本,②較李賢注多《乾坤鑿度》和《乾元序制記》兩種(宋人僞造)。《七緯》卷次及子目如下:

  卷一至八(《易緯》):《易乾坤鑿度》《易乾鑿度》《易稽覽圖》《易辨終備》《易乾元序制記》《易通卦驗》《易是類謀》《易坤靈圖》

  卷九至十三(《尚書緯》):《尚書璇機鈐》《尚書攷靈曜》《尚書刑德放》《尚書帝命驗》《尚書運期授》

  卷十四至十六(《詩緯》):《詩推度災》《詩汎曆樞》《詩含神霧》

  卷十七至十九(《禮緯》):《禮含文嘉》《禮稽命徵》《禮斗威儀》

  卷二十至二十二(《樂緯》):《樂動聲儀》《樂稽耀嘉》《樂叶圖徵》

  卷二十三至三十五(《春秋緯》):《春秋演孔圖》《春秋元命苞》《春秋文耀鉤》《春秋運斗樞》《春秋感精符》《春秋合誠圖》《春秋考異郵》《春秋保乾圖》《春秋漢含孳》《春秋佐助期》《春秋握誠圖》《春秋潛潭巴》《春秋説題辭》

  卷三十六至三十七(《孝經緯》):《孝經援神契》《孝經鉤命

---

① 此後趙在翰編纂《經餘必讀三編》,亦分立《七經緯纂》和《論語讖》。其中《七經緯纂》即從《七緯》之文摘録,《論語讖》則據孫瑴《删微》。《經餘必讀三編》四卷,清嘉慶十七年刻本,國圖(普古 152675)。又,清光緒二年(1876)永康胡鳳丹退補齋重刻本。

② 然《七緯》之《乾鑿度》《乾坤鑿度》中,遇有無關文義之虛字,而殿本與明范氏天一閣刻本異者,《七緯》皆同范本,如《乾鑿度》卷上"大衍之數五十""各順其類也",殿本如此,而范本及《七緯》皆無"之"字、"也"字。趙氏蓋以范本或同系統之本爲工作本,再以殿本改范本,並補入殿本按語。故范本誤字多據殿本改正,而無礙文義處仍之。

決》

卷三十八:《敘録》《敘目》

除《易緯》外,各緯後均有附録,收諸書泛引而無法確定篇目歸屬的本緯佚文。孫瑴《删微》各類、各篇下多有解題,趙氏則於末卷專立《敘録》《敘目》。《敘録》分述諸緯之源流、著録、篇目、次第等,尤其指出緯書與經學的關係,如言鄭玄"釋經根據緯言",《詩緯》爲《齊詩》所本,《春秋緯》爲"諸弟子私記夫子成《春秋》之微言"等。《敘目》則列舉各緯篇目,並以四字句的形式對各篇篇名作簡要的解釋(《易緯》無),成爲後人理解緯書篇名含義的重要參考。與《删微》類似,《七緯》不少佚文下有趙在翰、楊應階、李大瑛按語,廣引文獻,或爲校正文字,或爲考釋文義,亦足資參考。

趙在翰將輯佚限定在《後漢書·樊英傳》注所列篇目的範疇内,界限十分明確,故而不存在誤立篇目的情況。不過,由於不收《河圖》《洛書》《論語讖》等所謂讖書,後人批評其不够詳備。① 《七緯》輯佚所用文獻,大致比較可靠,但也有一些出處如明萬曆間蔡復賞《孔聖全書》、徐常吉《事詞類奇》、馮應京《月令廣義》、劉仲達《鴻書》、方以智《通雅》、清初馬驌《繹史》等,時代過晚,文本的質量與可靠性較低。一些録自《説郛》和《古微書》的佚文,未能找到原始出處,亦令人生疑。雖然輯本後來使用了《五行大義》和《開元占經》,但所輯卻並不完備,遺漏頗多。鍾肇鵬指出,《開元占經》卷五一至卷六四中的《春秋緯》,《七緯》補遺全部未輯,其餘各卷也有遺漏。② 趙在翰並未得見《占經》原書,考慮到《占經》體量頗巨,張鑑漏抄的可能性較大。由於參考了孫瑴《删微》,《七緯》中也偶有沿襲孫書錯誤之處。如《詩推度災》"邶,結蝓之宿"條按語引陸佃《埤雅》云云,即誤從孫書轉抄,實出宋羅願《爾雅翼·釋魚三·蝸牛》。此外,《七緯》校刻不精,頗有誤字。如《易乾鑿度》卷上注"以法罰小人之罪

---

① [清]錢熙祚《跋》,見清道光二十一年金山錢熙祚刻《古微書》(《守山閣叢書》之一)書末。

② 鍾肇鵬《前言》,《七緯》(附《論語讖》),第 23 頁。

也",武英殿原本"法"作"决"。卷下注"初爻以地爲正",殿本"地"作"此"。同卷注"於國各有所生",殿本"生"作"主"。又《易通卦驗》卷上注"鳥,赤鳥也",殿本"鳥"作"偶"。同卷注"神形者謂神也",殿本下"神"字作"坤"。從總體上看,《七緯》在行世的明清輯本中可稱謹嚴。黄奭《通緯》將其文本及按語一併吸收,成爲自家輯本的重要基礎。

六、姚東升輯《古微書補闕》

姚東升(1782—1835),字遇辰,號曉珊、曉山,一號嘯三,浙江秀水縣(今屬浙江省嘉興市)人。庠生。著有《恒象紀聞》《惜陰居文稿》《吟稿》《日鈔》等。① 姚氏中年後勤於搜輯佚書,稿本《佚書拾存》輯書八十一種。②

又有《古微書補闕》一書,補輯孫瑴《古微書》之闕漏。此書僅有稿本,今藏中國國家圖書館(普古205),紙捻裝訂一册,不分卷,書衣題"古微書續"。前半爲謄清本,題"古微書補闕",後半爲草稿本,題"古微書續"。書末又雜有《蒼頡篇》《廣蒼》《埤蒼》《三蒼解詁》《周書》《風俗通》《〔尚書〕大傳》《孝經佚文》等輯本草稿數葉。書前有道光五年(1825)姚東升識語:

> 緯書篇目可攷者:《易》廿七、《河圖》卅六、《洛書》七、《河洛》一、《書》六、《中候》十四、《詩》四、《禮》七、《樂》四、《春秋》廿八、《論語》八、《孝經》廿八、《雜緯》一,又四目不知何經之緯。

---

① [清]姚星垣輯《姚曉山先生傳表誄文》,清咸豐九年抄本,中國國家圖書館藏(善5291)。[清]許瑶光修,吴仰賢纂〔光緒〕《嘉興府志》卷五三《列傳四·秀水》,第55b頁。按:姚氏著作均未刊行,各書稿本今藏中國國家圖書館。其中,《惜陰居文稿》《惜陰居吟稿》二種有《國家圖書館藏清人詩文集稿本叢書》第一輯(北京:北京大學出版社,2015年)影印本。

② [清]姚東升輯《佚書拾存》,影印清嘉慶、道光間稿本,《古籍佚書拾存》第一册,北京:北京圖書館出版社,2003年。按:稿本共七册,包含謄清本和草稿本,書名乃後人擬題,今藏中國國家圖書館(普古8094)。參見書前佚名識語。

忬緯之書作于西漢、新莽時，而光武又以讖興，其文淺陋，通儒已詳。而魏晉人復附益之，名目甚繁，異同間出，總非孔聖所目見。後世嚴禁而全書散佚，雖經注中及諸類所引刺刺不休，然此摘一簡，彼集一言，非特文氣不貫，且張冠李戴，篇目舛錯。又經六朝割剝之敝而蔑裂，更非其舊。唯然，則忬緯可不必編並不必有補有續矣。然孫氏已編于前，而升又因孫所遺補之續之者，非好為怪異說也。特以古有是名，略取其似全文者錄之，而單句削去，若無全文則單句亦存，為二冊，蓋欲廣其識見耳。至諸書所引，或有曰說曰緯曰讖，而有題可據、有義可歸，則列于本篇。若無題無義，則附于各緯之末。至篇目悉照朱竹垞太史《經義攷》，間有《攷》所不備，又廣益之，得名百餘。篇目多于孫而文少于孫，蓋所餘者寡。後有覽者，諒不見哂焉。道光乙酉夏日姚東升曉珊識于州東老屋。

姚氏所謂"篇目可攷者"之數乃據朱彝尊《經義考·忬緯》，書內所立篇目亦照朱書（省去《古微書》已有者），而又有增補，總計九十五篇：①

　　1.《垂皇策》　2.《萬形經》　3.《乾文緯》　4.《考靈緯》　5.《易制靈圖》　6.《易九厄讖》　7.《易通統圖》（一作統圖）　8.《易卦氣圖》　9.《易萌氣樞》　10.**《易通系卦》**　11.《易曆》　12.《易運期讖》　13.《易傳太初篇》　14.《易含文嘉》　15.《易稽命圖》　16.《易含靈孕》　17.《易八墳文》　18.《易內戒》　19.《易狀圖》　20.《易尚書大傳》

　　21.《尚書帝驗（或作命）期》　22.《尚書運期援（一作授）》　**23.《尚書緯書》**　24.《禮元命包》　25.《禮瑞命記》　26.**《禮統》**（升所補）　27.《禮稽命圖（一作曜）》

　　28.《春秋孔錄法》　29.《春秋考曜文》　30.《春秋推（一作握）誠圖》　31.《春秋玉版讖》　32.《春秋含文嘉》　33.《春秋

---

① 加粗之篇目為《經義考》所無，姚東升增補者。

錄圖》 34.《春秋括地象》 35.《春秋內事》 36.《春秋少陽篇》 37.《春秋撰命篇》 38.《春秋文（一作大）義》 39.《春秋瑞應傳》 40.《春秋河圖揆命篇》 41.《春秋璇璣樞》 42.《樂元語》 43.《論語素王受命讖》 44.《論語摘衰聖承進讖》 45.《論語紀（一作糾）滑讖》 46.《論語崇爵讖》 47.《論語陰嬉讖》 48.《論語讖》 49.《孝經左契圖》 50.《孝經右契圖》 51.《孝經中契》 52.《孝經雌雄圖》 53.《孝經河圖》 54.《孝經中黃讖》 55.《孝經雜緯》 56.《河圖錄運法》 57.《河圖赤伏符》 58.《河圖會昌符》 59.《河圖說徵示》 60.《河圖帝視萌》 61.《河圖期運授（一作援）》 62.《河圖帝紀通》（或作帝通紀） 63.《河圖皇參持》 64.《河圖閩苞受》 65.《河圖龍文》 66.《河圖提劉子》 67.《河圖真鉤》（或作真紀鉤，一作考鉤） 68.《河圖著命》 69.《河圖天靈》（一作河圖考靈曜） 70.《河圖緯象》（一作絳象） 71.《河圖叶光圖》 72.《河圖合古篇》（一作令占篇） 73.《河圖祕微（一作徵）篇》（一作帝祕微） 74.《河圖始開篇》 75.《河圖要元篇》 76.《洛書寶號命》 77.《洛書錄運期》（或作錄運法） 78.《洛書摘亡辭》 79.《老子河洛讖》 80.《五行鉤命決》（一作五帝，升所附益） 81.《尚書中候考河命》 82.《中候摘雒戒》（戒一作貳，一作摘維戒） 83.《中候握河紀》 84.《中候握契》 85.《中候霸免》 86.《中候苗興》 87.《中候敕省圖》 88.《中候雒予命》 89.《中候運衡篇》 90.《中候合符后》 91.《中候稷起》 92.《中候雒師謀》 93.《中候義明篇》（《齊·祥瑞志》作儀明） 94.《中候覿期》 95.《中候準讖（一作讖）哲》

其中少量篇目如《易含文嘉》《易稽命圖》《易含靈孕》《易八墳文》《易內戒》《易狀圖》等有目無文。姚氏雖言"補闕"，然是書之文不少已見於《古微書》，當是失於檢核。如《孝經中契》據《御覽》輯出"《孝經》文成,玄雲涌北極,紫宮開北門"一句,已見於《古微書》卷三〇同篇中。《孝經右契圖》據《事類賦注》輯出"孔子夢芻兒捶麐,傷前左足……麐向孔子,蒙其耳,吐書三卷,孔子精而讀之"一段,亦已見《古微書》卷三〇《孝經右契》中,只是字句略有差異。姚氏的讖緯輯佚工作主要以朱彝尊《經義考》爲基礎,迻錄了不少《經義考》的篇目和文字,又根據《經義考》提供的綫索查引原書,自己也從經史傳注和類書中輯出了不少佚文,並注明出處,用力不可謂不勤。但也有個別輯佚來源如《庾開府集注》《格致鏡原》等,時代失之過晚,可靠性不高。此外,姚氏只是閉户著書,交游不廣,因而見聞有限,未能參考當時已經刊行的趙在翰《七緯》等讖緯輯本,故而難免遺漏。加之識見不高,僅求篇目之多而疏於考辨,以致其中多有誤收之篇、錯訛之名。如《垂皇策》《萬形經》《乾义緯》《考靈緯》《易制靈圖》等篇之立皆據《乾坤鑿度》,雖是沿用《經義考》之説,但《四庫全書總目》已指出《乾坤鑿度》乃宋人僞造,自然不可信據。又姚氏在部分篇名下注有異文,但往往是所用篇名有誤,而異文不誤。如《尚書運期援》之"援"當作"授",《春秋推誠圖》之"推"當作"握"等。當然,姚氏此書也有一些獨到佚文,如《孝經雌雄圖》末條:

　　　　日有二黄人守日中,外國人來降。(《武經説要・後集十二》)①

姚氏錄文雖略有錯訛,或非從原書輯出,但包括安居香山、中村璋八《緯書集成》在內的各家輯本均失收此條佚文,姚氏所輯自有其價值。

七、畢裕曾《緯候佚文》

畢裕曾,字曉山,江蘇鎮洋縣(今江蘇省太倉市)人,畢沅從子。②

---

① 按:"武經説要・後集十二"當作"武經總要・後集十六"。

② [清]袁枚《隨園詩話補遺》卷四,張寅彭編纂《清詩話全編・乾隆期》,劉奕點校,上海:上海古籍出版社,2020年,第4420頁。又,畢沅《經訓堂法書》書前目錄題"姪裕曾曉山編次"。

乾隆五十四年(1789)舉人。① 歷官直隸豐潤、永年等知縣。②

中國國家圖書館藏畢氏抄本《緯候佚文》一册(善 A02064)。書衣題"緯候佚文",目錄後有"鎮洋畢裕曾録本"七字及"曉山"印。卷端鈐"延古堂李氏珍藏"印,知爲天津李士鉁(1813—1884)舊藏。該書實爲孫瑴《删微》之節録本,書後有道光七年(1827)畢氏跋:

緯書出于漢世,去古未遠,其説尚有祖述(昔人云内亦有聖人之言),微辭奥義,往往而在,故古大儒用以注經。隋焚讖緯,其書亡佚(惟《易緯》僅存。自宋以來,世無傳本,學者未見全書,國朝從《永樂大典》中鈔出刊行)。明孫瑴薈萃各緯,以類編次,名曰《古微書》。雖不無舛漏,然亦良費苦心。惟每條下不注明採自何書,且欲廣弖帙,引證諸説未免繁冗,此係明人積習。余家藏舊本散失,丁亥秋於友人處假得新刊本,將正文并注録成一册,題曰《緯候佚文》,置之案頭。讀書見有所引而孫本闕載者,隨時添入。鄙見所及,丹筆注於上方,以資攷證。昔周續之髫年即通五經五緯,余至今日始從事于此,亦可媿也。九月初五日鎮洋畢裕曾識。

畢氏僅録《删微》各篇解題、緯候正文及注文,孫氏引證諸説皆以繁冗而不取。從篇次及文字看,其抄録所據"新刊本"即嘉慶十七年陳世望對山問月樓刻本或其翻刻本。孫書原文之外,有少量畢氏批注,注明其他文獻徵引篇名、文字上的歧異之處。如《尚書考靈曜》"地有四游:冬至地上行北而西三萬里,夏至地下行南而東亦三萬里,春秋二分其中矣",畢氏朱批二條,其一云:"'地有四游'云云,《文選》張茂先《勵志詩》注引作《河圖》。"其二云:"'地有四游'以下,《博物志》'《考靈曜》云云'引。"還有一些屬於評點,如《尚書考靈曜》"王者南面而坐,視四星之中而知民之緩急",朱批云:"是三代以上整體

---

① [清]王昶纂修〔嘉慶〕《直隸太倉州志》卷一五《選舉》,第 26b 頁。
② [清]郝增祐等纂修,周晉埜續纂修〔光緒〕豐潤縣志卷四《職官》,清光緒十七年刻本,第 15a 頁。[清]夏詒鈺纂修〔光緒〕《永年縣志》卷二二《職官表》,清光緒三年刻本,第 17a 頁。

治法。"《尚書帝命驗》"以仁得之,以仁守之,其量百世;以不仁得之,以仁守之,其量十世;以不仁得之,以不仁守之,不及其世",朱批云:"卓然名論,孰謂緯書中無聖人之言哉!"書末附有"孫氏所引《乾坤鑿度》",畢氏云:"《永樂大典》本無此文,今録于後。或誤引《乾鑿度》文,非《乾坤鑿度》也,應攷。"《删微》不收《乾坤鑿度》,其文僅見於孫氏按語徵引,實際均屬《乾鑿度》。此事一檢武英殿本《乾鑿度》即知,畢氏雖有懷疑,然應考而未考,可見其草率。

八、劉學寵輯《諸經緯遺》

劉學寵,字選一,陝西朝邑縣(今屬陝西省大荔縣)人。生員。《諸經緯遺》爲道光十五年朝邑劉氏刻《青照堂叢書》次編之一種,前有劉學寵《諸經緯遺引》云:"此皆取之陶九成《説郛》,凡四十目。所不載者,以見于他叢書也。"子目如下:

《易川靈圖》《易通卦驗》《尚書璇璣鈐》《尚書帝命期》《尚書考靈耀》《尚書中候》《詩含神霧》《詩紀曆圖》《春秋元命苞》《春秋運斗樞》《春秋文曜鈎》《春秋合誠圖》《春秋孔演圖》《春秋説題辭》《春秋感精符》《春秋潛潭巴》《春秋佐助期》《春秋緯》《禮稽命徵》《禮含文嘉》《禮斗威儀》《大戴禮逸》《樂稽耀嘉》《孝經授神契》《孝經鈎命決》《孝經左契》《孝經右契》《孝經内事》《龍魚河圖》《河圖括地象》《河圖稽命徵》《河圖稽耀鈎》《河圖始開圖》《洛書甄耀度》《遁甲開山圖》《易飛候》(京房)《易洞林》(郭璞)《春秋後語》(孔衍)《五經析疑》(魏邯鄲綽)《五經通義》

以上子目全從重編百二十卷本《説郛》卷五録出,而無《易稽覽圖》,《詩紀曆圖》之"圖"乃"樞"字之誤。此書經緯兼收,而非專門的讖緯輯本,僅轉録重編《説郛》,又不注出處,全無參考價值。書眉刻有少量批語,此書卷端題署中有"李元春(時齋)評閲",批語或出其手。李元春(1769—1854),字仲仁,號時齋,亦朝邑人。嘉慶三年舉人。①

九、顧觀光輯《七緯拾遺》《河洛緯》

顧觀光(1799—1862),字賓王,號尚之、武陵山人。江蘇金山縣(今上海市金山區)人。太學生,承世業爲醫,尤究天文曆算。精校勘,好輯古人逸書。② 顧氏輯《七緯拾遺》《河洛緯》皆不分卷,未經刊行,今僅存《武陵山人遺稿》稿本,上海圖書館藏(綫善 764085 - 107)。鈐"觀光"朱方、"顧深珍藏"朱方二印。顧深爲觀光之子。

二書書前均有敘録。據《七緯拾遺敘録》,此書成於道光十七年,乃顧氏爲補趙在翰《七緯》之遺而作。趙氏之書除《易緯》八種用武英殿本外,一以《後漢書·樊英傳》注爲準,餘皆視爲讖書。而顧氏認爲緯書種類繁多,多有出於《後漢書》注所列篇目之外者。其敘録云:

《尚書緯》云:"孔子刪書,以百二篇爲《尚書》,十八篇爲《中侯》。"康成嘗注《中侯》,而漢人多以緯候並稱,其非讖類明矣。《春秋命曆序》所稱僖公五年壬子冬至、昭公二十年庚寅冬至,並與《左傳》不符。《大衍曆議》云"《傳》所據者周曆也,緯所據者殷曆也",則《命曆序》明是緯書。今以其不見於《後漢書》注而概目爲讖,不亦過乎!且《隋志》言七經緯三十六篇,而依《後漢書》注數之,止得三十五篇。《隋志》言七經緯之外又有《詩推度災》《汜曆樞》《含神霧》《孝經句命決》《援神契》,而《後漢書》注所列則此五篇具在焉。是《書》注之三十五篇與《隋志》之三十六篇,名目各殊,不可強合,安得偏據《書》注而謂三十五篇以外更無緯書也。

故顧氏補輯三十五篇以外之篇目,以成此書。子目如下:

---

① [清]佚名《清史列傳》卷六七《儒林傳上二》,王鍾翰點校,北京:中華書局,1987 年,第 5406 頁。[清]饒應祺修,馬先登、王守恭纂[光緒]《同州府續志》卷一一《列傳上》,清光緒七年刻本,第 39a—41a 頁。

② [清]趙爾巽等《清史稿》卷五〇七《疇人傳二》,北京:中華書局,1977 年,第 13998 頁。佚名《清史列傳》卷六九《儒林傳下二》,第 5628 頁。

《易乾鑿度逸文》《易坤靈圖逸文》《易通卦驗逸文》《易稽覽圖逸文》《易是類謀逸文》《易辨終備逸文》《易運期》《易中備》《易通統圖》《易萌氣樞》《易緯附錄》《易讖附錄》

《中候敕省圖》《中候握河紀》《中候運衡》《中候考河命》《中候題期》《中候立象》《中候義明》《中候苗興》《中候契握》《中候雒予命》《中候稷起》《中候我應》《中候雒師謀》《中候合符后》《中候摘洛戒》《中候霸免》《中候準讖哲》《中候覬期》《附錄》

《春秋圖》《春秋命曆序》《春秋內事》《春秋河圖揆命篇》《春秋少陽篇》《春秋孔錄法》《春秋錄圖》《春秋讖附錄》《詩讖附錄》

《論語摘輔象》《論語摘衰聖》《論語比考讖》《論語撰考讖》《論語糾滑讖》《論語陰嬉讖》《論語崇爵讖》《論語素王受命讖》《論語讖附錄》

《孝經內記圖》《孝經雌雄圖》《孝經內事》《孝經古秘》《孝經中契》《孝經右契》《孝經左契》《孝經讖附錄》

顧氏以《尚書中候》為《尚書緯》,《詩緯》《禮緯》《樂緯》三種未輯得《七緯》以外之新篇。各類均有敘錄,統載於書前,其言頗有可採處。如言《永樂大典》本《易緯》八種中,《乾坤鑿度》《乾元序製記》二種不見於唐人稱引,故為偽書,實存者僅六種,論斷明確。又言《稽覽圖》卷下亦偽書,雖非確論,但提醒我們應注意卷上、卷下的文本差異。武英殿本《通卦驗》亦分上下二卷,顧氏云:"《通卦驗》佚去下卷,而分上卷後半以充之,尤為失攷。"可惜未列理據。顧氏還指出唐宋類書中多有不見於今本《易緯》六種之逸文,可見《大典》所收並非完帙,故本書亦予輯錄。《尚書中候》原有孔廣林輯本,但孔氏未見《開元占經》,《北堂書鈔》《太平御覽》等書皆據坊刻本,脫誤甚多,故顧氏加以補正。此外,顧氏根據不同書徵引同一條引文,而篇名或作《孝經右契》(《孝經左契》),或作《孝經援神契》的兩個例子,懷疑《左契》《右契》為《援神契》之篇名,確屬的論。顧氏雖然不同意趙在翰的收錄範圍,但其本人也是秉持讖緯有別的觀點。故

《七緯拾遺》雖收讖書,但均作爲各類附錄。如敘錄中明確說《易運期》以下皆讖類,惟《春秋河圖揆命篇》《春秋少陽篇》自言是讖是緯不得而知。

據《輯河洛緯敘錄》,此書與《七緯拾遺》同時成書。道光十六年春,顧氏在據《開元占經》校《七緯》的同時,將《占經》所引河洛緯另紙錄出,再據唐宋類書所引刊誤補遺,以成此書。子目如下:

  《河圖帝覽嬉》《河圖聖洽符》(附《皇參持》)《河圖括地象》《河圖稽燿鈎》《河圖挺佐輔》(附《帝視萌》《要元篇》)《河圖握矩記》《河圖提劉子》《河圖始開圖》《河圖真紀鈎》《河圖著命苞》《河圖帝通紀》《河圖錄運法》《河圖會昌符》《河圖赤伏符》《河圖舍占篇》《河圖叶光篇》《河圖龍文》《河圖闓苞受》《河圖秘徵》《河圖玉版》《龍魚河圖》《河圖緯逸文》

  《洛書甄曜度》《洛書摘亡辟》《洛書洛罪級》《洛書靈准聽》《洛書說徵示》《洛書兵鈐勢》(附《寶予命》)《洛書緯逸文》

  《孔子河洛讖》《讖語附錄》

在敘錄中,顧氏根據《隋書·經籍志》之言和七經緯篇中引及《河圖》《洛書》篇名的情況,提出河洛緯成書在七經緯之前,這是關於東漢圖讖成書問題的重要觀點。

顧觀光使用文獻比較審慎,兩書所據出處均不晚於宋代,在清人輯本中十分突出。如指出《古微書》舛誤重複甚多,又多有"未知所出"之佚文,故置之不取。又如《觀象玩占》一書,前人輯本往往作爲重要出處,但《四庫提要》認爲此書爲後世術家依託之作,顧氏所見諸本亦彼此互異,故亦未採用。總體而言,顧氏秉持寧嚴毋濫的態度,以"存古籍之真"爲目的,雖然所輯佚文的數量不及《集緯》《玉函山房輯佚書》等,但輯本的可靠性更高。由於《七緯拾遺》和《河洛緯》均未經刊行,故而未能對當時的讖緯輯佚產生實際影響。

十、馬國翰輯《玉函山房輯佚書·經編·緯書類》

馬國翰(1794—1857),字詞溪,號竹吾。山東歷城縣(今屬山東省濟南市)人。道光十二年進士,歷官陝西洛川、石泉、涇陽知縣,升隴州知州。馬氏藏書至五萬餘卷,遍搜唐前撰述,輯成《玉函山房輯佚書》七百餘卷,被王重民推爲清代輯佚第一家。此外,馬氏著述尚有《目耕帖》《玉函山房藏書簿録》《玉函山房文集》《詩集》《夏小正詩》等。①

《玉函山房輯佚書》分經、史、子三編,經編之刻始於道光二十六年,至二十九年刻成。② 其中緯書類包括:《尚書中候》三卷、《尚書緯》五種五卷、《詩緯》三種三卷、《禮緯》三種三卷、《樂緯》三種三卷、《春秋緯》十五種十六卷、《孝經緯》九種一卷、《論語讖》八種八卷。③《尚書中候》《尚書緯》標"漢鄭玄注",《詩緯》以下則均標"魏宋均注"。不收《易緯》,應是爲避免與武英殿本《易緯》八種重複。而不收《河圖》《洛書》,則説明馬氏不視其爲緯書。

馬國翰之所以能够纂輯《玉函山房輯佚書》這樣一部大書,很大程度上是因爲他充分利用了前人的輯佚成果,在此基礎上加以補輯、校勘,最終形成更爲完備的輯本。據《玉函山房藏書簿録》,馬氏收藏的讖緯輯本僅有武英殿本《易緯》八種、孫瑴《古微書》和劉學寵《諸經緯遺》。④ 馬氏緯書輯本的基礎主要是《古微書》,各篇前還保留了孫瑴的解題("賁居子曰")。當然,馬氏也做了很多補輯、完善

---

① 王重民《清代兩個大輯佚書家評傳》,《中國目録學史論叢》,北京:中華書局,1984 年,第 294—317 頁。杜澤遜《影印〈玉函山房藏書簿録〉序》,《微湖山堂叢稿》,上海:上海古籍出版社,2014 年,第 882—887 頁。關於馬氏著述的詳細情況,可參趙晨《馬國翰研究》第二章《馬國翰著述考》,山東大學博士學位論文,2015 年。按:馬氏著述多經《山東文獻集成》影印。
② 王重民《清代兩個大輯佚書家評傳》,第 298—299 頁。
③ 具體子目參見《中國叢書綜録·總目》,第 392 頁。
④ [清]馬國翰《玉函山房藏書簿録》卷六《經編十四·緯書類》,影印山東大學圖書館藏清道光歷城馬氏刻本,《山東文獻集成》第 1 輯第 28 册,濟南:山東大學出版社,2007 年,第 370—371 頁。

的工作,如加注出處、校正文字、增補佚文、調整歸屬等。從篇目上看,馬氏輯本與《古微書》的差異有:《孝經緯》增加《孝經章句》《孝經雌雄圖》《孝經古祕》三種(篇前有馬氏解題),《論語讖》增加《素王受命讖》《糾滑讖》《崇爵讖》三種。至於《尚書中候》,《古微書》所收比較散亂,馬氏輯本也做了較大的調整與補輯,並加解題。在佚文的排比上,馬氏也做了不少工作:(一)對於一些篇目不明的佚文,根據文義判斷其歸屬。(二)在確定某篇的主要內容後,將相關或相近的同類佚文歸入同篇。(三)不同出處引用同一佚文而篇目不同,採用佚文兩見的處理方式。(四)對來自多個出處的同一佚文或零散佚文進行整合。①

由於馬國翰本人不在當時的主流學術圈中,對學術動態的掌握和對文獻資料的獲取都受到很大限制。從《玉函山房藏書簿錄》和《玉函山房輯佚書》看,馬氏應該並不知曉趙在翰《七緯》一書,一些重要文獻如《五行大義》等也未得見,所輯佚文自然仍有不少遺漏。此外,馬氏所用《開元占經》與《七緯》所引也頗有差異,應是版本不同所致,②同樣證明兩者沒有因襲關係。③ 總之,馬氏輯本的特色在於其排比、整合工作,至於輯本規模和佚文數量則略遜於此前的《七緯》,當然更無法與此後的黃奭、喬松年二家輯本比肩。

十一、黃奭輯《通緯》(附讖)

黃奭(1809/1810—1853),字右原。江蘇甘泉縣(今屬江蘇省揚州市)人。監生,以貲入為刑部郎中。道光十二年欽賜舉人。師從江藩,服膺鄭學。黃氏在輯佚方面做了很多工作,後來編為《漢學堂叢書》(即《黃氏逸書考》)。此外,所著尚有《端綺集》《存悔齋集杜

---

① 李梅訓《馬國翰的輯佚學成就——以〈玉函山房輯佚書·經編緯書類〉為例》,《齊魯文化研究》第四輯。

② 馬國翰《玉函山房藏書簿錄》卷一五《子編十四·天文類》:"《唐開元占經》一百二十卷,鈔本。"(第583頁)

③ 中村璋八《緯書の基礎的研究·資料篇》第一章《緯書資料研究における問題の所在》,第338頁。

注》等。①

　　黃奭所輯《逸書考》大致成於道光二十三年（1843）前後，②分爲《漢學堂經解》《通緯》《子史鉤沉》《通德堂經解》四類，黃氏生前僅有試印本，未能彙總印行。光緒十九年，其子黃澧屬劉貴曾重編目錄印行，題《漢學堂叢書》，爲第一次彙印本，其中《通緯》56 種。③ 民國十四年，王鑑據原版和新得樣本修補印行，改題《黃氏逸書考》，爲第二次彙印本，其中《通緯》增至 71 種。④ 民國二十三年至二十六年，朱長圻又修補印行，增刻數種清人著作，仍題《黃氏逸書考》，《通緯》種數不變。⑤ 現據朱長圻印本，將《通緯》（附讖）子目開列如下：

通緯：

1.《河圖》（附《錄圖》）

2.《河圖緯》：《河圖祕徵》《河圖帝通紀》《河圖著命》《河圖説徵》《河圖考靈曜》《河圖真鉤》《河圖提劉》《河圖會昌符》《河圖天靈》《河圖要元》《河圖叶光紀》《河圖絳象》《河圖皇參持》《河圖闓苞授》《河圖合古篇》《河圖赤伏符》

3.《河圖括地象》（附《括地圖》）

4.《河圖帝覽嬉》

5.《河圖稽命徵》

6.《河圖稽耀鉤》

7.《河圖握矩記》

8.《河圖禄運法》

---

① 佚名《清史列傳》卷六九《儒林傳下二》，第 5611—5612 頁。[民國]錢祥保修，桂邦傑纂[民國]《甘泉縣續志》卷二三《列傳第五》，民國十五年刻本，第 1a—3a 頁。

② 李梅訓《讖緯文獻史略》，第 95 頁。

③ 個別篇目亦不完整，如《易乾坤鑿度鄭氏注》，王鑑印本卷終後仍有六葉。

④ 內封誤作七十二種。

⑤ 各篇內亦有試印本完整而彙印本皆有缺版者，如李梅訓《讖緯文獻史略》（第 96 頁）指出《樂動聲儀》試印本凡十九葉，三部彙印本皆脱去末葉。《詩汎歷樞》試印本十四頁，光緒彙印本未收，兩種民國彙印本均僅三葉，内文亦與試印本不同。

9.《河圖挺佐輔》

10.《河圖玉板》

11.《龍魚河圖》

12.《河圖始開圖》

13.《雒書》

14.《雒書甄曜度》

15.《雒書靈准聽》

16.《雒書摘六辟》(附《雒書雒罪級》)

17.《易緯》(附《萌氣樞》《易通統圖》《易通卦驗玄圖》《易九厄讖》)

18.《易乾鑿度》

19.《易乾坤鑿度》

20.《易是類謀》

21.《易坤靈圖》

22.《易乾元序制記》

23.《易辨終備》

24.《易稽覽圖》

25.《易通卦驗》

26.《尚書緯》

27.《尚書攷靈曜》

28.《尚書璇機鈐》

29.《尚書帝命驗》

30.《尚書刑德放》

31.《尚書運期授》

32.《尚書中候》:《敕省圖》《握河紀》《運衡》《考河命》(《題期》《立象》)《義明》《苗興》《契握》《雒予命》《稷起》《我應》《雒師謀》《合符后》《摘雒戒》《霸免》《準讖哲》《覬期》《序目》

33.《詩緯》

34.《詩含神霧》

35.《詩推度災》
36.《詩汜歷樞》
37.《禮緯》
38.《禮含文嘉》
39.《禮稽命徵》
40.《禮斗威儀》
41.《樂緯》
42.《樂協圖徵》
43.《樂動聲儀》
44.《樂稽耀嘉》
45.《春秋[緯]》
46.《春秋演孔圖》
47.《春秋説題辭》
48.《春秋元命苞》
49.《春秋文耀鉤》
50.《春秋運斗樞》
51.《春秋感精符》
52.《春秋合誠圖》
53.《春秋攷異郵》
54.《春秋保乾圖》
55.《春秋佐助期》
56.《春秋握誠圖》
57.《春秋潛潭巴》
58.《春秋命曆序》
59.《春秋內事》(附《春秋孔錄法》)
60.《論語摘輔象》
61.《論語摘衰聖》
62.《孝經[緯]》
63.《孝經緯》:《孝經中契》《孝經左契》《孝經右契》《孝經契》《孝經古祕》《孝經威嬉拒》《孝經章句》

64.《孝經鉤命決》

65.《孝經援神契》

66.《孝經内記圖》

附識:

67.《河圖聖洽符》(附《河圖識》)

68.《論語撰考識》《論語陰嬉識》《論語崇爵識》《論語素王受命識》《論語紀滑識》《論語識》

69.《論語比考識》

70.《孝經雌雄圖》

71.《遁甲開山圖》

黄奭本人雖無交待,但可明顯看出《通緯》是在趙在翰《七緯》的基礎上大幅增益而成。故《七緯》所有之篇目,《通緯》佚文排列次序皆與之相同,《七緯》中的趙在翰、李大瑛等按語亦全部吸收。《通緯》注重吸收前人校勘成果,如《易緯》按語徵引張惠言《易緯略義》,還記録了不少其他輯本如《説郛》《古微書》的異文。其中,《古微書》甚至還參用了不同版本,包括"勤業堂校定本"(見《論語摘輔象》)、"錢校本"(見《河圖玉板》)等。"勤業堂校定本"即嘉慶十六年秀水章全刻本,"錢校本"即道光二十一年金山錢熙祚刻本。

不過,也有一些書的版本使用存在疑問。黄氏所用《開元占經》版本不明,頗有不見於諸本之文。《緯書集成》中標"恒本無"者(恒德堂本《占經》),多是此種情況。黄氏標注《占經》出處時,部分類名甚至不見於今見諸本,令人生疑。如《通緯·易通卦驗補遺》"土精爲石"云云一條,黄氏標出處爲《占經·石怪井水占》,《石怪井水占》即不見於諸本。民國間朱長圻修補彙印《黄氏逸書考》時,曾請葉仲經、周雁石做校補工作,葉序謂黄奭"若《開元占經》《北堂書鈔》之類,必據舊抄本"。葉氏之言只能説明黄奭所據《開元占經》《北堂書鈔》與通行本不同,而不可視爲善本之證。黄奭輯本依賴的重要來源還有清河郡本緯書。黄氏從中獲得大量不見於他書的獨有佚文,均不可信。①

體例上,《通緯》的分類亦有不盡合理處,如《河圖》諸篇均入《通緯》,惟《河圖聖洽符》一篇入"附讖",不明其意。黃奭刻意求古,不從出處之文,而喜用《説文》字形,如"目""育""佐""㞷""㭒"等,亦屬無謂之舉。

十二、林春溥輯《古書拾遺·緯候逸文》

林春溥(1775—1862),字立源,號鑑塘。福建閩縣(今屬福建省福州市)人。嘉慶三年舉人,七年進士。官翰林院編修、國史館纂修、文淵閣校理,歷主玉屏、南浦、鵝湖、鰲峰等書院講席。《古書拾遺》刻於咸豐三年,後收入《竹柏山房十五種》。書前有道光二十四年林春溥自序,言是書之輯"無所別擇,過而存之,於緯書則取節焉"。其中,《緯候逸文》收入卷三,未分篇,亦無先後次序。各條佚文僅照出處原樣錄出,未經編排,較爲粗疏。現將所涉篇目重新分類,排列如下(括號内爲佚文條數):②

《河圖括地象》(5)《河圖帝覽嬉》(1)《河圖挺佐輔》(1)《河圖龍文》(1)《龍魚河圖》(1)《河圖》(8)《洛書》(1)《河洛》(1)

《易通卦驗》(5)《易坤靈圖》(1)《易稽覽圖》(1)《易乾鑿度》(1)《易中孚傳》(1)《易天人應》(2)《消息占》(1)《易内傳》(1)《易傳》(2)《易大傳》(1)

《考靈耀》(2)《尚書帝命驗》(2)《尚書緯》(1)

《詩含神霧》(2)

《禮斗威儀》(3)《禮含文嘉》(6)《禮稽命徵》(4)

《樂叶圖徵》(3)《樂稽耀嘉》(3)《樂動聲儀》(4)《樂緯》(2)

《春秋運斗樞》(1)《春秋文耀鉤》(4)《春秋元命苞》

---

① 詳參本章附錄二。
② 與中村璋八《緯書の基礎的研究·資料篇》(第334—335頁)的統計略有差異。

(6)《春秋感精符》(2)《春秋説題辭》(4)《春秋佐助期》(2)《春秋考異郵》(5)《春秋保乾圖》(1)《春秋漢含孳》(1)《春秋演孔圖》(2)《春秋命曆序》(8)《春秋合誠圖》(1)《春秋運斗樞》(1)《春秋保乾圖》(2)《春秋緯》(2)《春秋説》(4)《春秋緯説》(1)

《孝經援神契》(10)《孝經鉤命決》(5)《孝經緯》(3)《孝經説》(2)《孝經内記》(1)

《論語摘衰聖》(2)《論語摘輔象》(2)《論語撰考讖》(1)

《中候準讖哲》(1)

《星備》(1)《中備》(1)《萬形經》(1)

從自序看，林氏無意專力輯佚讖緯，僅是節取部分佚文，聊備一格。《緯候逸文》篇目不全，佚文條數亦少，且雜入《星備》《中備》《萬形經》《消息占》《易傳》等非讖緯内容，全無參考價值。

十三、喬松年輯《緯攟》

喬松年(1815—1875)，字鶴儕，謚勤恪。山西徐溝縣(今山西省清徐縣)人。道光十五年(1835)進士，授工部主事，遷郎中。歷官松江、蘇州知府，兩淮鹽運使，江寧布政使，安徽、陝西巡撫，卒於河東河道總督任。① 著有《論語淺解》《緯攟》《蘿藦亭札記》《蘿藦亭遺詩》《蘿藦亭文鈔》《喬勤恪公奏議》等。

《緯攟》一書爲喬松年遺著，光緒三年由其弟廷櫆整理刊行。書前有光緒四年劉秉璋、李文敏、任道鎔、宋延春四序，②書後有光緒三年喬廷櫆跋。是書凡十四卷：卷一至十二爲《易緯》《尚書緯》《詩緯》《春秋緯》《禮緯》《樂緯》《孝經緯》《論語緯》《河圖緯》《雒書緯》輯本，末二卷爲《古微書訂誤》《古微書存考》。此書以孫瑴《古微書》爲基礎，旁搜博採，檢核出處，訂訛補闕，輯本規模和準確性都遠

---

① 趙爾巽等《清史稿》卷四二五《喬松年傳》，第 12229—12231 頁。
② 劉、任二序皆趙之謙代撰，見趙氏《悲盦居士文存》(戴家妙整理《趙之謙集》第一册，杭州：浙江古籍出版社，2015 年)，第 61—63 頁。

超孫書。① 其中，《易緯》不收武英殿本《易緯》八種，以避重複，僅補輯殿本遺而未載之佚文五十五條。《緯攟》遍蒐七經緯、《尚書中候》《論語讖》《河圖》《洛書》之篇目，總數達 122 種（不計"泛引某緯"），②中村璋八稱其爲最完備的緯書輯本。③ 彼氏與安居香山輯《緯書集成》，即以此書爲底本。

不過，《緯攟》一書仍存在嚴重缺陷。喬氏雖官至督撫，見聞卻難稱廣博，重要的清人輯本均未參考，利用的文獻也十分有限。據其自言：

> 《天一閣二十種奇書》內有《乾坤鑿度》，祁氏《澹生堂餘苑》內有《禮含文嘉》三卷，張海鵬《學津討源》內有鄭注《尚書中候》五卷，余皆未見。盧氏《雅雨堂叢書》內有《乾鑿度》二卷，吳省蘭《藝海珠塵》內有《乾坤鑿度》二卷、《是類謀》一卷、《稽覽圖》二卷，余皆見之。近聞馬氏《玉函山館叢書》亦有緯書數種，尚未得見。

喬氏所見僅有雅雨堂本《周易乾鑿度》和《藝海珠塵》本《乾坤鑿度》《是類謀》《稽覽圖》。前者殿本已經參校，後者則是翻刻殿本，於新輯佚文並無助益。馬國翰《玉函山房輯佚書》於同治十年（1871）經濟南皇華館書局補刻印行後，流傳漸廣，喬氏始輯《緯攟》應早於此時，未見尚可理解。然趙在翰《七緯》刻於嘉慶間，喬氏竟全未提及，只能說明其見聞不周。當然，咸同年間，經過太平天國和捻軍之亂，書籍短缺，或亦一重要原因，如任道鎔序即言殷元正《集緯》"舊惟寫本，兵燹後不可復得"。

對於喬氏的見聞不周，書前諸家序言亦頗有微詞。趙之謙代劉秉璋撰序，歷數清代緯書輯佚名家如華亭殷元正、侯官趙在翰、武進張惠言、曲阜孔廣林、歷城馬國翰、黟縣俞正燮、侯官陳喬樅等，④皆

---

① 《緯攟》各篇末均注明本篇佚文條數及孫書所無條數。
② 實際上，其中有不少可以合併的篇目，如《河圖令占篇》與《河圖合古篇》等。
③ 中村璋八《緯書の基礎的研究·資料篇》第一章《緯書資料研究における問題の所在》，第 340 頁。
④ 未見有俞正燮輯本，僅《癸巳類稿》卷七有《緯字論》，卷一四有《緯書論》。

喬氏未曾參考者。又趙氏代任道鎔撰序,亦云:"近代集緯無過侯官趙鹿園、歷城馬竹吾二家。……讀公自識,謂未見馬氏書而不及趙書,豈以有緯無讖,故遺之與?……趙書流布至廣,世多見之。馬書則濟南皇華書局已爲補刻。"

此外,喬氏輯佚所用文獻亦十分有限,其中頗有晚至清代之書,如《康熙字典》《格致鏡原》《淵鑑類函》《五禮通考》《隸經文》(江藩)等,佚文的可靠性與準確性都不高。至於一些重要的讖緯輯佚文獻,如《五行大義》《開元占經》等,則均未利用,造成了佚文的大量遺漏。故李文敏在序中建議其弟廷樾"循烏程張氏鑑采錄《開元占經》《五行大義》補《七緯》之例,依次補纂",可惜此建議未被採納。

《古微書訂誤》通過核對出處,訂正《古微書》大量誤輯之處,足資參考。但喬松年未能利用錢熙祚本《古微書》,《古微書存考》所列出處不詳之條目,錢本多已指出。

總體上看,《緯攟》所收讖緯篇目覆蓋廣,佚文輯佚也比較細緻,用力不可謂不勤。遺憾的是,作爲一部成書於晚清的讖緯輯本,《緯攟》並未充分收集、利用前人輯佚成果,文獻使用上也缺乏時代觀念,造成了不少誤輯與漏輯,難稱完備。

十四、王家璧輯《説郛引證》

王家璧(1814—1883),字孝鳳,號月卿,一號連城。湖北武昌縣(今湖北省鄂州市)人。道光二十四年(1844)進士,授兵部主事。曾佐曾國藩、左宗棠軍務,歷官太常寺少卿、大理寺少卿、順天府府丞、奉天府府丞兼學政、光禄寺少卿等。① 著有《洪範通易説》《宣宗成皇帝實錄校勘日記》《老子融解》《玉柄麈尾》《王氏家談》《狄雲行館奏議》等,多未經刊行,稿本今藏湖北省圖書館。

湖北省圖書館藏有《説郛引證》二種:一爲初稿本(善3225-7),不分卷,一册;一爲謄清稿本(善3225-3),二卷,一册。前者無書

---

① [清]鍾桐山修,柯逢時纂〔光緒〕《武昌縣志》卷一六《人物·仕蹟》,清光緒十一年刻本,第35a—37a頁。

名,館方曾擬題《緯書箋註》《古微書輯補箋注》二名,①今已據後者題名改正。謄清稿本收入《鄂東王氏未刊稿叢編》第 17 册,②上卷題名不存,下卷題"説郛引證卷下/武昌王家璧孝鳳甫輯"。

該書所據乃重編本《説郛》,僅收其中的緯書篇目,無《河圖》《洛書》。緯書中亦闕《春秋文曜鈎》《春秋潛潭巴》《禮含文嘉》《孝經鈎命決》《孝經左契》《孝經右契》《孝經内事》等篇。各篇先列重編本《説郛》原文,再於各條下徵引相關文獻以爲補證。偶有按語糾正重編本《説郛》之誤,如《易巛靈圖》篇名下有王家璧曰:"'巛'即'坤'字,《巛靈圖》即《坤靈圖》也。陶氏《説郛》作'川'誤。"該書徵引文獻範圍不廣,多《唐類函》《正字通》《康熙字典》《淵鑑類函》等晚近文獻,且僅是羅列,參考價值不大。

十五、王頌蔚輯《緯書》

王頌蔚(1848—1895),原名叔炳,號芾卿,别號蒿隱。江蘇長洲縣(今屬江蘇省蘇州市)人。明王鏊十三世孫,季烈父。光緒二年(1876)舉人,光緒六年進士,官至户部郎中、軍機處行走。曾同葉昌熾與修《蘇州府志》,校定瞿氏《鐵琴銅劍樓書目》。著有《寫禮廎文集》《寫禮廎詩集》《寫禮廎讀碑記》《古書經眼録》《周禮義疏》《明史考證攟逸》等。③王氏早年專力輯佚,晚乃專精明史。顧頡剛曾見其

---

① 中國古籍善本書目編輯委員會編《中國古籍善本書目》(叢部),上海:上海古籍出版社,1990 年,第 679 頁。陽海清主編《中南、西南地區省市圖書館藏古籍稿本提要》(附鈔本聯合目録),武漢:華中理工大學出版社,1998 年,第 49—50 頁。按:前二目作《緯書箋註》,後一目作《古微書輯補箋注》。
② 湖北省圖書館編《鄂東王氏未刊稿叢編》,北京:國家圖書館出版社,2022 年。
③ 「清」葉昌熾《葉昌熾集·奇觚廎文集》卷下《三品銜軍機處行走户部湖廣司郎中王君蒿隱墓誌銘》,王立民、徐宏麗整理,北京:中華書局,2019 年,第 498—500 頁。王季烈《清故誥授資政大夫三品銜在任候選道記名御史軍機處行走户部湖廣司郎中先考芾卿府君事略》,《寫禮廎遺著》書前,影印民國四年(1915)鮮溪王氏刻本,《清代詩文集彙編》第 767 册,第 1a—6b 頁。按:《遺著》收書四種,包括《文集》一卷《文集補遺》一卷、《詩集》一卷、《古書經眼録》一卷、《讀碑記》一卷。《明史考證攟逸》有民國五年(1916)嘉業堂刻本。

遺稿,謂其中輯佚書占三分之二。遺稿後爲上海文管會購得,今藏上海圖書館(索書號:800001－41)。①

遺稿中有《緯書》一册,②所輯子目如下:《易緯通卦驗》《禮緯斗威儀》《孝經説》《春秋説》《禮説》《中候》《詩緯含神霧》《禮緯含文嘉》《春秋運斗樞》《甄曜度數》《春秋文耀鉤》《中候勑省圖》《坤靈圖》《中候握河紀》《中候運衡》《中候準讖哲》《鉤命決》《春秋説題辭》《春秋緯》《中候洛予命》《地統書括地象》(《河圖括地象》)《易萌氣樞》《易天人應》《論語緯撰考》《春秋緯元命苞》《樂緯稽耀嘉》《禮緯稽命徵》《稽覽圖》《孝經援神契》《易説》《易坤靈圖》《考靈耀》《乾鑿度》《中候契握》《考異郵》《協圖徵》《樂緯》《詩緯推度災》《中候我應》《春秋命曆序》《演孔圖》《河圖會昌符》《我應瑞》《河圖》《河圖録運法》《龍魚河圖》《河圖帝覽嬉》《洛書》《尚書緯》《洛書寶予命》《洛書録運期》《斗機》,附《董方立遺書》、馮登府《宋本詩

---

① 顧頡剛《顧頡剛讀書筆記》卷五《法華讀書記(九)》,第359頁。顧頡剛《顧頡剛讀書筆記》卷六《法華讀書記(二〇)》,第287頁。按:遺稿共60册,1964年8月上海圖書館所編《寫禮廎叢稿目》1册,著録子目如下:(1)《周禮義疏長編》(又名《五禮義類》),7册;(2)《大戴禮記補逸》,1册;(3)《緯書》,1册;(4)《禮記音義校記》,1册;(5)《明史攷證攟逸》,18册;(6)《古書經眼録》,1册;(7)《寫禮廎讀碑記》,1册;(8)《寫禮廎遺文遺詩》,1册;(9)《寫禮廎雜録》,3册;(10)《寫禮廎佚書輯》,18册,附3種;《説文雜記》,5册;《崑山名蹟録》(清朱珪輯),2册;《漢碑集録》,1册。王謇《續補藏書紀事詩》"王頌蔚"條(北京:書目文獻出版社,1987年,第8—9頁)記總册數爲45册,所開子目之名與上述不同,多不準確,蓋爲遺稿入館之初所記草目,不可據。又,上海圖書館現將遺稿分編爲二號:(1)800001－41,含《王頌蔚遺稿》41册,附《寫禮廎叢稿目》1册。(2)801484－502,19册,含《明史考證》9册、《隋志姓氏韻編》1册、《王頌蔚遺稿》8册、《漢碑集録》1册。此外,又有《明史考證攟逸初稿》(801484－92)9册。

② 遺稿中又有一册,輯録《爾雅》孫炎注、《孝經鄭注》《五經異義》《訓纂》《帝王世紀》等書,其中亦有緯書篇目,包括《尚書中候》《詩推度災》《孝經讖》《孝經援神契》《春秋元命苞》《春秋演孔圖》《春秋運斗樞》《春秋文耀勾》《樂緯稽耀嘉》九篇。按:此册字體與王頌蔚其他手稿不同,且版心題"閑存小舍叢藁",乃柳商賢所用稿紙,當非王氏手書。柳氏與王頌蔚均師事馮桂芬,並同纂《蘇州府志》,此册蓋柳氏手稿混入馮氏稿本之中。又柳氏所輯篇目較少,各篇多者僅二三條,非專門輯佚緯書之作,故不再單獨立目,附識於此。

經集傳校勘略記》。各篇排列無序,蓋隨得隨錄,尚未加以編次。

王頌蔚輯佚所據之書十分有限,以群經注疏、正史傳注爲主,旁及《書林事類韻會》《事物紀原》《歲時廣記》等類書,而未用《北堂書鈔》《藝文類聚》《初學記》《太平御覽》等大型類書,亦說明並非精心結撰之作。《重添校正蜀本書林事類韻會》(宋刊殘本)、《事物記原集類》(校宋本)、《歲時廣記》(鈔本)三書見於《鐵琴銅劍樓書目》,前人較少利用,王氏因爲瞿氏校定書目而得寓目。不過,三書所載佚文均見於上舉《太平御覽》等書,並無獨特價值。

十六、王仁俊輯《玉函山房輯佚書續編·經編·緯書類》《經籍佚文》

王仁俊(1866—1913),字捍鄭,一字感純,號籀鄦。江蘇吳縣(今屬江蘇省蘇州市)人。光緒十八年(1892)進士,授庶吉士,二十年散館,官吏部主事。曾於上海創辦《實學報》,二十九年赴日本考察學務。回國後歷任宜昌知府、黃州知府、存古學堂教務長、學部圖書局副局長兼京師大學堂教習等職。王氏早年受業於俞樾,喜治經學、小學,中年以後遂於金石文字,所著有《格致古微》《群經講義》《遼文萃》《金石三編》等數十種。①

王氏以馬國翰《玉函山房輯佚書》仍多有闕漏,故依馬氏體例,拾遺補闕,纂成《玉函山房輯佚書續編》一書。書前有光緒二十年自敘,言及此書之緣起。②《續編》中,《經編·緯書類》輯有緯書四十篇,③大部分篇目已見於馬氏輯本,王仁俊增補了少量新輯佚文,新增篇目有《易經備》《易神靈圖》《河圖說命徵宋注》《洛書甄曜度》《洛書鄭注》《春秋玉版讖》《春秋說命徵》《孝經中黃讖》八種。按馬氏輯本原不收《易緯》及《河圖》《洛書》,王氏自亂體例。《易經備》

---

① 闞鐸《吳縣王捍鄭先生傳略》,《玉函山房輯佚書續編三種》附錄二,上海:上海古籍出版社,1989年,第535—544頁。
② 王仁俊《玉函山房續編自敘》,《玉函山房輯佚書續編三種》,第1頁。
③ 具體子目參見《中國叢書綜錄·總目》,第396頁。

一條,相似文字亦見《玉海》卷一九五《祥瑞·天瑞》,乃《易辨終(論)〔備〕》之文。《易神靈圖》則爲《易坤靈圖》之誤。

王氏新輯佚文主要採自《稽瑞》《五行大義》《琱玉集》《紺珠集》等馬國翰未能利用的文獻,尤以《五行大義》所得爲多。《琱玉集》僅存日本天平十九年(747)寫本,光緒八年至十年楊守敬刊刻《古逸叢書》,將此書收入,國內方有傳本,王仁俊從中輯得《尚書中候》三條。不過,《琱玉集》雖注明"出某書",但引錄時往往經過改寫、撮述,與原文差異頗大,這三條《尚書中候》佚文亦應作如是觀。《河圖説命徵宋注》四條,均輯自《稽瑞》,僅第三條有宋均注。且第二、第三條《稽瑞》均引作《河圖》,第四條作《河圖挺佐輔》,①王氏均歸入《河圖説命徵》,不當。又《河圖説命徵》篇名未見他書徵引,疑是《河圖説徵示》之誤。

除了《玉函山房輯佚書續編》,王氏所輯《經籍佚文》中亦收有兩篇緯書:《易乾鑿度佚文》和《易緯通卦驗鄭注佚文》。《乾鑿度》僅有一條佚文,輯自《後漢書·張衡傳》注,然此文已見於單行本和武英殿本《周易乾鑿度》,此屬重複輯佚。《通卦驗》鄭注佚文則是迻錄自清人薛壽《學詁齋文集》,乃所謂清河郡本《易緯》之文,並不可信。

《玉函山房輯佚書續編》和《經籍佚文》二書均未經刊行,稿本今藏上海圖書館,有1989年上海古籍出版社《玉函山房輯佚書續編三種》影印本。總體來説,王仁俊輯本僅是馬國翰輯本的補充,利用了一些當時較爲稀見的文獻,但輯本體量較小,對佚文又缺乏必要的考辨,體例也不盡合理,總體質量不高。

附:孫應龍輯《讖緯拾遺》

《讖緯拾遺》不分卷,清抄本四册,無序言,卷端題"古禹航海

---

① 〔唐〕劉賡《稽瑞》,中國國家圖書館藏清初影抄本(善2973),第30a、54a—54b頁。按:"河圖挺佐輔",《稽瑞》原文誤作"河圖曰挺輔佐",王氏不明《河圖》篇名,故以"挺輔佐"以下均爲引文。

門孫應龍輯",上海圖書館藏(綫善820259-62)。清李林松(心菴)校並跋,鈐"曾存上海李心菴處"朱方藏印。孫應龍,字海門,浙江餘杭縣(今屬浙江省杭州市)人。順治四年進士,官德州知州。① 此書非孫應龍自輯,乃是抄襲孫瑴《古微書》而成。李林松跋文已言其僞:

> 余舊藏《讖緯拾遺》四册,題孫應龍輯,蓋即鈔襲瑴書爲之,既深没瑴名,而又間載"賁居子"云云,未免不去葛龔之誚。近人刊瑴書,譌字極多,此本又倍之,以兩者互勘,乃稍可觀。録瑴元序以弁之,還其舊物也。

孫應龍將孫瑴自序、略例等删去,改换己名。書中則删節部分孫瑴按語,並將"賁居子曰"改爲"孫瑴曰",以掩蓋作僞之跡。然如李跋所言,書中仍有删改未淨之處。至於是孫應龍自己作僞,還是後人冒用其名,則不得而知。

第五節　研究的細化:清代讖緯校注著作

整體的讖緯輯本之外,清人還有一些針對某類或某篇的讖緯校注著作。這類著作多屬於研究性質,校勘、注釋都更爲細緻、深入,對於重新校理讖緯文獻具有更爲重要的參考價值。

一、錢塘《易緯稽覽圖》刊正本

錢塘(1735—1790),字學淵,一字禹美,號溉亭。江蘇嘉定縣人。乾隆四十五年進士(1780),官江寧府學教授。與叔大昕、大昭及弟坫切磋共學,精於聲音文字、律吕推步之學。② 著有《律吕古誼》《淮南天文訓補注》《溉亭述古録》等。

《書目答問》著録"錢塘《易緯稽覽考正》一卷,未刊"。范希曾

---

① [清]張吉安修,朱文藻纂,崔應榴、董作棟續纂〔嘉慶〕《餘杭縣志》卷二七《文藝傳》,民國八年排印本,第16b頁。
② 趙爾巽等《清史稿》卷四八一《儒林列傳二·錢塘》,第13195頁。

《補正》云:"錢稿尚存,未刊。"①范氏在爲鄭文焯《南獻遺徵》所作箋釋中有更詳細的記録:

  《易緯稽覽考正》一卷,嘉定錢塘學淵
    嘉定錢氏未刊著述多未散佚,其稿本時爲老書估得之,惜其後人無刊布者。學淵爲竹汀兄子。○箋:嘉定錢師璟《錢氏藝文志略》云:"《易緯稽覽考正》一卷,公自序。"又云:"《稽覽圖》者,鄭康成所注《易緯》七卷之一也。"案,錢氏《考正》迄未刊。本館善本書庫有學淵重校《易緯稽覽圖》二卷,鈔本,無考正,乃丹鉛精舍、八千卷樓舊藏書。②

范氏所記爲此書僅存之本,現藏南京圖書館(GJ/112234),未見研究者利用。此本爲清錢塘何氏夢華館抄本,一册,勞權、丁丙跋。有少量朱筆校改及佚名録丁杰校。③鈐印有"何元錫印"白方、"勞權之印"白方、"勞巽卿"白方、"丁丙"白方、"八千卷樓"朱方、"青門居士"朱方、"彊圉柔兆"朱方、"彊圉涒灘"朱方等。内封題"嘉定錢溉亭先生重校定本/錢唐何氏夢華館傳鈔"。勞權跋云:"咸豐己未二月得于城中百福巷口沈雨浦書坊,丹鉛精舍主人手識。""是月十七日春分,典卋秀才借去,用聚珍本迻(謄)〔謄〕一本。""易緯稽覽圖,計卅三葉,蟫隱文房藏書。"丁丙跋與《善本書室藏書志》所載基本一致,不具録。④需要説明的是,丁跋及《藏書志》均作《易緯稽覽圖》二卷,現在的館方著録亦同,但此本實不分卷,錢氏在序跋中也明確説"繕寫爲一卷""録爲一卷",作"二卷"非是。

此書首錢大昕識語,次錢塘自序,書末錢塘跋。錢大昕識語收入

---

  ① [清]張之洞撰,范希曾補正《書目答問補正》,上海:上海古籍出版社,2010年,第8頁。[清]王昶纂修〔嘉慶〕《直隸太倉州志》(清嘉慶七年刻本)卷五六亦著録錢塘《易緯稽覽圖考正》一卷,並録其自敘。
  ② 范希曾《南獻遺徵箋》,《中央大學國學圖書館第一年刊》,1928年,第79頁。
  ③ 朱筆校改依據的是殿本,其人或即勞權跋中提及的"典卋秀才"(德清沈存均)。
  ④ 手跋"爻主氣",《藏書志》脱"主"字。《藏書志》較手跋增錢塘、勞權小傳。

《潛研堂文集》，①錢塘自序及跋亦收入《溉亭述古錄》。②《潛研堂文集》中，錢大昕自署"是歲（乾隆三十八年）七月廿五日，手鈔畢，識於卷端"，説明此文並非爲錢塘刊正本而作。乾隆三十八年，錢大昕在京任翰林院侍讀學士、三通館纂修官，③故得抄錄四庫館新輯之書。錢塘所據當即此本。錢塘跋後尚錄有《易緯辨終備》《易緯是類謀》《易緯稽覽圖》《易緯通卦驗》四篇校記二十餘條，記云："武英殿發來《易緯》簽檔一小册，未知何人手筆，且抄錄之，不暇其是非也。"校記十分簡略，僅記某頁某行某句，某字訛某，多屬形近之譌，所記均爲殿本頁行。如《易緯辨終備》"一頁前七行咶吟闠閉也，闠訛闉"。經檢核，這些校記與《四庫全書薈要》本《易緯》改字均合，知爲《薈要》分校官之記錄。④ 錢塘校《稽覽圖》在乾隆四十二年，中進士晚在四十五年，又未任京官，無從接觸此類簽檔，當是錢大昕抄本原有之文。⑤此亦可證錢塘刊正所據必爲錢大昕抄本。

錢塘認爲今本卷下非《稽覽圖》本文，刊正僅取卷上，録爲一卷，故其文集所收序跋稱"易緯稽覽圖原本"。其跋云：

　　《稽覽圖》，或言一卷，或言二卷，古無定説。宋時三館所藏鄭氏注《易緯》七卷，第一卷《稽覽圖》，二卷、三卷無標目，見於《玉海・藝文》中。今所有之本，次卷正無標目，疑即古所云二

---

① 錢大昕《潛研堂文集》卷二四《易稽覽圖序》，陳文和主編《嘉定錢大昕全集》（增訂本），第356頁。

② 錢塘《溉亭述古錄》卷一《易緯稽覽圖原本序》《書稽覽圖原本後》，第5a—7b頁。

③ 錢大昕編，錢慶曾續編並校注《錢辛楣先生年譜》，陳文和主編《嘉定錢大昕全集》（增訂本）第24—25頁。

④ 《薈要》本《易緯》所署詳校官爲韋謙恒。類似的簽訛檔册尚有實物存世，參見埙小飛《〈四庫全書〉早期編纂史事新探——基於〈四庫全書館校檔殘本〉的研究》，《文獻》2022年第3期。

⑤ 這些校記應是錢大昕見到簽檔後補録，時間在乾隆三十八年後。不過，《薈要》本《稽覽圖》書前提要所署校上時間爲乾隆四十二年八月，此時錢大昕已不在京（三十九年七月任河南鄉試正考官，撤棘後轉任廣東學政，四十年四月丁憂返鄉），應是館臣校勘在前，《薈要》抄録在後。

卷者，三館則有三卷耳。是緯實止一卷，其次卷出於唐人所附益，非本文也。何以明之？緯不言世軌，而是卷首詳之，此本之《乾鑿度》也。緯諸卦直日皆六日七分，而是卷以每月五卦初爻相次用事，中氣隨上爻而終，此本之《天保曆》也。其自"艮游魂"以下則采鄭氏《中孚》彖辭之注，《詩・無羊》正義可考。又況有景雲、開元、上元紀年顯足爲據乎。予既刊正其本文，錄爲一卷，其餘遂概無所取云。

據《玉海・藝文》所載《中興館閣書目》之文，南宋館閣所藏鄭氏注七卷本《易緯》中，"《稽覽圖》第一，《辨終備》第四，《是類謀》第五，《乾元序制記》第六，《坤靈圖》第七，二卷、三卷無標目"。① 《永樂大典》據此南宋館閣本抄錄，館臣閔思誠又從《大典》中抄出此篇。《大典》抄錄時未保留卷次，閔氏只能根據篇名確定各篇起訖。因此，今本《稽覽圖》應是相當於館閣本的前三卷，二卷乃閔氏所分，提要所言甚明。② 錢氏懷疑今本"即古所云二卷者"非是。

錢塘刊正本在正文前附有卦氣圖，首欄列四正卦二十四爻主二十四氣，次欄列十二消息卦七十二爻值七十二候，末欄列六十卦分值三百六十五日四分日之一，乃據唐一行《大衍曆議・卦議》所載孟喜、京房卦氣説繪製，非《稽覽圖》之文。

錢本正文題"易緯稽覽圖，錢唐刊正"，錢氏校勘意見以雙行小字夾注於原文間，與殿本形式一致。錢氏未保留館臣閔思誠按語，而是將其意見吸收爲己之校語，故頗有與殿本校勘意見重合處。今本《稽覽圖》從《永樂大典》抄出，《大典》所據則爲已經篡亂的南宋館閣藏本，故而文本前後錯亂的情況十分嚴重，難以卒讀。閔思誠在整理時指出了不少錯簡之處，但僅是"隨文致疑，未敢擅改"，故而閱讀時仍有諸多障礙。錢塘在序言中說："予初讀之，糾結盤互，求其指

---

① 王應麟撰，武秀成、趙庶洋校證《玉海藝文校證》卷一《易・易緯》引，第53頁。

② 錢塘刊正本未附四庫提要，蓋作爲底本的錢大昕抄本本無。殿本《易緯》書前有提要，而其原本流傳不廣，乾隆四十二年九月方才頒發東南五省，翻刻流通，而浙本、殿本《四庫全書總目》的刊刻更晚至乾隆六十年，錢塘當時均無從得見。

趣,茫如也。既而覺其注之文意不屬者,往往見于他處,于是更定其次第,使文皆以序相從,而其義亦略可考矣。"錢氏在閔氏的基礎上,進一步將今本分解爲七截,再據文義將各截順序重新排列:"第一截舊亦第一截,第二截舊第四截,第三截舊第三截,第四截舊第六截,第五截舊第五截,第六截舊第二截,第七截舊亦第七截。"今將錢塘調整後的七截分列如下:

第一截(殿本第一截):篇首至注"言微陽生於坎"。
第二截(殿本第四截):注"其尚微"至注"北方爲後"。
第三截(殿本第三截):注"何以夷狄來朝"至注"還暴"。
第四截(殿本第六截):注"臣强作威者"至注"上六用事後"。
第五截(殿本第五截):注"一百二十日降爲卒雨"至注"泰氣得用並"。
第六截(殿本第二截):注"而爲雷聲"至注"盛氣行也"。
第七截(殿本第七截):注"勝小畜温也"至篇末。

當然,錢塘的調整是否合於所謂"原本",難得確證。然較殿本確實更爲合理,文義亦更爲通暢,這是錢塘刊正本的最大價值。與殿本相較,錢塘刊正本頗有異文,除了部分有校語,可以確認爲錢塘校改的文字外,異文數量仍然不少。這些異文的產生大致有兩種可能:一是錢大昕抄錄所據非館臣定本,殿本刊刻前又有修改。二是何元錫傳抄錢塘刊正本時的手民之誤。對於具體異文屬於哪種情況,有時則難以準確判別。因此,今日可以利用的主要是有錢氏校語的部分。

二、張惠言《易緯略義》

張惠言(1761—1802),字皋文,號茗柯。江蘇武進人。嘉慶四年進士。尤深《易》《禮》之學,所著有《易義別錄》《周易虞氏易》《周易虞氏消息》《易圖條辨》《儀禮圖》等。①

---

① 趙爾巽等《清史稿》卷四八二《儒林傳三·張惠言》,第13241—13244頁。

除了館臣按語,清人關於《易緯》的校勘意見不多,最重要的應屬張惠言《易緯略義》。① 此書成於嘉慶二年,②張氏生前並未刊行。嘉慶十九年,其子成孫據江承之抄本轉録,③又校以江蘇翻刻殿本《易緯》,加注案語於其下。

　　此書摒棄《易緯》八種中宋人僞造的《乾坤鑿度》,以較爲完整的《乾鑿度》《通卦驗》《稽覽圖》三篇爲主,兼及《乾元序制記》和殘缺過多的《坤靈圖》《是類謀》《辨終備》之文,歸納出"易三義""易數一七九""上下經"等類目,而將相關文字附於其下。張氏隨文做了一些疏釋和校訂,對於我們理解文義、校正文字具有重要參考價值。張氏卒後,其子成孫整理此書,又添加了自己和同里董祐誠的案語。張成孫主要是據江蘇翻刻殿本《易緯》校字,價值不大。董祐誠則精於曆算,其案語足資參考。

　　張惠言主要是根據文義理校,其校勘意見多有被後世發現之早期文獻證實者。如殿本《易通卦驗》注:

　　　　小滿於震直六五,六五辰在卯,與震木同位,震木可曲可直。
　　　　五六離爻,亦有互體坎,之爲輪也。饒言其刑行四也。
張惠言云:"'五六'當爲'六五','爲'當爲'象','刑行四'當爲'形紆曲'。"今檢《玉燭寶典·四月孟夏》引《易通卦驗》注,張氏改"五六"爲"六五",改"行四"爲"紆曲",均與《寶典》相合。

　　當然,張氏之説也有失之穿鑿者。如殿本《易通卦驗》:"春分……當至不至,先旱後水,歲惡,重來不爲。""重來"不辭,張惠言《易緯略義》以"種"釋"重",以"麳"釋"來"。種、重音義均同,故張氏有此説。然以"麳"釋"來"則非是。檢《續漢書·律曆志下》注引

---

① [清]張惠言《易緯略義》三卷,清道光元年合河康氏刻本。
② 《易緯略義序》收入張惠言嘉慶五年自編之《茗柯文二編》,所收文皆作於嘉慶二年、三年。張氏《説江安甫所鈔易説》(《茗柯文三編》,影印清同治八年刻本,《四部叢刊》,上海:商務印書館,1919 年,第 23b 頁)亦謂《易》説諸書成於嘉慶二年時居歙縣江邨江氏。
③ 江承之,字安甫,安徽歙縣人。嘉慶五年卒,年僅十八。師從張惠言,凡張氏所著《易》説,除《易義別録》外,江氏皆手寫。(《説江安甫所鈔易説》)

作"米不成",《開元占經》卷五《日占一·日暈影》引作"未不爲","米""未"皆"禾"字形近之譌,今本"重來"當作"重禾"。"重禾"見於《吕氏春秋·任地》:"種稑禾不爲稑,種重禾不爲重。"高誘注:"晚種早熟爲稑,早種晚熟爲重。"

三、陳喬樅《詩緯集證》

陳喬樅(1809—1869),字樹滋,號樸園。福建侯官人。陳壽祺長子。道光五年(1825)舉人。歷官江西分宜、弋陽、德化、南城知縣,署袁州、臨江、撫州知府。① 著有《禮堂經説》《毛詩鄭箋改字説》《禮記鄭讀考》《三家詩遺説考》《齊詩翼氏學疏證》《詩緯集證》《詩經四家異文考》《今文尚書經説考》《尚書歐陽夏侯經説考》等。

陳氏自敘云:"漢儒如翼奉、郎顗之説《詩》,多出於緯,蓋齊學所本也。鄭君箋《詩》,於《十月之交》篇主緯説,《六藝論》亦據而用之。"可見《詩緯》對於理解《齊詩》及鄭學之價值。陳氏父子精研漢代三家詩學,三家中《齊詩》亡佚最早,佚文最少,而《詩緯》佚文尚存,可藉此窺見《齊詩》之説,"《齊詩》雖亡而猶未盡泯也。"這是陳氏結撰此書的目的。

《詩緯集證》四卷附録一卷,收《推度災》《氾厤樞》《含神霧》三篇及泛引《詩緯》,末附《詩緯註附録》一條,僅有清道光二十六年(1846)小嬛嬛館刻本。該書體例爲,《詩緯》正文及注文以單一出處爲主,案語中先交待不同出處在篇目歸屬及文字上的差異,並加以按斷。然後徵引相關文獻,對緯文加以疏證。據其自敘,陳氏所見前人輯本有明孫瑴《古微書》,清殷元正、陸明睿《集緯》及趙在翰《七緯》三種,各有疏失。與其他輯本相較,《詩緯集證》的價值主要體現在以下幾個方面:

一是輯録較全。自敘謂較三家輯本增十之三。按陳氏所言不虚,除了當時不得見的《玉燭寶典》等日藏漢籍中保存的《詩緯》材料

---

① [清]謝章鋌《賭棋山莊文集》卷七《左海後人樸園陳先生墓誌銘》,清光緒刻本,第5a—7a頁。

外,其餘佚文幾乎都見於是編。① 不過,該書將《說郛》及《古微書》爲單一出處的佚文亦予收入,並不可取。

二是歸篇得當,校勘精審。類書所載緯文雖多,然來源複雜,篇目、文字時有錯誤。前人輯佚時往往徑予收入,缺乏考辨。陳氏則注意從内容上加以辨析,並用多個出處交叉驗證,以免因歸篇不當而導致誤收或漏收。如《太平御覽》卷一《天部一·太始》:

《易乾鑿度》曰:太始者,形之始也。

又曰:雌生戌仲,號曰太始。雄雌俱行三節。俱行起自戌仲至亥。

《帝王世紀》曰:氣形之初,謂之太始。

又同卷《天部一·太素》:

《易乾鑿度》曰:太素,質之始也。

又曰:雄含物魂,號曰太素。雌雄俱行,故能含物魂而生物也。獨言雄雌,主於陽故也。

《帝王世紀》:形變有質,謂之太素。……

二條"又曰"之文,黄奭輯本皆歸入《易乾鑿度》。而《集證》於上條云:"考《乾鑿度》無此語,以類求之,知是《推度災》之文。"且據"雄生八月仲節,號曰太初"之文,改"戌仲"爲"九月仲節",甚是。下條正文亦見於曹憲《廣雅音義》引《詩緯》,陳喬樅因作《推度災》文。前者據佚文内容改正歸篇之誤,後者先據他書徵引確定爲《詩緯》佚文,再據内容確定歸篇。按《太平御覽》體例,"太初"標目下先引《易乾鑿度》,次引《帝王世紀》,次引《詩推度災》,"太始""太素"下先引《易乾鑿度》,次引又曰,次引《帝王世紀》,"又曰"實即《詩推度災》,蓋當時編輯之誤,《集證》歸篇得當。

三是疏解詳盡。陳氏於各條緯文下廣徵文獻,對於理解緯文文義極有助益。以首條"建四始、五際而八節通"爲例,陳氏詳細疏解了"四始""五際""八節"三個概念。"四始""五際"是《齊詩》之說,

---

① 曹建國《天地之心:〈詩緯〉研究》,北京:中國社會科學出版社,2021 年,第 7 頁。

而《後漢書·郎顗傳》注、《漢書·翼奉傳》注的解釋並不準確,故陳氏引《詩汎曆樞》之文加以糾正,又引《易通卦驗》之文說明"四始""五際""八節"與五行的配合辦法。陳氏撰有《齊詩翼氏學疏證》,於《齊詩》之說極爲熟悉,故能解明《詩緯》之文。

四、廖平《詩緯新解》《詩緯捃遺》

廖平(1852—1932),初名登廷,字旭陔,繼改名平,字季平。初號四益,繼改四譯,晚年相繼更號五譯、六譯。四川井研縣人。光緒五年(1879)舉人,光緒十五年(1889)進士,特授龍安府教授。歷署射洪縣訓導、綏定府教授,先後任成都尊經書院襄校及嘉定九峰、資州藝風、安岳鳳山等書院院長。民國後任四川國學專門學校校長,兼成都高等師範學堂、華西協和大學等校教授。① 廖氏著述宏富,遍及四部,刊行者彙編爲《六譯館叢書》。

二書成於民國三年(1914)。《詩緯新解》收《推度災》《汎歷樞》《含神霧》三篇及補遺,廖氏疏解較爲簡略,故請弟子黄鎔徵引文獻,爲之補證,兩者間以"○"區隔。《詩緯捃遺》則從《春秋緯》《孝經緯》《禮緯》《樂緯》中摘錄與《詩》說有關之文,文下亦有疏解及補證。《詩緯新解》《詩緯捃遺》原刊《國學薈編》民國三年第十期及第十二期,民國七年(1918)四川成都存古書局以原版印行,後又收入民國十年(1921)存古書局彙印的《六譯館叢書》中。廖氏未言所據,從文字看,似是以《玉函山房輯佚書》爲主。如"建四始、五際而三節通"條,各輯本或作"八節",或無"三"字,惟《玉函》與之同。《詩緯新解》不注出處,其價值主要在廖平疏解和黄鎔補證上。

五、胡薇元《詩緯訓纂》

胡薇元(1850—1924),字孝博,號壺庵、詩舲,別號玉津居士、天雲居士、百梅亭長、七十二峰隱者。祖籍浙江紹興府山陰縣(今浙江

---

① 廖宗澤《六譯先生行述》,見廖幼平編《廖季平年譜》,成都:巴蜀書社,1985年,第84—93頁。

紹興),寄籍順天府大興縣(今北京)。光緒二年(1876)舉人,光緒三年進士。歷官廣西、四川等地知縣,官至陝西鳳翔知府。辛亥革命後寓居成都。① 著有《漢易十三家》《詩緯訓纂》《三州學錄》《道德經達詁》《公羅導源》《天雲樓詩》《玉津閣文略》《天雲樓詞》《夢痕館詩話》《歲寒居詞話》《壺庵五種曲》等。

書前胡氏云:"薇元于諸經緯皆有訓纂,辛亥西安之亂,盡失其稿。今取《詩緯》三篇,纂集諸書及魏宋氏均、福州陳氏喬樅之說,參以愚意,著之于篇。"該書分《詩緯含神霧訓纂》(44 條)、《詩緯氾歷樞訓纂》(23 條)、《詩緯推度災訓纂》(40 條)三篇②,以陳喬樅《詩緯集證》爲基礎,泛引《詩緯》之文歸入各篇,但所收佚文數量不及前者。民國七年(1918)廖平爲該書作序,略有微詞,認爲應將"各緯言《詩》明文之條,與其說爲別經無而《詩》獨有者"採附《詩緯》之後。除了佚文數量,該書在文獻層面亦頗爲粗率,既有文字訛脫,亦有漏注、錯標出處者。如《詩緯含神霧訓纂》第三條:

　　《詩》三百五篇,詩者,持也。在于敦厚之教,自持其心,諷刺之道,可以扶持邦家者也。

陳喬樅《集證》注明"詩三百五篇"句出自《詩譜序》正義,"詩者持也"句出自《禮記‧內則》正義,餘句出自《毛詩指說》。而胡氏僅云"此條見《詩譜序》孔正義",與事實不符。又如"七星不明,名爲七政不行"條,《集證》及其出處《開元占經》均作"七政星不明,各爲其政不行",《訓纂》文字有誤。再如"五緯合,五更紀"條,"五更紀"不辭,乃"王更紀"之誤。更有甚者,《集證‧含神霧》"麟木之精"以下講感生諸條,《訓纂》皆歸入《推度災》而未言所據,與出處所標篇目不符,絕不可信。此外,胡氏不以經學名家,疏解之文徵引文獻皆見於陳氏之書而更略,其自言則多泛論,參考價值有限。

廖、胡二書雖皆成於民國,然皆屬舊學範疇,故附於本節。

---

① 劉于峰《胡薇元年譜簡編》,《明清文學與文獻》第 9 輯,北京:社會科學文獻出版社,2020 年。

② 廖平序謂"《詩緯》祇存三種,共祇一百九條"。

第六節　現代學術轉型後的新輯本:《緯書集成》

一、民國以後中日學界的讖緯輯佚工作

進入民國以後,學術研究逐漸轉型,但緯書作爲漢代經學研究的重要資料,仍受到重視。顧頡剛曾收集孫氏《古微書》、趙氏《七緯》、喬氏《緯攟》、殷氏《集緯》、馬氏《玉函山房輯佚書》、黃氏《逸書考》,"欲集錄各家輯本爲一編",已開始僱工鈔寫,卻因九一八事變爆發而擱置。①

抗戰勝利前後,朱師轍也有集合諸家輯本,編爲《緯綜》之計劃。今浙江圖書館藏清光緒間文選樓翻刻馬國翰輯本八册(普14327)②,首有民國三十四年(1945)朱師轍跋:

  乙酉季夏鈔補缺葉數紙。
  此本乃翻印玉函山房馬國翰輯緯書本,門人史幾士所贈。時余方撰《秘緯徵史》,且欲集明孫瑴《古微書》,清朱彝尊《經義考》中《总緯》,殷元正、陸明睿《集緯》,趙在翰《七緯》,黃奭《漢學堂》內《通緯》,馬國翰《輯緯》,喬松年《緯攟》諸編之大成爲《緯綜》一書,以便學子研求。師轍識。

三年後朱氏作《緯書釋名序》,亦言欲據諸家輯本"考證探原,折衷補訂,裒成一帙,名曰《緯綜》",由學生張任南襄助,先成《緯書釋名》《緯書篇名》二篇。③ 1961 年,朱氏在致周達夫信中云"余之《緯綜》

---

① 顧頡剛著,顧洪、張順華編《顧頡剛文庫古籍書目》卷二,"考正古微書",第763頁。

② 即《益雅堂叢書》(《玲瓏山館叢書》)之零種。內封題"漢鄭元、魏宋均輯註/七經緯書/文選樓珍藏","古微書屋/較對刊行",有《益雅堂叢書目錄·經編緯書類》。此書僅有朱氏寥寥數條批語,又抄補原書闕葉數葉。

③ 朱師轍《緯書釋名序》,見顧頡剛《顧頡剛讀書筆記》卷十"辛丑夏日雜鈔",第67頁。

惜無助手,鈔録尚待異日。"①可見當時尚未完成。周達夫因受日本學者安居香山《緯書集成》之刺激,曾去信顧頡剛,希望通過政協系統,由浙江文史館幫助朱師轍解決助手問題,完成《緯綜》,以與日本學者競賽。此事未見後續,應是未能實現。

　　日本學者安居香山、中村璋八於 1959 年至 1964 年完成《緯書集成》油印本八册,②此後又經修訂,於 1971 年至 1992 年以《重修緯書集成》之名陸續出版。③ 1994 年河北人民出版社出版吕宗力、欒保群中譯本,仍用《緯書集成》之名。原書僅有斷句,中譯本由整理者施加標點,並補充了少量按語。《集成》以喬松年《緯攟》爲底本,集合十一種前代輯本,並從前人輯而未盡的《五行大義》《開元占經》等書中檢出不少内容。此外,又從各種日藏文獻資料中新輯出不少佚文,其中《天文要録》《天地瑞祥志》《玉燭寶典》《諸道勘文》等,皆前人輯本未曾利用者,因而所收佚文數量大大超過前代輯本,確符"集成"之名。

　　至於 1994 年上海古籍出版社出版的同名《緯書集成》,則並非新輯,而是影印了十二種明清緯書輯本,後附《緯書佚文輯録》。此書前言號稱"較日本安居香山、中村璋八所編《緯書集成》更爲完備",但其資料範疇僅較安居、中村之書多《七緯拾遺》《玉函山房輯佚書續編》兩種。又其《緯書佚文輯録》實際上襲用了安居、中村二氏《重修緯書集成》的成果,僅將二氏《集成》中標爲"中佚""日佚"的佚文(即不見於明清輯本的内容)收集起來,且《春秋緯》部分不完整,因此並不能取代後者。④

----

　　① 朱師轍《致周達夫書》,見顧頡剛《顧頡剛讀書筆記》卷十"辛丑夏日雜鈔",第 67—68 頁。
　　② [日]安居香山、中村璋八《緯書集成》,東京:漢魏文化研究室,1959—1964 年。
　　③ [日]安居香山、中村璋八編《重修緯書集成》,東京:明德出版社,1971—1992 年。
　　④ 劉國忠《評兩部〈緯書集成〉》,《傳統文化與現代化》1996 年第 3 期。[日]中村璋八《上海圖書館藏〈七緯拾遺〉について》,《古田敬一教授頌壽記念中國學論文集》,東京:汲古書院,1997 年,第 479—493 頁。

此外,董治安主編的《兩漢全書》中亦有《兩漢讖緯文獻》,①主要以黃奭輯本爲底本,又用《緯書集成》作補遺,資料範疇同樣不出《集成》之外。

總之,作爲讖緯輯佚的"集成"之作,安居、中村二氏的《緯書集成》是當今學界影響最大的讖緯文獻輯本,學者研究、利用讖緯文獻,多以《集成》爲據。但本人在利用《緯書集成》進行研究的過程中,卻發現此書存在非常嚴重的缺陷。雖然此前已有一些學者先後指出《集成》的一些問題,②但大都是在肯定的基礎上加以修補,或是以批評其中的某類、某篇爲主,尚未引起學界的廣泛關注與應有重視。

二、《緯書集成》誤輯舉證

梁啓超曾提出鑑定輯佚書優劣的四條標準:一、佚文出自何書,必須注明,數書同引,則舉其最先者。能確遵此例者優,否者劣。二、既輯一書,則必求備。所輯佚文多者優,少者劣。三、既須求備,又須求真。若貪多而誤認他書爲本書佚文則劣。四、原書篇第有可整理者,極力整理,求還其本來面目。雜亂排列者劣。③ 由於讖緯文獻本

---

① 董治安主編《兩漢全書》,濟南:山東大學出版社,2009年。
② 張以仁《〈緯書集成〉河圖類鍼誤》,《"中央研究院"歷史語言研究所集刊》第35本,1964年,第113—133頁。[日]波多野太郎《介紹王氏父子對於〈緯書集成〉的意見》,《東方宗教》第26號,1965年。王利器《與安居香山教授論〈緯書集成〉書》,《東方宗教》第26號,1965年,收入《王利器論學雜著》,北京:北京師範大學,1990年,第449—452頁。以上二文針對的是油印本《緯書集成》。鍾肇鵬《讖緯論略》第十一章《讖緯的輯佚和研究》,第267—276頁。黃復山《東漢讖緯學新探》,第147—153頁。孫劍藝、胥愛珍《〈緯書集成·易緯通卦驗〉斷句指瑕》,《周易研究》2008年第3期,第34—37、76頁。李梅訓《〈重修緯書集成·春秋緯〉勘誤》,《中華文史論叢》2009年第4期,第192、214頁。李梅訓《河北人民版〈緯書集成·春秋緯〉疑誤舉例》,《齊魯文化研究》第8輯,2009年,第204—209頁。曹建國《〈河圖括地象〉考論——兼論讖緯文獻的甄別與運用》,《國學研究》第39卷,2017年,第203—235頁。
③ 梁啓超著,俞國林校《中國近三百年學術史》,北京:中華書局,2020年,第444頁。

身的散亂,自然不能以第四點苛求緯書輯本。以梁氏標準衡量《緯書集成》,可以說《集成》做到了"求備",但在"求真"上仍有很大的缺陷與不足。

(一)誤立篇目

以"易編"爲例,除了武英殿本《易緯》八篇及不知篇目所屬的《易緯》條目外,《緯書集成》尚立有《易緯中孚傳》等十五篇。這些篇目多採自前人輯佚書(亦有從《天文要錄》中輯出者),但讖緯文獻中是否確實存在這些篇目,需要一一甄別。略舉數例,以見一斑。

1.《易緯內篇》(收佚文兩條,第322頁)

○福萬民,壽九州,莫大乎真氣,鍊五石,立四極,莫大乎神用。【《路·後紀》2、天】【攟、緯＝作易緯】

○日月相逐爲易。【攟】①

按:首條見於《路史·後紀二》注,次條見於《路史·前紀一》及《發揮一》"易之名",均引作《易內篇》。② 然經檢索可知,此二條皆是抱黃子《准易繫辭篇》之文,見南宋曾慥所編《道樞》卷二五。曾氏按語云:"道士張抱黃,祥符中年已七十餘,至嶽麓訪隱者周成不遇,見橋人秀水黎白,授以此書。"此書成於北宋大中祥符(1008—1016)間,準易理以釋內丹,屬於道書。③《路史》所記篇名當有誤。此篇非緯書,不當立目。

2.《易緯九戹讖》(收佚文三條,第324頁)

○君舒怠,臣下有倦,白黑不別,賢不肖並,不能憂民,急氣爲之舒緩,草不搖。【微、漢】

○主失禮煩苛,則旱之,魚螺變爲蝗蟲。【微、漢】

按:以上二條皆見《續漢書·五行志》劉昭注引"讖曰",④未言

---

① 《緯攟》於此條漏標出處,《緯書集成》亦未補。
② [宋]羅泌《路史·後紀》卷二《太昊紀下》,明嘉靖洪楩刻本,第3b頁。《路史·前紀》卷一《初三皇紀》,第1b頁。《路史·發揮》卷一,第9b頁。
③ 潘雨廷《道藏書目提要》,上海:上海古籍出版社,2003年,第357—358頁。
④ [晉]司馬彪《續漢書·五行志》,《後漢書》,第3292頁。

"易九戹"。《緯書集成》沿《古微書》和《漢學堂叢書》(《逸書考·通緯》)之誤。

〇三統,是謂元歲,元歲之閏,陰陽災。初入元,百六,陽九;次三百七十四,陰九;次四百八十,陽九;次七百二十,陰七;次七百二十,陽七;次六百,陰五;次六百,陽五;次四百八十,陰三;次四百八十,陽三,凡四千六百一十七歲,與一元終。經歲四千五百六十,災歲五十七。【《漢書·律曆志上》】【微、漢、集】

按:《漢書·律曆志上》云:"三統,是爲元歲。元歲之閏,陰陽災。三統閏法易九戹曰:初入元,百六,陽九;……經歲四千五百六十,災歲五十七。"①可見"初入元"以下方爲《易九戹》文字,故《緯書集成》加按云:"《九戹讖》之文,自'初入'乎?"且原文並無"讖"字,《緯書集成》誤從《古微書》等輯本。喬松年《古微書訂誤》已指出此誤,②《緯書集成》以喬氏書爲底本,卻未參用《訂誤》,不當。

又《漢書》孟康注曰:"《易傳》也。所謂陽九之戹,百六之會者也。"③"易傳"二字下,《文選》左思《魏都賦》注、陸機《樂府》注、江淹《雜體詩》注、劉琨《勸進表》注、袁宏《三國名臣序贊》注、曹植《王仲宣誄》注所引竝無"也"字,王念孫以爲衍文。④ 對於"易九戹"三字的理解頗多分歧,惠棟(《後漢書補注·西羌傳》"無妄之災"句下注,亦見《周易述》)、錢大昕(《廿二史考異·漢書二》)認爲"九戹"爲"无妄"之誤。⑤ 王引之非之,據上引《文選》諸篇李善注,以爲當作"陽九戹",且謂:

下文孟康注曰:"一元之中有五陽四陰,陽旱陰水,九七五

---

① 《漢書》卷二一上《律曆志上》,第984頁。
② [清]喬松年《緯攟》卷一三《古微書訂誤》,清光緒三年(1877)強恕堂刻本,第11b—12a頁。
③ 《漢書》卷二一上《律曆志上》,第986頁。
④ [清]王念孫《讀書雜志·漢書第四·律曆志》,徐煒君等校點,上海:上海古籍出版社,2014年,第549頁。
⑤ [清]惠棟《後漢書補注》卷二〇《西羌傳》,第7b頁。[清]惠棟《周易述》卷四,鄭萬耕點校,北京:中華書局,2007年,第75頁。錢大昕《廿二史考異》卷七,第137頁。

三皆陽數也,故曰陽九之戹。"此正釋"陽九戹"三字。"陽九戹"蓋《三統曆》篇名也。陽戹五,陰戹四,合之則九。水旱之九七五三又皆陽數,故以"陽九戹"名篇。"三統閏法陽九戹曰"者,言《三統閏法·陽九戹篇》有云也。孟康注曰"《易傳》所謂陽九之戹,百六之會者",謂《三統·陽九戹篇》所云即《易傳》所謂"陽九之戹"也。俗本"陽"字誤而爲"易",注内"易傳"下又衍"也"字,讀者遂以"易九戹"爲《易傳》。①

張文虎以錢大昕作"无妄"非,但亦不贊同王引之改"易九戹"爲"陽九戹"。② 今按,作"无妄"蓋非,改爲"陽九戹"亦不必從,關鍵在於如何理解"易九戹"的性質。惠棟、錢大昕、張文虎皆以爲"緯書之類",並無特別堅實的理由。不論"易九戹"是否確爲《三統曆》篇名,要之必爲劉歆《三統曆》所引,其時尚無緯書名目,則不應以緯書視之,《易九戹》不當立目。

3.《易緯禮觀書》(收佚文一條,第325頁)

〇五禮修備,則五諸侯星正行,光明不相陵侵五木,五木應以大豐,天下大治,養不息。【《天文》41】【中佚】

按:《開元占經》卷六六引《禮緯含文嘉》曰:"五禮修備,則五諸侯星正行光明,不相凌侵,五禾、五木應以大豐。"③從佚文内容看,當屬《禮緯含文嘉》,《天文要録》蓋傳鈔致誤。又《緯書集成》標點破句。此外,《易緯紀》《易緯紀表》《易緯決象》等篇僅有《天文要録》徵引的一條佚文,是否確有此篇也存疑。

4.《易緯河圖數》(收佚文三條,第330頁)

〇龜取生數,一三五七九。筮取成數,二四六八十。【微】

按:喬松年《古微書訂誤》(《緯攟》卷十三)云:"此文見《丹鉛録》二十二,是楊升菴之語,謂《河圖》之意如此,非引《河圖》之文。

---

① 王念孫《讀書雜志·漢書第四·律歷志》,第549—550頁。
② [清]王先謙《漢書補注》卷二一上,清光緒二十六年(1900)長沙王氏虚受堂刻本,第43a頁。
③ 瞿曇悉達《大唐開元占經》卷六六,第7a頁。

孫氏乃造一《易河圖數》之名，而摭此條以實之，妄甚。"①今按此文實爲《周禮·夏官·校人》疏文，無所謂《易河圖數》之名，《古微書》不可從。

〇一與六共宗，二與七同道，三與八爲朋，四與九爲友，五與十同途。東方、南方生長之方，故七爲少，陽八爲少陰。西方、北方成熟之方，故九爲老陽，六爲老陰。【微】

按：揚雄《太玄·玄圖》云："一與六共宗，二與七共明，三與八成友，四與九同道，五與五相守。"②即此文所本。又對山問月樓本《古微書》此句與"東方南方"句間有一空格，並非連續之文。喬松年雖訂下句之誤，卻仍將此句收入《緯攟》，亦題《易河圖數》。"東方南方"句，喬松年《古微書訂誤》云："此文亦見《丹鉛錄》，亦是升菴解說河圖之語。"③今按"東方南方"至"六爲老陰"實亦爲《周禮·夏官·校人》疏文，在"龜取生數"云云句下，並無所謂《易河圖數》之名。

〇五運皆起於月初，天氣之先至，乾知大始也。六氣皆起於月中，地氣之後應，坤作成物也。【微】

按：喬松年《古微書訂誤》云："此文亦見《丹鉛錄》，其上明著'醫家'二字，孫氏乃幷'東方南方'一條，皆造爲《易河圖數》，均大妄也。"④可見以上三條所謂《易緯河圖數》之名皆孫瑴虛造，不當立目。

由以上分析可知，十五篇中至少有四篇爲誤立，大都是沿襲前人輯本的錯誤。還有一些篇目的誤立，則是《緯書集成》纂輯過程中產生的訛誤。如《尚書中候日角》（第 451 頁）和《尚書中候霣甫》（第 454 頁）二篇，《集成》皆據《玉函山房輯佚書》收入。然檢《玉函》原書，"日角"實爲《勑省圖》之文，"霣甫"實爲《稷起》之文（馬國翰據

---

① 喬松年《緯攟》卷一三《古微書訂誤》，第 11a 頁。
② ［漢］揚雄撰，鄭萬耕校釋《太玄校釋》，北京：中華書局，2014 年，第 351 頁。
③ 喬松年《緯攟》卷一三《古微書訂誤》，第 11a 頁。
④ 喬松年《緯攟》卷一三《古微書訂誤》，第 11a 頁。

注文補），並非篇名。因《玉函》篇名、正文皆頂格（圖 27），《緯書集成》失於區分，虛立其目。

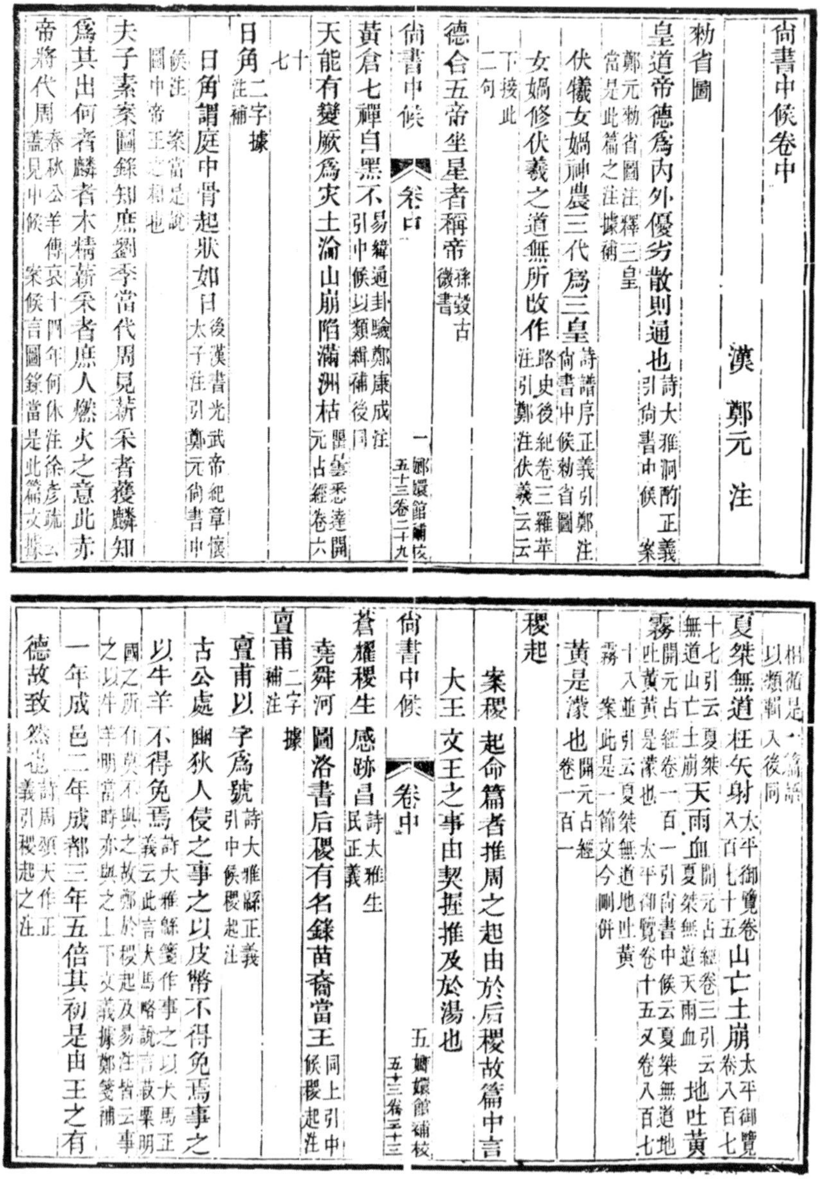
尚書中候卷中
漢　鄭元　注
敕省圖
皇道帝德爲內外優劣散則通也 詩大雅泂酌正義引尚書中候 案鄭元敕省圖注釋三皇當是此篇之注據補
伏犧女媧神農三代爲三皇 詩譜序正義引鄭注尚書中候敕省圖
女媧修伏犧之道無所改作 路史後紀卷三羅苹注引鄭注伏羲云云下接此二句
德合五帝坐星者稱帝 孫瑴古微書
尚書中候　卷中　一　嫏嬛館補校　五十三卷二十九
黃倉七禪白黑不 易緯通卦驗鄭康成注引中候以類輯補後同
天能有變厥爲災土淪山崩陷滿洲枯 瞿曇悉達開元占經卷六十七
日角 二字據注補
日角謂庭中骨起狀如日 後漢書光武帝紀章懷太子注引鄭元尚書中候注 案當是說圖中帝王之相也
夫子素案圖錄知庶劉季當代周見薪采者獲麟知爲其出何者麟者木精薪采者庶人燃火之意此赤帝將代周 春秋公羊傳哀十四年何休注徐彥疏引中候 案候言圖錄當是此篇文據相猶是一篇語以類輯入後同
夏桀無道枉矢射 太平御覽卷八百七十五 山亡土崩 太平御覽卷八百七十七引云夏桀無道山亡土崩 天雨血 開元占經卷三引云夏桀無道天雨血 地吐黃霧 開元占經卷一百一引尚書中候云夏桀無道地吐黃黃是濛也太平御覽卷十五又卷八百七十八並引云夏桀無道地吐黃霧 案此是一篇文今刪併
黃是濛也 開元占經卷一百一
稷起
案稷起命篇者推周之起由於后稷故篇中言大王文王之事由契握推及於湯也
尚書中候　卷中　五　嫏嬛館補校　五十三卷三十三
蒼耀稷生感跡昌 詩大雅生民正義
堯舜河圖洛書后稷有名錄苗裔當王 同上引中候稷起注
亶甫 二字據注補
亶甫以字爲號 詩大雅緜正義引中候稷起注
古公處豳狄人侵之事之以皮幣不得免焉事之以牛羊不得免焉 詩大雅緜箋作事之以犬馬正義云此言犬馬略說言菽粟明國之所有與不與之故鄭於稷起及易注皆云事之以牛羊明當時亦與之上下文義據鄭箋補
一年成邑二年成都三年五倍其初是由王之有德故致然也 詩周頌天作正義引稷起之注

圖 27　《玉函山房輯佚書·經編·緯書類·尚書中候》

(二)誤輯文句

由於讖緯文獻大多亡佚散亂，某條佚文歸於何篇往往頗費斟酌，《緯書集成》基本是將前人輯本的內容照單全收，失於考辨。其中《易緯》八種據武英殿本收入，各篇後又附"補遺"，除了誤收別篇文字外，尚有大量文字並非佚文，而是已見於殿本各篇。文獻徵引或與殿本略有文字差異，可爲校勘之資，但不能以佚文視之。一些問題比較嚴重的部分如《易緯稽覽圖》補遺，凡十五條，全部爲誤輯。

1.《易緯乾鑿度》補遺（第60—64頁）

　　○王者，天下所歸。四海之內，曰天下。【《帝範》注】【攟】

按："王者，天下所歸"已見於《乾鑿度》正文，非佚文。《文選·王命論》注、《太平御覽》卷七六亦引此句，皆無"四海之內，曰天下"七字。《緯書集成》據喬松年《緯攟》，《緯攟》則據《帝範》注。而喬氏所用《帝範》注乃乾隆間四庫館臣自《永樂大典》輯出，收入《武英殿聚珍版書》及《四庫全書》，實爲元大德間李鼐注本（《四庫提要》不明注者，僅推測"蓋元人因舊注而補之"）。日本猿投神社藏有日本南北朝初抄本《帝範》二卷，爲唐人注本。唐注易得之本有日本寬文八年(1668)刻本、《粵雅堂叢書》本(據寬文本)、民國十三年(1924)東方學會排印本(據寬文本)等。① 經檢，《帝範》相應正文下無此注。"四海之內，曰天下"七字蓋李鼐語，非《乾鑿度》原文。此條不當輯入。

　　○雌生戌仲，號曰太始。雄雌俱行三節。俱行起自戌仲，至亥。【覽1】【漢、逸】

　　○雄含物魂，號曰太素。雌雄俱行，故能含物魂而生物也。獨言雄雌，生於湯故也。【覽1】【漢、逸】

按：上二條皆爲黃奭所輯。檢宋本《太平御覽》，"生於湯"當作"主於陽"，"生"字沿黃奭之誤，"湯"字則《緯書集成》誤排。陳喬樅

---

① ［日］阿部隆一《帝範臣軌源流考附校勘記》，《斯道文庫論集》第7輯，1968年，第171—289頁。

《詩緯集證》於上條云："考《乾鑿度》無此語,以類求之,知是《推度災》之文。"①下條正文亦見於曹憲《廣雅音義》引《詩緯》,陳喬樅因作《推度災》文。《太平御覽·天部一》"太初"標目下先引《易乾鑿度》,次引《帝王世紀》,次引《詩推度災》,"太始""太素"下先引《易乾鑿度》,次引又曰,次引《帝王世紀》,"又曰"實即《詩推度災》,蓋當時編輯之誤。

○岷山上爲井絡。【覽40】【漢、逸】

按:此條亦黃奭所輯。《乾鑿度》無專言山川地理之文,實見於《河圖括地象》"岷山之地,上爲井絡"。此條蓋《太平御覽·地部五》誤標出處。

○清輕而騫者爲天,濁重而墜者爲地,沖粹而生者爲人。【路前紀1三皇紀注】【漢、逸】

按:此條見《路史·前紀一》正文引,而非注文。② 黃奭按語本爲:"《路史·前紀·初三皇紀》。注云:此本《易乾鑿度》之文,引見《列子》。"③前句指明佚文出處,後句"注云"即《路史》注,《緯書集成》誤以"注"字連上文出處。今傳《乾鑿度》作"清輕者上爲天,濁重者下爲地"(此卷上文字,卷下無"者"字)④,無末句。《列子·天瑞》前二句與《乾鑿度》同,末句作"沖和氣者爲人"。⑤ 蓋《列子》本《乾鑿度》之文而增衍之,不可逕以爲《乾鑿度》原文。黃奭尚引《路史》注以爲說明,《緯書集成》未錄,不當。此條不應輯入。

○甲子爲蔀首七十六歲,次得癸卯蔀七十六歲,次壬午蔀七十六歲,次辛酉蔀七十六歲,凡三百四歲,木德也,主春生。……

---

① [清]陳喬樅《詩緯集證》卷一,清道光二十六年(1846)小嫏嬛館刻本,第8b頁。

② 羅泌《路史·前紀》卷一《初三皇紀》,第2a頁。

③ [清]黃奭《通緯·易乾鑿度鄭氏注·補遺》,民國二十三年至二十六年江都朱長圻補刊彙印《黃氏逸書考》本,第72a頁。

④ 《周易乾鑿度》卷上,清乾隆二十一年(1756)德州盧氏雅雨堂刻本,第5a頁。

⑤ 楊伯峻《列子集釋》卷一《天瑞》,第8頁。

其得四正子午卯酉而朝四時焉。凡一千五百二十歲終一紀,復甲子,故謂之遂也。【逸】

按:黃奭輯本按語云:"《古微書·洛書甄曜度》後引甄鸞注轉引《乾鑿度》。"①《緯書集成》據以輯入,未標出處。今按《古微書》按語有誤,實際爲《周髀算經》卷下趙君卿注文。趙注引《乾鑿度》可確定爲原文的是"至德之數,先立金木水火土五,凡各三百四歲",②見於《乾鑿度》卷下。其餘文字大意與《乾鑿度》同,但差異明顯,當是趙君卿據《乾鑿度》轉述。《乾鑿度》原文俱在,不當輯入此條。

2.《易緯稽覽圖》補遺(第180—181頁)

○天地開闢,五緯各在其方。至伏羲氏,久合,故曆以爲元。【攟、郛】

按:重編本《説郛》及《緯攟》"久合"皆作"乃合",③《集成》有誤。又此條見《太平御覽》卷七八皇王部三,所引乃《春秋内事》,④重編本《説郛》誤入《易稽覽圖》,《緯攟》從之,《緯書集成》又沿其誤。

○夏至後三十日極溫,夏至景風至,蟬始鳴,螳蜋生。【覽23(34)、(淵21)】【微、緯、七、集】

※夏至景風至,螳蜋生。

按:《太平御覽》卷二三時序部八引,實作兩條:《易稽覽圖》曰:"夏至後三十日極溫。"⑤《易稽覽圖》曰:"夏至景風至,蟬始鳴,螳蜋生。"⑥不當連綴合一。上條見於《稽覽圖》卷上,非佚文。按《御覽》體例,相鄰兩條或兩條以上引文,如爲同一出處,則僅於首條標注來

---

① 黃奭《通緯·易乾鑿度鄭氏注·補遺》,第75a頁。
② [漢]趙君卿注《周髀算經》卷下,影印南宋嘉定六年(1213)鮑澣之刻本,《宋刻算經六種》,北京:文物出版社,1980年,第25b頁。
③ [明]佚名重編《説郛》,影印清順治四年(1647)宛委山堂印本,《説郛三種》,上海:上海古籍出版社,1988年,第211頁。喬松年《緯攟》卷一,第7b頁。
④ 李昉等《太平御覽》卷七八《皇王部三》,第364頁。
⑤ 李昉等《太平御覽》卷七八《皇王部三》,第110頁。
⑥ 李昉等《太平御覽》卷七八《皇王部三》,第111頁。

源,其餘各條均作"又曰",此處有違體例,疑下條出處非《易稽覽圖》,乃《御覽》編纂時誤標。今檢武英殿本《通卦驗》卷下有"夏至景風至,暑且濕,蟬鳴,螳螂生"(《玉燭寶典》卷五引《易通卦驗》,文字與此同),①知《易稽覽圖》乃《易通卦驗》之誤。《初學記》卷三《歲時部上》引文與《御覽》同,亦作《易通卦驗》。《緯攟》亦據《御覽》卷二三輯"夏至景風至,螳蜋生"一條,但加按語云:"愚按此語不似《稽覽圖》,殆《御覽》誤引。"②《緯書集成》於此未加考辨,誤以《通卦驗》文字入《稽覽圖》。又《七緯》所收《易緯》皆據殿本《易緯》八種,此外未另輯佚文,故《緯書集成·易緯》"補遺"部分資料來源標"七"(即《七緯》)者皆有誤。

　　○冬至之後三十日極寒。【覽34】【微、七、集】
　　按:已見《稽覽圖》卷上,非佚文。
　　○政道得,則陰物變爲陽。【天46】【攟、七、集】
　　鄭康成注:若蔥變爲韭,是也。
　　※治道得,則陰物變爲陽物。【《隋書·王劭傳》】
　　鄭玄注:蔥變爲韭,亦是。
　　按:此文已見於《稽覽圖》卷上,殿本按語云:"按《隋書·王劭傳》引此文,又引鄭康成注有此六字,原本脱,今補入。"③知《永樂大典》本正文同《隋書》,而闕鄭注六字,殿本既已補入,則不當複出於"補遺"。又《北史·王劭傳》引,"治道"作"政道",④餘同《隋書》。《緯書集成》標《天中記》,非原始出處,故脱句末"物"字。
　　○天有十二分,以日月之所躔也。【攟、郭】
　　按:此文見《北堂書鈔》卷一四九《天部一》、《太平御覽》卷一《天部一》,皆作"《春秋内事》云:天有十二分次,日月之所躔

---

① 《易緯通卦驗》卷下,清乾隆三十八年(1773)武英殿刻本,第12a頁。
② 喬松年《緯攟》卷一,第7b頁。
③ 《易緯稽覽圖》卷上,清乾隆三十八年武英殿刻本,第10a頁。
④ 《北史》卷三五《王劭傳》,北京:中華書局,1974年,第1296頁。

也。"①《説郛》《緯攟》誤入《稽覽圖》,且誤"次"爲"以",《緯書集成》沿誤。

　　○卦氣起中孚,故離、坎、震、兑各主其一方,其餘六十卦,卦有六爻,爻别主一日,凡主三百六十日,餘有五日四分日之一者,每日分爲八十分,五日分爲四百分四分日之一,又爲二十分,是四百二十分,六十卦分之,六七四十二,卦别各得七分,是每卦得六日七分也。【《易·復卦》疏】【攟、緯、集、七】

按:《周易正義》引《易緯稽覽圖》實僅"卦氣起中孚"一句,已見於《稽覽圖》原文。"故離、坎、震、兑各主其一方"以下皆是正義之語,不當輯入。

　　○太平時,陰陽和合,風雨咸同;海内不偏,地有阻險,故風有遲疾。雖太平之政,猶有不能均同,唯平均乃不鳴條。【《隋書·王劭傳》、覽9、淵6】【郛、微、緯、集、七】

　　△故欲風於亳。亳者,陳留也。【《隋書·王劭傳》】【攟、七】

按:此文已見於《稽覽圖》卷上,但除"太平"二字外,皆誤爲正文,且有個别誤字,殿本已據《隋書·王劭傳》改正②,故《緯書集成》不應輯入補遺。

　　○降陽爲風,降陽之風,動不鳴條。【《法苑珠林》7】【微、集、七】

　　○降陰爲雨,降陰之雨,潤不破塊。【覽10、淵7】【微、緯、七】

按:已見於《稽覽圖》卷上,惟語句組合順序不同,當是引書時有所調整。

　　○陰陽和合,爲電輝輝也,其光長。【覽13、淵8】【微、緯、集】

---

① [隋]虞世南《北堂書鈔》卷一四九《天部一》,清光緒十四年(1888)南海孔氏三十三萬卷堂刻本,第3a頁。李昉等《太平御覽》卷一《天部一》,第5頁。
② 《易緯稽覽圖》卷上,第9b頁。

※陰陽和合,其電耀耀也,其光長。【《法苑珠林》7、占 102】
【七】
按:已見於《稽覽圖》卷上,不當輯入。

　　○春夏寒,政教急。【淵 21】【集】
按:此實《太平御覽》卷三四時序部十九引《京房易妖占》之文,而《御覽》上條方爲《易稽覽圖》,①知爲《淵鑑類函》編纂失誤。《集緯》見聞不廣,所用文獻多《淵鑑類函》等晚近文獻,可靠性不高,《緯書集成》往往誤從其誤。

以上《緯書集成·易緯稽覽圖》補遺部分凡十五條,全部爲誤輯。現存文獻徵引《稽覽圖》文字,並無出於武英殿本之外者,説明今傳《稽覽圖》在内容上是比較完整的。

3.《易緯辨終備》補遺(第 182—186 頁)
　　○日之既,陽德消。【選 13 月賦注】【攟、緯、七、集】
　　鄭玄曰:日既蝕,明盡也。【中佚】
按:正文及鄭注皆見《文選·月賦》李善注,並非所謂"中佚"(據《緯書集成》凡例,指中國資料中未被收入明清諸輯佚書的緯書資料),是誤標。又此文已見於殿本《辨終備》,惟殿本鄭注於"既"下誤衍"日"字,無"也"字。當據《文選》注所引訂正殿本,而不當輯入補遺。

　　○魯人商瞿使向齊國,瞿年四十,今後使行遠路,畏慮恐絶無子。夫子正月與瞿母筮,告曰:後有五丈夫子。子貢曰:何以知?子曰:卦遇大畜,艮之二世。九二甲寅木爲世。六五丙子水爲應。世生外象,生象來爻生互内象,艮別子,應有五子,一子短命。【《史記·仲尼弟子列傳》正義 11 作《中備》】【攟、集】
按:《中備》乃《易三備》之卷中,非《易緯辨終備》。②

　　○煌煌之耀,乾爲之綱。合凝之類,坤握其方。雌雄呿吟,

---

① 李昉等《太平御覽》卷三四《時序部一九》,第 161 頁。
② 陳槃《敦煌唐咸通鈔本〈三備〉殘卷》,《古讖緯研討及其書録解題》,第 543—555 頁。

六節揺通。萬物孽甲,日營始東。【微、緯、七、集】

按:已見於殿本《辨終備》,"綱"作"岡","雌雄"作"雄雌",①於文義無礙。《困學紀聞》卷一引《易緯辨終備》此條,文字與殿本同。②《古微書》等蓋又從《困學紀聞》輯出,而傳鈔中文字略有變異。

由以上舉例可見,《緯書集成》誤立篇目、誤輯條目的現象是相當嚴重的。至於其中的文字訛誤、句讀不通,更是難以枚舉。關於這一點,不少學者已經指出,故本文不再贅述。

(三)誤信來源不明的"清河郡本"

所謂"清河郡本"的文字在《緯書集成》中佔有相當大的篇幅,而且往往是獨有佚文。但"清河郡本"本身的來源和性質並不明確,且十分可疑。由於《緯書集成》將清河郡本的文字作爲珍貴的佚文收入,現代利用《集成》的研究者直接將其視爲漢代文獻,這是十分不妥的。

從現有的文獻看,清河郡本最早的收藏者是清代乾隆、道光間的甘泉人張宗泰。此書後歸江都陳逢衡,儀徵劉毓崧、江都薛壽見此書,二人於其中的《通卦驗》均有長跋。③ 清河郡本當時僅在揚州當地的小圈子内流傳,陳逢衡後不見他人收藏的記載,鍾肇鵬推測可能經太平天國戰爭而失傳。④ 黄奭輯《漢學堂叢書》,延請陳逢衡任校讎之事,所以應是陳逢衡將清河郡本的内容採入黄奭書中。《緯書集成》中所載清河郡本内容均是來自黄奭輯佚書。

劉毓崧、薛壽僅説此書是鈔本,鈔寫時代則不明確。每頁刻有"清河郡"三字,故名。至於清河郡本的性質,是緯書傳本,還是後世

---

① 《易緯辨終備》,清乾隆三十八年武英殿刻本,第1a頁。
② [宋]王應麟《困學紀聞》卷一,影印元刻本,《四部叢刊三編》,第23b頁。
③ [清]劉毓崧《通義堂文集》卷二《書易緯通卦驗鄭注後》,影印民國南林劉氏求恕齋刻本,《清代詩文集彙編》第670册,上海:上海古籍出版社,2010年,第220頁。[清]薛壽《學詁齋文集》卷下《書通卦驗鄭注後》,影印光緒六年儀徵劉壽曾冶城山館刻本,《清代詩文集彙編》第649册,第504頁。
④ 鍾肇鵬《讖緯論略》第十一章《讖緯的輯佚和研究》,第253—254頁。

輯本？緯書多亡佚於宋前，《易緯》至明中期亦僅存《乾鑿度》一種，何以至晚清突現傳本？且據薛壽說，《易緯》"卷首下題'漢鄭氏注、魏宋均校'"，顯然也是爲了彌合《隋書·經籍志》作鄭玄注，新舊《唐志》作宋均注的差異。據黃奭輯本可知，清河郡本《尚書緯》標"鄭氏注"，《詩緯》標"宋均注"，《禮緯》標"鄭氏注"，《樂緯》標"宋均注"，皆是有意與《隋志》、新舊《唐志》著錄保持一致。何況其中存在的大量獨有佚文完全不見前代文獻徵引，根據文獻流傳的一般規律，傳本的猜測顯然不可取。

如果清河郡本是輯本，那麼其中的獨有佚文又來自何書呢？余作盛對清河郡本《樂緯》作了考察，發現重編本《說郛》和《古微書》中的誤輯條目也存在於清河郡本中。① 其實，中村璋八也發現了重編本《說郛》和清河郡本有不少相同條目，但錯誤地認爲清河郡本爲重編本《說郛》的來源。② 余文認爲，清河郡本是有意作僞，一是鈔錄或節錄改寫他書之文（取材最多的是陳暘《樂書》《周禮》和《禮記·樂記》），二是敷衍、杜撰新文。曹建國則指出清河郡本《河圖括地象》誤收《括地圖》《外國圖》之文。③ 其他各緯也存在這種情況，從《易緯》看，清河郡本某些條目應是來自《初學記》，而與武英殿本多有不同。更爲奇怪的是，據劉、薛二跋，清河郡本《通卦驗》鄭注，"每節氣後各附藥方，凡當至不至與不當至而至者，皆隨其病名列其治法"，其中甚至有李時珍《本草綱目》始收之藥名，同樣反映了作僞的痕跡。對於這部分藥方、治法，劉、薛以爲後人增益，黃奭輯本中也未收入這部分文字，但諸人卻並未因此懷疑清河郡本整體的可靠性。由於清河郡本條目衆多，其中大部分確實難以指明其具體來源，希望引起研究者的警惕。④

---

① 余作盛《清河郡本〈樂緯〉辨正》，《中國音樂學》2013 年第 3 期，第 19—28 頁。
② 中村璋八《緯書の基礎の研究·資料篇》，第 328 頁。
③ 曹建國《〈河圖括地象〉考論——兼論讖緯文獻的甄別與運用》，第 203—235 頁。
④ 關於清河郡本緯書的詳細情況，參見本章附錄二。

三、《緯書集成》致誤之由

(一)未覆核原始出處

《緯書集成》以前人輯本爲基礎,加上編者新收集的佚文(主要來自日藏文獻),綜合整理而成。所以主體來源是二手文獻,這是《集成》最根本的缺陷。雖然凡例中強調"本《集成》將出處明確者全部與原文核對,然後列出了校勘記",①但實際上工作並不徹底,甚至可以說多數並未校核,所以才會出現上舉種種原始出處文字不誤,前代輯本有誤,《集成》與輯本同誤的情況。其實,張以仁在批評油印本《緯書集成》的文章中已經指出:"黃、喬……諸氏之書,作爲校勘或索引之用是可以的。若以之爲材料的主要來源,便太危險了。"②可惜未能引起安居、中村二氏的重視,後來的《重修緯書集成》在本質上仍然是二手文獻的彙編。這是輯佚工作的大忌,決定了《緯書集成》難以成爲一部上佳的讖緯文獻輯本。

(二)對前人成果利用不足

在各種前人輯本中,《集成》以喬松年《緯攟》爲底本,稱此本"在緯書輯佚書中歸納整理的最有系統",③可見對此本的重視。但《緯攟》尚附有《古微書訂誤》《古微書存考》二種,對《古微書》訛誤、存疑處有考辨和提示。《集成》雖以喬書爲底本,卻未能吸收喬氏考辨《古微書》的成果,所以多有喬氏已指出《古微書》訛誤之處,《集成》仍予收入。即使是一些清人的緯書考證成果,《集成》也並非據原書收入,而是沿用清人輯佚書中轉引之文。如張惠言《易緯略義》,《解說》中有所介紹,且指出黃奭輯本已將張惠言說幾乎全部列出。所以《集成》中所載張說,實際都是從黃奭輯本中轉引("謹按張惠言曰"云云,黃奭輯本原文即如此)。但幾乎全部列出不等於全部採入,尚有少部分可供參考的張說不見於黃奭輯本,所以《集成》同樣

---

① 安居香山、中村璋八《緯書集成・凡例》,第1頁。
② 張以仁《〈緯書集成〉河圖類鍼誤》,第130頁。
③ 安居香山、中村璋八《緯書集成・凡例》,第2頁。

闕載,這也是使用二手文獻導致的缺陷。

(三)忽視輯佚來源文獻的時代性

《緯書集成》沿襲明清輯本,常以時代較晚之文獻爲據,文字準確性較低,不符合梁啓超"數書同引,則舉其最先者"的原則。讖緯文獻除《易緯》外,皆散亡於宋前,宋人並不得親見《易緯》外的緯書,所以《太平御覽》之後的文獻在讖緯輯佚中的價值不應高估。前人輯本中有不少以南宋羅泌《路史》爲最早出處的佚文,多不可靠。如《路史》引《括地象》之文"過,猗姓國""曹州武城,南重邱城""泗州城,徐城縣北"等等,從地名看,曹州爲北周武帝改西兗州置,泗州爲北周末改安州置,皆與漢代成書之《河圖括地象》不合。同類文字亦見唐人《盟會圖疏》引《括地象》,孫詒讓已指出乃唐李泰《括地志》之誤。① 《路史·國名紀》中有不少徵引《盟會圖》《盟會圖疏》的地方,誤《括地志》之文爲《括地象》,當是沿襲此書之誤。南宋類書多爲私人編纂,體例不如北宋官修類書謹嚴,其中的讖緯佚文只能是輾轉抄自他書,輯佚價值甚小,其獨有佚文往往難以信據。如吳淑《事類賦注》卷二八引《河圖》曰:"天與禹洛出書,謂神龜負文,列背而出。"② 實際是吳氏誤讀《文選》注。按《文選·東京賦》"龍圖授羲,龜書畀姒"句薛綜注云:"《尚書傳》曰:伏羲氏王天下,龍馬出河,遂則其文,以畫八卦,謂之河圖。又曰:天與禹洛出書,謂神龜負文而出,列于背。"薛注所引"又曰"以下實爲《尚書·洪範》僞孔傳之文,吳氏誤將"河圖又曰"四字連讀,以爲下乃《河圖》之文。《集緯》從《事類賦注》誤輯,《緯書集成》又沿襲此誤。

《緯書集成》中使用的出處資料中,還有很多明以後文獻,如《唐類函》《潛確居類書》《事詞類奇》《廣博物志》《天中記》《繹史》等。這些晚出文獻所載讖緯佚文多爲轉引前代類書等著作,並無特別價值,而其獨有佚文更不可信據。更極端的情況是,由於沿襲清人輯本,《集成》中甚至出現以《格致鏡原》《淵鑑類函》《康熙字典》爲出

---

① 孫詒讓《札迻》,第45頁。
② [宋]吳淑撰注《事類賦注》,北京:中華書局,1989年,第559頁。

處者。如《乾坤鑿度補遺》的兩條文字,出處皆標爲《康熙字典》,所據資料則是《緯攟》,實際皆已見於殿本原文。又《集成·河圖》中"五龍見教,天皇被迹。榮氏注曰:五龍治在五方,爲五方神"一條,乃《緯攟》輯自"江鄭堂《隸經文》"。① 喬松年竟以清人江藩之書爲輯佚出處,令人難以理解。又此文見於《水經注》引《遁甲開山圖》,②並非《河圖》,江藩《隸經文》原不誤,③喬氏不知緣何致訛,《集成》亦未核對。

(四)徵引文獻缺乏必要的考辨

由於傳世文獻的文本複雜性,對於其中徵引的條目是否確爲讖緯文字,需要仔細地加以考辨,而《集成》往往僅據明清輯本迻錄文字,故頗有誤收。如鄭玄注緯稱"説",但並不代表有"某説"字樣,其下所引文字即爲呆緯。如《集成·尚書緯》(第390頁):

○天有五號,各因所宜稱之。尊而君之,則曰皇天。元氣廣大,則稱旻天。自上監下,則稱上天。據遠視之蒼蒼然,則稱蒼天。【《周禮·大宗伯》疏作"尚書緯"】

按:天有五號,而此僅皇天、旻天、上天、蒼天四號。今檢《周禮疏》,知"元氣廣大"下脱"則稱昊天仁覆愍下"八字,又"因"作"用"。此乃喬松年《緯攟》之誤,《緯書集成》以喬書爲主,又失於檢核,故襲其誤。又喬氏按語云:"《周禮·大宗伯》疏引'尚書説'。《毛詩》傳亦有此語,未言是緯。"④《緯書集成》改"尚書説"爲"尚書緯",與《周禮疏》不符。又所謂"尚書説"實見於《周禮疏》所引許慎《五經異義·天號等(當作第)六》:

《今尚書》歐陽説曰:"欽若昊天,夏曰蒼天,秋曰旻天,冬曰上天,惣爲皇天。"《爾雅》亦然。《故尚書》説云:"天有五號,各

---

① 安居香山、中村璋八《緯書集成》,第1218頁。
② [北魏]酈道元著,陳橋驛校證《水經注校證》卷一《河水》,北京:中華書局,2007年,第13頁。
③ [清]江藩《隸經文》卷三"六甲五龍説",影印道光元年刻本,《續修四庫全書》第173册,第573頁。
④ 喬松年《緯攟》卷二,第18a頁。

用所宜稱之。尊而君之,則曰皇天。元氣廣大,則稱昊天。仁覆愍下,則稱旻天。自上監下,則稱上天。據遠視之蒼蒼然,則稱蒼天。"謹案:《尚書》"堯命羲和,欽若昊天",惣勑四時,知昊天不獨春。《春秋左氏》曰:"夏四月己丑,孔子卒。"稱旻天不弔,時非秋天。①

關鍵在於對"故尚書說"四字的理解。《毛詩·黍離》正義亦引《異義》此文,"欽若"作"春曰","故尚書說"作"古尚書說","時非秋天"作"非秋也",②較《周禮疏》爲優。稱緯爲"說"者乃鄭玄,是礙於黨錮而不得不如此。③ 許慎時代在前,與此無涉。④《異義》引兩種異說,一爲"《今尚書》歐陽說",即《今文尚書》歐陽家說,《爾雅》同;一爲"《古尚書》說",即《古文尚書》之說。⑤ 二說不同,方爲"異義",許慎再加按斷。若作"故"字,以《尚書說》爲書名,上下文乃成因果關係,與原文明顯不符,所以"故"爲"古"之誤。《五經異義》引《今尚書》《古尚書》異說處尚多,亦是一證。陳壽祺《五經異義疏證》即據《毛詩正義》改"故"爲"古"。⑥《周禮疏》下文又引"玄之聞也"云云,乃鄭玄《駁五經異義》之文,"《故尚書》所云者,論其義也",亦

---

① [唐]賈公彥《周禮疏》卷一八《春官宗伯三上·大宗伯》,影印民國二十九年(1940)董康珂羅版印本,貴陽:貴州教育出版社,2020年,第24b—25a頁。

② [漢]鄭玄注,[唐]孔穎達疏《毛詩註疏》卷四,影印南宋建刻十行本,東京:汲古書院,1974年,第453頁。

③ 《禮記正義·檀弓下》云:"凡鄭云'說'者,皆緯候也。時禁緯候,故轉緯爲'說'也。故《鄭志》張逸問:'《禮》注曰書說,書說何書也?'答曰:'《尚書緯》也。當爲注時,時在文網中,嫌引祕書,故諸所牽圖讖皆謂之說云。'"([漢]鄭玄注,[唐]孔穎達正義《禮記正義》卷一四,郜同麟點校,杭州:浙江大學出版社,2021年,第269頁)

④ 《說文解字》第七上"旻"字云:"秋天也。……《虞書》曰:仁閔覆下,則稱旻天。"(影印清同治十二年番禺陳昌治刻本,北京:中華書局,1963年,第137頁)所引即"《古尚書》說"之文。段玉裁《說文解字注》校改"曰"爲"說",是。

⑤ 皮錫瑞認爲"《五經異義》引《古尚書》說,蓋出衛宏、賈逵,亦或本之於(劉)歆"。(《經學通論》,北京:中華書局,1954年,第61頁)

⑥ [清]陳壽祺《五經異義疏證》,王豐先點校,北京:中華書局,2014年,第14頁。

"古"字之誤。經此分析可知,《異義》所引乃"《古尚書》說",非《尚書緯》之文,不當輯入。

又如《集成·尚書中候》(第419頁):

○用玉律,唯二至乃候,靈臺用竹律,十六候,四各如其曆。若非氣應,是動觸,及爲風所動者,其灰則聚而不散。若是氣應,則灰飛上薄。【《樂書要錄》】

※用玉律十二,惟二至乃候。【《徐箋墓志》】

※用玉爲律以候之。【《通考》125】

按:此條語句多不通,標點亦有誤。《樂書要錄》十卷,武則天撰,中土亡佚,日本存三卷(卷五至七),林衡《佚存叢書》本傳入後,國內始有流傳。① 《樂書要錄》卷六"審飛候",迻錄四大段引文,先引"司馬彪《續漢書志》",次引"信都芳《樂書注·圖法》",次引"蘇夔《樂志》",次引"《禮記·月令》疏解",末爲編纂者"論曰"。此條所謂《尚書中候》文字,乃其中的蘇夔《樂志》所引,現將《樂志》整段文字迻錄如下:

蘇夔《樂志》:

候氣者,舊說密室中依辰埋管,云齊管端,以輕薄沙穀覆之,加以葭莩灰候之。黃鐘管則十一月甲子朔旦夜半冬至,而氣吹灰,他管準之。鄭小同所傳者,以灰實管內,以沙穀覆之。司馬彪候法:爲室三重,戶閉,必周,密布緹縵。室中以木爲案,每律各一,內庳外高,從其方加律,以葭莩灰內其內端。氣至灰則和,若氣動者其灰則散,若人衣風所動者其灰則聚。《尚書中候》云:用玉律,唯二至乃候。靈臺用竹律十六,候四各如其曆。若非氣應,是動觸及爲風所動者,其灰則聚而不散;若是氣應,則灰飛上薄穀。隱義云:陽氣應而不和,或氣過微而不能若應者,灰則厚薄偏頗亦不均也。此□諸家法,而欲其最者,以二至乃候者

---

① 關於《樂書要錄》的版本,參見[日]羽塚啓明《樂書要錄解說》,《東洋音樂研究》2卷2號附錄,1940年,第1—12頁。[日]高瀨澄子《樂書要錄の傳本》,《東洋音樂研究》68號,2003年,第27—38頁。

爲勝。何以知之？二至極晝夜長短，是陰陽盛氣之時，以其時管候，乃得灰飛。若非二至，其陰陽氣甚微，或陰陽交多少等，何可徵灰也。置灰法依舊説，氣沙縠上內端者，取氣之同。然其沙縠體疏薄，從令灰至，恐不能留。若氣能吹灰至，沙縠上之灰必當飛散。是以故取二至，氣灰同舊説。其餘諸義，亦非無一塗，並恐競爲異端耳。①

今檢司馬彪《續漢書・律曆志上》所載候氣之法云：

> 爲室三重，户閉，塗釁必周，密布緹縵。室中以木爲案，每律各一，内庳外高，從其方位，加律其上，以葭莩灰抑其内端，案曆而候之。氣至者灰去，其爲氣所動者其灰散，人及風所動者其灰聚。殿中候，用玉律十二，惟二至乃候。靈臺，用竹律六十，候日如其曆。②

兩相對照，知兩者皆有誤字，而以《樂書要録》引《樂志》誤字爲多，以致有語義不通處。《樂志》"爲室三重"至"候四各如其曆"皆爲《續漢志》之文，而其中"尚書中候云"，《續漢志》作"殿中候"。《樂書要録》前文迻録信都芳《樂書注・圖法》亦作"殿中候"，據信都芳自注，此句之義爲"謂前殿之中作律室，用律伺氣"，可見今本《續漢志》不誤。且"殿中"與"靈臺"相對，一用玉律，一用竹律，若作"尚書中候云"，則上下文不相應。又蘇夔云諸家法"以二至乃候者爲勝"，"二至乃候者"即司馬彪法。③ 若作"尚書中候云"，則"唯二至乃候"成《尚書中候》之文。作"尚書中候云"蓋《樂書要録》傳鈔中致誤，不可信據，則此文不當輯入。

---

① ［日］羽塚啓明《校異樂書要録》，《東洋音樂研究》2卷3—4號附録，1941—1942年，第1—14、15—25頁。羽塚氏以日本上野帝國圖書館藏卷子本（現藏日本國立國會圖書館，書寫年代不明）爲底本，校以日藏寫本五種及《佚存叢書》本、《正覺樓叢書》本等。今録文據羽塚氏校録異文略有改動，原文僅有斷句，錯誤較多。

② 司馬彪《續漢書・律曆志上》，見《後漢書》，第3016頁。標點有改動。

③ 《續漢書・律曆志上》云："是故天子常以冬夏至日御前殿，合八能之士，陳八音，聽樂均，度晷景，候鍾律，權土炭，效陰陽。"（《後漢書》，第3016頁）

又此致誤時代甚早,北宋陳暘(1049—1116)《樂書》卷一〇二"律吕候氣之法"條末注中云:"《尚書中候》云用丑(謙按:當作玉)爲律候之。"①卷一三六"玉律"條云:"《尚書中候》氣(謙按:疑衍字)用玉爲律以候之"。② 蓋即沿用前代書中之語。《緯書集成》據《文獻通考》輯出者,見《文獻通考》卷一三五《樂考八》,乃襲用陳暘《樂書》。《徐箋墓志》乃《緯書集成》襲自《集緯》,指清吴兆宜《徐孝穆集箋注》,③乃《河東康簡王墓志》吴氏箋注,時代過晚。且箋注引《後漢·律曆志》,云"殿中候,用玉律十二,惟二至乃候",並未言及《尚書中候》,④《集緯》徵引有誤,《集成》又失於檢核。

(五)對輯佚來源文獻的研究不足

利用文獻進行輯佚工作,首先要對所據文獻的時代、性質、體例、版木優劣等情况有較爲深入的了解,方能正確使用文獻。在這方面,安居香山、中村璋八二位做了不少工作,尤其對保存了大量讖緯文獻的日藏漢籍如《五行大義》《開元占經》《天地祥瑞志》《天文要録》等都有專門研究。但隨著學術的發展,以往的研究便會顯示出不足之處。如《緯書集成》所用《開元占經》爲清恒德堂刊本,此本題"謹遵欽定四庫全書校本",又有《四庫提要》,似乎源於《四庫全書》本。但根據佐佐木聰的研究,現存《開元占經》可分爲三個版本系統:成化閣本系統、東洋文庫本系統、程明善本系統,其中《四庫》本和恒德堂本均屬程明善本系統,但二本異同頗多,當是源自《四庫》本以前之

---

① [宋]陳暘《樂書》卷一〇二,影印中國國家圖書館藏元至正七年(1347)福州路儒學刻明修本,《中華再造善本·金元編》,北京:北京圖書館出版社,2004年,第4b頁。按:陳暘生卒年據顧宏義《陳祥道、陳暘其人其書》,《歷史文獻研究》第43輯。

② [宋]陳暘《樂書》卷一三六,第5a頁。

③ [日]中村璋八《緯書の基礎的研究·資料篇》第一章第四節《緯書資料の輯佚書とその研究》(第344—346頁)中介紹《集緯》,所列殷元正"原輯采用書目"中已有《徐孝穆集箋》,下文列不見於原輯、增訂書目的《集緯》所據文獻時,又有"徐箋墓誌",不知此即《徐孝穆集箋》,可見中村氏不曉《集緯》此條佚文來源。

④ [陳]徐陵撰,吴兆宜箋注《徐孝穆全集》卷五,影印清雍正刻本,《四庫提要著録叢書》集部第41册,北京:北京出版社,2011年,第35b頁。

鈔本。① 從《集成》中引用的恒德堂本文字看,此本當是經過校改,某些地方大失《占經》原貌。如《集成》據《開元占經》卷七六收入一條《易緯辨終備》佚文:"星晝見,虹不藏,臣下諂媚失常,主淫於色酒酒沈,至失職出遨遊。"(第188頁)檢中國國家圖書館藏明大德堂抄本(程明善本系統)及清抄本(成化閣本系統)則作:"《辨終備》曰:星晝見,虹不藏,巨人生,海失常。主淫於色酒酒沈,慎失職,出遊遨。"②雖亦有不通處,但較恒德堂本爲優,且文字更原始。在《開元占經》現存版本中,恒德堂本實際較劣,應選用其他版本。此外,《集成》對個別文獻的時代有認識上的偏差。如上文舉例中提及的《帝範注》,《集成》所用實爲元李鼎注本,而非日藏唐人注本。

第七節　重理讖緯文獻芻議

讖緯輯本是讖緯研究的文獻依據,建立在一個來源可靠、文字準確的文本之上的研究方能不斷進步。回顧讖緯輯佚的歷史,我們會發現,雖然前人做了相當多的工作,但由於方法上的偏差,導致輯本存在種種缺陷與不足,達不到現代學術規範的要求。所以,需要對讖緯文獻重新整理、校訂,形成一個更加可靠的輯本。

基于對前人讖緯輯本經驗教訓的總結,新的輯本應遵循如下原則:

(一)佚文據原始出處輯出,以避免沿襲前人輯本的錯誤。如前人輯本中多有以《説郛》《古微書》爲出處者,但二書亦爲輯本,而非史源,應追蹤更原始的出處。在原始出處均存的情況下,前人輯本並無參校價值。一些明清類書雖有讖緯佚文,但皆爲輾轉承襲自唐宋類書,亦非史源,並不具備作爲輯佚出處的價值。

---

① ［日］佐佐木聰:《〈開元占經〉の諸抄本と近世以降の傳來について》,《日本中國學會報》第64集,1992年。附有"《開元占經》調查所見表"。
② ［唐］瞿曇悉達《大唐開元占經》卷七六,明大德堂抄本,中國國家圖書館藏(善08167),無葉碼;清抄本,中國國家圖書館藏(善06127),第1a頁。

（二）注重輯佚來源文獻的時代性。欲輯佚書，需先考察此書亡佚於何時。書既亡佚，此後之人自然無從徵引原書。因此，其亡佚時代基本決定了輯佚來源文獻的下限。當然，若某一文獻時代雖晚，但有更早的史源，亦可納入輯佚範疇。讖緯文獻除《易緯》外，均亡佚於宋代之前，故輯佚所據文獻的時代應爲東漢至隋唐，《易緯》可放寬至宋元。惟一的例外是《太平御覽》，宋初雖無讖緯原書，但《太平御覽》以北齊《修文殿御覽》爲藍本，史源甚早，故可作爲重要的輯佚來源。前人爲求全求備，使用文獻往往泛濫無規，缺乏別擇，多有晚至明清之書。其中的獨有佚文來源不明，往往是輾轉致誤，甚或向壁虛造，絕不可信。至於所謂清河郡本緯書，乃清人僞造，應予摒棄。諸家輯本中，惟有顧觀光《七緯拾遺》《河洛緯》使用文獻最爲審愼，所據出處均不晚於宋代。

（三）作爲出處的文獻，應參考學界最新研究，明悉引書體例，採用最優版本，並比較不同來源佚文的源流與異同。一些重要來源如《開元占經》等，可同時使用不同系統的版本，以保證佚文文字的準確性。

（四）明悉所輯之書的內容與體例，避免闌入他書之文。前人輯佚，大都僅據書名、作者鈎稽佚文，如出處文獻所記有誤，則會闌入他書之文。舊注、類書引書，往往非據原書，而是輾轉襲用，加之編纂中可能存在的失誤，其所記書名、作者並不一定可信，需結合所輯之書的內容與體例綜合判斷。

（五）充分利用前人考訂成果，如錢塘《易緯稽覽圖刊正》、張惠言《易緯略義》、皮錫瑞《尚書中候疏證》、陳喬樅《詩緯集證》等。

以上原則並不限於讖緯輯佚，而應成爲現代學術中輯佚的通則。

《緯書集成》整合了絕大部分前人輯本，適宜作爲工作本，以此書爲索引，回查、檢核原始出處，剔除誤輯，增補缺漏。從內容上說，《緯書集成》已經爲我們提供了一個相當全面的輯本，可以說基本囊括了現存文獻中的讖緯條文，除非有新的文獻被發現，可供增補的餘地並不大。所以，新輯本的工作重點是對已有的佚文進行仔細校理。

當然,少量未收佚文還是存在的。《緯書集成》使用了平安時代末期的《諸道勘文》,但一些未收入的勘文中也引有緯書文字,如長承元年(1132)清原定安勘文中有:"《通卦驗》注云:四季者,土坤之類也。坤爲大臣象。《春秋說題辭》云:《周易》艮爲山,爲小石。石,陰中之陽,陽中之陰,陰精輔陽,故山含石。〔石〕之爲言托也。托,立法也。"①其中引《春秋說題辭》的文字亦見於《初學記》,《集成》已經收録,而所引《通卦驗》注則不見於《集成》。由於《緯書集成》誤輯數量甚多,新輯本主要是在做減法,最後的體量會小於《緯書集成》。

　　體例方面,對於來源不同的近似佚文,一般應以文字內容較多、錯誤較少者爲準,而以按語的形式注明其他出處的異文,必要時加以考證。然而,由於大部分佚文輯出後皆爲散句,不同出處的徵引,長短詳略不同,文字亦有參差,難以簡單處理。以往的輯本有兩種處理方式:一是僅對文字內容近似的條目予以合併,不同條目則並列呈現,《緯書集成》即是如此。優點是保存佚文的原始面貌,缺點則是各條前後内容不連貫。一是在合併近似條目、擇善而從的基礎上,進而根據文義對内容進行疏通排列,試圖復原文本原貌,皮錫瑞《尚書中候疏證》即是如此。優點是文義通暢,閲讀便利,缺點則是難免以主觀意圖排列、合併文句,加工過度。後者實際屬於進一步研究的範疇。爲了盡可能保存佚文的原始面貌,新輯本應主要採用前一種處理方式,以出處在先或文義較完足之佚文爲主,對與此條佚文基本重合或部分重合的散句進行合併,儘量不改動主佚文句的文字,不以己意對重合部分過少的文句進行疏通編排。各篇仍加解題,反映最新的研究進展。

　　佚文的篇目歸屬主要依據出處之標識,但對出處所標篇目有誤者則加以調整。對於僅標明《河圖》《洛書》或某緯而無具體篇名者,

---

① 東京帝國大學文學部史料編纂所編《大日本古文書·家わけ》四之五《石清水文書之五:田中家文書附録 宮寺緣事抄》第十二,東京:東京帝國大學,1913年,第96頁。

儘量根據佚文内容和體例考明其歸屬，但對無法考明者亦不强繫某篇。

讖緯文獻的斷代也是新輯本希望解決的問題。學界對《緯書集成》所收讖緯文獻，往往是籠統作爲漢代史料使用，這是十分危險的，會干擾研究的方向。如學者經常引用的《龍魚河圖》，就不屬於東漢圖讖，而是魏晋南北朝的新出讖書。準確的斷代是利用史料的前提，而讖緯文獻的斷代此前尚無重要成果可資利用，甚至沒有提出斷代的原則與方法。新輯本將會綜合考察三字篇名、佚文内容和徵引時代等因素，對各篇讖緯文獻進行斷代，區分東漢圖讖和魏晋南北朝讖書，以便學界使用。①

對於《易緯》中的多時代層累文本，爲保持文本原貌，無法將南北朝及唐代内容析出，故而採用變通辦法，將漢以後附益的内容以字號、縮進等形式加以區分，並加校注説明。如《易緯稽覽圖》中"推天元甲子之術""推易天地人之元術"是南北朝易占書《易三備》的内容，"日主一爻"卦氣圖則屬於南北朝易圖書《易通統軌圖》，更有唐代不同時期之人陸續增益的内容。② 凡此種種，新輯本中都應加以區分，以免利用者誤認爲漢代内容。

最後需要説明的是，重新整理讖緯文獻的努力是建立在《緯書集成》已有成果之上的。安居香山、中村璋八二位學者在20世紀對讖緯文獻的整理和研究工作，有力地推動了中日學界的相關研究，在學術史上自有其不可磨滅的重要地位。

附録一　百卷本《説郛·古典録略》
所收讖緯佚文校録

説明：以中國國家圖書館藏明弘治十三年（1500）抄本（善03907）爲底本，以明會稽鈕氏世學樓抄本（善02408）、張宗祥整理本

---

① 關於讖緯文獻的斷代問題，參見本書第三章。
② 參見本書第四章第二節。

爲校本，重在校正抄寫者的手民之誤，還原陶書原貌，而對陶氏原有之誤，僅在按語中略加說明。按語中並指出佚文出處。三本分條皆多有錯亂，今予以訂正。

尚書璇璣鈐

1. 帝堯煥炳，隆興可觀。曰載，曰車，曰軒，曰冠，曰冕。作此車服，以賜有功。

按：首句出自《文選》卷一一《魯靈光殿賦》李善注。"曰載"以下乃本賦張載注之文，陶氏誤以二句相連綴，又有衍文。

2. 鬼哭山鳴。鄭玄曰：鬼哭，誅無辜也。山鳴，聽不聰之異也。

按：出自《文選》卷三六《永明九年策秀才文》李善注。

孝經援神契

1. 太山，天帝孫也，主召人魂。

按："山天"二字原誤倒，據世學樓本乙正。出自《文選》卷二三《贈五官中郎將》李善注。

2. 蛟珠旗。宋均曰：蛟魚之珠有光耀，可以飾旗。

按：出自《文選》卷七《子虛賦》李善注。

3. 德至於山陵，則景雲出。

按：出自《藝文類聚》卷九八《祥瑞部上·慶雲》。

4. 德至於草木，則木連理也。

按：出自《藝文類聚》卷九八《祥瑞部上·木連理》。

5. 德至草木，則芝草生。又曰：善養老，則芝草茂。

按：出自《藝文類聚》卷九八《祥瑞部上·木芝》。

6. 德至水泉，則黃龍見，君之象也。又《左契》曰：天子孝而龍負圖也，龜出書也。

按：出自《藝文類聚》卷九八《祥瑞部上·龍》。

7. 德至鳥獸，則麒麟臻，鳳凰翔，鸞鳳舞。

按：出自《藝文類聚》卷九八《祥瑞部上·麟》、卷九九《祥瑞部下·鳳皇》、卷九九《祥瑞部下·鸞》，陶氏將三處之文予以合併。

8.《詩含神霧》曰:德化充塞,照潤八冥,則鸞臻。

按:出自《藝文類聚》卷九九《祥瑞部下·鸞》。《詩含神霧》之文不應歸於《孝經援神契》下,陶氏因此條與上條相鄰,且均言鸞鳥,故接抄其下,不當。

9. 王者奉己儉約,臺榭不侈,尊老,則白雀見。

按:出自《藝文類聚》卷九九《祥瑞部下·雀》。

10. 德至鳥獸,白烏下,白鹿見,白馬見。

按:出自《藝文類聚》卷九九《祥瑞部下》"烏""白鹿""騶虞"三目,陶氏將三處之文予以合併。

11. 王者祭祀不相踰,宴食衣服有節,則白雉至。又德至鳥獸,故雉白首。又妃房不偏,白雉應。

按:出自《藝文類聚》卷九九《祥瑞部下·雉》。"妃房"以下乃注文,陶氏未作區分,誤爲正文。

12. 椒薑禦瘟,菖蒲益聰。

按:"瘟",世學樓本、張宗祥本作"溫"。出自《太平御覽》卷九五八《木部七·椒》。

13. 神靈〔滋液,則翠羽曜〕。

按:"滋液則翠羽曜"六字原脱,據世學樓本、張宗祥本補。出自《藝文類聚》卷九二《鳥部下·翡翠》、《太平御覽》卷九二四《羽族部一一·翡翠》。

14. 天子孝,妖孽消滅,景雲出遊。

按:出自《藝文類聚》卷一《天部上·雲》。

15. 德至八方,則祥風至。

按:出自《藝文類聚》卷一《天部上·風》。

16. 神靈滋液百寶用,則璣鏡出。註大珠有光,可以爲鏡。

按:出自《初學記》卷二五《器物部·鏡》、《白氏六帖事類集》卷四。

17. 黃河者,水之伯,上應天河。

按:"者水"二字原誤倒,據世學樓本乙正。出自《白氏六帖事類集》卷二。

孝經緯

1. 社,土地之主。地闊不可以盡敬,故封土爲社,以報功也。稷,五穀之長。穀衆不可以偏祭,故稷神以祭也。

按:出自《藝文類聚》卷三九《禮部中·社稷》、《初學記》卷一三《禮部上·社稷》。

禮含文嘉

1. 燧人炮生爲熟,令人無腹疾,遂天之意,故爲燧人。

按:"天之意"原誤作"天人意",據世學樓本、張宗祥本改正。出自《藝文類聚》卷一一《帝王部一·燧人氏》、《初學記》卷九《帝王部·總敘帝王》、《太平御覽》卷八六九《火部二》。

2. 明堂所以通神靈,感天地,正四時,出教化,崇有德,彰有道也。

按:出自《藝文類聚》卷三八《禮部上·明堂》。

詩含神霧

1. 秦地處仲秋之位,男懦弱,女高瞭,白色秀身,音中商,其言舌舉而仰,聲清以揚。

按:"高"原誤作"白",據張宗祥本改正。出自《藝文類聚》卷三《歲時部上·秋》。

2. 蹄羌之國,其人自膝以下有毛,如馬蹄。嘗自鞭其脛,日行百里。

按:此條僅見《太平廣記》卷四八二《蠻夷三·蹄羌》引《博物志》(今本《博物志》無),未標《詩含神霧》。《山海經·海內經》"有釘靈之國,其民從厀已下有毛,馬蹏善走",郭璞注引《詩含神霧》曰:"馬蹏自鞭其蹏,日行三百里。"蹄羌之國即北丁零,郭注引文與《博物志》近似,而《博物志》又頗用緯書之文,陶氏輯錄或有依據。

春秋漢含孳

1. 穴藏之蟻先知雨。陰曀未集,魚已噞喁。巢居之鳥先知風,樹木未摇,鳥已翔翰。

按:出自《文選》卷二九張華《情詩》李善注。李注引無"未"字、

"翰"字,下接"韓詩曰"云云,蓋陶氏將"韓"字誤屬上讀,又誤"韓"爲"翰"。

春秋考異郵

按:"郵"原誤作"節",今改正。

1. 陰陽之專精凝合生電,電之爲言合也。

按:出自《太平御覽》卷一四《天部一四·電》。"陰陽",世學樓本、張宗祥本作"陰氣",與《續漢書·五行志》注同。

春秋説題辭

1. 號者功之表,謚者行之跡,所以追勸成德也。

按:出自《藝文類聚》卷四〇《禮部下·謚》。

2. 星之爲言精也,陽之榮也。陽精爲日,日分爲星,故其字日生爲星。

按:出自《藝文類聚》卷一《天部上·星》、《初學記》卷一《天部上·星》。

春秋運斗樞

1. 北斗七星,第一天樞,第二璇,第三璣,第四權,第五衡,第六開陽,第七搖光。第一至四爲魁,第五至七爲標。標合斗,居陰布陽,故稱北斗。

按:出自《藝文類聚》卷一《天部上·星》。

春秋元命苞

1. 天不足西北,陽極於九,故天周九九八十一萬里。天如雞子,天大地小,表裏有水,地各乘氣而立,載水而浮,天轉如車轂之運。

按:"天大地小"原誤作"天地大小",據世學樓本、張宗祥本改正。"運"原誤作"遇",據世學樓本改正。出自《藝文類聚》卷一《天部上·天》。"大如雞子"以下乃《藝文類聚》引《渾天儀》之文,陶氏蓋因二條相連而誤抄。

2. 地者易也,言萬物懷妊,交易變化也。自東極至於西極,五億十萬九千捌百八步。

按:出自《藝文類聚》卷六《地部·地》。"自東極至於西極"以下乃《藝文類聚》下下條引《山海經》之文,陶氏誤輯。

春秋感精符

1. 麟一角,明海内共一主也。王者不刳胎、不剖卵,則出於郊。

按:出自《文選》卷三七劉琨《勸進表》李善注、《藝文類聚》卷九八《祥瑞部上・麟》。

2. 人主與日月同明,四時合信,故父天母地,兄日姊月。註曰:父天於圜丘之祀也,母地於方澤之祭也,兄日於東郊,姊月於西郊。

按:"姊"原誤作"娣",據世學樓本、張宗祥本改正。出自《太平御覽》卷一《天部一》。

春秋潛潭巴

1. 河水逆流,怨氣盛也。

按:出自《藝文類聚》卷三〇《人部一四・怨》。

2. 天子無高臺榭,高臺榭則下畔之。

按:弘治本此條頗有脫文衍字,此據世學樓本。出自《後漢書・宦者列傳・張讓》李賢注。

春秋緯

1. 日之將蝕,則斗第二星變色,微赤不明而蝕。

按:出自《續漢書・五行志》劉昭注。

春秋符

1. 王者政令苛,則夏降霜。誅伐不行,則冬霜不殺草。

按:出自《白氏六帖事類集》卷一《霜》。

附錄二　清河郡本緯書獻疑

漢代緯書除《易緯》外均已散佚,相關研究只能依據諸家輯本展開。因此,輯佚文本的可靠性對於研究而言至關重要。在諸多讖緯輯佚資料中,有一種清河郡本緯書十分獨特。此書曾於清道光間在揚州地區流傳,旋即佚失,但大部分文本保存在清人黃奭輯佚書《通緯》中。與諸家輯本相較,清河郡本不僅在文字上頗有差異,更存在大量獨有佚文，故而受到研究者的重視。《緯書集成》及《兩漢全書·兩漢讖緯文獻》兩部現代輯本，均將清河郡本之文作爲重要資料收錄其中。① 然而，清河郡本緯書是否可靠，其獨有佚文是否確爲漢代緯書之文，仍然存在諸多疑點。雖然近年來也有一些學者對清河郡本提出質疑，但多是聚焦於單種或單篇緯書，缺乏整體性的考察。② 因此，對清河郡本緯書的可靠性仍有進一步研究之必要。

一、清河郡本的流傳情況

根據現有的文獻看，清河郡本最早的收藏者是清代乾隆至道光間人張宗泰。③ 張宗泰(1750—1832)，字登封，號筠巖，江蘇甘泉縣人。乾隆五十四年(1789)拔貢。④ 著有《周官禮經注正誤》《爾雅注疏本正誤》《竹書紀年校補》《質疑删存》等。此書後歸陳逢衡，薛壽《書通卦驗鄭注後下篇》云："江都陳穆堂(逢衡)先生藏有清河郡抄本《易緯》，云舊爲甘泉張登封(宗泰)所藏。"⑤ 陳逢衡(1780—1850)，字履長，號穆堂，江蘇江都縣(今屬江蘇省揚州市)人。⑥ 家有瓠室藏書。著有《逸周書補注》《竹書紀年集證》《山海經彙説》《穆

---

① ［日］安居香山、中村璋八輯《緯書集成》，石家莊：河北人民出版社，1994年。董治安主編《兩漢全書》第33—34册《兩漢讖緯文獻》，濟南：山東大學出版社，2009年。
② 余作勝《清河郡本〈樂緯〉辨正》，《中國音樂學》2013年第3期。曹建國《〈河圖括地象〉考論——兼論讖緯文獻的甄别與運用》，《國學研究》第39卷(經學研究專號)。張學謙《〈緯書集成〉誤輯辨正——兼談重理緯書的原則與方法》，《"漢唐經學文獻的整理與研究"學術研討會論文集》，北京：北京大學國學研究院、北京大學中國語言文學系，2016年。羅歷辛《清河郡本〈易緯·通卦驗〉辨疑》，《周易研究》2017年第6期。
③ ［清］劉毓崧《通義堂文集》卷二《書易緯通卦驗鄭注後下篇》，影印民國南林劉氏求恕齋刻本，《清代詩文集彙編》第670册，上海：上海古籍出版社，2010年，第220頁。
④ ［清］薛壽《學詁齋文集》卷下《張登封先生家傳》，影印光緒六年儀徵劉壽曾冶城山館刻本，《清代詩文集彙編》第649册，第511頁。
⑤ 薛壽《學詁齋文集》卷下《書通卦驗鄭注後下篇》，第504頁。
⑥ 江慶柏《清代人物生卒年表》，北京：人民文學出版社，2005年，第458頁。

天子傳注補正》《續博物志疏證》《讀騷樓詩集》等。此外,儀徵劉毓崧(1818—1867)、江都薛壽(1812—1872)亦曾見此書,二人皆有長跋,惜僅著眼於《通卦驗》一種。甘泉、江都、儀徵皆屬揚州府,薛壽爲劉毓崧父劉文淇弟子,又與劉毓崧友善,且"所居相距不半里",①可見清河郡本當時僅在小範圍内流傳。陳逢衡之後,不見他人收藏之記載,現今各圖書館亦無著録,鍾肇鵬推測經太平天國戰爭而失傳。②

　　道光五年(1825)秋,陳逢衡與黄奭(1809/1810—1853)因朱飯石(實發)相識。③ 陳逢衡於道光二十年(1840)前後歸里,黄奭"延以課子,並董刊《漢學堂經解》凡二百餘卷……皆君考訂之力也"。④劉富曾《漢學堂叢書識》亦謂黄奭"《漢學堂逸書考》二百八十餘種,延江都陳穆堂(逢衡)先生任校讎之事"。⑤ 故當是陳氏將清河郡本内容採入黄奭輯佚書中,今日所見清河郡本緯書文字皆據此書。

　　由於黄奭輯佚書現有數種書名,較爲混亂,需要略加説明。黄奭之書於道光至咸豐初年間陸續輯成,同時也陸續刊印存樣,以備校勘。⑥ 其後黄奭去世,太平軍又於咸豐三年攻佔揚州,黄家避亂,版存樊汊鎮僧舍,未能正式彙印行世。中國國家圖書館藏有黄奭印樣,主要包括《通緯》《子史鉤沉》《漢學堂經解》三部分,此三名皆卷端上部所題,卷端下部皆題"逸書考"三字(圖28),可見爲"小題在上,

---

① 劉壽曾《薛先生家傳》,《學詁齋文集》卷首,第474—476頁。
② 鍾肇鵬《讖緯論略》第十一章《讖緯的輯佚和研究》,第253—254頁。
③ [清]陳逢衡《佩觿集序》,見[清]黄奭《端綺集》卷四丙戌,影印道光中甘泉黄氏刻《清頌堂叢書》本,《叢書集成續編》第105册,臺北:新文豐出版公司,1989年,第439頁。黄奭生卒年據曹書杰《黄奭生卒考》,《東北師大學報》(哲學社會科學版)1989年第6期。
④ [清]金長福《陳徵君傳》,見閔爾昌纂録《碑傳集補》卷四八,北平:燕京大學國學研究所鉛印本,1932年,第25b頁。
⑤ [清]劉富曾《漢學堂叢書識》,《漢學堂叢書》卷首,光緒十九年印本。
⑥ 王鑑《黄氏逸書考序》:"(黄灝、黄澧)兩君言:當日編輯時,每成一種即以付刊,現存樣本一部,仍有刊成而未經印樣者如干種。"(《黄氏逸書考》卷首,民國十四年王鑑修補印本)

大題在下"的格式,《逸書考》爲總名。① 故本文以《通緯》指稱黄奭所輯緯書。戰後黄奭長子灝(輝山)購回書版,欲補闕佚而又早卒,次子澧(叔符)屬儀徵劉貴曾(1845—1898,字良甫,劉師培父)重編目録印行,有光緒十九年劉富曾識、黄澧跋(實爲《高密遺書》跋),題《漢學堂叢書》,凡215種(《經解逸書考》85種、《通緯逸書考》56種、《子史鉤沉逸書考》74種),另附《高密遺書》11種。民國間儀徵王鑑於廣東購得書版226種(即《漢學堂叢書》及《高密遺書》),並陸續收得殘版數十種。民國十二年秦更年(曼青)又在上海得到樣本,乃據樣本鈔録版片闕葉付王氏,王鑑於民國十四年補刊印行,改題《黄氏逸書考》,凡285種(《漢學堂經解》112種、《通緯》72種、《子史鉤沉》84種、《通德堂經解》17種)。② 王鑑卒後,書版又有散失,民國二十一年爲江都朱長圻(甸清)購得,朱氏請葉仲經、周雁石校補,二

---

① 1992年書目文獻出版社將國圖藏本影印,除以上三部分外,尚有《知足齋叢書》,總名則據書前手書"漢學堂知足齋叢書總目"題作《漢學堂知足齋叢書》。其中又混有黄奭自撰跋文八篇(九行二十字)及前人輯佚書序跋寫樣(九行十六字)等。《知足齋叢書》内封鎸"知足齋叢書"五字(此據冀淑英《影印〈漢學堂知足齋叢書〉序》及國圖中華古籍資源庫影像,影印本未印内封),書中附有小紅格紙抄寫的"知足齋叢書目録",半葉九行二十字的行款與《通緯》等三種九行十七字有異,卷端僅題各零種書名及作者,而無總題,亦與《通緯》等格式不同。從内容看,《通緯》等皆爲"逸書",而《知足齋叢書》多爲現存書的摘録,性質也不相同。所以《知足齋叢書》與《逸書考》(《通緯》《子史鉤沉》《漢學堂經解》)並非同一總名下的兩部分,原本應是計劃各自單行。手書"漢學堂知足齋叢書總目"當爲後人清點這批印樣時所寫,並非黄奭自題,不當據以題名。又國圖尚藏一種《知足齋叢書》,内封所鎸子目計《倉頡篇》、鄭玄《周易注》等十五種(今存十三種),其中既有輯佚書,又有黄奭自著書,也有摘録他人著作,冀淑英推測爲黄奭早期刻成後編定(冀淑英《黄奭的輯佚工作》,《北京圖書館同人文選》第二輯,北京:書目文獻出版社,1992年,第314—316頁)。道光二十四年桐城姚元之致函黄奭云:"昨承寄《知足齋叢書》及《清頌堂叢書》,乃知足卜苦心古學,闡發幽光,鄭《易》、《後漢書》等考訂功深,非近時講學家所擬議。"([清]黄奭《耑綺集》卷二二甲辰,影印道光中甘泉黄氏刻《清頌堂叢書》本,《叢書集成續編》第105册,臺北:新文豐出版公司,1989年,第516頁)可見此前已印行《知足齋叢書》。此印本收書駁雜,主題不一,與印樣中的《知足齋叢書》66種(所收皆是摘録他人著作)不同,當是黄奭此後有所調整。

② 《通德堂經解》即《高密遺書》。

十四年又購得《子史鉤沉》原稿二十餘册。朱氏於民國二十三年至二十六年將此書補刊印行，補刊書葉書口鐫"民國甲戌""江都朱氏"，以爲區別，又新刻數種清人著作，仍題《黄氏逸書考》。① 故黄奭輯佚書共有三種正式印行之本，清河郡本緯書的内容見於其中的《通緯》部分。

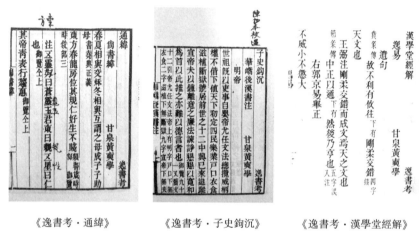

《逸書考·通緯》　　《逸書考·子史鉤沉》　　《逸書考·漢學堂經解》

圖 28　《逸書考》印樣及寫樣

二、清河郡本的文本面貌

江都葉仲經雖未親見清河郡本原書，但因承擔《黄氏逸書考》校補工作，故所言較詳，且統計出其中涉及清河郡本的緯書種數：

> 尤其引緯書，有所謂清河郡本者，非僅孫瑴《古微書》所未見，即趙在翰、林春溥、喬松年諸氏，號爲緯書專家，亦鮮稱道。計有《河圖》九種、《雒書》二種、《易緯》四種、《書緯》六種、《詩緯》二種、《禮緯》三種、《樂緯》三種、《春秋緯》十三種、《孝經緯》三種，率鄭玄註、宋均補，授受分明，決非僞託。至引《通卦驗》"當至不至，則療人以朮蘭；未當至而至，則療人以苓菊"各

---

① 參曹書杰《黄奭輯佚書版本考》(《古籍整理研究學刊》1998 年第 6 期)，但於此文不確處略有修正。

條,文義古奧,猶非晚周先秦人不辦。恨讀書未多,末由徵其所出,深爲可惜。①

不過,葉氏所記種數多有不確。今以民國朱長圻補刊《黃氏逸書考》爲據,統計《逸書考·通緯》中包含的清河郡本具體篇目如下:

《河圖》七種:《河圖括地象》《河圖稽命徵》《河圖稽耀鈎》《河圖禄運法》《河圖玉板龍文》《河圖龍魚徵紀》《河圖始開圖》

《雒書》二種:《雒書乾曜度》《雒書靈准聽》

《易緯》五種:《易乾鑿度》《易是類謀》《易坤靈圖》《易稽覽圖》《易通卦驗》②

《書緯》六種:《尚書攷靈曜》《尚書璇機鈐》《尚書帝命驗》《尚書刑德放》《尚書運期授》《尚書中候》

《詩緯》二種:《詩含神霧》《詩推度災》

《禮緯》三種:《禮含文嘉》《禮稽命徵》《禮斗威儀》

《樂緯》三種:《樂協圖徵》《樂動聲儀》《樂稽耀嘉》

《春秋緯》十三種:《春秋演孔圖》《春秋説題辭》《春秋元命苞》《春秋文耀鈎》《春秋運斗樞》《春秋感精符》《春秋合誠圖》《春秋攷異郵》《春秋保乾圖》《春秋佐助期》《春秋握誠圖》《春秋潛潭巴》《春秋命曆序》

《孝經緯》四種:《孝經左契》《孝經右契》《孝經援神契》《孝經鈎命決》

《河圖》《雒書》及七經緯均有涉及,個別篇名與他書徵引有異,如《河圖龍文》作《河圖玉板龍文》,《龍魚河圖》作《河圖龍魚徵紀》,《雒書甄曜度》作《雒書乾曜度》。《河圖玉板龍文》《河圖龍魚徵紀》之名僅見於清河郡本,作《雒書乾曜度》則應是依據《續漢書·律曆志》之文,宋人馬永卿、高似孫、清人惠棟皆以"乾"爲本字,作"甄"乃

---

① 葉仲經《黃氏逸書考序》,《黃氏逸書考》卷首,民國二十三年至二十六年江都朱長圻補刊彙印本。

② 李梅訓《讖緯文獻史略》(山東大學博士學位論文,2003年,第99頁)統計爲四種,漏《易是類謀》。

唐人避太子承乾諱。① 然作"乾"者僅見於《律曆志》，同書《祭祀志》則引作"甄"，他書如《三國志·蜀書·先主傳》《宋書·天文志》《宋書·符瑞志》《玉燭寶典》等唐前文獻亦均引作"甄"。所謂避李承乾諱者僅此孤例，②清人周廣業已辨其非。③ 陳槃指出，"甄"有"表""紀"之義，乃漢人恒詞，《續漢書·律曆志》作"乾"應爲傳寫之譌。④

清河郡本原書雖已不存，仍可依據前人記載和《通緯》中保留的信息，對其原貌進行一些復原工作。薛壽所見爲"清河郡抄本《易緯》"，"每頁刻有'清河郡'三字，卷首下題'漢鄭氏注、魏宋均校'，前後並無序記。"⑤劉毓崧亦言"鈔本《易緯通卦驗》鄭注，與刻本（謙按：指殿本）多有不同""鈔本傳寫譌脱難稽"。⑥ 今檢《通緯》中《易緯》各篇引清河郡本之注，多作"鄭注云"。《易乾鑿度補遺》注文"輕作傾。國滅身傾，當是身滅國傾也"（清河郡本）下，黃奭按語謂"此注當是宋均校"，即據卷端題名而言，亦可見薛壽的記録是準確的。《易坤靈圖》《易通卦驗》中出自清河郡本之注亦有標"均云""均謂""宋均曰"者。⑦

由於薛壽僅記《易緯》，清河郡本其他緯書的情況只能據《通緯》中的徵引進行推測：《尚書緯》各篇引清河郡本之注均標"鄭氏注"，

---

① ［宋］馬永卿《嬾真子》卷四《晉史託名御撰》，《叢書集成初編》，北京：中華書局，1985年，第43頁。［宋］高似孫《緯略》卷二《御撰晉書》，《叢書集成初編》，北京：中華書局，1985年，第30頁。惠棟《後漢書補注》卷二一，第4a頁。
② ［清］黄本驥《避諱録》卷三，劉范弟點校《黄本驥集》，長沙：嶽麓書社，2009年，第338頁。王建《史諱辭典》，上海：上海古籍出版社，2011年，第261頁。
③ ［清］周廣業《經史避名彙考》卷二六，影印清抄本，《北京圖書館古籍珍本叢刊》第67册，北京：書目文獻出版社，1989年，第367—368頁。
④ 陳槃《古讖緯研討及其書録解題》，第486—487頁。
⑤ 薛壽《學詁齋文集》卷下《書通卦驗鄭注後下篇》，第504頁。北京大學圖書館藏清抄本《曲品》，烏絲欄，半葉十行，版心中部亦刻有"清河郡"三字，或爲同一稿紙。《曲品》鈐印有"清河郡圖書印"朱方、"張氏珍藏"白方、"文吉館"朱方，避"玄"字諱，抄寫時間在康熙以後。清河爲張氏郡望，此稿紙及藏印不知是否即張宗泰所有。
⑥ 劉毓崧《通義堂文集》卷二《書易緯通卦驗鄭注後下篇》，第220頁。
⑦ ［清］黄奭《黄氏逸書考·通緯》，影印民國二十三年至二十六年江都朱長圻補刊彙印本，《續修四庫全書》第1208册，第403、465、495頁。

《尚書中候》注"悉當作錫",按語謂"此當是宋均校"。①《禮緯》各篇多標"鄭氏注",偶有作"均謂"之宋均注。《詩緯》《樂緯》《春秋緯》《孝經緯》各篇均標"宋均注"。

《河圖》《雒書》各篇多有解題,注文標"鄭氏曰""宋均曰""均謂""均曰"等。如《河圖括地象》開篇有:

> 鄭氏注曰:廣被不遺之謂括,象猶貌也。審諸地勢,措諸河圖。宋均曰:括地象者,窮地儀也。(清河郡本。〔黃奭按語:〕已下凡引注俱是鄭注,有"均謂"者是宋均注。)

《河圖禄運法》解題下亦有黃奭按語:

> 清河郡本原脱"鄭氏曰"三字,檢《始開圖》《稽耀鉤》《括地象》《稽命徵》皆云"漢大司農北海鄭玄注",其篇題下注皆冠以"鄭氏曰"三字。

又《雒書靈准聽》注"具猶備也"下黃奭按語云:

> 清河郡本標題"漢司農北海鄭玄注,北魏博士宋均校"(謙按:"北魏"之"北"當爲衍文),前篇題下注標"均曰",則此條注以下皆鄭注可知。

從《通緯》的徵引看,確如按語所說,清河郡本《河圖》《雒書》以鄭注爲主,宋均注則多以"均謂"等標誌。此外,也有少量記錄異文的注文,雖無標記,黃奭亦認爲出於宋均。如《河圖稽命徵》"怪目勇敢重瞳大耳,力政之邦"條有注:"耳亦作口,政或作楚。"黃奭按語云:"此當是宋均校。"②

從文本上看,清河郡本有兩個顯著特點:一是與諸家輯本及他書徵引文字頗有差異。如上文提及的篇名差異,又如劉毓崧、薛壽皆注意到清河郡本《通卦驗》的序次及鄭注均與通行的武英殿本不同。③

---

① 黃奭《黃氏逸書考·通緯》,《續修四庫全書》第1208册,第536頁。
② 黃奭《黃氏逸書考·通緯》,《續修四庫全書》第1208册,第283頁。
③ 劉毓崧《通義堂文集》卷二《書易緯通卦驗鄭注後下篇》,第220頁。薛壽《學詁齋文集》卷下《通卦驗鄭注書後下篇》,第503—505頁。尤其是注文中的藥名,多有後世本草始收者,甚至晚至明李時珍《本草綱目》,必非鄭注。對於這部分文字,劉、薛二人均解釋爲後人增益。

異文則更爲常見。二是有大量不見於他書的獨有佚文。據本人統計，清河郡本《河圖》七篇收佚文240條，其中獨有佚文163條，佔比68%。《雒書》二篇收佚文60條，其中獨有佚文44條，佔比73%。又據余作勝統計，《樂緯》三篇收佚文138條，其中獨有佚文79條，佔比57%。① 其他各緯的情況亦相似。其中，獨有注文的比例又高於獨有正文。

此外，從黃奭的記錄看，清河郡本並非完書，偶有文字殘損之處。如《通緯》之《樂緯》《春秋緯》等有多處按語謂"清河郡本下有宋均注，殘缺"。劉毓崧也說清河郡鈔本"傳寫譌脫難稽"。

綜合以上信息可知，清河郡本緯書是一部略有殘損的抄本，抄寫時代不明。既不見於書目著錄，又無序跋交待來源，因每頁刻有"清河郡"三字而得名。② 計《河圖》七種、《雒書》二種、《易緯》五種、《書緯》六種、《詩緯》二種、《禮緯》三種、《樂緯》三種、《春秋緯》十三種、《孝經緯》四種，凡四十五篇。《易緯》卷端題"漢鄭氏注、魏宋均校"，《河圖》《雒書》及《易緯》《禮緯》各篇並有鄭氏、宋均注，《書緯》《詩緯》《樂緯》《春秋緯》各篇則均爲宋均注。③ 清河郡本緯書的文字與他書徵引頗有差異，且有大量不見於他書的獨有佚文。

三、清河郡本的性質

漢代緯書中，只有《周易乾鑿度》一種有傳世本，其餘各緯僅有後世輯本。那麼，來源不明的清河郡本究竟是傳世原本還是後世輯本呢？

---

① 余作勝《清河郡本〈樂緯〉辨正》。
② 清河郡西漢始置，治清陽縣（今河北邢臺市清河縣東南），東漢改爲清河國。具體變動參見周振鶴《西漢政區地理》（北京：人民出版社，1987年，第91—92頁）、李曉傑《東漢政區地理》（濟南：山東教育出版社，1999年，第104—106頁）。安居香山將清河郡本與張衡所言"永元中，清河宋景遂以歷紀推言水災，而僞稱洞視玉版"（《後漢書·張衡傳》）聯繫起來，以爲此地緯書說流行之證，見安居香山《緯書の基礎的研究》，第180—181頁。
③ 《書緯》中僅上文提及的《尚書中候》一條被黃奭認定爲"宋均校"，說明清河郡本原書於此處並無宋注標識。

前人的説法大都比較模糊,上引葉仲經序謂此本"率鄭玄註、宋均補,授受分明,決非僞託",似以原本視之。安居香山、中村璋八《緯書集成》將"清河郡本"列入"用於校勘的出處資料"(指《十三經註疏》《史記》《五行大義》《文選》等四部文獻),而非"用於資料合校的輯佚書"(指《緯攟》《重校説郛》《古微書》等輯佚書),①説明也是將其看作原本。② 不過,以上兩者並未提出什麽堅實的證據。漢代緯書大多亡佚於唐代中期以後,《易緯》至明代中期亦僅存《周易乾鑿度》一種,③何以至晚清突現傳本？清河郡本既未見於前代書目著録及文獻徵引,"漢鄭氏注、魏宋均校"的題署方式也絶不可能早於明代中期,根據文獻流傳的一般規律,傳本之説並不可取。

因此,現代學者多以輯本視之。④ 既然是後世輯本,那麽清河郡本又是何時何人所輯？所輯佚文的可靠性如何？陳槃以"書中所引,多後代絶無可考之材料",推測是宋元人所輯。不過,宋元時期大部分緯書早已散佚,時人又是依據何種文獻輯得如此多的獨有佚文呢？陳槃的推測顯然不夠謹慎。若要解答這一問題,只能回到清河本緯書的文本,考察其所收佚文,尤其是獨有佚文的來源及其可靠性。

四、清河郡本的文本來源及其作僞之法

作爲一部輯本,清河郡本的佚文來源比較複雜,部分正文是從各書中抄録、節録抑或改寫,在這一過程中難免因不明原書體例而有誤輯,或是沿襲出處之誤。至於多數注文則主要是敷衍、杜撰而成,難掩作僞之跡。

---

① 安居香山、中村璋八《緯書集成》,第3—7頁。
② 參見余作勝《清河郡本〈樂緯〉辨正》。
③ 詳參本書第二章。
④ 陳槃《古讖緯研討及其書録解題》,第404頁。鍾肇鵬《讖緯論略》,第253頁。楊權《讖緯研究述略》,《新五德理論與兩漢政治——"堯後火德"説考論》,北京:中華書局,2006年,第435頁。

（一）襲用前人輯本或前代文獻

1. 襲用重編本《説郛》之例

余作盛對清河郡本《樂緯》作了考察，發現重編本《説郛》和《古微書》中的誤輯條目也存在於清河郡本中。① 經本人檢核，其他各緯也有這種情況。如《易坤靈圖》一篇，清河郡本共有八條誤輯佚文，其中七條都是沿襲重編《説郛》之誤。

清河郡本《易坤靈圖》之文	實際歸屬	説明
天子者，繼天治物，改正一統，各得其宜，父天母地，以養生人，至尊之號也。大君者，君人之盛也。	《周易乾鑿度》	沿重編《説郛》之誤
靈蓍四十九莖，下有千歲龜守之。	《京房易（緯）〔傳〕》	沿重編《説郛》之誤
舜之蓍，登天爲神。夏后蓍，乘飛龍登天。龜以類從也。	《博物志》	
宓犧作《易》，無書以畫事。	《易通卦驗》	沿重編《説郛》之誤
黄氣抱日，輔臣納忠。德至於天，日抱戴。	《孝經援神契》	沿重編《説郛》之誤
吐珠於澤，誰能不含。	《春秋保乾圖》	沿重編《説郛》之誤
建四始五際而八節通，卯酉之際爲革政，午亥之際爲革命。	《詩推度災》	沿重編《説郛》之誤
陽氣出於東北，入於西北。發於孟春，畢於孟冬。	《春秋繁露》	沿重編《説郛》之誤

其實，中村璋八早已發現重編本《説郛》和清河郡本有不少相同條目，但錯誤地認爲清河郡本爲重編本《説郛》的來源。② 重編本《説郛》雖然多有誤輯文字、誤入篇目的情況，但各條均可找到來源，並不存在獨有佚文。如果《説郛》抄自清河郡本，何以不録其中的獨有

---

① 余作勝《清河郡本〈樂緯〉辨正》。
② 中村璋八《緯書の基礎的研究・資料篇》第一章之四《緯書資料の輯佚書とその研究》，第328頁。

佚文？因此，中村氏的觀點不能成立。再看兩個典型的例子，清河郡本《易稽覽圖》：

〔正文〕降陰之雨，潤而破塊。

〔注文〕鄭注云：天下太平，雨不破塊。陽遏於陰，則雨潤而破塊也。降，下也。

按：武英殿本《稽覽圖》作"潤不破塊"，其注云："潤澤和適，不疾沛破塊。"《太平御覽》卷一〇《天部十·雨上》亦引作"潤而不破塊"，惟重編本《説郛》及《古微書》相沿脱"不"字。清河郡本沿襲此誤，又僞造注文，皆與原文文義相悖，僞跡顯然。

又清河郡本《易通卦驗》：

〔正文〕遂皇始出，握機矩，表計寶。

按：武英殿本《易通卦驗》作"表計宜"，《尚書序》正義、《周禮疏》解題引作"表計實"，《太平御覽》卷七八《皇王部三·燧人氏》引作"表計冥圖"，皆與此不同，惟重編本《説郛》作"寶"，可見清河郡本之沿襲關係。

2. 襲用類書之例

清河郡本《河圖龍魚徵紀》：

〔正文〕帝伐蚩尤，乃睡夢西王母遣道人披玄狐之裘，以符授之，曰：太乙在前，天乙備後。河出符信，戰則尅矣。黄帝寤思其符，不能悉憶，以告風后力牧。風后力牧曰：此兵應也，戰必自勝。力牧與黄帝俱到盛水之側，立壇，祭以太牢。有玄龜銜符出水中，置壇中而去。黄帝再拜稽首，受符視之，乃夢所得符也。廣三寸，袤一尺。於是黄帝佩之以征，即日禽蚩尤。

按：此乃《藝文類聚》卷九九引《黄帝出軍決》之文。《類聚》中，《黄帝出軍決》相鄰上條爲《龍魚河圖》，清河郡本蓋因此致誤。

3. 襲用《本草綱目》之例

清河郡本《河圖括地象》：

九州殊題，水泉剛柔各異。青州角徵會，其氣慓輕，人聲急，其泉苦以酸。梁州商徵會，其氣剛戚，人聲塞，其泉苦以辛。兗、豫宫徵會,其氣平靜,人聲端,其泉苦以甘。雍、冀商羽會,其氣駛烈,人聲捷,其泉鹹以辛。

按:《初學記》八州郡部、《太平御覽》一五七州郡部三引《河圖》:

> 九州殊題,水泉剛柔各異。青、徐角羽集,寬舒遲,人聲緩,其泉酸以鹹(《御覽》作鹹以酸)。荊、揚角徵會,氣漂輕,人聲急,其泉酸以苦。梁州商徵接,剛勇漂,人聲騫(《御覽》作塞),其泉苦以辛。兗、豫宫徵合,平靜有慮,人聲端,其泉甘以苦。雍、冀合商羽,端駛烈,人聲捷,其泉辛以鹹。

兩相對照,清河郡本僅言六州,顯有脱誤。清河郡本之文見於明李時珍(1518—1593)《本草綱目》卷五《水部·井泉水·發明》:

> 〔時珍曰〕……又《河圖括地象》云:"九州殊題,水泉剛柔各異。青州角徵會,其氣慓輕,人聲急,其泉酸以苦。梁州商徵接,其氣剛勇,人聲塞,其泉苦以辛。兗、豫宫徵會,其氣平靜,人聲端,其泉甘以苦。雍、冀商羽合,其氣駛烈,人聲捷,其泉鹹以辛。"①

兩者僅個別文字有異,清河郡本將"其泉"以下文字均調整爲"苦以×"的統一格式。

清河郡本《河圖龍魚徵紀》:

> 麻子仁、赤小豆各二七枚,除夜著井中,其水飲之,辟禳瘟疫。

按:見《太平御覽》八四一、《藝文類聚》八五、《齊民要術》二,文字差異較大,而與《本草綱目》卷二二"大麻"同。

---

① 〔明〕李時珍《本草綱目》卷五,明萬曆間金陵胡承龍刻本,美國國會圖書館藏,第10b頁。按:同文亦見於元賈銘《飲食須知》卷一,然此書係照抄清初朱本中(泰來)同名之書,僞題元人之名,改易序言而成。即朱氏原書亦主要摘錄《本草綱目》相關食物"氣味""主治""發明"中的反忌内容,故不必加以討論。參見程傑《元賈銘與清朱本中〈飲食須知〉真僞考——〈我國南瓜傳入與早期分佈考〉補正》,《閲江學刊》2018年第3期。又《本草綱目》卷五二《人部·方民》亦引此段,但文字頗有歧異。

(二)闌入非緯書之文

通過對清河郡本緯書文本的分析,可以發現其不少佚文應是從《初學記》《太平御覽》等類書中輯出,尤其與《初學記》的關係更爲密切。由於清河郡本的編者不明類書體例,往往會闌入非緯書之文,顯露作僞痕跡。如清河郡本《河圖括地象》:

> 凡天下有九區,別有九州。中國九州名赤縣,即禹之九州也。上云九州八柱者,即大九州也,非禹貢小九州也。

按:此文在《初學記》卷五《地理上·總載地第一》"敘事"小字注中,"上云九州八柱,即大九州也,非禹貢赤縣小九州也"一句乃《初學記》按語(敘事中有按語),① 非《河圖》文字,所謂"上云九州八柱"指上文大字引《淮南子》之文。清河郡本不明《初學記》體例,將此文抄入《括地象》,顯露作僞之跡。

此外,清河郡本《河圖括地象》中還有不少佚文經檢核實爲《括地圖》《外國圖》之文,而《括地圖》是以異域山川風俗民情爲主要内容的博物體地理類小説,②《外國圖》當亦類似,皆非緯書。清河郡本誤將二書之文闌入《括地象》,各條下又往往杜撰鄭玄、宋均之注,豈不知鄭、宋二人又何嘗爲《括地圖》《外國圖》作注?

(三)爲誤輯之緯文虛造注文

清河郡本《河圖括地象》:

> [正文]井絡纏曜,江漢昞靈。泉流深遠,盛爲四瀆之首。
> [注文]泉流既深,而四瀆之源皆始於盛也。

按:正文亦見於重編本《説郛》和《古微書》,③ 皆是出於對文獻的誤讀。檢《華陽國志》卷三《蜀志》云:

> 故其精靈則井絡垂耀,江漢遵流。《河圖括地象》曰:"岷山之[精],(下)[上]爲井絡。帝以會昌,神以建福。"《夏書》曰:

---

① 黄奭按語謂"自'上云'下當是注",認爲"上云"句爲《括地象》注文,亦非。
② 曹建國《〈河圖括地象〉考論——兼論讖緯文獻的甄別與運用》。
③ [明]佚名重編《説郛》,影印清順治四年(1647)宛委山堂印本,《説郛三種》,第248頁。

"岷山導江,東別爲沱。"泉源深,盛爲四瀆之首,而分爲九江。①
《水經注》卷三三《江水》云:

    故其精則井絡纏曜,江漢晞靈。《河圖括地象》曰:"岷山之精,上爲井絡。帝以會昌,神以建福。"故《書》曰:"岷山導江。"泉流深遠,盛爲四瀆之首。②

今本《華陽國志》文字略有訛脱,但仍可看出酈道元乃襲用常璩之文。由此可知,"井絡纏曜,江漢晞靈"及"泉流深遠,盛爲四瀆之首"二句並不接續,且皆是常璩敘述之語,而非《河圖括地象》之文。北宋歐陽忞《輿地廣記》於"汶山縣"下云:"《河圖括地象》曰:岷山之精,上爲井絡。帝以會昌,神以建福。故泉流深遠,爲四瀆之首。"③南宋王象之《輿地紀勝》同。諸句相連,使人難以判斷《河圖括地象》引文訖於何處。故王象之在《輿地紀勝》卷一五一中誤將"泉流深遠,爲四瀆之首"一句注爲《河圖括地象》之文。至明陳耀文(1524—1605)《天中記》,則將"井絡纏曜,江漢晞靈。泉流深遠,盛爲四瀆之首"二句連寫,出處注爲《河圖括地象》。④馮復京(1573—1622)《六家詩名物疏》所引亦同,惟文字略有差異。⑤可見重編本《説郛》和《古微書》皆是從明人著作中抄出此條,屬於誤收,清河郡本又沿襲此誤。正文既非緯文,則有注文恰證清河郡本作僞之嫌。

清河郡本《詩推度災》:

    〔正文〕如有繼周而王者,雖百世可知。以前檢後,文質相因,法度相改。

    〔宋均注〕三而復者,正色也,二而復者,文質也。以前檢

---

① 常璩著,任乃强校注《華陽國志校補圖注》卷三《蜀志》,第113頁。
② 酈道元著,清王先謙校《合校水經注》卷三三《江水》,第479頁。
③ [宋]歐陽忞撰,李勇先、王小紅校注《輿地廣記》卷三〇《成都府路下》,北京:中華書局,2023年,第866頁。
④ [明]陳耀文《天中記》卷九《江》,天津圖書館藏明萬曆間陳文龍刻本,第43b頁。
⑤ [明]馮復京《六家詩名物疏》卷四《國風周南四·江》,明萬曆刻本,第4b頁。

後,謂軒轅、高辛、夏后氏。

按:以上皆《宋書·禮志》載魏明帝時侍中高堂隆奏議之文,原文如下:

《詩推度災》曰:"如有繼周而王者,雖百世可知。以前檢後,文質相因,法度相改。三而復者,正色也,二而復者,文質也。"以前檢後,謂軒轅、高辛、夏后氏,漢皆以十三月爲正;少昊、有唐、有殷皆以十二月爲正;高陽、有虞、有周皆以十一月爲正。後雖百世,皆以前代三而復也。

清河郡本將部分正文改爲注文,當是有意爲之。然高堂隆奏議所引皆"典籍所記",怎會引及同時代的宋均注?且"以前檢後"以下均高堂隆之語,清河郡本亦闌入所謂宋均注,皆顯露其有意作僞之跡。

清河郡本《河圖稽命徵》:

〔正文〕秦距之帝名政,虎口日角,大目降鼻,長八尺六寸,大七圍,手握執矢,名祖龍。

〔注文〕降,下垂也。

按:正文及篇目歸屬皆據重編本《說郛》卷五,《古微書》歸入《河圖握矩記》,"降"作"隆"。《太平御覽》八六《皇王部十一·始皇帝》引作《河圖》,無"距之"二字,"降"作"隆"。《史記·秦始皇本紀》載尉繚曰:"秦王爲人,蜂準長目。"《集解》引徐廣曰:"蜂,一作隆。""隆準"即"隆鼻",作"降"顯誤。清河郡本誤從《說郛》,又依誤文"降"字僞造鄭注。

(四)將他書徵引的某篇佚文移入別篇

清河郡本緯書各篇多獨有佚文,這些佚文並非全不見於他書,而是有相當一部分與他書徵引的別篇佚文重合。也就是說,對於同一條佚文,清河郡本與他書徵引的篇目歸屬往往有異。如清河郡本《雒書乾曜度》中,"天之東西南北極各有銅頭鐵額兵,長三千萬丈,三千億萬人"一條,《太平御覽》卷三七七引作《龍魚河圖》。"嶓冢之山,上爲狼星"至"熊耳之山,爲地門,上爲附耳星"一段,《太平御覽》卷三八引作《河圖》。

從諸書徵引看,緯書中確實有一些篇目存在重合之文,但比例遠低於清河郡本緯書。將諸書徵引的某篇之文移入別篇,是清河郡本增加體量、製造獨有佚文的重要手段之一。

五、結論

　　清河郡本緯書是一部有意作偽的緯書輯本,抄寫年代不明。考慮到其與明末重編《說郛》的密切關係,以及與乾隆武英殿本《易緯》的差異,纂成於明末清初的可能性較大。此書清道光間在揚州地區流傳,先後收藏於張宗泰、陳逢衡之手,旋即佚失。陳氏將其内容採入黃奭輯佚書《逸書考‧通緯》中。清河郡本包括《河圖》七種、《雒書》二種、《易緯》五種、《書緯》六種、《詩緯》二種、《禮緯》三種、《樂緯》三種、《春秋緯》十三種、《孝經緯》四種,有題鄭氏注、宋均校者,亦有僅題鄭氏注或宋均注者,不盡一致。清河郡本與諸家輯本及他書徵引文字頗有差異,尤多獨有佚文。其文本來源較爲複雜,正文多從各書抄錄、節錄、改寫,亦多有將諸書徵引的某篇之文移入別篇者,多數注文則屬敷衍、杜撰而成。其中既有非緯書之文,更多虛造之注文,絶不可信據。

　　緯書佚文是讖緯研究的文本基礎,研究者往往以某部緯書輯本爲據,徑行引用,而忽視了對輯本輯佚質量、佚文來源可靠性的評估。如若佚文來源有疑、歸屬有誤,以之爲基礎的研究也就難以成立。當代研究者最常使用的緯書輯本是日本學者安居香山、中村彰八所輯《緯書集成》,此書雖是集成之作,卻也沿襲了明清輯本的諸多缺陷,難稱佳構。因此,文本問題是制約讖緯研究發展的重要因素之一,學界應有意識地對已有的緯書輯本進行重新評估,總結其優劣得失,最終形成一部佚文來源可靠、文字校勘精審的新輯本。

附録三　現存讖緯輯本知見録

1. [元]陶宗儀編《說郛》一百卷

　　(1)明弘治十三年(1500)抄本。國圖(善03907)。按:明抄本衆多,不俱列。

(2)民國十六年(1927)商務印書館(涵芬樓)排印張宗祥整理本。有1986年北京中國書店影印本,又1988年上海古籍出版社《説郛三種》影印本。

2. [明]佚名重編《説郛》一百二十卷

(1)明末刻本。國圖(善06345)。

(2)明末刻清順治四年(1647)宛委山堂印本。有1988年上海古籍出版社《説郛三種》影印本。

3. [明]陳時選《説郛裹》四卷

(1)明崇禎四炤堂刻本。日國會圖(特1-703)、前田育德會尊經閣、日公文書館(内閣文庫370-34)、京大附圖(4-04セ4)。崇禎十六年(1643)陳時序。

4. [明]孫瑴輯《册微》三十六卷

(1)明崇禎刻本。國圖(善18370)、復旦(普綫1254)。《中華再造善本·明清編》影印國圖藏本。崇禎十年管紹寧序(文震亨書)。

(2)明崇禎刻清初印本。國圖(普古241)。河間范景文序。又國圖殘本三部:普古152415(存七卷:十一至十二、十八至二十二)、普古153778(存二卷:一至二)、普古159158(存七卷:十一至十二、十八至二十二)。

(3)清緑格抄本。《藏園群書經眼録》。按:抄自清初印本。

(4)清初抄本。中科院圖。

(5)清抄本。上圖(綫善752713-14,二册)。按:抄自清初印本。

(6)清師經堂抄本,存十一卷(14-24)。上圖(綫善819379一册)。鈐"班侯過目""淡葊"印。

(7)清乾隆《四庫全書》本(題《古微書》)。

(8)清嘉慶十四年(1809)昭文張海鵬刻本(題《古微書》),《墨海金壺》之一)。《墨海金壺》有民國十年上海博古齋影印本。

(9)清嘉慶十五年山淵堂活字本。津圖(善978230)、吉大(經0188K)、慕湘藏書館(2085)、京大人文研東方文化研究所(經-IX-1-67)。

(10)清嘉慶十六年秀水章氏勤業堂刻本(題《考正古微書》),附章氏《雜述》一卷。社科院顧頡剛文庫、吉大(經 185K)、溫州圖(012893)、重慶圖(C19/2:2/0997)、京大人文研東方文化研究所(經-IX-1-69)、神戶大學人文科學圖書館。

(11)清嘉慶十七年禹航陳世望對山問月樓刻本(題《古微書》)。內封題"嘉慶壬申重校鐫/禹航對山問月樓藏板"。日本國立公文書館網站有全文影像。1994 年上海古籍出版社《緯書集成》影印潘承弼藏殘本(存卷六《春秋緯》以下),有清陳驥德批校。

(12)清嘉慶二十一年覆刻對山問月樓本。內封題"嘉慶丙子重校鐫/對山問月樓藏板"。1990 年山東友誼書社《孔子文化大全》影印山東省圖書館藏本。

(13)清道光二十一年(1841)金山錢熙祚刻本(題《古微書》,《守山閣叢書》之一)。《守山閣叢書》有光緒十五年上海鴻文書局石印本及民國十一年上海博古齋影印本。《叢書集成初編》據《守山閣叢書》本影印。

(14)清光緒十四年(1888)覆刻對山問月樓本。

(15)清光緒二十一年上海鴻文書局石印本。用對山問月樓本裁剪拼貼。

5. [明]楊履闇等輯《緯書》十卷

(1)明崇禎刻本。國圖(普古 XD1856)、日公文書館(經 037-0011)。

6. [清]湯斌輯《論語緯》不分卷

(1)稿本。上圖(綫善 811954)。按:僅存一摺。

7. [清]孫應龍輯《讖緯拾遺》不分卷

(1)清抄本,四冊。上圖(綫善 820259-62)。按:抄襲孫瑴《删微》。

8. [清]殷元正原輯,陸明睿增訂《集緯》不分卷

(1)清觀我生齋抄本,二冊,存《河圖》至《孝經緯》。清張錫恭批校。上圖(綫普 444108-9)。有 1994 年上海古籍出版社《緯書集

成》影印本。

（2）清抄本，四册。佚名批校。上圖（綫善762990-93）。

（3）清清芬書屋抄本，三册，闕《春秋緯》。佚名批校。上圖（綫善771878-79）。

（4）清平江蘇氏抄本，四册。光緒元年（1875）章末、光緒十六年（1890）張聲馳跋。京大文學研究科圖（A IXa 15-2）。

（5）清抄本，四册，編目者擬題《緯讖候圖校輯》。清陳壽祺、陳喬樅批校，光緒四年（1878）周星詒跋。國圖（善03811）。有1996年書目文獻出版社《北京圖書館古籍珍本叢刊》第3册影印本。

（6）清抄本，九册，編目者擬題《讖緯書》十七種。佚名墨批，嘉慶九年（1804）順德鄧伯子朱筆題識。中山大（0351）。

（7）清抄本，一册，存《河圖》《雒書》。臺故宫（贈善004173）。

（8）清尚友齋抄本，一册，存《孝經緯》以下。佚名朱批。北大（SB/099/7711）。

9. ［清］四庫館輯《易緯》八種十二卷

（1）清乾隆三十八年武英殿刻本（《武英殿聚珍版書》之一）。①《武英殿聚珍版書》有五種翻刻本：乾隆間浙江翻刻本，乾隆間江蘇翻刻本，乾隆間福建翻刻道光、同治間遞修光緒二十一年增刻本，同治十三年江西書局翻刻本，光緒二十五年廣雅書局翻刻福建本。五省翻刻種數不一，但均有《易緯》。2012年故宫出版社影印故宫博物院藏乾隆武英殿原本。

（2）清乾隆《欽定四庫全書》本。

（3）清乾隆《欽定四庫全書薈要》本。

（4）清嘉慶二十年章氏勤業堂刻本（八種十卷）。社科院顧頡剛文庫。章全句讀。

（5）清嘉慶間南匯吴氏聽彝堂刻《藝海珠塵》本。《土集》收《易

---

① 《武英殿聚珍版書》首批四種（《易緯》《漢官舊儀》《魏鄭公諫續録》《帝範》）均爲刻本，十行二十一字。此後改用木活字排印，故稱"聚珍版"，且變易行款爲九行二十一字。各省翻刻時，爲求統一，將首批四種亦改爲九行二十一字。

緯乾坤鑿度》《易緯是類謀》,《革集》收《易稽覽圖》,合計僅三種。

（6）清同治十二年（1873）粵東書局刻《古經解彙函》本。有光緒十四年（1888）上海蜚英館石印本及光緒十五年（1889）湘南書局刻本。

（7）清光緒間定州王氏刻《鄭學彙函》本。收《易緯》六種,《易緯辨終備》《易緯通卦驗》《易緯乾元序制記》《易緯是類謀》《易緯坤靈圖》五種據殿本,《周易乾鑿度》一種據乾隆盧見曾雅雨堂刻本。①

10. ［清］錢塘撰《易緯稽覽圖刊正》一卷

（1）清錢塘何氏夢華館抄本。佚名錄清丁杰校,勞權、丁丙跋。南圖（GJ/112234）。

11. ［清］錢大昭輯《七經緯》不分卷

（1）清抄本。清錢東垣校,丁丙跋。南圖（GJ/112349）。

12. ［清］任兆麟選輯《周易乾鑿度》一卷

（1）清乾隆五十三年（1788）映雪草堂（忠敏家塾）刻《述記》本。僅選錄六條,且末條非《乾鑿度》之文。

13. ［清］張惠言撰《易緯略義》三卷

（1）清嘉慶十九年張成孫抄校本。復旦。

（2）清道光元年合河康氏刻本。有《續修四庫全書》影印本。

（3）清光緒中廣雅書局刊民國九年番禺徐紹棨彙編重印《廣雅書局叢書》本。

14. ［清］趙在翰輯《七緯》三十八卷

（1）清嘉慶九年侯官趙氏小積石山房刻本。津圖。

---

① 中村璋八在《緯書の基礎的研究》（第333、390頁）中提及《畿輔叢書》亦收《辨終備》《通卦驗》《乾元序制記》《坤靈圖》四種,然檢《續修四庫全書總目提要·叢書部》《中國叢書綜錄》及中日多家館藏目錄,未見《畿輔叢書》有此子目。中村氏所據當爲靜嘉堂文庫藏本,《靜嘉堂文庫漢籍分類目錄·叢書·郡邑》（東京：靜嘉堂文庫,1930年,第1227頁）著錄第423冊有此子目。實際上,《畿輔叢書》和《鄭學彙函》均爲光緒間定州王灝刻本,靜嘉堂藏《畿輔叢書》第422—424冊即《鄭學彙函》子目,爲同版。

（2）清嘉慶九年侯官趙氏小積石山房刻十四年續刻本。浙大藏本有清孫詒讓批校。1994年上海古籍出版社影印上圖藏本，有清莫棠批校。

（3）1997年齊魯書社排印本（《齊文化叢書》之一）。2012年中華書局排印本，鍾肇鵬、蕭文郁點校，附馬國翰輯《論語讖》。

15. ［清］姚東升輯《古微書補闕》不分卷

（1）稿本（書衣題"古微書續"）。國圖（普古205）。

16. ［清］畢裕曾輯《緯候佚文》不分卷

（1）清畢裕曾抄本。國圖（善A02064）。

17. ［清］劉學寵輯《諸經緯遺》不分卷

（1）清道光十五年朝邑劉氏刻《青照堂叢書》本。有1994年上海古籍出版社《緯書集成》影印本。

18. ［清］顧觀光輯《七緯拾遺》不分卷《河洛緯》不分卷

（1）《武陵山人遺稿》稿本。上圖（綫善764085-107）。有1994年上海古籍出版社《緯書集成》影印本。

19. ［清］林春溥輯《古書拾遺·緯候逸文》

（1）清咸豐三年竹柏山房刻本（《竹柏山房十五種》之一）。

20. ［清］陳喬樅輯《詩緯集證》四卷附錄一卷

（1）清道光二十六年（1846）小嫏嬛館刻本。有1994年上海古籍出版社《緯書集成》影印本及《續修四庫全書》影印本。

21. ［清］馬國翰輯《玉函山房輯佚書·經編·緯書類》

（1）清道光咸豐間歷城馬氏刻同治十年濟南皇華館書局補刻本。有《山東文獻集成》第一輯第48冊影印本。

（2）清光緒九年長沙嫏嬛館刻本。有1990年上海古籍出版社影印本、1994年上海古籍出版社《緯書集成》影印本及《續修四庫全書》影印本。

（3）清光緒十年楚南湘遠堂刻本。有1990年江蘇廣陵古籍刻印社影印本。

(4)清光緒十五年(1889)文選樓刻《玲瓏山館叢書》本。①

22. [清]黄奭輯《通緯》(附讖)

(1)清道光間甘泉黄氏刻試印本。國圖。有1992年書目文獻出版社影印《漢學堂知足齋叢書》本。

(2)清光緒十九年甘泉黄氏彙印《漢學堂叢書》本。

(3)民國十四年儀徵王鑒修補彙印《黄氏逸書考》本。

(4)民國二十三年至二十六年江都朱長圻補刊彙印《黄氏逸書考》本。有《續修四庫全書》影印本。

23. [清]喬松年輯《緯攟》十四卷

(1)清光緒三年強恕堂刻本(《喬勤恪公全集》之一)。有1994年上海古籍出版社《緯書集成》影印本及《續修四庫全書》影印本。

(2)民國排印《山右叢書初編》本。有1986年山西人民出版社影印本及1994年上海書店《叢書集成續編》第164册影印本。

(3)2014年上海古籍出版社《山右叢書初編》點校本。侯立睿點校,以光緒三年強恕堂本爲底本,參校民國《山右叢書初編》本。

24. [清]王家璧輯《説郛引證》二卷

(1)初稿本,不分卷,一册,湖北圖(善3225-7)。

(2)謄清稿本,二卷,一册,湖北圖(善3225-3)。有2022年國家圖書館出版社《鄂東王氏未刊稿叢編》第17册影印本。

25. [清]王頌蔚輯《緯書》不分卷

(1)稿本,一册。上圖(800001-41#3)。

26. [清]王仁俊輯《玉函山房輯佚書續編・經編・緯書類》

(1)稿本。上圖。有1989年上海古籍出版社《玉函山房輯佚

---

① 《玲瓏山館叢書》係用光緒九年文選樓刻《益雅堂叢書》(華陽傅世洵編)舊版增刻而成,緯書類均爲新增。其中《緯書補首》(《河圖緯》《洛書緯》《易緯》)翻刻孫瑴《古微書》,《尚書中候》以下則翻刻馬國翰《玉函山房輯佚書・經編・緯書類》。《玲瓏山館叢書》子目參見吴格、眭駿整理《續修四庫全書總目提要・叢書部》,北京:國家圖書館出版社,2010年,第358—359頁。《中國叢書總錄》(第230頁)所載子目闕《緯書補首》二卷。

續編三種》影印本及 1994 年上海古籍出版社《緯書集成》影印本。

27. ［清］王仁俊輯《經籍佚文》

（1）稿本。上圖。有 1989 年上海古籍出版社《玉函山房輯佚書續編三種》影印本及《續修四庫全書》影印本。

28. 廖平撰《詩緯新解》一卷《詩緯捃遺》一卷

（1）《國學薈編》民國三年第十期及第十二期。民國七年（1918）四川成都存古書局以原版印行，後又收入民國十年（1921）存古書局彙印《六譯館叢書》。有《民國時期經學叢書》第三輯影印本。

（2）2015 年上海古籍出版社《廖平全集》整理本。

29. 胡薇元撰《詩緯訓纂》三卷

（1）民國刻本，收入《玉津閣叢書甲集》。

結　　語

　　"讖"的本義是預言。西漢晚期以後出現的各種讖書都是基於特殊政治目的的産物，往往假託天意，預言國運興衰。所以，越是政治動蕩、政權不穩的時期，這類讖書越是層出不窮。處在危機中的君主往往選擇對自己有利的讖書，依之行事，希冀天命復還。當然，人類不可能預知未來的具體事件，所謂有效驗的預言只能是事件發生後，後人對之前似與此事有關之言語的追記，從而將因果倒置，建構出一個實現了的預言，也就是張衡所説的"采前世成事，以爲證驗"。兩漢之際讖記蜂出，"劉秀發兵捕不道，卯金修德爲天子"僅是其中一種，而且最初所指並非光武帝劉秀。只是由於所謂的光武中興，東漢人自然將此讖記看作天命之文，這也是光武帝本人樂於看到並有意推動的結果。古人在建構過往歷史的同時，也在不斷造作新的預言，而相信其效驗性的時人又往往按讖行事，以冀應之，反而證成了預言的可信。光武帝行封禪事，以應河洛讖九世封禪之文，即是一例。

　　讖書與天文、律曆、卦候、九宫、風角等一般數術占驗之書的區别在於：一、預言的對象不同。讖書僅預言國家或帝王的曆運興衰，政治意味濃厚，與民生日用無關。二、預言的手段不同。一般占書需要依據一定的理論和方法，以某種徵象爲出發點進行推算，而以東漢圖讖爲代表的讖書中卻有大量不經過占候得出的預言，隨意性很大，所以被張衡稱爲"不占之書"。因此，西漢晚期以後，只有假託天意或聖賢之言、事關國家或帝王曆運興衰的預言書才能稱作讖書。就東漢圖讖而言，河洛讖假託上天和九聖，七經讖假託孔子。

東漢圖讖中,河洛讖與七經讖的成立時間並不相同。河洛讖基本定型於西漢平帝時期,是方士鼓吹漢室再受命的產物。方士根據古代的河洛概念造作《河圖》《洛書》,記錄古來帝王授受,並安排了關於漢室命運的預言,原本與儒學經義無關。建武年間校定圖讖,又加入一些新莽末至東漢初產生的、宣揚光武帝統治合法性的讖記。七經讖則是東漢初校定圖讖,牽合河洛讖與儒學的產物。編造者將某經的不同傳記加以拼合連綴,再加入河洛讖或其他宣揚劉氏天命的內容,形成新的文本。建武中元元年(56)"宣布圖讖於天下",標誌著官定圖讖文本的正式成立與經典化的完成。這種有意地建構顯然非常成功,圖讖在東漢取得了與經書等同的地位,甚至反過來對經書的校定與詮釋產生了影響,鄭玄、何休的經學體系也與圖讖密切相關。漢代以後,政治背景轉變,圖讖失去官方意識形態的地位,逐漸回到數術之學的範疇。當然,這種轉變是漸進而不是一蹴而就的。河洛讖宣揚劉氏天命,魏晉以後無復其用,自然在政治上很快被拋棄,南北朝之人更熱衷於利用新出讖書,所以東漢《河圖》《洛書》在南北朝時期亡佚過半。而在經學上,由於南北學術的差異,學者對緯書的看法不盡相同。南朝學者好尚魏晉新注,已不再將緯書視為經典。北朝學者固守東漢舊學,緯書仍為儒生究心研讀。北人李興業與南人朱异、梁武帝的問答,恰好反映了這種南北差異。隨著南北統一,學術融合,時人對緯書的認識也逐漸趨同。《五經正義》雖多有徵引,主要是出於疏不破注的原則,為解釋前人注文而引用,實際態度傾向於否定。總之,從西漢末到六朝隋唐,圖讖的性質在時人觀念中大致經歷了數術-儒學-數術的變遷。前一階段是其經典化的過程,後一階段則是其去經典化的過程。

在上述觀念變遷的大背景之下,《河圖》《洛書》在六朝時期散佚嚴重,至唐初僅存二十卷。七經緯和《論語讖》在唐初尚基本完整,其逐漸散佚在唐玄宗之後。北宋初館閣所藏九卷本《易緯》尚存唐代之舊,但散佚於兩宋之際。南宋初重新收得七卷本《易緯》,其中無《乾鑿度》《通卦驗》,而篡入宋人偽造的《乾元序制記》。《乾坤鑿度》產生於北宋後期,初名《坤鑿度》。南宋館閣所藏《易緯》至明初尚存内府，收入《永樂大典》，但原本則亡佚於正統以前，僅《乾坤鑿度》《乾鑿度》二種尚有單行本流傳。清乾隆間，四庫館臣從《大典》中輯出《易緯》八種，即今日所見之本。此本雖經多次轉寫，仍大致反映了南宋館閣藏本的文本面貌。南宋人著作中所引《易緯》文字與今本基本一致，同樣說明了這一點。

從結構上說，東漢圖讖分爲河洛讖與七經讖兩部分。根據《隋書·經籍志》的說法，河洛讖又可以分爲"本文"和"增演"兩個層次。黃帝至周文王所受本文，即上天降下的帝王受命之文，計《河圖》九篇、《洛書》六篇。孔子等九聖增演之文，計三十篇。一是上天所降，一是聖人增演，兩者性質有異。圖讖受當時流行的"五帝三王"說的影響，"受本文"者爲黃帝、帝顓頊、帝嚳、帝堯、帝舜、夏禹、商湯和周文王。"增演"者爲五帝三王及孔子。五帝三王既是受命帝王，又是聖人：作爲受命帝王，從上天獲得了《河圖》《洛書》；作爲聖人，又對所受本文加以增演，作成新的篇目。孔子則不同，他雖是聖人，卻並非受命帝王，故未受《河圖》《洛書》，僅有增演之事。現存河洛讖篇目中，可以確認爲"本文"的有《河圖闓苞授》《河圖帝視萌》（以上黃帝所受）《河圖括地象》（禹所受），有關劉氏受命的篇目則都屬於孔子的"增演"。七經讖則均假託爲孔子所作。

學界使用讖緯文獻，往往不注意區分時代，以六朝讖書作爲漢代圖讖來探討有關問題，嚴重影響了結論的可靠性。本書嘗試提出區分東漢圖讖和六朝讖書的三條標準，即三字篇名、佚文內容以及徵引時代，這三條標準需要綜合考量。以此標準衡之，《河圖玉版》《河圖龍文》《龍魚河圖》均非東漢圖讖，而是後出的六朝讖書。七經讖三十六篇，《後漢書》李賢注列有三十五篇，是現在最可信據之目，所闕一篇當爲《春秋命曆序》。三十六篇之外的篇目，雖然有類似的篇名形式，但並非東漢緯書，而是魏晉以後的模仿之作。由於河洛讖與七經讖的散佚時間不同，其篇目復原的難度自然不可同日而語。河洛讖在六朝時期即開始散佚，唐初已佚失過半，如果沒有新材料的發現，根本無法復原其完整篇目。本書參照前人所列河洛讖篇目，詳加檢核校正，整合出"河圖"類篇目三十六篇，"洛書"類篇目九篇，但其中仍有不少後出及存疑之篇。因此，面對古書徵引的各種冠以"河圖""洛書"之名的文獻，我們應當謹慎考察其時代，不可逕以東漢圖讖視之。

東漢圖讖的文本也十分複雜，而造成文本複雜的原因有兩種：一是文本形成造成的複雜性。圖讖的文本是整合不同時代的多元文本而成，以《乾鑿度》爲例，其文本在漢初乃至先秦的早期易說基礎上增衍而成，加入了大量漢代象數易學的內容。但在處理文本時未能消弭不同文本的差異與矛盾之處，因而出現了連續段落中"紀""部"定義相反的矛盾。此外，《乾鑿度》採用的是四分曆術，卻在敘述基本曆法數據時混入了太初曆的朔策。二是文本流傳造成的複雜性。今本《稽覽圖》中，"推天元甲子之術""推易天地人之元術"是南北朝易占之書《易三備》的內容，"日主一爻"卦氣圖則屬於南北朝易圖之書《易通統軌圖》。這些增益之文並非有意作僞，而是後人將類似文本添入，以爲補充參考之用。原本應有較爲明確的區分，只是在流傳過程中逐漸與圖讖原文混同。

由於讖緯文獻的散佚，相關研究只能依靠輯本進行。讖緯輯佚以元末陶宗儀百卷本《說郛》爲濫觴，但主要是出於"博古"的目的而加以選錄，所收篇目及佚文數量都較少。明末重編百二十卷本《說郛》加以增輯，但錯誤更多。明代後期"古學"興起，重視漢唐注疏，讖緯文獻也重新進入學者視野。明末孫瑴等人的讖緯輯佚工作，正是在這種背景下展開的。佚文不注出處是明人輯佚的通病，幾種讖緯輯本莫不如此。清代考據學大興，講求無徵不信，多數輯本皆注明佚文出處，輯佚所據文獻範疇也有擴大，在精與全兩個方面均遠邁明人。不過，清人輯本也有不追溯史源、所據文獻時代過晚等缺陷，只有顧觀光輯本比較審愼，所據出處均不晚於宋代。此外，與其他部類的輯佚書相較，從事讖緯輯佚的多非當時的一流學者，不能反映清代考據學的最高水準，整體成就略顯黯淡。僅錢塘《易緯稽覽圖刊正》、張惠言《易緯略義》、陳喬樅《詩緯集證》等幾部針對某類或某篇的讖緯校注著作有比較細緻、深入的考辨。日本學者安居香山、中村璋八所輯《重修緯書集成》集合前代輯本，並利用各種日藏文獻資料加以增輯,是現在學界普遍使用的讖緯基礎文獻。但該書仍存在不加斷代、誤立篇目、文字訛舛、佚文來源不可靠等諸多問題,讖緯文獻的重新校理工作亟待進行。

參考文獻

一、古籍

經

[魏]王弼、[晉]韓康伯注,[唐]孔穎達疏《周易正義》,影印南宋初兩浙東路茶鹽司刻本,北京:北京大學出版社,2017年。

[宋]馮椅《厚齋易學》,清乾隆文淵閣《四庫全書》本。

[宋]俞琰《周易集説》,清康熙通志堂刻本。

[元]胡一桂《周易本義啓蒙翼傳》,元刻本,日本國立公文書館藏。

[清]胡渭《易圖明辨》,鄭萬耕點校,北京:中華書局,2008年。

[清]惠棟《周易述》,鄭萬耕點校,北京:中華書局,2007年。

[清]李道平《周易集解纂疏》,潘雨廷點校,北京:中華書局,1994年。

《周易乾鑿度》,清乾隆二十一年(1756)德州盧氏雅雨堂刻本。

《易緯》,清乾隆三十八年武英殿刻本。

[清]張惠言《易緯略義》,清光緒廣雅書局刻民國九年番禺徐紹榮彙編重印《廣雅書局叢書》本。

[漢]孔安國注,[唐]孔穎達疏《尚書正義》,影印南宋初兩浙東路茶鹽司刻本,北京:北京大學出版社,2015年。

[清]閻若璩《尚書古文疏證》,清乾隆眷西堂刻本。

[唐]孔穎達《毛詩正義》,影印1936年日本東方文化學院珂羅版印南宋紹興九年(1139)紹興府刻單疏殘本,北京:人民文學出版

社,2012年。

［漢］鄭玄注,［唐］孔穎達疏《毛詩註疏》,影印南宋建刻十行本,東京:汲古書院,1974年。

［明］馮復京《六家詩名物疏》,明萬曆刻本。

［清］陳喬樅《詩緯集證》,清道光二十六年(1846)小嫏嬛館刻本。

［唐］賈公彥《周禮疏》,影印民國二十九年(1940)董康珂羅版印本,貴陽:貴州教育出版社,2020年。

［清］孫詒讓《周禮正義》,王文錦、陳玉霞點校,北京:中華書局,2013年。

［漢］鄭玄注,［唐］孔穎達疏《禮記正義》,影印南宋紹熙三年兩浙東路茶鹽司刻本,北京:北京大學出版社,2015年。

［漢］鄭玄注,［唐］孔穎達正義《禮記正義》,郜同麟點校,杭州:浙江大學出版社,2021年。

［宋］陳暘《樂書》,影印中國國家圖書館藏元至正七年(1347)福州路儒學刻明修本,《中華再造善本・金元編》,北京:北京圖書館出版社,2004年。

［漢］何休解詁,［唐］徐彥疏《春秋公羊傳注疏》,刁小龍整理,上海:上海古籍出版社,2015年。

［唐］李隆基注,［宋］邢昺疏《孝經注疏》,金良年整理,上海:上海古籍出版社,2013年。

［宋］羅願《爾雅翼》,石雲孫點校,合肥:黃山書社,1991年。

［明］孫瑴《古微書・刪微》,影印中國國家圖書館藏明崇禎刻本,《中華再造善本・明代編・經部》,北京:國家圖書館出版社,2012年。

［明］孫瑴《古微書・刪微》,明崇禎刻清初印本,中國國家圖書館藏。

［明］孫瑴《古微書・刪微》,清嘉慶十七年(1812)禹航陳世望對山問月樓刻本。

［明］孫瑴《古微書・刪微》,清道光二十一年金山錢熙祚刻本

（《守山閣叢書》之一）。

［清］趙在翰輯《七緯（附論語讖）》，鍾肇鵬、蕭文郁點校，北京：中華書局，2012年。

［清］顧觀光輯《七緯拾遺》《河洛緯》，影印上海圖書館藏《武陵山人遺稿》稿本，《緯書集成》，上海：上海古籍出版社，1994年。

［清］黃奭《通緯》，民國二十三年（1934）至二十六年江都朱長圻補刊彙印《黃氏逸書考》本。

［清］喬松年《緯攟》，清光緒三年（1877）强恕堂刻本。

［清］蔣清翊《緯學原流興廢考》，《緯史論微》附，上海：上海書店出版社，2005年。

［清］陳壽祺《五經異義疏證》，王豐先點校，北京：中華書局，2014年。

［清］皮錫瑞《六藝論疏證》，《皮錫瑞全集》第3册，吳仰湘整理，北京：中華書局，2015年。

［唐］陸德明《經典釋文》，影印清康熙通志堂刻本，北京：中華書局，1983年。

［唐］陸德明撰，吳承仕疏證《經典釋文序録疏證》（附經籍舊音二種），北京：中華書局，2008年。

［清］江藩《隸經文》，影印道光元年刻本，《續修四庫全書》第173册。

［清］皮錫瑞著，周予同注釋《經學歷史》，北京：中華書局，2009年。

［清］皮錫瑞《經學通論》，北京：中華書局，1954年。

［漢］許慎撰，［宋］徐鉉校定《説文解字》，影印清同治十二年番禺陳昌治刻本，北京：中華書局，1963年。

［清］段玉裁《説文解字注》，上海：上海古籍出版社，1981年。

［清］錢繹《方言箋疏》，李發舜、黃建中點校，北京：中華書局，1991年。

史

［漢］司馬遷撰，［南朝宋］裴駰集解，［唐］司馬貞索隱，［唐］張

守節正義《史記》,北京:中華書局,1982 年。

[漢]班固撰,[唐]顏師古注《漢書》,北京:中華書局,1962 年。

[南朝宋]范曄撰,[唐]李賢等注《後漢書》,北京:中華書局,1965 年。

[晉]陳壽撰,[南朝宋]裴松之注《三國志》,北京:中華書局,1982 年。

[唐]房玄齡等《晉書》,北京:中華書局,1974 年。

[南朝梁]沈約《宋書》,北京:中華書局,1974 年。

[南朝梁]蕭子顯《南齊書》,北京:中華書局,1972 年。

[唐]姚思廉《梁書》,北京:中華書局,1973 年。

[北齊]魏收《魏書》,北京:中華書局,1974 年。

[唐]魏徵、令狐德棻《隋書》,北京:中華書局,1973 年。

[唐]李延壽《北史》,北京:中華書局,1974 年。

[後晉]劉昫等《舊唐書》,北京:中華書局,1975 年。

[宋]歐陽修、宋祁《新唐書》,北京:中華書局,1975 年。

[元]脫脫等《宋史》,北京:中華書局,1985 年。

[清]張廷玉等《明史》,北京:中華書局,1974 年。

[清]趙爾巽等《清史稿》,北京:中華書局,1977 年。

[清]王先謙《漢書補注》,清光緒二十六年(1900)長沙王氏虛受堂刻本。

[清]惠棟《後漢書補注》,清嘉慶九年(1804)德裕堂刻本。

[清]王先謙《後漢書集解》,民國四年(1915)長沙王氏虛受堂刻本。

[清]趙在翰《晉書補表》,影印中國國家圖書館藏清稿本,《魏晉南北朝正史訂補文獻彙編》第 3 冊,北京:北京圖書館出版社,2004 年。

[漢]劉珍等撰,吳樹平校注《東觀漢記校注》,北京:中華書局,2008 年。

[晉]袁宏《後漢紀》,北京:中華書局,2002 年。

[宋]李燾《續資治通鑑長編》,北京:中華書局,2004 年。

［漢］宋衷注,［清］秦嘉謨等輯《世本八種》,北京:中華書局,2008年。
［晉］常璩著,任乃強校注《華陽國志校補圖注》,上海:上海古籍出版社,1987年。
［宋］羅泌《路史》,明嘉靖洪梗刻本。
［唐］杜佑《通典》,北京:中華書局,1988年。
［宋］鄭樵《通志二十略》,王樹民點校,北京:中華書局,1995年。
［元］馬端臨《文獻通考》,上海師範大學古籍研究所、華東師範大學古籍研究所點校,北京:中華書局,2011年。
［唐］長孫無忌撰,劉俊文箋解《唐律疏議箋解》,北京:中華書局,1996年。
［宋］王溥《唐會要》,北京:中華書局,2006年。
［清］徐松輯《宋會要輯稿》,劉琳等校點,上海:上海古籍出版社,2014年。
［明］盧上銘、馮士驊《辟雍紀事》,影印南京圖書館藏明崇禎刻本,《四庫全書存目叢書》史部第271冊,濟南:齊魯書社,1995年。
［唐］李林甫等《唐六典》,陳仲夫點校,北京:中華書局,1992年。
［清］鄭珍《鄭學錄》,清同治四年成山唐氏刻本。
［明］屈大均撰,葉恭綽校訂《皇明四朝成仁錄》,《廣東叢書》第二集,長沙:商務印書館,1948年。
［清］佚名《清史列傳》,王鍾翰點校,北京:中華書局,1987年。
［清］王孫錫《范文忠公年譜》,《范文忠公初集》書前,清康熙十二年刻本。
［清］錢大昕編,錢慶曾續編並校注《錢辛楣先生年譜》,陳文和主編《嘉定錢大昕全集》(增訂本),南京:鳳凰出版社,2016年。
［清］姚星垣輯《姚曉山先生傳表誄義》,清咸豐九年抄本,中國國家圖書館藏。
［漢］崔寔撰,石聲漢校注《四民月令校注》,北京:中華書局,2013年。
［隋］杜臺卿《玉燭寶典》,影印日本南北朝寫卷子本,《尊經閣叢

刊》，東京：侯爵前田家育德財團，1943年。

〔北魏〕酈道元撰，〔清〕王先謙校《合校水經注》，影印光緒十八年思賢講舍刻本，北京：中華書局，2009年。

〔北魏〕酈道元著，陳橋驛校證《水經注校證》，北京：中華書局，2007年。

〔北魏〕酈道元撰，〔清〕楊守敬、熊會貞疏《水經注疏》，段熙仲點校，陳橋驛復校，南京：江蘇古籍出版社，1989年。

〔宋〕歐陽忞撰，李勇先、王小紅校注《輿地廣記》，北京：中華書局，2023年。

〔宋〕王象之《輿地紀勝》，影印道光二十九年甘泉岑氏懼盈齋重刊文選樓影宋鈔本，北京：中華書局，1992年。

〔明〕牛若麟修，王煥如纂〔崇禎〕《吳縣志》，明崇禎十五年刻本。

〔清〕高得貴修，張九徵等纂〔康熙〕《鎮江府志》，清康熙二十四年刻本。

〔清〕魏荔彤修，蔡世遠、陳元麟等纂〔康熙〕《漳州府志》，清康熙五十四年刻本。

〔清〕狄蘭標修，羅時暄纂〔乾隆〕《華容縣志》，清乾隆二十五年刻本。

〔清〕吳宜燮修，黃惠纂〔乾隆〕《龍溪縣志》，清乾隆二十七年刻本。

〔清〕謝庭薰修，陸錫熊纂〔乾隆〕《婁縣志》，清乾隆五十三年刻本。

〔清〕王昶纂修〔嘉慶〕《直隸太倉州志》，清嘉慶七年刻本。

〔清〕宋如林修，莫晉纂〔嘉慶〕《松江府志》，清嘉慶間松江府學刻本。

〔清〕張吉安修，朱文藻纂，崔應榴、董作棟續纂〔嘉慶〕《餘杭縣志》，民國八年排印本。

〔清〕李銘皖、譚鈞培修，馮桂芬纂〔同治〕《蘇州府志》，清光緒九年江蘇書局刻本。

〔清〕鄭慶華修,潘頤福纂〔光緒〕《麻城縣志》,清光緒二年刻本。

〔清〕許瑤光修,吳仰賢等纂〔光緒〕《嘉興府志》,清光緒三年至四年刻本。

〔清〕饒應祺修,馬先登、王守恭纂〔光緒〕《同州府續志》,清光緒七年刻本。

〔清〕博潤修,姚光發等纂〔光緒〕《松江府續志》,清光緒十年刻本。

〔清〕鍾桐山修,柯逢時纂〔光緒〕《武昌縣志》,清光緒十一年刻本。

〔民國〕錢祥保修,桂邦傑纂〔民國〕《甘泉縣續志》,民國十五年刻本。

〔民國〕歐陽英修,陳衍纂〔民國〕《閩侯縣志》,民國二十二年刻本。

〔清〕朱彝尊《經義考》,影印清康熙間朱彝尊刻乾隆十九年至二十年盧見曾續刻本,北京:中國書店,2009年。

〔清〕姚振宗《後漢藝文志》,馬小方整理,北京:清華大學出版社,2011年。

〔清〕姚振宗《隋書經籍志考證》,劉克東、董建國、尹承整理,北京:清華大學出版社,2014年。

〔宋〕王堯臣等編《崇文總目》,明抄本,寧波天一閣博物館藏。

〔宋〕佚名編,〔清〕葉德輝考證《祕書省續編到四庫闕書目》,《宋史藝文志附編》,上海:商務印書館,1957年。

〔宋〕晁公武撰,孫猛校證《郡齋讀書志校證》,上海:上海古籍出版社,2011年。

〔宋〕陳振孫《直齋書錄解題》,徐小蠻、顧美華點校,上海:上海古籍出版社,2015年。

武秀成、趙庶洋校證《玉海藝文校證》,南京:鳳凰出版社,2013年。

〔明〕楊士奇《文淵閣書目》,清乾隆《文淵閣四庫全書》本。

［明］祁承㸁《澹生堂藏書約》，上海：上海古籍出版社，2005 年。

《各省進呈書目》，《涵芬樓祕笈》第十集排印本，上海：商務印書館，1921 年。

［清］沈初《浙江採集遺書總錄》，影印清乾隆四十年刻本，張昇編《〈四庫全書〉提要稿輯存》第一冊，北京：北京圖書館出版社，2006 年。

［清］黃烈《江蘇採輯遺書目錄》，影印清歸安姚覲元咫進齋抄本，張昇編《〈四庫全書〉提要稿輯存》第四冊，北京：北京圖書館出版社，2006 年。

［清］翁方綱撰，《翁方綱纂四庫提要稿》，吳格整理，上海：上海科學技術文獻出版社，2005 年。

［清］永瑢等《四庫全書總目》，影印清乾隆間杭州刻本，北京：中華書局，1965 年。

［清］王太岳等《四庫全書考證》，影印清內府抄本，北京：書目文獻出版社，1991 年。

［清］周中孚《鄭堂讀書記》，黃曙輝、印曉峰標校，上海：上海書店出版社，2009 年。

［清］許宗彥《鑑止水齋書目》，《圖書館學集刊》第五卷第三、四期，1931 年。

［清］陳揆《稽瑞樓書目》，清光緒三年吳縣潘氏八囍齋刻本。

［清］馬國翰《玉函山房藏書簿錄》，影印山東大學圖書館藏清道光歷城馬氏刻本，《山東文獻集成》第 1 輯第 28 冊，濟南：山東大學出版社，2007 年。

［清］路慎莊《蒲編堂路氏藏書目》，杜以恒整理，濟南：齊魯書社，2021 年。

［清］邵懿辰撰，邵章續錄《增訂四庫簡明目錄標注》，上海：上海古籍出版社，2000 年。

［清］莫友芝《邵亭知見傳本書目》，清同治十二年莫繩孫抄本，中國國家圖書館藏。

［清］張之洞撰，范希曾補正《書目答問補正》，上海：上海古籍出

版社,2010年。

［清］葉昌熾著,王欣夫補正《藏書紀事詩》(附補正),上海:上海古籍出版社,1999年。

王謇著,李希泌點注《續補藏書紀事詩》,北京:書目文獻出版社,1987年。

莫伯驥《五十萬卷樓藏書目錄初編》,影印民國二十五年(1936)東莞莫氏排印本,《海王邨古籍書目題跋叢刊》第7冊,北京:中國書店,2008年。

莫伯驥《五十萬卷樓群書跋文》,影印民國三十七年廣州文光館排印本,《國家圖書館藏古籍題跋叢刊》第27—29冊,北京:北京圖書館出版社,2002年。

孫殿起《販書偶記》(附續編),上海:上海古籍出版社,1980年。

［宋］趙明誠撰,金文明校證《金石錄校證》,北京:中華書局,2019年。

［宋］洪适《隸釋》,北京:中華書局,1985年。

［清］錢大昕《廿二史考異》,陳文和主編《嘉定錢大昕全集》(增訂本),南京:鳳凰出版社,2016年。

［清］錢大昕《三史拾遺》,陳文和主編《嘉定錢大昕全集》(增訂本),南京:鳳凰出版社,2016年。

［清］趙翼著,王樹民校證《廿二史劄記校證》,北京:中華書局,2013年。

子

黎翔鳳《管子校注》,梁運華整理,北京:中華書局,2004年。

［清］孫詒讓《墨子閒詁》,孫啓治點校,北京:中華書局,2001年。

吳毓江《墨子校注》,孫啓治點校,北京:中華書局,2006年。

楊伯峻《列子集釋》,北京:中華書局,1979年。

許維遹《呂氏春秋集釋》,梁運華整理,北京:中華書局,2009年。

劉文典《淮南鴻烈集解》,馮逸、喬華點校,北京:中華書局,2017年。

何寧《淮南子集釋》,北京:中華書局,1998年。

王利器《新語校注》，北京：中華書局，2012年。

［漢］桓譚撰，吳則虞輯校《桓譚〈新論〉》，北京：社會科學文獻出版社，2014年。

朱謙之《新輯本桓譚新論》，北京：中華書局，2009年。

黄暉《論衡校釋》（附劉盼遂集解），北京：中華書局，2006年。

［漢］荀悦撰，［明］黄省曾注，孫啓治校補《申鑒注校補》，北京：中華書局，2012年。

［清］陳立《白虎通疏證》，吳則虞點校，北京：中華書局，1994年。

王利器《顔氏家訓集解》（增補本），北京：中華書局，1993年。

［明］李時珍《本草綱目》，明萬曆間金陵胡承龍刻本，美國國會圖書館藏。

［漢］趙君卿注《周髀算經》，影印南宋嘉定六年（1213）鮑澣之刻本，《宋刻算經六種》，北京：文物出版社，1980年。

［漢］揚雄撰，鄭萬耕校釋《太玄校釋》，北京：中華書局，2014年。

［隋］蕭吉《五行大義》，影印日本穗久邇文庫藏元弘三年（1333）抄本，《古典研究會叢書·漢籍之部》第7—8卷，東京：汲古書院，1989—1990年。

［唐］李淳風《乙巳占》，清光緒三年（1877）吳興陸氏十萬卷樓刻本。

［唐］李鳳《天文要録》，日本寶曆（1751—1763）間抄本，日本國立天文臺藏。

［唐］瞿曇悉達《大唐開元占經》，清抄本，中國國家圖書館藏（善06127）。

［唐］瞿曇悉達《大唐開元占經》，明大德堂抄本，中國國家圖書館藏（善08167）。

［唐］張彦遠《歷代名畫記》，影印明毛晋刻《津逮祕書》本，《叢書集成初編》，上海：商務印書館，1936年。

［南朝宋］劉義慶撰，［南朝梁］劉孝標注，余嘉錫箋疏《世説新語箋疏》，北京：中華書局，2007年。

[唐]馬總編纂,王天海、王韌撰《意林校釋》,北京:中華書局,2014年。

[北宋]沈括《夢溪筆談》,上海:上海書店出版社,2003年。

[宋]馬永卿《嬾真子》,《叢書集成初編》,北京:中華書局,1985年。

[宋]趙彥衛《雲麓漫鈔》,傅根清點校,北京:中華書局,1996年。

[宋]高似孫《緯略》,《叢書集成初編》,北京:中華書局,1985年。

[宋]黃震《慈溪黃氏日抄分類》,影印上海圖書館藏元後至元三年(1337)刻本,《中華再造善本·金元編》,北京:北京圖書館出版社,2005年。

[宋]王應麟《困學紀聞》,影印元刻本,《四部叢刊三編》。

[明]王禕《青巖叢錄》,《叢書集成初編》,北京:中華書局,1991年。

[明]姚福《青溪暇筆》,影印明邢氏來禽館抄本,《續修四庫全書》第1167冊,上海:上海古籍出版社,1999年。

[明]楊慎《丹鉛總錄》,明嘉靖三十三年(1554)梁佐刻本。

[明]何良俊《四友齋叢説》,北京:中華書局,1959年。

[明]胡應麟《少室山房筆叢》,上海:上海書店出版社,2009年。

[明]胡應麟《少室山房類藁》,民國十三年(1924)永康胡氏夢選廔刻《續金華叢書》本。

[清]汪師韓《韓門綴學》,影印上海圖書館藏清乾隆刻《上湖遺集》本,《續修四庫全書》第1147冊,上海:上海古籍出版社,1995年。

[清]王鳴盛《蛾術編》,顧美華標校,上海:上海書店書版社,2012年。

[清]錢大昕《十駕齋養新錄》,陳文和主編《嘉定錢大昕全集》(增訂本),南京:鳳凰出版社,2016年。

[清]趙翼《陔餘叢考》,欒保群、呂宗力校點,石家莊:河北人民出版社,1990年。

[清]周廣業《經史避名彙考》,影印清抄本,《北京圖書館古籍珍

本叢刊》第 67 冊,北京:書目文獻出版社,1989 年。

　　[清]姚鼐《惜抱軒筆記》,影印清同治五年(1866)省心閣刻《惜抱軒全集》本,《續修四庫全書》第 1152 冊,上海:上海古籍出版社,1995 年。

　　[清]王念孫《讀書雜志》,徐煒君等校點,上海:上海古籍出版社,2014 年。

　　[清]法式善《陶廬雜錄》,涂雨公點校,北京:中華書局,1959 年。

　　[清]俞正燮《癸巳類稿》,影印清道光十三年(1833)求日益齋刻本,《續修四庫全書》第 1159 冊,上海:上海古籍出版社,1995 年。

　　[清]俞樾《春在堂隨筆》,余駕征點校,《俞樾全集》第 19 冊,杭州:浙江古籍出版社,2017 年。

　　[清]俞樾《茶香室叢鈔》,貞凡、顧馨、徐敏霞點校,北京:中華書局,1995 年。

　　[清]孫詒讓《札迻》,梁運華點校,北京:中華書局,1989 年。

　　[元]陶宗儀編《說郛》,影印民國十六年(1927)上海商務印書館(涵芬樓)排印本,北京:中國書店,1986 年。

　　[明]佚名重編《說郛》,影印清順治四年(1647)宛委山堂印本,《說郛三種》,上海:上海古籍出版社,1988 年。

　　[明]陳時編《說郛裏》,明崇禎四焰堂刻本,日本國立國會圖書館藏。

　　[隋]虞世南《北堂書鈔》,明萬曆二十八年(1600)虞山陳禹謨刻本,日本東京大學東洋文化研究所藏。

　　[隋]虞世南《北堂書鈔》,清光緒十四年(1888)南海孔氏三十三萬卷堂刻本。

　　[唐]歐陽詢《藝文類聚》,影印宋刻本,上海:上海古籍出版社,2013 年。

　　[唐]徐堅《初學記》,北京:中華書局,2004 年。

　　[唐]薩守真《天地瑞祥志》,影印日本昭和七年(1932)東方文化學院京都研究所抄本,高柯立選編《稀見唐代天文史料三種》,北京:國家圖書館出版社,2011 年。

［唐］劉賡《稽瑞》，清初影抄本，中國國家圖書館藏。

［宋］李昉等《太平御覽》，影印宋刻本，北京：中華書局，2000年。

［宋］李昉等《太平御覽》，明萬曆常熟周堂活字本，日本國立國會圖書館藏。

［宋］王欽若等《册府元龜》，北京：中華書局，1960年。

［宋］吴淑撰注《事類賦注》，北京：中華書局，1989年。

［宋］晏殊《晏元獻公類要》，影印清抄本，《四庫全書存目叢書》子部第167册，濟南：齊魯書社，1995年。

［宋］章如愚《山堂考索》，北京：中華書局，1992年。

［明］解縉《永樂大典》，北京：中華書局，1986年。

［明］陳耀文《天中記》，明萬曆間陳文龍刻本，大津圖書館藏。

［明］陳耀文《天中記》，明萬曆間屠隆刻本，天津圖書館藏。

［唐］釋法琳《辯正論》，《大正新修大藏經》本。

［唐］釋法琳《破邪論》，《大正新修大藏經》本。

［唐］釋道宣《廣弘明集》，影印宋《磧砂藏》本，上海：上海古籍出版社，1991年。

［梁］陶弘景《真誥》，趙益點校，北京：中華書局，2011年。

［梁］陶弘景集，王家葵校注《養性延命錄校注》，北京：中華書局，2014年。

集

［漢］張衡撰，張振澤校注《張衡詩文集校注》，上海：上海古籍出版社，1986年。

［漢］蔡邕《蔡中郎集》，清咸豐二年聊城楊氏海源閣刻本。

［陳］徐陵撰，吴兆宜箋注《徐孝穆全集》，影印清雍正刻本，《四庫提要著錄叢書》集部第41册，北京：北京出版社，2011年。

［唐］李嶠撰，［唐］張庭芳注，［日］山崎明、ブライアン・スタイニンガ《百二十詠詩注校本——本邦伝存李嶠雜詠注》，《斯道文庫論集》第五十輯，2015年。

［宋］歐陽修《歐陽修全集》，李逸安點校，北京：中華書局，

2001年。

　　［宋］朱熹《晦庵先生朱文公文集》，朱傑人、嚴佐之、劉永翔主編《朱子全書》（修訂本），上海：上海古籍出版社、合肥：安徽教育出版社，2010年。

　　［明］孫作《滄螺集》，明毛氏汲古閣刻本。

　　［明］陳循《芳洲文集》，影印明萬曆二十一年陳以躍刻本，《四庫全書存目叢書》集部第31冊，濟南：齊魯書社，1995年。

　　［清］汪琬《堯峰文鈔》，清康熙三十二年（1693）林佶寫刻本。

　　［清］朱彝尊《曝書亭集》，清康熙五十三年刻本。

　　［清］杭世駿《道古堂文集》，影印清乾隆四十一年（1776）刻光緒十四年汪曾唯增修本，《續修四庫全書》第1426冊，上海：上海古籍出版社，2001年。

　　［清］鄒炳泰《午風堂叢談》，影印清嘉慶刻本，《續修四庫全書》第1462冊，上海：上海古籍出版社，2001年。

　　［清］黃本驥《黃本驥集》，劉范弟點校，長沙：嶽麓書社，2009年。

　　［清］段玉裁《經韻樓集》，鍾敬華校點，上海：上海古籍出版社，2008年。

　　［清］錢大昕《潛研堂文集》，陳文和主編《嘉定錢大昕全集》（增訂本），南京：鳳凰出版社，2016年。

　　［清］錢塘《溉亭述古錄》，清道光儀徵阮氏刻《文選樓叢書》本。

　　［清］張惠言《茗柯文編》，影印清同治八年刻本，《四部叢刊》，上海：商務印書館，1919年。

　　［清］阮元《揅經室集》，鄧經元點校，北京：中華書局，1993年。

　　［清］王引之《王文簡公文集》，影印民國十四年羅氏鉛印《高郵王氏遺書》本，《續修四庫全書》第1490冊，上海：上海古籍出版社，2001年。

　　［清］張鑑《冬青館乙集》，影印民國劉氏嘉業堂刻《吳興叢書》本，《續修四庫全書》第1492冊，上海：上海古籍出版社，2001年。

　　［清］姚東升《惜陰居文稿》《惜陰居吟稿》，影印清稿本，《國家圖書館藏清人詩文集稿本叢書》第一輯，北京：北京大學出版社，

2015年。

［清］錢泰吉《甘泉鄉人稿》，清同治十一年刻光緒十一年增修本。

［清］薛壽《學詁齋文集》，影印光緒六年儀徵劉壽曾冶城山館刻本，《清代詩文集彙編》第649冊，上海：上海古籍出版社，2010年。

［清］劉毓崧《通義堂文集》，影印民國南林劉氏求恕齋刻本，《清代詩文集彙編》第670冊。

［清］謝章鋌《賭棋山莊文集》，清光緒刻本。

［清］趙之謙撰，戴家妙整理《趙之謙集》，杭州：浙江古籍出版社，2015年。

［清］黃奭《端綺集》，影印道光中甘泉黃氏刻《清頌堂叢書》本，《叢書集成續編》第105冊，臺北：新文豐出版公司，1989年。

［清］葉昌熾《葉昌熾集》，王立民、徐宏麗整理，北京：中華書局，2019年。

［梁］蕭統編，［唐］李善注《文選》，影印南宋淳熙八年尤袤池陽郡齋刻本，《國學基本典籍叢刊》，北京：國家圖書館出版社，2017年。

［梁］蕭統編，［唐］呂延濟等注《六臣注文選》，影印日本足利學校藏宋刻明州本，北京：人民文學出版社，2008年。

［梁］蕭統編，［唐］呂延濟等注《六臣注文選》，影印日本東京大學東洋文化研究所藏朝鮮活字本，南京：鳳凰出版社，2018年。

周勛初纂輯《唐鈔文選集注彙存》，上海：上海古籍出版社，2011年。

［清］汪師韓《文選理學權輿》，清嘉慶四年刻《讀畫齋叢書·甲集》本。

［宋］李昉等《文苑英華》，北京：中華書局，1966年。

［清］嚴可均《全上古二代秦漢三國六朝文》，北京：中華書局，1958年。

［清］李漁輯《尺牘初徵》，影印清順治十七年刻本，《四庫禁燬書叢刊·集部》第153冊，北京：北京出版社，1997年。

［清］阮元編《詁經精舍文集》，《叢書集成初編》，上海：商務印

書館,1936 年。

錢伯城、郭群一整理,顧廷龍校閱《藝風堂友朋書札》,上海:上海人民出版社,2018 年。

［南朝梁］劉勰著,范文瀾注《文心雕龍注》,北京:人民文學出版社,1958 年。

叢

［清］張海鵬編《墨海金壺》,民國十年上海博古齋影印清嘉慶間刻本。

［清］姚東升輯《佚書拾存》,影印清嘉慶、道光間稿本,《古籍佚書拾存》第一冊,北京:北京圖書館出版社,2003 年。

［清］王頌蔚《寫禮廎遺著》,影印民國四年(1915)鮮溪王氏刻本,《清代詩文集彙編》第 767 冊。

［清］王仁俊輯《玉函山房輯佚書續編三種》,上海:上海古籍出版社,1989 年。

域外

［日］惟宗直本《令集解》,東京:國書刊行會,1913 年。

［日］具平親王(964—1009)《弘決外典鈔》,《續天台宗全書・顯教 3》,東京:春秋社,1989 年。

［日］藤原通憲(1106—1160)《通憲入道書目錄》,日本鐮倉初期寫本,日本宮内廳書陵部藏。

［日］藤原通憲《通憲入道藏書目錄》,影印《群書類從》卷四九五刻本,《日本書目大成》第一卷,東京:汲古書院,1979 年。

［日］藤原孝範(1158—1233)《明文抄》,塙保己一《續群書類從》第三○輯下卷八八六,東京:八木書店,1972 年。

［日］一條兼良(1402—1481)《日本書紀纂疏》,東京:國民精神文化研究所,1940 年。

［日］佚名編《諸祭文故實抄》,竹内理三編《鐮倉遺文・古文書編》補遺第三卷,東京:東京堂出版,1995 年。

［日］佚名《全經大意》,日本天野山金剛寺藏鐮倉時期寫本,後藤昭雄等編《天野山金剛寺善本叢刊》第 1 期第 1 卷《漢學》,東京:

勉誠出版,2017年。

［日］瀧川資言《史記會注考證》,北京:新世界出版社,2009年。

二、論著

B

北京大學圖書館編《北京大學圖書館藏古籍善本書目》,北京:北京大學出版社,1999年。

北京圖書館編《北京圖書館古籍善本書目》,北京:書目文獻出版社,1989年。

北京圖書館編《西諦書目》,影印1963年文物出版社排印本,北京:北京圖書館出版社,2004年。

C

曹道衡《南朝文學與北朝文學研究》,北京:商務印書館,2015年。

曹建國《天地之心:〈詩緯〉研究》,北京:中國社會科學出版社,2021年。

曹書杰《中國古籍輯佚學論稿》,長春:東北師範大學出版社,1998年。

昌彼得《説郛考》,臺北:文史哲出版社,1979年。

陳登原《國史舊聞》,北京:中華書局,1958年。

陳登原《古今典籍聚散考》,上海:華東師範大學出版社,2010年。

陳國符《道藏源流攷》,北京:中華書局,1963年。

陳侃理《儒學、數術與政治:災異的政治文化史》,北京:北京大學出版社,2015年。

陳美東《中國科學技術史·天文學卷》,北京:科學出版社,2003年。

陳槃《古讖緯研討及其書録解題》,上海:上海古籍出版社,2010年。

陳蘇鎮《〈春秋〉與"漢道"——兩漢政治與政治文化研究》,北京：中華書局，2011 年。

陳先行、郭立暄編著《上海圖書館藏善本題跋輯録》（附版本考），上海：上海辭書出版社，2017 年。

陳亦伶《晚明學者的經學輯佚活動》，臺北大學碩士論文，2009 年。

D

戴榮冠《〈古微書〉編纂與詮釋體系之研究：以天文曆法爲對象》，"國立"成功大學中國文學系博士論文，2015 年。

董治安主編《兩漢全書》，濟南：山東大學出版社，2009 年。

杜澤遜《微湖山堂叢稿》，上海：上海古籍出版社，2014 年。

G

顧洪、張順華編《顧頡剛文庫古籍書目》，《顧頡剛全集》，北京：中華書局，2011 年。

顧頡剛《顧頡剛讀書筆記》，《顧頡剛全集》，北京：中華書局，2011 年。

顧頡剛《顧頡剛古史論文集》，《顧頡剛全集》，北京：中華書局，2013 年。

顧頡剛、劉起釪《尚書校釋譯論》，北京：中華書局，2005 年。

顧廷龍主編《清代硃卷集成》，臺北：成文出版社，1992 年。

郭思韻《漢代讖緯研究——以淵源流變、内容構成及對文史寫作的影響爲中心》，北京大學博士學位論文，2013 年。

"國家圖書館"編《"國家圖書館"善本書志初稿·集部》，臺北："國家圖書館"，1999 年。

"國立"故宫博物院編輯委員會編《"國立"故宫博物院藏沈氏研易樓善本圖録》，臺北："國立"故宫博物院，1986 年。

H

洪業《洪業論學集》，北京：中華書局，1981 年。

胡寶國《漢唐間史學的發展》（修訂本），北京：北京大學出版社，2014 年。

胡道静《中國古代的類書》，《胡道静文集·古籍整理研究》，上海：上海人民出版社，2011年。

湖南省博物館、復旦大學出土文獻與古文字研究中心編纂，裘錫圭主編《長沙馬王堆漢墓簡帛集成》，北京：中華書局，2014年。

黃復山《東漢讖緯學新探》，臺北：學生書局，2000年。

黃復山《漢代〈尚書〉讖緯學述》，《古典文獻研究輯刊》四編第11冊，臺北：花木蘭文化出版社，2007年。

黃正建《敦煌占卜文書與唐五代占卜研究》（增訂版），北京：中國社會科學出版社，2014年。

J

江慶柏《清代人物生卒年表》，北京：人民文學出版社，2005年。

姜忠奎《緯史論微》，黃曙輝、印曉峰點校，上海：上海書店出版社，2005年。

姜望來《謠讖與北朝政治研究》，天津：天津古籍出版社，2011年。

金少華《古抄本〈文選集注〉研究》，杭州：浙江大學出版社，2015年。

L

李劍國《唐前志怪小說史》，北京：人民文學出版社，2011年。

李梅訓《讖緯文獻史略》，山東大學博士學位論文，2003年。

李申《中國哲學史文獻學》，鄭州：河南人民出版社，2012年。

李曉傑《東漢政區地理》，濟南：山東教育出版社，1999年。

李學勤《周易溯源》，成都：巴蜀書社，2006年。

梁啟超《清代學術概論》，北京：中華書局，2015年。

梁啟超著，俞國林校《中國近三百年學術史》，北京：中華書局，2020年。

廖幼平《廖季平年譜》，成都：巴蜀書社，1985年。

林慶彰《明代經學研究論集》，臺北：文史哲出版社，1994年。

劉汝霖《漢晉學術編年》，上海：華東師範大學出版社，2010年。

劉師培《左盦集》，民國二十三年至二十五年寧武南氏校印《劉申叔先生遺書》本。

劉師培《南北學派不同論》,民國二十三年至二十五年寧武南氏校印《劉申叔先生遺書》本。

呂思勉《呂思勉讀史札記》,上海:上海古籍出版社,2010年。

呂思勉《秦漢史》,上海:上海古籍出版社,2013年。

欒貴明編著《永樂大典索引》,北京:作家出版社,1997年。

M

馬衡《凡將齋金石叢稿》,北京:中華書局,1977年。

馬楠《唐宋官私目錄研究》,上海:中西書局,2020年。

閔爾昌纂錄《碑傳集補》,北平:燕京大學國學研究所鉛印本,1932年。

P

潘雨廷《道藏書目提要》,上海:上海古籍出版社,2003年。

Q

錢穆《兩漢經學今古文平議》,北京:九州出版社,2011年。

R

饒宗頤《饒宗頤二十世紀學術文集》,臺北:新文豐出版社,2003年。

S

上海古籍出版社、法國國家圖書館編《法國國家圖書館藏敦煌西域文獻》,上海:上海古籍出版社,1995—2005年。

上海圖書館編《中國叢書綜錄》,上海:上海古籍出版社,2011年。

史廣超《〈永樂大典〉輯佚述稿》,鄭州:中州古籍出版社,2009年。

宿白《張彥遠和〈歷代名畫記〉》,北京:文物出版社,2008年。

孫猛《日本國見在書目錄詳考》,上海:上海古籍出版社,2015年。

T

湯用彤《漢魏兩晉南北朝佛教史》,上海:上海人民出版社,2015年。

唐長孺《魏晋南北朝隋唐史三論》,北京:中華書局,2011 年。
童嶺編《秦漢魏晉南北朝經籍考》,上海:中西書局,2017 年。

W

王葆玹《西漢經學源流》,成都:四川人民出版社,2021 年。
王國維《觀堂集林》,北京:中華書局,1959 年。
王建《史諱辭典》,上海:上海古籍出版社,2011 年。
王立軍《漢碑文字通釋》,北京:中華書局,2020 年。
王利器《鄭康成年譜》,濟南:齊魯書社,1983 年。
王利器《王利器論學雜著》,北京:北京師範大學,1990 年。
王利器《曉傳書齋集》,上海:華東師範大學出版社,1997 年。
王素《唐寫本論語鄭氏注及其研究》,北京:文物出版社,1991 年。
王鐵《漢代學術史》,上海:華東師範大學出版社,1995 年。
王重民《中國目錄學史論叢》,北京:中華書局,1984 年。
王卓華《康熙博學鴻儒著述考》,桂林:廣西師範大學出版社,2017 年。
汪桂海《漢代官文書制度》,南寧:廣西教育出版社,1999 年。
吳從祥《讖緯與漢代文學》,北京:中國社會科學出版社,2015 年。
吳格、眭駿整理《續修四庫全書總目提要·叢書部》,北京:國家圖書館出版社,2010 年。

X

香港大學馮平山圖書館編《香港大學馮平山圖書館藏善本書錄》,香港:香港大學出版社,2003 年。
辛德勇《建元與改元——西漢新莽年號研究》,北京:中華書局,2013 年。
徐興無《讖緯文獻與漢代文化構建》,北京:中華書局,2003 年。
許建平《敦煌經籍敘錄》,北京:中華書局,2006 年。
許建平《敦煌經學文獻論稿》,浙江:浙江大學出版社,2016 年。
許建平《敦煌文獻叢考》,北京:中華書局,2005 年。

Y

陽海清主編《中南、西南地區省市圖書館藏古籍稿本提要》(附鈔本聯合目錄),武漢:華中理工大學出版社,1998年。

楊權《新五德理論與兩漢政治——"堯後火德"説考論》,北京:中華書局,2006年。

葉純芳《中國經學史大綱》,北京:北京大學出版社,2016年。

余嘉錫《目錄學發微》,北京:中華書局,2007年。

余嘉錫《四庫提要辨證》,北京:中華書局,2007年。

Z

曾運乾《尚書正讀》,黄曙輝點校,上海:華東師範大學出版社,2011年。

張峰屹《兩漢經學與文學思想》,北京:生活·讀書·新知三聯書店,2014年。

張固也《古典目錄學研究》,武漢:華中師範大學出版社,2014年。

張升《四庫全書館研究》,北京:北京師範大學出版社,2012年。

張升《〈永樂大典〉流傳與輯佚研究》,北京:北京師範大學出版社,2010年。

張政烺《張政烺文集·論易叢稿》,北京:中華書局,2012年。

趙晨《馬國翰研究》,山東大學博士學位論文,2015年。

鄭炳林、陳于柱《敦煌占卜文獻敍錄》,蘭州:蘭州大學出版社,2014年。

中國第一歷史檔案館編《纂修四庫全書檔案》,上海:上海古籍出版社,1997年。

中國古籍善本書目編輯委員會編《中國古籍善本書目》,上海:上海古籍出版社,1989—1998年。

中國社會科學院歷史研究所等編《英藏敦煌文獻(漢文佛經以外部份)》,成都:四川人民出版社,1990—2009年。

中山大學圖書館編《中山大學圖書館古籍善本書目》,廣州:中山大學圖書館,1982年。

鍾肇鵬《求是齋叢稿》,成都:巴蜀書社,2001 年。
鍾肇鵬《讖緯論略》,瀋陽:遼寧教育出版社,1991 年。
周一良《魏晉南北朝史論集》,北京:北京大學出版社,2010 年。
周振鶴《西漢政區地理》,北京:人民出版社,1987 年。

イ

[日]板野長八《儒教成立史の研究》,東京:岩波書店,1995 年。

ス

[日]鈴木由次郎《漢易研究》(增補改訂版),東京:明德出版社,1974 年。

セ

[日]静嘉堂文庫編《静嘉堂文庫漢籍分類目錄》,東京:静嘉堂文庫,1930 年。

ト

[日]東京帝國大學文學部史料編纂所編《大日本古文書・家わけ》四之五《石清水文書之五:田中家文書附錄 宮寺緣事抄》第十二,東京:東京帝國大學,1913 年。
[日]戶川芳郎《漢代の學術と文化》,東京:研文出版,2002 年。

ナ

[日]内藤湖南《中國史學史》,馬彪譯,上海:上海古籍出版社,2008 年。

ハ

[日]喬秀岩《義疏學衰亡史論》,臺北:萬卷樓圖書股份有限公司,2013 年。

ヤ

[日]安居香山《緯書の成立とその展開》,東京:國書刊行會,1979 年。
[日]安居香山《緯書與中國神秘思想》,田人隆譯,石家莊:河北人民出版社,1991 年。
[日]安居香山、中村璋八《緯書集成》,東京:漢魏文化研究室,

1959—1964年。

［日］安居香山、中村璋八《緯書の基礎的研究》，東京：漢魏文化研究會，1966年。

［日］安居香山、中村璋八編《重修緯書集成》，東京：明德出版社，1971—1992年。中譯本用《緯書集成》之名，石家莊：河北人民出版社，1994年。

三、論文

C

曹建國《〈河洛括地象〉考論——兼論讖緯文獻的甄別與運用》，《國學研究》第39卷，2017年。

曹書杰《黃奭生卒考》，《東北師大學報》（哲學社會科學版）1989年第6期。

曹書杰《黃奭輯佚書版本考》，《古籍整理研究學刊》1998年第6期。

陳久金《九道術解》，《自然科學史研究》1982年第2期。

陳侃理《序數紀日的產生與通行》，《文史》2016年第3輯。

陳槃《讖緯釋名》，《中央研究院歷史語言研究所集刊》第11本，1943年。

陳槃《讖緯命名及其相關之諸問題》，《中央研究院歷史語言研究所集刊》第21本第1分，1948年。

陳先行《〈說郛〉再考證》，《中華文史論叢》1982年第3輯。

程毅中《〈說郛考〉評介》，《古籍整理淺談》，北京：北京燕山出版社，2001年。

程傑《元賈銘與清朱本中〈飲食須知〉真偽考——〈我國南瓜傳入與早期分佈考〉補正》，《閩江學刊》2018年第3期。

D

戴榮冠《中國首部讖緯輯佚專著——〈古微書〉相關問題考論》，《成大中文學報》第60期，2018年3月。

董岑仕《〈崇文總目輯釋〉編纂考——兼論南京圖書館錢大昕舊

藏本〈崇文總目〉非〈崇文總目輯釋〉底本》,《版本目錄學研究》第 10 輯,北京:國家圖書館出版社,2019 年。

董岑仕《〈崇文總目〉明清抄校本源流考》,《北京大學中國古文獻研究中心集刊》第 20 輯,北京:北京大學出版社,2020 年。

F

范希曾《南獻遺徵箋》,《中央大學國學圖書館第一年刊》,1928 年。

方一新、高列過《〈分別功德論〉翻譯年代初探》,《浙江大學學報(人文社會科學版)》第 33 卷第 5 期,2003 年 9 月。

方一新《從部分佛教慣用語看〈分別功德論〉的翻譯年代》,《漢語詞彙學研究》(三),北京:商務印書館,2015 年。

G

郭思韻《讖緯語境中的錄、籙、祿之概念辨析——兼論其中"祿""綠"屬性的淵源》,《中國典籍與文化》2014 年第 1 期。

H

黃復山《陶宗儀〈說郛〉百卷本流衍考及其讖緯輯佚之文獻價值評議》,《元代經學國際研討會論文集》(下),臺北:中央研究院中國文哲研究所籌備處,2000 年。

黃復山《〈古微書〉的讖緯文獻價值及評議》,《海峽兩岸古典文獻學學術研討會論文集》,上海:上海古籍出版社,2002 年。

J

冀淑英《黃丕烈的輯佚工作》,《北京圖書館同人文選》第二輯,北京:書目文獻出版社,1992 年。

江澄《矢志著文史 首倡修〈儒藏〉——明代湖湘學人孫羽侯考略》,《船山學刊》2005 年第 2 期。

景培元《說郛版本考》附《各本說郛子目異同表》,《中法漢學研究所圖書館館刊》第 1 號,1945 年。

琚小飛《〈四庫全書〉早期編纂史事新探——基於〈四庫全書館校檔殘本〉的研究》,《文獻》2022 年第 3 期。

L

李梅訓《〈古微書〉版本源流述略》,《文獻》2003 年第 4 期。

李梅訓《宋均生平著述考論》,《山東師範大學學報(人文社會科學版)》2004 年第 49 卷第 5 期。

李梅訓《馬國翰的輯佚學成就——以〈玉函山房輯佚書·經編緯書類〉爲例》,《齊魯文化研究》第 4 輯,2005 年。

李梅訓《〈重修緯書集成·春秋緯〉勘誤》,《中華文史論叢》2009 年第 4 期。

李梅訓《河北人民版〈緯書集成·春秋緯〉疑誤舉例》,《齊魯文化研究》第 8 輯,2009 年。

李梅訓《東漢讖緯學者與緯書傳承》,《歷史文獻研究》第 34 輯,2014 年。

李申《"五經六緯"説正誤》,《中國社會科學院院報》2003 年 10 月 9 日。

李天飛《緯書〈尚書考靈曜〉中的宇宙結構》,《揚州大學學報(人文社會科學版)》第 17 卷第 6 期,2013 年 11 月。

李學勤《〈齊語〉與〈小匡〉》,《清華大學學報(哲學社會科學版)》1986 年第 1 卷第 2 期。

林慶彰《唐代後期經學的新發展》,《中國經學史論文選集》上冊,臺北:文史哲出版社,1992 年。

劉國忠《評兩部〈緯書集成〉》,《傳統文化與現代化》1996 年第 3 期。

劉于峰《胡薇元年譜簡編》,《明清文學與文獻》第 9 輯,北京:社會科學文獻出版社,2020 年。

吕宗力《兩晋南北朝より隋に至る圖讖を禁絶する歷史の真相》,《中村璋八博士古稀記念東洋學論集》,東京:汲古書院,1996 年。

吕宗力《魏晋南北朝至隋禁毀讖緯始末》,《高敏先生八十華誕紀念文集》,北京:綫裝書局,2006 年。

羅焕好《我國近代著名藏書家莫伯驥及其五十萬卷樓藏書》,

《圖書館論壇》2006年第3期。

羅歷辛《清河郡本〈易緯·通卦驗〉辨疑》,《周易研究》2017年第6期。

M

馬楠《從杜鵬舉、姚應績二本重審〈郡齋讀書志〉》,《文史》2022年第1期。

P

潘重規《敦煌毛詩詁訓傳殘卷題記》,《敦煌詩經卷子研究論文集》,香港:新亞研究所,1970年。

普義南《〈古微書〉讖緯輯佚研究》,《問學集》第11期,淡江大學中國文學研究所,2002年。

S

沈暢《明弘治十三年鈔本〈説郛〉的重新發現及其文獻價值——兼論原本〈説郛〉的版本源流》,《中國典籍與文化》2009年第1期。

沈乃文《朱彝尊與〈經義考〉》,《書谷隅考》,上海:上海古籍出版社,2011年。

蘇芃《隱義:一種消失的古書形制》,《光明日報》2017年4月15日11版。

孫劍藝、胥愛珍《〈緯書集成·易緯通卦驗〉斷句指瑕》,《周易研究》2008年第3期。

X

徐興無《從"六經"到"七經"》,《中國經學》第20輯。

Y

楊恒平《紹興改定本〈崇文總目〉現存版本考論》,《中國典籍與文化》2012年第4期。

楊廷福《唐律疏議製作年代考》,《文史》第5輯。收入楊廷福《唐律初探》,天津:天津人民出版社,1982年。

于湧《"五經六緯"考辨》,《洛陽理工學院學報(社會科學版)》第28卷第5期,2013年。

余作勝《清河郡本〈樂緯〉辨正》,《中國音樂學》2013年第3期。

Z

张峰屹《兩漢讖緯考論》,《文史哲》2017年第4期。

张以仁《〈緯書集成〉河圖類鍼誤》,《"中央研究院"歷史語言研究所集刊》第35本,1964年。

张志清、林世田《S.6015〈易三備〉綴合與校錄——敦煌本〈易三備〉研究之一》,《敦煌吐魯番研究》第九卷,2006年。

张志清、林世田《S.6349與P.4924〈易三備〉寫卷綴合整理研究》,《文獻》2006年第1期;《國家圖書館同人文選》第4輯,北京:國家圖書館出版社,2009年。

鄭阿財《論敦煌文獻展現的六朝隋唐注釋學——以〈毛詩音隱〉爲例》,《敦煌學輯刊》2005年第4期。

朱倓《稿本讖緯書十七種跋》,《書林》第一卷第六期《羊城書跋》,1937年5月。

ア

[日]阿部隆一《帝範臣軌源流考附校勘記》,《斯道文庫論集》第7輯,1968年。

イ

[日]池田秀三《緯書鄭氏學研究序説》,《哲學研究》第47卷第6册(第548號),京都:京都哲學會,1983年。洪春音中譯,載《書目季刊》第37卷第4期,2004年。

[日]池田秀三《讀易緯通卦驗鄭注札記——周禮との關聯を中心に——》,[日]中村璋八編《緯學研究論叢:安居香山博士追悼》,東京:平河出版社,1993年。

サ

[日]佐佐木聰:《〈開元占經〉の諸抄本と近世以降の傳來について》,《日本中國學會報》第64集,1992年。

[日]佐佐木聰《〈禮緯含文嘉・精魅篇〉的辟邪思想與鬼神觀》,《復旦學報(社會科學版)》2014年第5期。

タ

[日]高瀬澄子《樂書要録の傳本》,《東洋音樂研究》68號,

2003 年。

［日］武田時昌《〈易緯坤靈圖〉象數考》,《日本中國學會報》第 39 集,1987 年。

［日］武田時昌《緯書曆法考:前漢末の經學と科學の交流》,山田慶兒編《中國古代科學史論》,京都:京都大學人文科學研究所,1989 年。

ナ

［日］中村璋八《内閣文庫藏〈緯書〉について》,《漢魏文化》第六號,東京:漢魏文化研究會,1967 年。

［日］中村璋八《京都大學藏本〈集緯〉と北京・上海圖書館藏本との關係》,《第七、八屆中國域外漢籍國際學術會議論文集合刊》,臺北:聯合報文化基金會國學文獻館,1995 年。

［日］中村璋八《"國立中央圖書館"藏〈禮緯含文嘉〉について》,《駒澤大學外國語學部紀要》第 25 號,1996 年。

［日］中村璋八《上海圖書館藏〈七緯拾遺〉について》,《古田敬一教授頌壽記念中國學論文集》,東京:汲古書院,1997 年。

二

［日］仁井田陞、牧野巽《故唐律疏議製作年代考》,《東方學報》(東京)第 1 册、第 2 册,1931 年。收入《譯註日本律令》(一),東京:東京堂,1978 年。

ハ

［日］波多野太郎《介紹王氏父子對於〈緯書集成〉的意見》,《東方宗教》第 26 號,1965 年。

［日］羽塚啓明《樂書要録解説》,《東洋音樂研究》2 卷 2 號附録,1940 年。

［日］羽塚啓明《校異樂書要録》,《東洋音樂研究》2 卷 3–4 號附録,1941—1942 年。

マ

［日］間嶋潤一《太平と河圖・洛書——前漢武帝期の太平國家の構想》,《東方宗教》第 80 號,1992 年。

ヲ

[日]渡邊幸三《説郛攷》,《陶宗儀研究論文集》,杭州:浙江人民出版社,2006年。

[法]伯希和《説郛考》,馮承鈞譯,《國立北平圖書館館刊》第 6 卷第 6 號,1932 年。

後　　記

　　這本小書是我的第一部著作。2016年初,在日本早稻田大學訪學期間,我決定選擇讖緯作爲博士學位論文的研究對象。而在此前,我對讖緯研究毫無積累,這是一個近乎"拍腦袋"的決定。之所以没有選擇原本熟悉的經學文獻或版本目録的題目,是希望能在學習期間拓展知識範圍,對自己的研究領域有所突破。我的想法得到了導師劉玉才教授的認可與支持,於是我抓緊訪學的最後時間,在早大收集了許多日本學者的相關論著。最初,我將論文的重心放在讖緯與經學的關係上,希望考察緯學興衰與魏晉至隋唐間經典詮釋演變的互動關係。但隨著寫作的進行,我發現學界在讖緯的義界與性質、成立與散佚過程、結構與篇目、文本構成與衍變等問題上仍存在相當大的分歧,當前對讖緯文獻的整理也存在嚴重缺陷。這些基礎性的問題不予釐清,後續研究也難以推進。於是,我調整了博論的重心,希望從文獻學的角度解決這些問題。當年10月底,我參加了程蘇東老師召集的"漢唐經學文獻的整理與研究"學術研討會,報告題目爲《〈緯書集成〉誤輯辨正——兼談重理緯書的原則與方法》。這是我第一次以與會學者的身份參加正式的學術會議,會上蒙評議人南京大學徐興無教授點撥,倍感鼓舞。武漢大學曹建國教授當時也以《河圖括地象》爲例,討論了讖緯文獻的甄别與運用問題,説明我從文獻角度切入讖緯研究的想法應該可行。一同參會的老師們,後來在我的學習與工作中多有獎掖與提攜,每次憶及,都會感念這一機緣。

　　2018年5月,我的博士論文順利通過答辯,後來有幸入選北京大學優秀博士學位論文，這給了我極大的鼓勵。博士畢業以後，我以博雅博士後的身份進入北京大學中文系博士後流動站工作，發願重新整理讖緯文獻，以取代學界通行而問題很多的日本學者安居香山、中村璋八所編《緯書集成》。爲了實現這一目標，首先要重新梳理讖緯輯佚的歷史，對歷代緯書輯本的優缺點加以評判，進而提煉、總結出讖緯文獻輯佚應當遵循的原則與方法，以指導接下來的輯佚實踐。在博士後出站報告中，我完成了讖緯輯佚史的研究，並對《易緯》進行了重新整理，自信能够超越前人成果。出站以後，我又有幸留系工作，教學科研工作之餘，對博士論文和博後報告偶有修訂。2023年暑假，我重新董理舊稿，拿掉博論中研究圖讖知識體系的第五章"東漢圖讖的世界圖式"，而將博後報告中的上編"讖緯輯佚史研究"補入。之所以如此處理，一方面是藏拙，暫時隱去自己不滿意的部分，以待完善；另一方面也是爲了更契合書名中的"文獻學研究"，内容研究以後再另行結集。因此，呈現在大家面前的這本小書實際上是我博論和博後報告部分内容的組合。

　　從求學到工作，我在人生的每個階段都得到過許多師長無私的指導與幫助，還有同門、學友們砥礪切磋，何幸如之。這裏要特別感謝我的五位"本師"：南京師範大學王鍔教授、山東大學杜澤遜教授、北京大學劉玉才教授、早稻田大學稻畑耕一郎教授和北京大學傅剛教授。王老師是我本科期間的班主任，帶我走進古典文獻學專業的大門，此後也一直關心我的成長。碩士階段，我先後參與"清人著述總目""山東文獻集成""十三經注疏彙校"等項目，在"編輯部"與杜老師朝夕相處，許多知識與方法都是在日常工作乃至飯後散步的過程中習得的。2013年我初入燕園，從劉老師問學，忽忽已十餘年。劉老師既對文獻學的核心議題有深入思考，又十分關注學術前沿，重視中西比較視野的關照以及相鄰學科的交融。指導學生方面，老師注重因材施教，鼓勵大家從自身興趣出發，基於文獻學的方法，探索各種學術議題。爲此，老師努力幫助我們創造良好的研究條件，不僅時常提示乃至提供相關研究材料與成果，還積極爲我們聯絡研究相同議題的學界師長，共同指導。我的這本小書，從論題的確定到最終的成書,自然也離不開劉老師的鼓勵支持與悉心指導。稻畑老師是我到早大訪問時的日方導師,中文極佳,研究領域也十分寬廣。感謝稻畑老師提供的寶貴機會,使我能夠通過課堂、學會,親身感受日本學界的研究風格與方法,並得以從容搜集日本學者的讖緯研究成果。傅老師是我的博士後合作導師,老師的研究方式是在紮實的文獻基礎上對事實加以考辨,最終關注的是文學史上的關鍵節點和重要理論問題。入站以後,傅老師特別提醒我要打開研究格局,注重理論思考。由於我的愚鈍,在這方面進步緩慢。但老師仍關心我的成長,某篇論文發表後,還特意發微信鼓勵,使我不敢懈怠。就學以來,歷經多校,五位老師的風格各不相同,我能夠轉益多師,何其幸運。此外,值得致謝的人太多,這裏無法一一具名,但都銘感於心。

書中的部分章節曾在《文史》《中國哲學史》《文史哲》《國學研究》《傳統文化研究》《中國典籍與文化》《中國古典學》《古典文獻研究》《南京師範大學文學院學報》等學術刊物發表,收入本書時均作了不同程度的修訂與補充,請學界同仁以此爲準。感謝廖可斌教授推薦,文庫主編申丹主任及叢書主編李四龍、彭小瑜教授慨允,使得小書有幸列入《北京大學人文學科文庫·北大古典學研究叢書》。感謝北京大學出版社馬辛民編審對小書的出版安排,以及責編魏奕元老師的細緻編校,使得小書能夠順利面世,接受學界同仁的檢驗。作爲一枚學術青椒,我的教學科研工作常常難以避免地侵入日常生活,感謝家人的寬容與支持,小書獻給你們。

張學謙
2024 年 8 月 29 日
於北京大學人文學苑 6 號樓研究室

北大古典學研究叢書

李四龍　彭小瑜　廖可斌　主編

《從羅馬帝國到神聖的羅馬帝國——3—9 世紀的歐洲政治與政治觀念》　　　　　李隆國　著
《〈十三經注疏校勘記〉研究》　　　　　劉玉才　等　著
《古埃及宗教經典與神話》　　　　　顏海英　著
《天主教社會思想史研究》　　　　　彭小瑜　著
《〈十三經注疏〉版本研究》　　　　　張麗娟　著
《早期中國的思想與語文》　　　　　鄭　開　著
《亞述帝國崛起與文化擴張》　　　　　賈　妍　著
《〈毛詩正義〉的編纂與早期傳播》　　　　　程蘇東　著
《中世紀哲學中的自由與責任》　　　　　吳天岳　著
《河洛與七緯：東漢圖讖的文獻學研究》　　　　　張學謙　著
《古希臘寡頭政體研究》　　　　　張新剛　著
《日本〈論語〉學研究》　　　　　劉　萍　著
《上古音韵史》　　　　　孫玉文　著
《日本江户時代的史記學研究》　　　　　楊海峥　著
《域外漢籍與中古經學》　　　　　程蘇東　著
《古代安納托利亞歷史研究》　　　　　李　政　著
《東方世界的希臘知識》　　　　　林麗娟　著